Josef von Sternberg

Das Blau des Engels

Josef von Sternberg

DAS BLAU DES ENGELS

Eine Autobiographie

Deutsch von Manfred Ohl

Schirmer / Mosel

München · Paris · London

Dank

Der Verlag dankt Meri von Sternberg für ihre großzügig und freundlich gewährte
Unterstützung, für viele wertvolle Hinweise, für ihre Geduld und vor allem für die
Überlassung zahlreicher zum Teil unveröffentlichter Bilder aus dem privaten
Photoalbum Josef von Sternbergs.
Marlene Dietrich danken wir sehr herzlich für ihr Geleitwort, das sie uns für dieses
Buch aus ihrer Autobiographie *Nehmt nur mein Leben* (München, 1981) gegeben hat.
Enno Patalas danken wir für die leihweise Überlassung von Bildern.
Manfred Ohl danken wir für seine Übersetzung und den Enthusiasmus, mit dem er
dieses Projekt von Anfang an zu seinem eigenen machte.

Die Deutsche Bibliothek – CIP-Einheitsaufnahme
Sternberg, Josef von:
Das Blau des Engels: eine Autobiographie / Josef von Sternberg.
Dt. von Manfred Ohl. – München; Paris; London:
Schirmer-Mosel, 1991
Einheitssacht.: Fun in a chinese laundry <dt.>
ISBN 3-88814-301-2

Deutsche Ausgabe des 1965 unter dem Titel *Fun in a Chinese Laundry* erstmals
erschienenen Buches von Josef von Sternberg.
© 1991 by Meri von Sternberg
© dieser Ausgabe 1991 by Schirmer/Mosel München
Alle Rechte, auch die des auszugsweisen Nachdrucks und der photomechanischen
oder elektronischen Wiedergabe, vorbehalten.

Lithos: Brend'amour Simhart & Co., München
Satz: Dr. Manfred Ohl, Wiesbaden
Schrift: Adobe Garamond

ISBN 3-88814-301-2
Eine Schirmer/Mosel Produktion

Inhalt

Zum Geleit

In Wirklichkeit war ich nie ganz sicher, bis von Sternberg sich um mich bemühte. Ich war ein schlecht informiertes Mädchen – nicht einmal der Aufgabe bewußt oder gar gewachsen, die man mir stellte; als Schauspielerin war ich eine Null, nur durch seine geheimnisvollen Methoden wurde ich zum Leben erweckt. Ich war nichts als ein gefügiges Werkzeug, eine Farbe auf der reichen Palette seiner Ideen und Bilder.

Die Filme, die er mit mir machte, sprechen für sich selbst. Es existiert heute nichts, noch wird es etwas in der Zukunft geben, das dem nahe kommt, was von Sternberg geschaffen hat. Alle, so scheint es mir, sind dazu verurteilt, ihn nachzuahmen. Viele Bücher wurden über seine Arbeit geschrieben. Keines dieser Bücher hat je ein wahres Bild seines großen Talents gezeichnet. Sie haben es alle versucht und vieles aus anderen Büchern entnommen. Keines dieser Bücher ist ehrlich. Ich war da und ich sah, wie es war. Ich sah das Wunder – jung wie ich war, sah ich tatsächlich das Wunder.

Marlene Dietrich

Das filmische Werk
31 Photographien

Josef von Sternberg gilt als der Regisseur, der die dichtesten, wahrsten und lebendigsten Bilder in der Welt des Kinos geschaffen hat. Viele seiner Schwierigkeiten mit Produzenten, Schauspielern und Publikum beruhten auf seiner einzigartigen Fähigkeit, in Bildern zu denken und zu argumentieren, und die emotionalen Beziehungen seiner Filmfiguren durch Bilder auszudrücken. Wie er selbst schreibt, hatte er die Voraussetzungen dieser Methode bereits in seiner Kindheit entwickelt: *Ein Kind ist ein Hedonist. Da mir wenig anderes Vergnügen bereitete als das, was mir die Augen vermittelten, empfand ich es als ganz natürlich, mich mit hypnotischer Konzentration visuellen Empfindungen zuzuwenden.*

Josef von Sternberg war für seine visuelle Phantasie und seine photographischen Fähigkeiten gleichermaßen berühmt. Lange Jahre war er als einziger Regisseur Mitglied der »American Society of Cinematographers«, der erlesenen Vereinigung amerikanischer Kameramänner.

Es ist sicherlich nicht möglich, durch Standphotos den visuellen Qualitäten der Filme Josef von Sternbergs auch nur annähernd gerecht zu werden. Dennoch vermitteln diese Photos, deren Herstellung Sternberg in vielen Fällen selbst kontrollierte, einen Eindruck von den hohen formal-ästhetischen und technischen Ansprüchen an die Qualität photographischer Bilder. Das wird vor allem deutlich, wenn man diese Standbilder vor dem Hintergrund der zeitgenössischen Berufs- und Kunstphotographie betrachtet.

Der nachfolgende Bildteil enthält insgesamt einunddreißig Standphotos aus den vierundzwanzig vollendeten Spielfilmen Josef von Sternbergs und dem abgebrochenen *Claudius*-Projekt von 1937. Mit Ausnahme des Photos zu *An American Tragedy* (1931), das den Photographien der Dietrich-Filme (1929–1935) nachgestellt ist, wurde die Folge chronologisch geordnet. Für weitere Details verweisen wir auf die Filmographie im Anhang dieses Buches. (Anm. d. Red.)

9

1
The Salvation Hunters, 1924/25
Von links: Bruce Guerin, George K. Arthur, Georgia Hale

2
The Exquisite Sinner, 1925
Conrad Nagel und Renée Adorée

3
Underworld, 1927
Clive Brook und Evelyn Brent

4
The Last Command, 1928
Emil Jannings, links

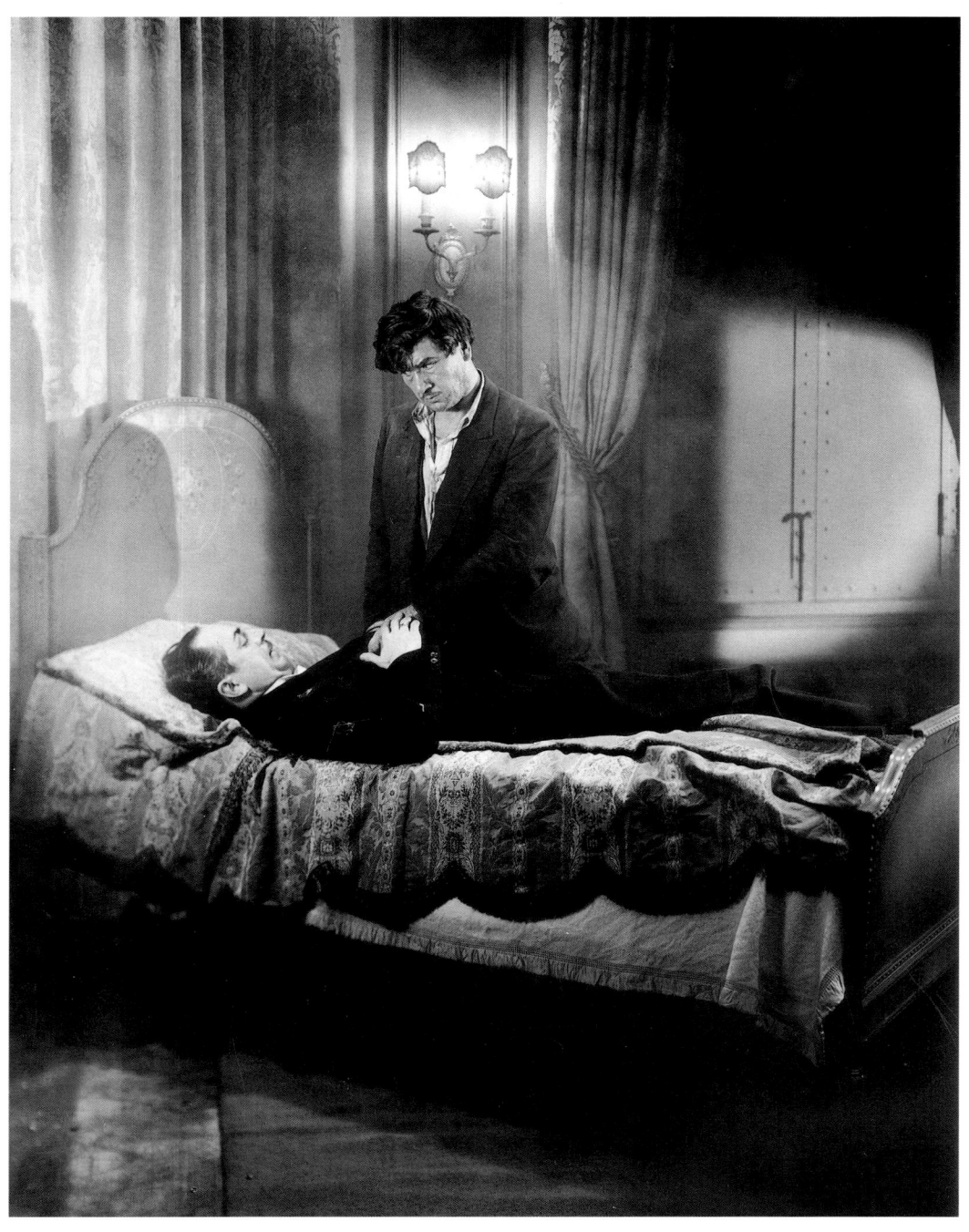

5
The Drag Net, 1928
George Bancroft, stehend, und William Powell

6
The Docks of New York, 1929
George Bancroft, rechts

7
The Case of Lena Smith, 1929
Esther Ralston

8
Thunderbolt, 1929
Fay Wray, links

9
Der Blaue Engel, 1930
Marlene Dietrich und Rosa Valetti

10
Der Blaue Engel, 1930
Marlene Dietrich, Hans Albers, Emil Jannings

11
Morocco, 1930
Marlene Dietrich

12
Morocco, 1930
Gary Cooper und Marlene Dietrich

13
Morocco, 1930
Adolphe Menjou und Marlene Dietrich

14
Dishonored, 1931
Marlene Dietrich und Barry Norton

15
Shanghai Express, 1932
Clive Brook und Marlene Dietrich

16
Shanghai Express, 1932
Marlene Dietrich

17
Blonde Venus, 1932
Cary Grant und Marlene Dietrich

18
Blonde Venus, 1932
Cary Grant und Marlene Dietrich

19
The Scarlet Empress, 1934
Marlene Dietrich als Sophie Friederike mit Hofdamen

20
The Scarlet Empress, 1934
Marlene Dietrich und John Lodge

21
The Devil is a Woman, 1935
Von links: Lionel Atwill, Marlene Dietrich, Alison Skipworth, Donald Reed

22
The Devil is a Woman, 1935
Marlene Dietrich

23
An American Tragedy, 1931
Phillips Holmes

24
Crime and Punishment, 1935
Peter Lorre, rechts

25
The King Steps Out, 1936
Grace Moore

26
I Claudius, 1937
Charles Laughton und Statisten

27
Sergeant Madden, 1939
Alan Curtis, mit Revolver

28
The Shanghai Gesture, 1941
Ona Munson, links, und Maria Ouspenskaya

29
Jet Pilot, 1951
Paul Fix, links, Janet Leigh und John Wayne, rechts

30
Macao, 1952
Jane Russell und Robert Mitchum

31
The Saga of Anatahan, 1953
Tadashi Suganuma und Akemi Negishi

Josef von Sternberg

DAS BLAU DES ENGELS

Erstes Kapitel

Kein Mensch ist so groß, daß er sich klein machen muß.

Unbekannte Quelle

Rohrschach hat eine Methode berühmt gemacht: Mit zehn symmetrischen Tintenklecksen läßt sich vieles enthüllen, was sonst vielleicht unbemerkt bleiben würde. Könnte man genug Künstler dazu überreden, sich diesem Test zu unterziehen, ließe sich möglicherweise eine bestimmte psychische Störung erkennen, die nur bei Künstlern auftritt. Solange dies jedoch noch nicht geschehen ist, bleibt als einziges verfügbares Symptom der Tintenklecks, den der Künstler macht, wenn er kreativ arbeitet. Dieser Tintenklecks unterscheidet sich oft erstaunlich von allem, was andere in seinem Bereich zustande bringen. Trotzdem gibt es einen gemeinsamen Nenner. Wir kennen eine Marmorplastik von Michelangelo und einen Bronzekopf von einem unbekannten Schwarzen aus dem Stamm der Benin. Beide Werke entstanden etwa um die gleiche Zeit. Es ist nicht vorstellbar, daß der eine etwas von dem anderen wußte, aber durchaus einleuchtend, daß beide vor demselben Problem standen. Jeder löste es auf seine Weise. Beide taten etwas Schöpferisches und vollzogen dasselbe Ritual, eine Art Gebet, das so leidenschaftlich war wie das Gebet einer Frau, die auf den Knien um ihr Seelenheil fleht. Für diese beiden Künstler war ihr Tun ein Akt der Liebe. Sie suchten eine Brücke zu dem Unbekannten und hofften dabei auf die Zustimmung eines inneren Antriebs, den allein sie spürten. Der große Italiener und der unbekannte Schwarze waren beide Meister ihrer Kunst.

»Kunst« ist ein Wort, das in einen semantischen Nebel führt. Die Lexika haben Schwierigkeiten mit der Definition. Einige meinen, es handle sich um ein Können, das zur Befriedigung des Geschmacks und zur Hervorbringung von Schönheit ausgeübt wird. Das ist nicht nur falsch, sondern auch irreführend. »Schönheit« und »Geschmack« sind heikle Worte ohne feststehende Kriterien, und sie haben womöglich nichts mit Kunst zu tun.

Alle Nachschlagewerke stimmen gewissermaßen darin überein, daß

Kunst ein außergewöhnliches Können verlangt. Aber auch darüber läßt sich streiten, denn hinter dem Können kommt oft ein seichter Inhalt zum Vorschein. Nirgends wird erklärt, daß Kunst auch eine der Gesundheit dienende Suche nach verborgenen Werten sein kann oder ein kulturelles Dokument oder sogar der Versuch, mit der Schöpfung zu konkurrieren, und eine systematische Untersuchung des Chaos oder im günstigsten Fall die Komprimierung unendlicher Macht, geistiger Macht in einem abgesteckten Rahmen.

Kurz und spöttisch wurde gesagt: »Der Künstler hat den Ehrgeiz, ein Gott zu sein.« Dieser Ehrgeiz hat sich für mich nur einmal erfüllt, als eine Gruppe Chinesen, die in einem meiner Filme mitwirkten, mich zu einer Gottheit erhoben. (Die chinesische Religion gestattet diese Art Erhöhung, erlaubt aber auch die entsprechende Erniedrigung. Am Ende der Filmarbeiten hatte ich die Auszeichnung wieder verloren. Die chinesischen Schauspieler freuten sich ebenso wie ihr Regisseur darüber, daß ich kein Gott mehr war.)

Gewiß ist die Entkörperlichung von Menschen zu den Schattenbildern meiner Vorstellung von ihnen kein Akt der Liebe. Es dient auch nicht gerade »kreativer Ekstase«, diese Menschen in einen sich ständig verändernden Rahmen zu stellen, den sie nicht sehen, oder sie zu nötigen, beziehungsweise zu überreden, ihre Verwirrung zu verbergen, und sie zu zwingen, den engen Richtlinien einer individuellen Sehweise zu folgen; denn sie ist vielen fremd, die sich vor einer Kamera bewegen. Man hat bis jetzt nichts erfunden, was so beschwerlich und mühsam ist wie das Machen eines Films. Es gibt für diesen Vorgang keine gebräuchlichen Werkzeuge und kein Material, das länger als eine kurze Sekunde seine Form behält. Die Ausübung einer Kunst erfordert die Handhabung von gehorsamen und verläßlichen Werkzeugen, die dem beabsichtigten Zweck dienen. Sie dürfen nicht behindern oder sich ihrer Aufgabe entziehen. Aber beim Film ist das Material lebendig, widerspenstig und emotionsgeladen. Ich habe es mit einem lebenden Wesen zu tun, das ich vielleicht noch nie zuvor gesehen habe und dem ich nie wieder begegnen werde. Könnte ein Geiger auf einer Violine spielen, die jeden Augenblick explodieren kann? Wie arbeitet ein Bildhauer mit einem Meißel, dessen scharfe Stahlkante ihm zugekehrt ist? Und was soll ein Maler denn tun, der vor einer leeren Leinwand steht, die aus unzähligen Schnipseln besteht, deren aufbegeh-

44

rende und widerspenstige Fragmente alle eine individuelle Behandlung verlangen?

Und doch wollte ich in einem Bereich der Kunst ein Künstler sein, in dem gerade das nicht erlaubt ist. Nur in den seltensten Fällen war es mir möglich, die Vorstellungen, die sich danach drängten, sichtbar zu werden, in ihrer Vollkommenheit zum Ausdruck zu bringen. Viele meiner Werke, die in den Galerien gezeigt werden, in die man unsere zahllosen Zuschauer lockt, um sie zu betrachten, wurden mit Beifall aufgenommen. Aber ich täusche mich nicht darüber hinweg, daß dies im Grunde nur daran lag, weil in den Filmen durchsichtige und auf Zustimmung angelegte Dinge miteinbezogen und fragwürdige Maßstäbe angewandt wurden. Man sollte aber nicht glauben, daß Werte, die zur Popularität beitrugen, immer bewußt eingefügt wurden. Dafür waren eher Unvermögen verantwortlich und die Bedingungen bei der Entstehung eines Films. Normalerweise kann ein Künstler sein Werk betrachten, bevor andere es sehen. Er kann Unbefriedigendes verbessern oder das Werk vernichten. In meinem Medium ist das natürlich unmöglich. Deshalb sollte niemand darüber staunen, daß ich mich selten – wenn überhaupt – zu Zorn und Empörung hinreißen ließ, wenn einer meiner Filme nicht so gezeigt wurde, wie ich es wollte, oder, wie in manchen Fällen, überhaupt nicht gezeigt wurde.

Wenn ich meine Anfänge zurückverfolge und alle auch noch so entfernten Verbingungen zu dem Zelluloidstreifen aufdecke, der nicht nur die Erde umschlingt, sondern auch meinen Hals, dann ist mir bewußt, daß ein Mensch möglicherweise nur wenig über sich weiß, und vieles von dem, mit dem er gelernt hat, sich abzufinden, vielleicht nicht enthüllen möchte. Wenn diese Beobachtung richtig ist, dann werde auch ich sie nicht entkräften. Viele, die sich mit meinem Werk beschäftigen, haben bereits alles darin entdeckt, was es zu sagen gibt. Denn das Zelluloid-Medium ist zwar neu, aber die Filme erzählen eine alte Geschichte, und gleichgültig, wie der Sinn einer Geschichte auch getarnt sein mag, sie wirft stets ein Licht auf den Autor. Denken wir daran, in eine Oberfläche, die empfindlicher ist als jedes andere bekannte Material, sind Gedanken eingegraben; und große Menschenmassen, die noch nie zuvor einem so wirkungsvollen Medium ausgesetzt waren, haben sie in sich aufgenommen. Aber es war nicht immer dasselbe, was ich in meine Filme hineingetragen habe und was daraus hervorkam. Deshalb muß dieses Buch die

Gedanken mit einbeziehen, die ich *versucht* habe, mit Millionen anderen zu teilen – oft nur mit wenig Erfolg.

Mitten in dem großen Topf Europa liegt eine alte Stadt. Sie war einst der Mittelpunkt eines mächtiges Reichs. Die sterblichen Überreste von Mark Aurel liegen in ihrer Erde. Die Stadt war in ihren Anfängen ein Vorposten der römischen Heere und hieß Vindobona. Magyaren, Slawen, Teutonen, Mongolen, Hunnen und Türken haben dieses Bollwerk der Zivilisation erobert und es wieder verloren. Die Beulenpest hat ihren Tribut erhoben. Es ist ein Wunder, daß Wien die vielen Plünderungen überlebt hat. Es ist ebenso erstaunlich, daß es den Bewohnern gelungen ist, sich ihren unbeschwerten Charme zu erhalten, denn keine andere Stadt ist so oft von Grausamkeiten und Schrecken heimgesucht worden. Offenbar ist Wien jedem Angreifer ein Dorn im Auge gewesen, und die jüngste Vergangenheit war für die Stadt grausamer als alles zuvor.

Ein großer Teil des Dramas in meinem Leben, das mich zu vielen, weit voneinander entfernten Plätzen geführt hat, ereignete sich in Wien. Als Kind habe ich dort gehungert, und in (für mich, nicht für Wien) besseren Tagen saß ich in einsamer Pracht in der Opernloge, die einst dem Herrscher über das österreichische Kaiserreich vorbehalten war. Die Stadt hat große Kirchen, alte gepflasterte Straßen, die blaue Donau, Museen mit ungeahnten Schätzen (allein die Breughels sind eine lange Reise wert), Theater, Cafés, Katakomben, eine große Universität, die sechshundert Jahre ein Zentrum der Wissenschaft war, und bekannte Hotels. Eine Suite, in der vor kurzem (1960) ein Regierungsoberhaupt von Rußland weilte, wo Zaren, Schahs und Sultane geschlafen haben, beherbergte Anfang 1938 auch mich. Der nächste Gast war Adolf Hitler.

Im Herzen von allem, was Wien bedeutet, liegt der Prater; er war mit seinem Riesenrad, das immer noch kreist, der größte Jahrmarkt der Welt. Was ihn einst umgab, ist jedoch im Krieg dem Erdboden gleichgemacht worden. Am Anfang des jetzt leeren Platzes, auf dem ich viele Stunden meiner Kindheit mit großen, staunenden Augen verbracht habe, befindet sich ein Denkmal des Admirals Wilhelm von Tegetthoff, Österreichs einzigem Seehelden. Der Admiral steht mit einem Bronzeteleskop in der Hand auf einer hohen, mit seinen siegreichen Schiffen geschmückten Säule. Hätte er das Teleskop an das Auge setzen können, wäre er vielleicht Zeuge meiner Ankunft in dieser Welt geworden.

Das war am Ende des vergangenen Jahrhunderts – noch vor der Zeit des Gaslichts, denn ich erinnere mich genau an die Petroleumzuglampe, die an einer Seilrolle über einem großen runden Tisch hing. Ich habe einen Grund, mich an diese Lampe zu erinnern, denn sie war Anlaß für das einzige Lob in meiner Kindheit. Als ich die Lampe auf den Armen meiner Mutter sitzend herunterzog, vergaß mein Vater einmal ausnahmsweise seine Strenge mir gegenüber und lobte die Kraft meiner Kinderhände, die mir ein Jahr lang seitlich am Körper festgebunden gewesen waren. Wie man mir später erklärte, war das notwendig, um zu verhindern, daß ich mir den Kopf aufkratzte, der mit Schorf bedeckt war und nicht abheilen wollte.

Mein Vater war ein sehr starker Mann, der seine Kraft oft an mir ausließ. Man erzählte mir unglaubliche Geschichten von seinen Heldentaten. Er habe zum Beispiel ein halbes österreichisches Regiment zusammengeschlagen, als er bei Antritt seines Wehrdienstes mit einem vereisten Schneeball begrüßt wurde. Ein stolzer Augenzeuge, dem es ebenso erging, geriet in seinem Eifer, mich von seiner Geschichte zu überzeugen, ins Stottern. Aber das hätte er sich sparen können, denn ich glaubte ihm aufs Wort. Ich hatte mit angesehen, wie mein Vater einen schweren Mann an den Fußknöcheln packte und mit ausgestreckten Armen in die Luft hob. Bei einer anderen Gelegenheit beobachtete ich, wie er einen brutalen Riesen windelweich schlug, nachdem der ihn in der klassischen Art höflich auf seinen schlechten Geschmack bei Krawatten hingewiesen hatte. Nur einmal erging es ihm schlecht, als ich ihn an den Armen packte und daran hinderte, eine üble Bande kampfunfähig zu machen. Die Kerle nutzten schnell ihren Vorteil und verprügelten uns beide. Als ich älter war, widersetzte ich mich ihm nur ein einziges Mal, als er ein anderes Familienmitglied bestrafen wollte. Ich drohte ihm mit Schlägen, wenn er nicht sofort aufhören würde. Er hätte ohne weiteres Hackfleisch aus mir machen können, aber er rührte danach keinen von uns mehr an. Möglicherweise war ihm bis zu diesem Augenblick nicht bewußt gewesen, was er im Zorn alles tat. Nur wenigen von uns ist das bewußt. Ich wurde als Kind geschlagen und geprügelt, bis ich wie ein Hund heulte. Nach jeder Tracht Prügel streckte er gnädig die strafende Hand zum Kuß aus – zu jener Zeit eine beliebte und weit verbreitete Tradition. Ich erwähne es, weil das später einen Spezialisten für menschliches Verhalten, dem ich mein Innenleben zur Einsicht vorlegte, zu einer Bemerkung veranlaßte. Der Mann erkundigte sich nach dem Ursprung meiner Talente. Ich erwiderte ungeduldig, meine Talente stünden in keinem Zusammenhang mit der zur Diskussion stehenden Frage. Deshalb interessiere mich dieses Thema nicht und habe mich auch noch nie beschäftigt. Er schrie mich an – bei keiner anderen Gelegenheit wurde er je wieder laut –, mein Vater habe sie mir eingeprügelt. Das unzusammenhängende Material, vor dem ich sitze, soll eine Untersuchung der Kunst und der Künstler werden, die diese Kunst ausüben; deshalb darf ich nichts übersehen, obwohl ich der Letzte bin, der jemanden dazu ermutigen würde, ein Kind zu prügeln, weil sich ihm dadurch viele unerwartete Fluchtwege auftun könnten.

Ich bin jedoch nicht der Ansicht, daß in meiner Kindheit Spaß und Freude fehlten. Bei meiner Geburt erfüllte der Duft von Kastanienblüten die Luft, denn nicht weit entfernt standen die alten Bäume in einer stattlichen Allee bis zur Donau. Und unter die ersten Geräusche, die ich in meiner Wiege hörte, mischten sich die Klänge der Leierkästen, Jahrmarktsorgeln und wundervoll bemalten mechanischen Musikautomaten im Prater, die den prächtig uniformierten Soldaten und ihren Begleiterinnen Ständchen brachten. Diese jungen Fräuleins, meist Dienstmädchen, trugen die malerischen Trachten ihrer Heimatprovinzen und warteten alle darauf, verführt zu werden. Der alte Bronze-Admiral hielt sein Teleskop fest in der Hand und drehte dem bunten Treiben den Rücken zu. Er blickte mit nicht nachlassendem Interesse in die schmale Gasse, um die Damen der Nacht in Augenschein zu nehmen, die ihrem Geschäft tagsüber nachgingen, wovon ich mich überzeugen konnte, wenn ich mir selbst überlassen durch die Gegend streifte. Wenn sie manchmal das vorgeschriebene Revier verließen, löste das bei den Kindern große Aufregung aus, die auf ihren Gehwegen so etwas nicht duldeten. Ich sehe noch heute eine dieser Damen so deutlich vor mir, als sei es gestern gewesen. Sie mußte, von einem johlenden Chor Mädchen und Jungen in die Enge getrieben, schleunigst Zuflucht in einem Hauseingang suchen. Aber sofort war der allgewaltige Hausmeister zur Stelle, vertrieb sie aus der momentanen Sicherheit, und sie floh hastig zu den gewohnten Straßenecken zurück. Die Kinder verfolgten die Frau. Die kleinen Unschuldsengel hoben ihr die Röcke hoch und schrien hämisch ihren Namen. Eine der Damen, die Abstecher in meine Straße unternahmen, hieß Suleika, die fliegende Jungfrau. Ich weiß nicht, wie sie zu diesem Namen kam. Sie war Ungarin, keine Türkin, außerdem blond, hatte keine sichtbaren Flügel, und niemand wußte, wie es ihr gelang, ihre Jungfräulichkeit zu bewahren.

Meine kleine Welt war auch ohne Straßenmädchen aufregend. Die Ställe der berühmten Spanischen Reitschule lagen in der Nähe, und eine Ecke weiter hatte ein Zirkus auf Dauer seine Zelte aufgeschlagen. Als kleines Mädchen war meine Mutter dort in einem aufsehenerregenden Tableau als Schneeweißchen aufgetreten. Eine Schreinerwerkstatt nahm das Parterre des Hauses ein, in dem wir den obersten Stock bewohnten. In dem riesigen Speicher über uns hing die Wäsche zum Trocknen. Dort unterhielten sich die Dienstmädchen, wenn sie nicht mit ihren Soldaten ausgegangen waren, in einem Dutzend Sprachen und brachten uns die Lieder der vielen Nationalitäten bei, die das damalige Österreich ausmachten.

Als Sechsjähriger kam ich in die Schule. Das Klassenzimmer war die Höhle eines schrecklichen Ungeheuers mit Bart und stechenden Augen, das uns lehrte, es mehr zu fürchten als Jehova. Der Religionsunterricht war Pflicht. Wir lernten hebräisch lesen und schreiben, aber ohne die Bedeutung eines einzigen Wortes dieser Sprache zu kennen, die fünftausend Jahre alt ist. Der Lehrer verbreitete nacktes Entsetzen. Wir wagten nicht, den Mund zu öffnen. Die Angst führte dazu, daß die ganze Klasse Durchfall bekam. Unser Peiniger schritt drohend mit dem Stock in der Hand durch die Klasse, roch an jedem Schüler und entdeckte schnell einen Übeltäter, den er mit Triumphgebrüll aus der Bank zerrte und zum Kathader schleppte, das nur dem Zweck der Bestrafung diente. Mit einem lähmenden Blick bannte er sein Opfer, das die kleine Hand ausstrecken mußte, die er mit dem Lineal bearbeitete, während er bissige Bemerkungen über die mangelhafte Kontrolle der Schließmuskeln machte. Dann durfte der Schüler Zuflucht in einer Toilette suchen, die aber niemand rechtzeitig genug erreichte, um weiteres Unheil zu verhindern. Dieser Lehrer, der uns die Liebe zu einer alten Kultur einimpfte, hieß Antcherl, obwohl er in einem meiner Filme (*Der Blaue Engel*, 1930) unter einem anderen Namen auftauchte.

Mein Vater hatte sich über alle Einwände seiner Eltern hinweggesetzt, als er meine Mutter heiratete, und war deshalb enterbt worden. Auf lange Sicht machte das keinen großen Unterschied, denn bald darauf zerbrach die große österreichisch-ungarische Monarchie; und dann hatten auch die Reichen kaum noch genug Geld für eine Tasse Kaffee. Ich war das älteste Kind und noch nicht drei, als mein Vater nach Amerika fuhr, denn er hatte gehört, daß auf der anderen Seite des großen Teichs die Gehwege mit Gold gepflastert seien. Während er dort sein Glück machen wollte, was nie geschah, wartete der Rest der Familie im alten Wien. Ein Kind war nach mir geboren worden, und ein anderes war unterwegs. Deshalb blieb ich mir selbst überlassen, besaß im Winter wenig, um mich warm zu halten, und bekam auch wenig zu essen, es sei denn etwas von Verwandten. Ich weiß nicht, was in dem kleinen Jungen damals vorging, aber die Welt draußen war für ihn ein Kinderparadies.

Mir gehörte jeder Winkel dieses einmaligen, riesigen Vergnügungsparks. In einer späteren Phase meines Lebens habe ich die Eindrücke von damals meinen Zuschauern vermittelt (*The Case of Lena Smith*, 1929). Unzählige Schießbuden, Kasperltheater mit der unvermeidlichen Teufelspuppe, weiß geschminkte Clowns in Dominokostümen, Boote, die von hoch oben mit lautem Klatschen ins Wasser schossen, Puppen mit Ledergesichtern, die stöhnten, wenn man sie schlug, dressierte Flöhe, Schwertschlucker, Purzelbaum schlagende Liliputaner und Männer auf Stelzen, Schlangenmenschen, Jongleure und Akrobaten, Schaukeln, die die Röcke flattern ließen, so daß man sah, daß nicht alle Frauen keine Unterwäsche trugen, ein Meer von Luftballons, tätowierte Athleten, muskelschwere Gewichtheber, Frauen, die in der Mitte durchgesägt wurden und offenbar den Rest ihres Lebens ohne Unterleib verbrachten, dressierte Hunde und Elefanten, ein Drahtseil, auf dem ein Feinschmecker Wiener Würstchen mit Meerrettich aß – die einheimische Spezialität, bei der mir das Wasser im Mund zusammenlief –, bezaubernde Tänzerinnen, gefährliche Messerwerfer und ihre kreischenden Zielscheiben, deren Haare bis zum Saum ihrer Nachthemden reichten, das Tomahawk schwingende Indianer und phlegmatische Squaws, Kälber mit zwei Köpfen, Exemplare des schönen Geschlechts mit Bärten und so dicken Schenkeln, daß sie einer ganzen Kompanie als Kopfkissen dienen konnten, Zauberer, die brennende Flüssigkeiten tranken, trommelnde Kannibalen und die Hüften schwingende Harems, ein Spiegelkabinett, aus dem die begeisterten Leute mit schwarzen Augen und Beulen am Kopf stolperten, Hypnotiseure, die die Schwerkraft aufheben konnten und Ringe um schlafende Frauen legten, die ein Meter fünfzig über dem

Boden schwebten, auf dem sie eigentlich hätten liegen müssen, und in der Mitte von allem ein riesiger chinesischer Mandarin mit einem Schnauzbart, länger als ein Pferdeschweif, der sich auf einem Karussell zu den Klängen von Iwanovicis *Donauwellen* drehte... Was mehr hätte ich mir wünschen können?

Diese Luft füllte meine Lungen, und etwas davon konnte ich wieder ausatmen, als die Zeit dazu gekommen war. Ich kann mich nicht daran erinnern, auch einmal zu Hause gewesen zu sein. Die Welt draußen hat sich mir ins Gedächtnis eingegraben. Ich machte Halsketten aus Kastanien und blickte sehnsüchtig durch Büsche auf die Tische der Gartenlokale, wo zu Walzerklängen aus einem Füllhorn gebratene Gänse und sprudelnde Himbeerlimonade kamen. Und ich marschierte bei der täglichen Parade der Zinnsoldaten Seiner Kaiserlichen Majestät im Gleichschritt mit der Militärkapelle. Ich jubelte dem alten Kaiser zu, der mir huldvoll winkte, wenn seine offene Kutsche mit den vier Schimmeln in prächtigem Geschirr und mit Federbüschen die Hauptallee entlangrollte. Sein geteilter Bart gehörte zu meiner Welt. Er war der gütige Herrscher einer Gesellschaft, in der ich glücklich war. Alles war geordnet. Nichts verwirrte mich. Es gab noch keine Comics, kein Radio, keine Filme oder die endlosen, schwachsinnigen Fernsehprogramme, obwohl ein gewisser Thomas A. Edison, ohne daß ich etwas davon ahnte, bereits einen Film mit dem Titel *Fun in a Chinese Laundry** gemacht hatte.

Ich war inzwischen sieben. Mein Vater forderte uns auf, ihm zu folgen, ohne jedoch das Geld zu schicken, damit wir es tun konnten. Ich habe keine Ahnung, wie die Reise in das märchenhafte Amerika finanziert wurde – vermutlich von Verwandten, die froh waren, uns los zu sein – allerdings nicht für lange. Ich wurde zum Führer der Expedition ernannt, die meine Mutter, mein Bruder und mein Schwesterchen umfaßte. An die lange Bahnfahrt und an die vierzehntägige Atlantiküberquerung kann ich mich nicht mehr erinnern, aber an den Hamburger Hafen, wo wir auf die Einschiffung warten mußten.

Ich habe seitdem eine grauenhaft heiße Nacht in Camagüey in einem Raum mit Tausenden von Moskitos verbracht und eine andere in Allahabad

---

* Unter diesem Titel veröffentlichte Josef von Sternberg 1965 die englischsprachige Originalausgabe seiner Autobiographie. Es ist der Titel eines der ersten Demonstrationsfilme, die der amerikanische Erfinder u. a. der Filmtechnologie, Thomas Alva Edison, Ende des vorigen Jahrhunderts drehte. Anm. d. Red.

mit Schlangen. Ich habe die Meerenge von Korea in einem Taifun überquert, während Ratten in panischer Angst durch meine Koje sprangen, – aber da war ich nicht mehr sieben. Das Schlafzimmer in Hamburg war ausschließlich Reisenden vorbehalten, die keine andere Wahl hatten, als dort zu übernachten. Es war rotbraun von schrecklichem Ungeziefer; auf Wänden und Betten wimmelte es von Wanzen. Auch zu Hause gehörte die Jagd nach Wanzen und Flöhen zum normalen Ritual des Schlafengehens. Wir wohnten hoch oben im fünften Stock. Wenn es Fensterläden und Gardinen in unserer Nachbarschaft gab, dann wurden sie nicht benutzt, um etwas zu verbergen. Alle konnten sehen, wie die Dienstmädchen vor dem Schlafen die Flöhe aus den Bettüchern in eine Schüssel mit Wasser schüttelten. Aber in dem Zimmer in Hamburg konnte man nur weinen und warten, daß der Morgen kam.

Berenson fragt sich in seinem Tagebuch *Rumor and Reflection* (1941–1944), ob nicht »die Konflikte unserer Zeit hauptsächlich eine Frage des Lebensstandards« sind. Er hätte sich diese Frage nicht stellen müssen. In den meisten Teilen der Welt sind sanitäre Einrichtungen unbekannt, von anderen Errungenschaften ganz zu schweigen. In Wien, das wir gerade verlassen hatten, gab es selbst in guten Häusern kein fließendes Wasser. Und aus gutem Grund stand ein Nachttopf unter jedem Bett, obwohl nicht alle aus dem Fenster geschüttet wurden, so daß Fußgänger sich mit einem kühnen Sprung vor dem unerwarteten Schwall retten mußten. Aber das Europa jener Zeit hatte einen starken Hang zu Ungezwungenheit und Bequemlichkeit. Kaum jemand gab sich die Mühe, seine elementaren Bedürfnisse zu verbergen. Männer standen unbekümmert am nächsten Laternenpfahl und entleerten die Blase für neues Bier. Nur empfindsamere Damen hockten sich erst dann in eine geeignete Ecke, wenn sie sich unbeobachtet glaubten.

Bei der Ankunft in der Neuen Welt mußten wir erst kurze Zeit auf Ellis Island verbringen, bis uns die Beamten der Einwanderungsbehörde wie Rinderherden begutachtet hatten. Dann kamen wir in unsere neue Bleibe – wenn man die Räume in einem Mietshaus in Yorkville so nennen kann. Wieder einmal mußten wir fünf Treppen steigen, aber diesmal fanden wir im obersten Stock fließend heißes und kaltes Wasser, eine Badewanne, einen stummen Diener und zwei große Bücher über die amerikanische Geschichte. Man erklärte, sie würden ganz allein mir gehören, sobald ich

Englisch konnte. Ich lernte Englisch, und ich lernte, das neue Land zu lieben – aber es dauerte einige Zeit. Ich habe die beiden Bände nie vergessen, denn mein Vater nahm mir jahrelang alle anderen Bücher weg und brüllte, kein Buch werde mir helfen, meinen Lebensunterhalt zu verdienen.

Am nächsten Tag besuchte ich bereits die Schule. Von den drei Jahren dort weiß ich nicht mehr das geringste. Ich erinnere mich an keinen einzigen Tag, an keinen Lehrer. Viele erinnern sich an die Jahre ihrer Jugend und behaupten, aus dieser Zeit nie etwas zu vergessen. Vor elf Jahren besuchte ich die Schriftstellerin Ayn Rand, die in einem von mir gebauten Haus wohnte. Sie behauptete, sie habe bereits als Dreijährige gewußt, daß sie einmal Schriftstellerin werden wollte. Meine damals fast sechsjährige Tochter begleitete mich, und sie wurde gefragt: »Was willst du werden, wenn du einmal groß bist?« Die Antwort: »Was bedeutet das, Daddy?« Jemand stellte meinem Sohn dieselbe Frage, als er sechs wurde. »Sieben«, erwiderte er. Hätte man mir als Kind eine so dumme Frage gestellt, hätte ich nicht antworten können: »Filmregisseur«, weil das Wort »Film« in meiner Kindheit gleichbedeutend war mit »Abschaum«. Aber sollte ich wieder einmal sieben Jahre alt sein und wissen, was ich jetzt weiß, dann würde ich vermutlich auf diese Frage antworten: »Vogelscheuchenmacher.«

Kurz nach der Ankunft im »gelobten Land« wurde ich gleichzeitig das Opfer einer grassierenden Scharlachepidemie und der Windpocken. Das stellte sich als sehr wichtig heraus – nicht wegen der Krankheiten, sondern weil mein Vater mich ausnahmsweise einmal nicht ausschimpfte, stattdessen freundlich zu mir war und mir liebevoll über die glühende Stirn strich. Es wäre einseitig, wenn die Beschreibung meines Vaters sich auf seine Unwissenheit in Hinblick auf freundliche Gefühlsregungen beschränkte. Er sah gut aus, war intelligent (als junger Mann hat er ein Buch über Mathematik geschrieben) und unschlagbar, wenn es um mechanische Dinge ging. Mein Vater gönnte sich keine ruhige Minute, fand mühelos Freunde und lange, bevor es zu spät war, wußten wir beide, wieviel wir uns gegenseitig bedeuteten. Wäre das Land der unbegrenzten Möglichkeiten gut zu ihm gewesen, hätte er vielleicht auch Zeit zum Nachdenken gefunden. Aber er arbeitete Tag und Nacht, und scheute vor keiner noch so niedrigen Aufgabe zurück, um für seine Familie zu sorgen.

Einmal sah ich an einem Sonntag zu, wie er schwere Hebel betätigte, mit denen der Wasserstand für Boote reguliert wurde, die man in einem

Jahrmarktsbetrieb in Coney Island durch den sogenannten »Liebestunnel« schleuste.

Drei Jahre später – ich war damals zehn – kehrten wir alle nach Wien zurück; vermutlich konnte mein Vater die ständigen Enttäuschungen nicht mehr verkraften. Aber nicht lange darauf verließ er uns und kehrte wie ein Eichhörnchen im Käfig, das in seinem Rad herumrennt, in das gelobte Land zurück, um noch einmal sein Glück zu versuchen – wieder ohne Erfolg. Inzwischen waren wir fünf Kinder. Ich hatte noch eine Schwester und einen Bruder bekommen.

Kaum ein Winter kann schöner sein als die Winter in Wien. Monatelang bedeckt ein weißer Teppich aus frisch gefallenem Schnee die Stadt. Die Wangen glühen, die Augen leuchten, und der Atem wird zu hübschen kleinen Wölkchen. Die ausladenden Äste der alten Bäume tragen glitzernden Kristallschmuck aus Eis. Der übliche Lärm ist verschwunden; es herrscht eine gedämpfte Stille, als werde bald ein großes Geheimnis gelüftet. Aber für all das hatte ich damals keine Augen. Ich spürte nur die Kälte und weiß noch, wie ich mit anderen, die auch keinen Mantel hatten, in einer Schlange stand, um einen geschenkt zu bekommen. Der Mantel war grau und hübsch. Er paßte mir ausgezeichnet. Die Wolle war so warm, als umhülle sie immer noch das Tier, von dem sie stammte. Und vorne auf der Brust prangte für jeden sichtbar das Stadtwappen von Wien. Ich bezweifle, daß mich damals jemand beachtete, aber ich tat alles, um das verräterische Wappen zu entfernen. Als ich viele Jahre später nach Österreich zurückkehrte und von Würdenträgern empfangen wurde, die mich als einen Mann ehrten, »der mit seinem großen Herzen eine Welt erobert hat«, ließ der Oberbürgermeister liebenswürdig durchblicken, er denke daran, mir einen Orden zu verleihen. Ich bat ihn, darauf zu verzichten, und erzählte ihm von dem Wappen, das meinen Mantel gesckmückt hatte, als ich fror. Der Bürgermeister war ein einsichtiger Mann und versprach, er werde dafür sorgen, daß in Zukunft keine Spende für die Armen auf diese Weise mehr gekennzeichnet sei. Zu dieser Zeit war Wien die weitläufige Hauptstadt einer kleinen, geschrumpften Republik geworden, die es kaum drei Monate später für acht Jahre überhaupt nicht mehr gab, und alle Bewohner der Stadt waren arm. Jetzt gibt es wieder ein Österreich mit Flüssen, Seen, Wiesen und Bergen. Es ist ein so schönes Land wie kaum ein zweites auf der Welt. Aber dieses Land versucht noch immer, die Bomben zu vergessen, die Vergewaltigungen, die Plünderungen und die Barbaren, die es eroberten – und wieder verließen –, so wie es auch die vielen wilden Horden vergessen hat, die in der Vergangenheit über diese schöne Stadt herfielen.

Wenn ich im Sommer den Schulranzen nicht auf dem Rücken trug, weidete ich die Zirkuspferde. Dann durfte ich sie nicht nur bei den Vorstellungen bewundern, sondern erhielt hin und wieder eine Silbermünze mit dem Bild von Franz Joseph I., der achtundsechzig Jahre lang als Kaiser von Österreich, König von Ungarn, Böhmen, Galizien, Illyrien, Bosnien und der Herzegowina geherrscht hatte und was mich betraf, mein Schicksal bestimmte – denn eine Silbermünze bedeutete Brot und Butter.

Die blaue Donau, die im Schwarzwald ganz versteckt als winziges Bächlein aus der Erde quillt, gewinnt bald an Breite und Macht, lange bevor der große Fluß auf seinem schnellen Weg zum fernen Schwarzen Meer Wien begrüßt. Die Donau beweist ihre Zuneigung für die Stadt, in der meine Wiege stand, indem sie gemächliche Umwege macht und kleine Inseln besucht, die von dem stillen Wasser umschlossen sind, in dem ich schwimmen lernte. Eines Tages stieß ich auf einer dieser Inseln unvermutet auf eine Gruppe nackter Mädchen. Aber die bezaubernden Nymphen verwandelten sich im Handumdrehen in Furien, die mich mit dem derben Dialekt überschütteten, mit dem die Wiener die deutsche Sprache ausgeschmückt haben. Der Eindringling bekam ein paar besonders saftige Schimpfworte zu hören und verschwand schnell wieder in der alten Donau, um seine große Verlegenheit zu verbergen.

Noch mehr Abenteuer gab es beim Herannahen der Jugend. Ein freundlicher Lehrer nahm mich mit nach Hause, um mir beim Lernen zu helfen. Aber wie er es tat, stand nicht im Einklang mit dem vorgeschriebenen Lehrplan. Mir war schon vorher das merkwürdige Verhalten von Männern aufgefallen, die sich in überfüllten Straßenbahnen an mich drückten. Aber ich verstand das nicht, und es verwirrte mich nicht weniger, als etwa ein Jahr später ein sehr viel älterer Junge mir Gedichte schrieb, Blumen schenkte und bei allem, was ihm heilig war, schwor, ich werde der Mittelpunkt seines Lebens sein, wenn ich nur verstehen könnte. Mir gefielen die Blumen und die Gedichte, denn sie besangen den Monat Mai, in dem ich geboren bin. Soviel verstand ich – mehr aber nicht. Ich wußte auch nichts mit den anzüglichen Witzen anzufangen, die ständig in aller Munde waren. In Kreide und Bleistift auf jede erdenkliche Fläche gekritzelt, von Jung und Alt geträllert, unterstellten sie Schustern, Metzgern, Bäckern, Klempnern und Kerzenziehern nur das Eine – alles einprägsam in unverfälschter Wiener Mundart – und erregten bei mir doch nur wenig Neugier.

Lange davor wurde ich aufgeregt in einen Keller gerufen, wo ein unternehmungslustiges junges Ding für Unterhaltung sorgte. Sie hing mit den Knien kopfüber an einer Schaukel und zeigte alles, was es an ihr zu sehen gab, gegen ein paar Münzen einer Gruppe ehrfürchtiger kleiner Jungs, die sich von da an der Erkenntnis nicht mehr verschließen konnten, daß Mädchen doch entschieden zu kurz gekommen waren. Aber inmitten all dieser Hymnen auf das sündige Fleisch waren wir so unschuldig wie neugeborene Katzen. Ich suchte nur Gesellschaft und Zuneigung. Ich kannte keine Schuld, keine Heimlichkeiten und keine Angst, obwohl diese Ungeheuer mit der Zeit heranwuchsen.

Das große Ereignis dieser frühen Jahre, noch vor meinem vierzehnten Geburtstag, war eine glühende, schwärmerische Verliebtheit. Die Wiener Mädchen besaßen damals eine höchst anmutige Haltung und einen stolzen Gang, wie es ihn heute nicht mehr gibt. Und meine Auserwählte, der ich ewige Liebe schenken wollte, war die Königin von allen. Sie hatte lange, schwingende Zöpfe, war schlank und schön. Sie besaß eine Zauberformel, mit der sie im Gehen und Stehen bezauberte. Sie war einmalig. Ich durfte sie mit ihrer Erlaubnis anhimmeln, und sie betete sich selbst an. Es wäre mir nie in den Sinn gekommen, diese zarte Vision zu berühren, denn sie hätte sich in Luft auflösen können. Aber einer meiner Freunde dachte praktischer und hatte keine derartigen Befürchtungen. Er beendete für mich dieses Kapitel, als ich die beiden eines Tages bei einer leidenschaftlichen Umarmung überraschte.

So lebendig diese Einzelheiten auch noch sind, sie waren nur die Oberfläche. Wenn ich heute auf diesen Wiener Jungen zurückblicke, dann scheint er so unbekümmert gewesen zu sein wie so viele andere auch, die tagtäglich aus der Schule kommen. Er lernte, die Obrigkeit zu achten; er konnte lateinische Wörter konjugieren, sprach ein einfaches Französisch und Englisch, kannte die deutschen Klassiker, hatte Jungen und Mädchen als Freunde und spielte ebensogut Fußball wie alle in der Nachbarschaft. Wichtig und die treibende Kraft für die kommenden Ereignisse sind die

Dinge, an die ich mich nicht erinnern kann. Wachstum ist kein bewußter Vorgang, und kein Gehirn registriert seinen Ablauf. Sehr viel später – glücklicherweise nicht zu spät – kamen unter dem Skalpell eines Spezialisten, der dazu ausgebildet war, das zu tun, was man nicht selbst tun kann, die Einflüsse zum Vorschein, die die Erinnerung nicht hatte festhalten wollen. Er wies mich darauf hin, daß ich wenig über mich selbst wußte und noch weniger über andere. Im allgemeinen ist das nicht bemerkenswert, denn die meisten Menschen kommen mehr oder weniger gut damit aus, nichts über sich und über die anderen zu wissen.

Ich war damals beinahe fünfzig, als ein Experte*, heute ein guter Freund, aber damals alles andere als das, mir eine Frage stellte, die in Hinblick auf meine Arbeit höchst eigenartig zu sein schien: »Glauben Sie, etwas über die Menschen zu wissen? Hätten Sie etwas dagegen einzuwenden, daß Sie nichts über Menschen wissen?« Ich hatte diesen Mann aufgesucht, um ihm Fragen zu stellen, auf die ich keine Antworten mehr wußte. Damit hatte er das Recht, mit mir über jedes Thema zu sprechen, und ich antwortete, das liege mir fern: In einem Anflug von Humor fügte ich hinzu, bei meiner Ankunft in Hongkong habe eine Zeitung die Schlagzeile gebracht: »Der Mann, der weiß, was in 20.000.000 Köpfen vorgeht, besucht Hongkong!« Der Experte erwiderte trocken: »Vielleicht wissen Sie, was in Hongkong in zwanzig Millionen Köpfen vorgeht, aber nicht in meiner Praxis.«

Meine Tage in Wien endeten als Vierzehnjähriger. Wieder einmal überquerten wir den Atlantik. Ich verkroch mich in einer Highschool auf Long Island, bis ich fünfzehn war, und tat nichts, außer mit der englischen Sprache zu kämpfen. Dann mußte ich mir Arbeit suchen, denn zu Hause gab es kaum etwas zu essen. Es ist bemerkenswert, wie wenig ich noch von den folgenden Tagen weiß, wie verschwommen alles ist, und wie das, was mit mir geschah, zum Leben eines Fremden zu gehören scheint, der nichts mit mir zu tun hatte. Die unbekümmerte Jugend ist vorüber. In meinem Kopf scheint unbemerkt etwas geschehen zu sein. Ich habe kein Ziel, keine Überzeugungen und keinen Ehrgeiz, als hätte mich ein haitianischer *Papa loi* ** in einen Zombie verwandelt. Seltsamerweise sehe ich jede Straße vor mir, auf der ich gegangen bin, jedes Zimmer und jedes Geschäft, das ich

* der Arzt Dr. Nicholas A. Bercel
** Voodoo-Priester, Anm. d. Red.

betreten habe. Kein Gesicht entzieht sich mir –, nur von meinen Gefühlen ist mir nicht das geringste bewußt.

Meine Lehrzeit in der Kunst begann in einem Putzmachergeschäft unter den Pfeilern einer dröhnenden Hochbahn, neben der ich auch zu Hause schlief. Die Ausbildung bestand aus dem Putzen des Ladens, der Fenster, des Gehwegs und eines dunklen Kellers mit vergitterten Fenstern, in dem die Reste von Bändern aufbewahrt wurden, zusammen mit künstlichen Kirschen, Schneiderpuppen und Hutformen. Dieses Bindeglied zu meiner Vergangenheit gehörte einer Tante, deren Sohn es gelungen war, in New York eine einflußreiche Stellung zu bekommen. Es dauerte nicht lange, und ich arbeitete im Lager einer großen Spitzenhandlung in der Fifth Avenue. Ich bekam einen Wochenlohn von vier Dollar. Nach Abzug von Fahrgeld und Mittagessen brachte ich jeden Samstag zwei Dollar und achtzig Cents nach Hause. Ich muß dort ziemlich lange gearbeitet haben, denn viele Jahre später erzählte mir ein vornehmer alter Herr mit einem gepflegten Bart, der parfümierte Zigaretten rauchte, von denen er mir eine anbot, als wir miteinander bekannt gemacht wurden, voll Stolz, ich habe einmal in seiner Firma gearbeitet. Das war in Karlsbad, und der Mann hieß Naday. Er erging sich lange über mein, wie er sagte, brillantes Gedächtnis für die Inventarnummern seiner Spitze. Er fügte hinzu, er habe bereits wiederholt anderen gegenüber auf die hervorragende Ausbildung hingewiesen, die ich in seinem Geschäft erhalten hatte.

Ich lernte Kartons falten, unlösbare Knoten binden, Schachteln übereinanderstellen, bis die Stapel hoch und lebensgefährlich waren, und sie dann abstauben; und ich lernte auch die Adresse jedes großen Warenhauses im ganzen Land. Aber all das kam erst, nachdem ich ordnungsgemäß eingeweiht worden war. Diese Zeremonie bestand darin, daß mich zunächst ein langes, verdächtiges Schweigen begrüßte, als ich mit dem Lastenaufzug in Mr. Nadays exklusiven Hallen erschien. Dann stürzten sich auf ein Signal hin meine künftigen Kollegen auf mich, um mich nach der damaligen Sitte zu »taufen«. Man warf mich zu Boden, hielt mich fest, knöpfte mir die Hose auf und verewigte mit einem Stempel das Datum meines Eintritts und den Namen der Firma. Damit war ich aufgenommen und durfte in den langen, schmalen Gängen mit den Regalreihen bleiben, die noch jahrelang in meinen Alpträumen auftauchten. Ich mußte mir den ganzen Tag die Vorzüge der verschiedenen Bordelle anhören und Geschichten über die anschließenden Besuche bei Quacksalbern, bei denen meine Kollegen ihren Lohn loswurden. Nach einigen Woche kannte ich bereits die Unterschiede von venezianischer Spitze und Rosalinenspitze, Spitze aus Alençon, Chantilly, Valenciennes, Brüssel und der Schweiz. Ich möchte meinem ehemaligen Arbeitgeber Gerechtigkeit widerfahren lassen und kann mir vorstellen, daß das so mühsam erworbene Wissen später in meinen Filmen wieder auftaucht, wenn ich Schauspielerinnen mit groben Fischernetzen verhüllte.

In dieser Zeit hatte ich einige Freunde. Der eine ertrank im Urlaub in einem See; ein anderer ging mit mir zum ersten Mal in meinem Leben in ein Restaurant und machte mich zum ersten und letzten Mal in meinem Leben betrunken. Er steckte mir Eiswürfel in die Hosentaschen und bezahlte ein paar Frauen, die sich neben mich setzten und mir die Schenkel streichelten. Ich hatte keine Ahnung, was man mit Frauen anfängt, aber die Eiswürfel warf ich einem Polizisten vor die Füße, der an einer belebten Straßenkreuzung den Verkehr regelte. Einen Freund*, mit dem ich mich auch heute noch oft treffe, schätze ich sehr. Ein anderer schreibt mir alle zehn Jahre, ohne mir eine Adresse mitzuteilen, unter der ich ihn erreichen könnte. Ich war damals sechzehn; alles andere während dieser Lehrzeit verschwindet im Nebel. Und wenn der Nebel sich lichtet, habe ich keine Arbeit und treibe mich wieder auf den Straßen herum. Ich lief von zu Hause weg, nachdem meine Mutter uns verlassen hatte. Es blieb ihr kaum eine andere Wahl – sie war sanft und wußte nicht, wie man einen Löwen zähmt. Ich weiß es zwar nicht, aber ich glaube, man hat uns nicht vermißt. Meine Mutter fand Freunde, die sie aufnahmen, bis ich für sie sorgen konnte, aber das sollte noch lange dauern. Ich saß selbst auf der Straße.

Inzwischen war ich über siebzehn und trieb mich in einer Siebenmillionenstadt herum. Wieder einmal hatte ich nichts zu essen, aber diesmal auch keinen Platz zum Schlafen. Ein paar Nächte gingen in Gesellschaft von Katzen auf Parkbänken vorüber, und eine Nacht verbrachte ich in einer Absteige in der Bowery. Sie taucht in einem meiner Filme wieder auf (*Blonde Venus*, 1932). Es gab noch keine Kinos, die die ganze Nacht geöffnet waren und in denen man schlafen konnte. Es ist durchaus amüsant zu

---

* Carl Winston, Pilot im Ersten Weltkrieg, Major der US-Luftwaffe im Zweiten Weltkrieg; später Leiter der US-Filmabteilung für Deutschland während des Wiederaufbaus

erwähnen, daß einer meiner Filme (*Underworld*, 1927) ein Kino zwang, zum ersten Mal in der Filmgeschichte die ganze Nacht hindurch Vorstellungen zu geben. An dieser Stelle möchte ich nebenbei erwähnen, daß in den Tagen meines Erfolgs, als man sich für meine Vergangenheit interessierte, neben anderem Unsinn sich hartnäckig das Gerücht hielt, ich sei in Brooklyn Hosenbügler gewesen. (Das schwere Bügeleisen, das ich angeblich benutzte, ist inzwischen im Besitz eines Sammlers von Trivialitäten, einem meiner Bekannten, der alte Gemälde restauriert. Er bügelt mit dem Eisen auf das zu reparierende Bild eine neue Leinwand.) Ich möchte aber betonen, daß ich damals jede, auch noch so niedere Arbeit angenommen hätte, denn es gelang mir nicht einmal – obwohl ich es versuchte – eine Stelle als Farmarbeiter zu finden (*The Salvation Hunters*, 1924).

Dieser junge Mann – und das war ich – hatte eine schwere Zeit. Er schaufelte Schnee für eine Mahlzeit, wenn es schneite, lieferte mit einem Pferdegespann Rollen Packpapier aus, die schwerer waren als Zementsäcke, ging von Tür zu Tür und versuchte vergeblich, genug Straßschmuck zu verkaufen, um einen gewissen Mr. Kamenetzky zufriedenzustellen, den nie etwas zufriedenstellen konnte. Er taucht in *The Shanghai Gesture* (1941) als Kassierer einer Spielhölle wieder auf. Der junge Mann, der alles mögliche versuchte, schien inzwischen zu wissen, wie man einen Sturm überlebt. Dazu hatte er sich ein paar ganz gute Plätze ausgesucht. Bibliotheken und Museen wurden sein Zuhause. Diese Zeit war nur eine vorübergehende und keine unüberwindliche Hürde, wie ich bald feststellen sollte, als ich erlebte, unter welchen Bedingungen Menschen manchmal gezwungen sind zu überleben.

An einem sehr schwülen Sommernachmittag wurde meine traumwandlerische Suche unterbrochen. Ich spazierte durch einen Park. Mein Schicksal war mir gleichgültig, und ich hätte nicht zufriedener sein können. Plötzlich folgte auf einen heftigen Regenguß bedenkliches Donnergrollen, und ich mußte unter einem steinernen Brückenbogen Schutz suchen. Zwei ängstliche junge Damen flüchteten sich vor dem Regen ebenfalls dorthin. Die eine fiel in Ohnmacht, als ganz in unserer Nähe ein Blitz in einen Baum einschlug. Wie sich herausstellte, hatte jemand über den Wolken, der für die Abteilung Film verantwortlich war, den Blitz geschleudert. Als das Gewitter vorüber war, begleitete ich die jungen Damen zu einem Haus in der Nähe, in dem ein Freund von ihnen wohnte. Ein junger Mann in meinem Alter öffnete uns die Tür. Wir unterhielten uns, und er führte mich in den Keller. Dort zeigte er mir stolz eine seltsame Vorrichtung, die sein Vater erfunden hatte. Der Apparat erstreckte sich von der einen zur anderen Wand, und Rollen drehten sich ächzend und quietschend. Über sie, um sie und durch sie hindurch wand sich ein endloser Wurm, ein langer Zelluloidstreifen mit Löchern an den Seiten. Noch verwirrender war es, daß Bürsten kreisten, Flaschen mit der Öffnung nach unten hingen, große Ventilatoren brummten und Spulen sich zitternd drehten. Der junge Mann erklärte mir stolz, die Maschine diene dazu, Spielfilme zu reinigen und mit einer elastischen Schutzschicht zu versehen.

Zu jener Zeit – und daran hat sich inzwischen nicht viel geändert – wurde der Film auf der silbernen Leinwand mehr oder weniger von Staub, Kratzern und unberechenbaren Ölflecken verunstaltet. Ich hatte damals schon Filme gesehen und das Gezeigte mißtrauisch betrachtet, denn ich glaubte, auf den Arm genommen zu werden. Trotzdem hatte mich ein Schauspieler beeindruckt, der immer jemanden von einer Klippe stürzte, wo dieser Jemand unter einem Hagel aus Steinen und Sand sein Leben aushauchte, aber erst völlig begraben wurde, nachdem seine Hand noch ein dramatisches Finale vollführt hatte. Solche Abenteuer konnte man für nur fünf oder zehn Cents sehen. Man saß stundenlang im Warmen, und ein Mann spielte Klavier. Die Ölflecken und Kratzer gehörten zum Vergnügen dazu. Manche Filme waren von Hand koloriert, andere sepia oder blau getönt. Nun ja, man konnte nicht den ganzen Tag auf der Straße herumlaufen.

Ich lernte den Vater kennen und verbrachte von da an viele Stunden in dem Keller. Ich sah zu, wie er Azeton und Azetate mit anderen Chemikalien nach einem Geheimrezept mischte, mit dem er reich werden wollte. Dieser Alchemist reinigte Filme mit wahrer Besessenheit. Aber er hatte noch eine andere Besessenheit, die sich dadurch ankündigte, daß seine kleinen Augen zu funkeln begannen, und er mit den Zähnen knirschte. Er war ein fanatischer Gegner jeder Form von Religion und besaß ein fundiertes atheistisches Wissen. Er hielt sogar Robert Ingersoll* für einen Dilletanten, obwohl er ständig seinen berühmten Ausspruch zitierte: »Wenn ein Elefant an einen Gott glauben würde, dann hätte dieser Gott vier Beine und einen

---

* Robert Ingersoll (1833-1899), amerikanischer Jurist, Politiker, ebenso brillanter wie populärer Redner mit unorthodoxen religiösen und weltanschaulichen Ansichten. Anm. d. Red.

Rüssel.« Hin und wieder überspitzte er diese Aussage noch, indem er Affen ins Spiel brachte. Hitzig und bissig wetterte er gegen die ganze »dumme Welt«, hielt von seinem Zorn jedoch stets etwas zurück und ließ ihn an seinem Sohn aus. Er war ein wortgewaltiger Evangelist, wenn auch nicht im Dienst einer mir bekannten Gottheit. Der Mann unterbrach seine Schmähreden nur, um die großen Filmspulen nach seinem Sohn zu werfen. Er brüllte vor diabolischem Vergnügen, wenn es ihm gelang, ihn zu treffen. Der Sohn besaß mittlerweile großes Geschick im Ausweichen, aber er war im Nachteil, da sich die Wurfbahn und die Geschwindigkeit der Geschosse je nachdem, ob die Spulen leer oder voll waren, veränderten und sich nie berechnen ließen. Der Vater schleuderte bei den plötzlichen Zornesausbrüchen die »fliegenden Untertassen« so geschickt wie ein Diskuswerfer. Auch ich mußte große Wendigkeit entwickeln. Aber diese Art väterlicher Zuneigung war mir nicht unbekannt; und da ich nie daran dachte, mich mit ihm zu streiten, wurde ich für ihn zu einer festen Einrichtung und somit sein Zauberlehrling.

Ich hatte mein Ziel erreicht. Eine der vielen Tranceperioden war zu Ende. In den folgenden Monaten brachte ich die zu säubernden Filme in diese Höhle und trug sie gesäubert wieder weg. Mein nächster Schritt auf dem langen Weg war, daß mein Meister mir das Reinigen des Films anvertraute und das Kleben der gerissenen Streifen, während er neue Aufträge beschaffte. Mein Unterricht wurde dadurch erweitert, daß manche dieser Filme vor dem Reinigen heimlich in schäbigen Kinos vorgeführt wurden, die bereit waren, den illegalen Gewinn mit denen zu teilen, die diese Streifen auf unehrliche Weise beschafften. Bald ließ man mich allein in den lauten Vorführkammern. Und nachdem ich ein- oder zweimal die johlenden Zuschauer mit einer Pantomime beglückt hatte, deren Bilder auf dem Kopf standen, gewann ich Übung darin, den brennbaren Zelluloidstreifen richtig in den gebrechlichen Filmprojektor einzulegen. Meine Ausbildung machte Riesenfortschritte, als ich lernte, das weiße Licht zwischen den Kohlestiften aufglühen zu lassen, ohne danach eine Stunde lang blind zu sein, und schnell ein zerkratztes Dia mit dem Hinweis »kurze Pause« einzuschieben, wenn der Film klemmte, riß oder anfing zu brennen. Ich hatte die Prüfung beinahe *cum laude* bestanden, als es mir gelang, beim Löschen mit dem halben Inhalt eines Feuerlöschers auszukommen und so zu tun, als sei nichts geschehen, wenn die Feuerwehr erschien.

Unvermeidlich kam der Augenblick, in dem ich mir nicht nur die schmutzige Oberfläche, sondern auch den Inhalt eines Films ansah. Wie jeder Mensch, dem ich begegnet bin, wurde auch ich bald zu einem leidenschaftlichen Filmkritiker. Es bestand kein Grund, mit meiner Meinung hinter dem Berg zu halten, da nichts zu wissen für andere eine mehr als ausreichende Qualifikation für ernstzunehmende Kritik war. Die Wirkung war groß, wenn ich den Mund voll nahm und mir wenig dabei dachte. Aber alle, die ich damit beeindruckte, hatten wenig Geld. Mein Lohn bestand aus den gelegentlichen ein oder zwei Dollar, die mir gnädig in die Hand gedrückt wurden, damit ich keine andere Arbeit suchte – obwohl mir das nie in den Sinn gekommen wäre.

Plötzlich gab es bessere Aufgaben für mich. Der Blitz im Prospect Park war nicht vergebens geschleudert worden. Mein blasphemischer Lehrmeister, der geschworen hatte, alle Filme dieser Welt von Kratzern, Öl und gerissener Perforation zu befreien, überzeugte den Geschäftsführer eines großen Filmverleihs von seinen Qualitäten. Siehe da, er wurde als Leiter der Reparaturabteilung ihrer Filmkopien eingestellt. Von da an durfte ich dort über einen Tisch gebeugt mit einer Rasierklinge Filmenden anschaben, nachdem ich die zerrissenen Bilder entfernt hatte, um den Rest mit einem Kleber zu verleimen, der zu diesem Zweck erfunden worden war, die Schnittstellen jedoch nicht länger als zwei Tage zusammenhielt – und all das für ganze zwölf Dollar in der Woche. Nach Abzug einer ausgehandelten Kommission für meinen cleveren Boß blieben mir neun, damals sehr wertvolle Dollar. Selbst in meinen kühnsten Träumen hatte ich nicht mit soviel Geld gerechnet. Ich entrichtete meinem Meister den Tribut frohen Herzens, aber seine anderen Sklaven dachten nicht wie ich. Es waren ungefähr zwanzig an der Zahl, und er hatte noch nicht alle eingeschüchtert. Einer empörte sich über eine Sitte, die in der einen oder anderen Weise auf der ganzen Welt praktiziert wird, und versuchte vergeblich, die Kommission zu umgehen. Er beschwerte sich bei dem Mann, der meinen Boß eingestellt hatte. Mein Lehrmeister wurde in das Büro des Geschäftsführers zitiert und zu seiner Überraschung gefeuert. Als nächster mußte ich dort erscheinen und erhielt zu *meiner* Überraschung den Auftrag, das verwaiste, nicht gerade kleine Königreich gegen eine Bezahlung von fünfzehn Dollar pro Woche zu übernehmen. Mit Ausnahme meines Vorgängers, der vierzig Dollar pro Woche zuzüglich der Schmiergelder bekommen hatte, waren alle zufrieden.

Ich bekam nun sechs Dollar mehr – die großzügige World Film Corporation sparte siebenunddreißig. In meiner Abteilung herrschte große Freude. Einer der Sklaven war zu Ansehen gekommen. Eine dicke Italienerin, die auf der anderen Seite des Tischs gearbeitet hatte, küßte mir überschwenglich die Hand – sie wollte damit natürlich sicherstellen, daß ich sie behielt. So begann für mich der Weg auf der Filmleiter nach oben. Den ersten Schritt nutzte ich dazu, neuen und besseren Klebstoff zu bestellen.

Etwa zehn Jahre später führte ich dann bei meinem ersten Film Regie (*The Salvation Hunters*, 1924). Ich produzierte ihn mit einer Handvoll Dollar, die ich gespart hatte und die ich an einem Abend und in einem Kino zurückbekam.

Den Kunstinteressierten werden vielleicht zwei Besprechungen meines ersten Films interessieren. Ein Kritiker stellte fest: »Ich habe diesen Käse in meinem Kino gespielt, und die Zuschauer müssen es draußen gerochen haben, denn nichts auf der Welt konnte sie in das Kino locken.«*

Ferdinand Pinney Earle, ein Maler und bekannter Redakteur – und deshalb nur kurze Zeit Filmregisseur, schrieb die andere Kritik:

»Es ist der erste große symbolische Film, der je gedreht wurde. Er beschäftigt sich auf originelle Weise mit den Kräften, die das Schicksal der Menschen beherrschen. Es gibt darin Szenen, die wie treffende Metaphern und Gleichnisse sind – Szenen so beredt wie Sätze. Die Botschaft des Films ist großartig, schrecklich, schön und von einer elementaren Kraft, der man sich nicht entziehen kann. Der Film ist eine unvergeßliche Predigt, die sich in das Gehirn einbrennt und den Zuschauer erhebt und seltsam bewegt. Der Film ist Weltliteratur und in seiner Wirkung so überwältigend wie eine griechische Tragödie – kurz, ein Meilenstein in der Geschichte des Films.«**

* Zitat des Managers des Liberty Theaters, Pasco, Washington, in einer Fachzeitschrift.
** aus: *The Director* (das offizielle Organ von The Motion Picture Directors Association, Band I, Nr. 7, Dezember 1924)

Zweites Kapitel

Du rezitierst meine Worte, Fidentinus, aber wenn du sie
schlecht rezitierst, dann werden sie deine Worte.

Martial

Soweit ich es beurteilen kann, hat der Film in seiner kurzen Geschichte das
Arpeggio* gespielt, zu dem er fähig ist. Alle, die glauben, der Film steckt
noch in den Kinderschuhen und werde sich im Laufe der Zeit verbessern,
sehen sich vielleicht enttäuscht. Sehr wahrscheinlich wird diese Zeit als das
Zeitalter des Zelluloids in die Geschichte eingehen. Wie die Steinzeit, die
am Anfang stand, der Bronzezeit und der Eisenzeit weichen mußte, auf die
später das Maschinenzeitalter folgte, so wird das Zeitalter des Zelluloids
vom Atomzeitalter abgelöst.

Meine Behauptung beruht auf der Theorie, daß die Künste irgendwie
überleben, auch wenn alles andere verschwunden ist. Obwohl es durchaus
sein kann, daß ein Archäologe der Zukunft, wenn er in den Erdschichten
unserer Zeit gräbt, nur sprödes und brüchiges Zelluloid findet, wenn er die
schweren Filmdosen öffnet, die vermutlich überdauert haben.

Wenn es trotz meiner Zweifel in unserer Kunst Verbesserungen geben
sollte, dann hoffe ich, man wird zur Aufbewahrung unserer Arbeit ein
leichteres Material finden. Wie ich bereits erwähnt habe, begann meine
Karriere damit, daß ich die schweren verzinkten Filmdosen schleppte, in
denen die empfindlichen Bilder gelagert werden.

Die Entwicklung eines jungen Mannes, der von Filmen nur weiß, daß
ihre Versandbehälter schwer sind, bis zum gestandenen Filmregisseur weist
zumindest darauf hin, daß der fragliche Mann Filme gesehen haben muß.
1960, als der größte Teil dieses Kapitels entstand, war ich in Europa. Ich

---

* Vom italienischen arpa = Harfe: Anschlagart für Akkorde auf Tasteninstrumenten, wobei die Töne harfenartig
nacheinander erklingen. Anm. d. Red.

habe in den wenigen Monaten dort mehr Filme gesehen als in meiner ganzen Jugend.

Es hing damit zusammen, daß man mich zu Filmfestivals eingeladen hatte. In Paris ehrte man mein Werk mit einer Retrospektive, die einen Zeitraum von etwa dreißig Jahren umfaßte. Die Veranstalter baten mich, anwesend zu sein, während mein Werk sich Abend für Abend entfaltete. Das stellte sich als eine schwere Prüfung für mich heraus. Das Bewußtsein eines Menschen entwickelt sich mit seiner Arbeit, und es schmerzte, das visuelle Zeugnis meiner Unerfahrenheit zu sehen. Ich wand mich oft innerlich. So hatte ich meinen ersten Film völlig vergessen. Er enthielt einige unbeholfene Stellen, die im Vergleich zu dem anderen Material des Films nicht gerechtfertigt werden konnten. Mir wurde der lange Weg bewußt, den ich zurückgelegt hatte. Gerade an diesen Film hätte ich mich erinnern sollen, denn damals war er Gegenstand von Lob und Anerkennung (wie ich es seitdem nicht mehr erlebt habe) und von ebenso heftiger und meist übertriebener Verurteilung. Ein Beispiel:

»Ich betrachte eher mit Trauer als mit Zorn die ungeschickten Bemühungen fehlgeleiteter Ausländer. Sie verstehen unsere Sprache nur in den Grundzügen und unsere geistigen Prozesse noch weniger, aber sie versuchen, Filme für Amerikaner zu machen [...]. Ein anständiger Mann ist für sie eine Zielscheibe der Lächerlichkeit und eine tugendhafte Frau eine absurde Laune der Natur. Ich weiß, Verführung, Ehebruch und Prostitution sind in diesem Land wie in anderen auch weit verbreitet. Ich kann durchaus verstehen, daß es Menschen gibt, die an der Ausübung solcher Dinge Gefallen finden. Aber ich verstehe nicht, warum Menschen den Wunsch haben sollen, davon zu lesen oder Filme darüber zu sehen [...] infolge einer intellektuellen Begrenztheit kann ich die verderbten Geschichten von Tolstoi, Gorki und allen anderen ihrer Art nicht lesen. Für sie scheint die minutiöse Beschreibung eines Misthaufens Kunst zu sein.«*

Dies ist eine Rezension meines ersten Films, der nichts von den erwähnten Dingen enthielt. Es geht darin um einen Mann, eine Frau und ein Kind, die alles tun, um dem Elend zu entfliehen und ein besseres Leben zu finden.

Aber wir sind jetzt in Paris und nicht in Hollywood. Eifrige Studenten, die Einblicke in die Kunst des Filmemachens gewinnen wollten, stellten

---

* mit F.E.P. unterschrieben; erschienen in *Popular Scenario Writer*, Dezember 1924.

mir Abend für Abend Fragen. Die Fragen bewiesen wenig Format. Und da viele der Anwesenden keine Fragen hatten, gab ich mich mit dem Gefühl zufrieden, daß für sie die Filme deutlich genug sprachen. Am meisten verwirrte mich nicht die wiederholt gestellte Frage, was mich beeinflußt hat, sondern die Frage, welche Filme mich als Regisseur beeinflußt haben. Es gibt auf der Welt nichts ohne Einfluß. Deshalb irritierte mich die Frage nicht; der Haken liegt aber in dem Wort »Regisseur«. Ein Filmregisseur schreibt mit einer Filmkamera. Der Filmregisseur ist ein Kamera-Dichter – ein guter oder ein schlechter, so wie sich Dichter unterscheiden und Wertvolles oder Schund produzieren.

Natürlich haben mich Filme beeinflußt. Wen nicht? Alles, was mich beeindruckt, muß mich auch beeinflussen. In meinem Leben hat es viele eindrucksvolle Momente in Filmen gegeben.

Die Substanz des Films, mit der wir es heute zu tun haben, wurde von den Regisseuren geschaffen. Und einiges davon ist in jeder Hinsicht groß. Diese Größe darf man nicht mit Popularität verwechseln. Gewiß, Film ist ein Massenmedium – die einzige internationale Sprache. So gesehen, ist die Musik nur ein kleiner Rivale, denn sie kann jemanden, der im Sudan, in Tibet oder Afghanistan geboren ist, nicht gleichermaßen stark berühren. Die visuelle Wirkung der Kamera ist jedoch in London ebenso stark wie in Daressalam und Kagoschima.

Der sogenannte Regisseur ist sehr oft ein äußerst lästiger Mensch, auf den man schon längst verzichtet hätte, wenn er für die Entstehung eines Films nicht von wesentlicher Bedeutung wäre. Vermutlich ist das Filmemachen die einzige Kunst, in der ein Mann geduldet wird, dessen Arbeit unsichtbar bleibt. Er gilt nicht als Luxus, aber für absolut unverzichtbar. Trotzdem ist der Versuch, ihn zu eliminieren, an der Tagesordnung. Wenn das nicht gelingt, werden seine Funktionen eingeschränkt, seine Befugnisse beschnitten, und im Bemühen, seine Unwichtigkeit auf jeden Fall unter Beweis zu stellen, wird er oft entlassen und ersetzt. Das führt dazu, daß bei vielen Filmen mehrere Regisseure am Werk waren. Auch die noch so gut organisierte Filmfabrik (je besser die Organisation, desto schlimmer das Ergebnis) muß sich der unvermeidlichen Verschmelzung aller ihrer Funktionen mit der Person stellen, die in Ermangelung eines besseren Wortes als Regisseur bekannt ist. Sein Wirkungsbereich ist äußerst dehnbar. In vielen Fällen führt er nicht einmal Regie (obwohl sein Name mit dem Film verbunden bleibt), da er das Werkzeug anderer ist, die es natürlich vorziehen, sich der möglichen Kritik an dem Ergebnis zu entziehen. Es gibt unzählige Regisseure hinter den Regisseuren. Ihre Namen tauchen nirgends auf. Dank ihrer bequemen Anonymität gleichen sie im Umgang mit Vorwürfen einer Schlange, die sich häutet, zusammenringelt und auf ein neues Opfer wartet. Aber abgesehen von solchen üblen Praktiken steht bei dem sehr komplizierten Prozeß des Filmemachens von Anfang an ein Regisseur hinter der Kamera (meist belegen diesen Platz ein paar Dutzend Müßiggänger, obwohl sie dort nichts verloren haben). Unabhängig davon, ob der Regisseur seine Stelle behauptet, oder ob er von anderen, nicht Anwesenden beherrscht wird, oder ob er sich vor die Kamera stellt und auch spielt (was oft geschieht), er war und ist der entscheidende Einfluß – der einzige Einfluß, despotisch ausgeübt oder nicht, der für den Wert verantwortlich ist, den man auf der Leinwand sieht.

Schon lange bevor ich Regie führte, betrachtete ich Filme wie ein Chirurg einen Kollegen bei einer Operation. Gut oder schlecht, ich habe von allen Filmen etwas gelernt, obwohl ich meist das lernte, was ich unterlassen sollte. Ein Kind ist ein Hedonist, und da mir wenig anderes Vergnügen bereitete als das, was mir die Augen vermittelten, empfand ich es als ganz natürlich, mich mit hypnotischer Konzentration visuellen Empfindungen zuzuwenden. Faust ruft: »Werd' ich zum Augenblicke sagen: Verweile doch! Du bist so schön!« Aber für ihn gab es keine Kamera, die den Augenblick einfangen konnte. Es war für mich deshalb selbstverständlich, eine Kamera zu kaufen, sobald ich es mir leisten konnte.

Die Kamera ist ein wundervolles Instrument, ganz gleich, wie man sie handhabt. Und ich unterbreche meinen Gedankengang, um denen meine Hochachtung zu erweisen, die sie erfunden haben.

Der Film, die Folge riesenhafter Vergrößerungen, die dadurch Bewegung suggerieren, daß sie sich die Trägheit des Sehvorgangs zunutze machen, hat seine Wurzeln weit in der Vergangenheit. Euklid, der geboren wurde, als Alexander der Große die Welt eroberte, hat als erster die Methode entdeckt, ein Bild in einem dunklen Raum entstehen zu lassen, indem man gebündelte Lichtstrahlen durch einen Schlitz fallen läßt. Es dauerte achtzehn Jahrhunderte, bis Leonardo da Vinci sich mit dem Phänomen des Sehens beschäftigte und eine Zeichnung der *Camera obscura* anfertigte – des Guckkastens mit einem kleinen Loch. Aber Leonardo da Vincis Entwürfe wurden nicht veröffentlicht; so blieb es einem gewissen Giovanni Battista della Porta, einem Physiker-Zauberer des 16. Jahrhunderts, vorbehalten, eine *Peep Show* zu ermöglichen, indem er einen schwarzen Kasten mit einem Objektiv baute. So wurde er zum Ahnherrn unserer Kunst. Auf ihn folgte bald Athanasius Kircher, ein Jesuit und Gelehrter, der die *Laterna magica* erfand, mit der man ein Bild projizieren konnte. (Als eine unbescheidene Zwischenbemerkung will ich hinzufügen, daß in einem Abriß der Weltgeschichte seit der Prähistorie, herausgegeben von einer pädagogischen Gesellschaft in der Schweiz, mein Name erwähnt wird, die Erfinder des Guckkastens und der *Laterna magica* jedoch nicht, obwohl sie die Grundlage des Films geschaffen haben.*) Es folgte eine Reihe begabter Männer, die sich der Aufgabe widmeten, mit der Lichtempfindlichkeit von Silber zu experimentieren. Das führte schließlich zu einer erstaunlichen Anzahl von genialen Apparaten, die dazu benutzt wurden, um Bewegung einzufangen. Wer sich für dieses Thema interessiert, kann unendlich viel Material in den kinematographischen Museen finden, die es sich zur Aufgabe machen, diese Relikte der Vergangenheit zu sammeln. So gibt es ein Museum in Prag, eins in Rochester, ein drittes in Turin, ein viertes jetzt in Hollywood und nicht zu vergessen die Cinémathèque Française in Paris.

Bevor ich die Aufgabe der Regie übernahm, waren mehr als hundert abendfüllende Spielfilme durch meine Hände gegangen. Aber ich hatte sie mir nicht angesehen, sondern mich nur vergewissert, daß beim Entwickeln keine Fehler im Labor unterlaufen waren. Sie konnten mich nicht mehr beeinflussen als eine Gottesanbeterin das Schnabeltier. Die nachhaltigsten Eindrücke meiner prägenden Anfangszeit, in der ich nur indirekt Kontakte zum Film hatte, hinterließ ein Schauspieler-Regisseur. Diese eindrucksvolle Persönlichkeit hieß Romaine Fielding. Ich erinnere mich undeutlich daran, daß er seine Frau, eine Pfarrerstochter, als Hauptdarstellerin einsetzte. Vermutlich wollte er so die Kosten seiner Filme verringern. (Übrigens kann man auf diese Weise die Produktionskosten nicht senken – im Gegenteil! Man verliert nicht nur Geld, sondern auch die Frau.) Fielding brauchte immer Geld, obwohl darauf nichts hinwies, als ich ihm zum ersten Mal begegnete.

* *L'Histoire universelle en tableaux synoptiques*, von Jean Apothéloz, »édité par la librairie de L'Ale à Lausanne sous les auspices de la Gilde de Documentation de la Société Pédagogique Romande.«

Ich hatte ihn auf der Leinwand gesehen und war sehr beeindruckt, als er eines Tages im Filmlabor in Fort Lee erschien, wo ich damals arbeitete. Er fuhr in einem faszinierenden Cabriolet mit Chauffeur vor, trug ein schwarzes Cape und einen Sombrero. Er sprach leise und eindringlich. Seinen Blicken konnte man sich nicht entziehen; vermutlich lag das an seiner Kurzsichtigkeit, was unter anderem auch dazu geführt haben mochte, daß er seine Frau als Schauspielerin einsetzte. Seine Augen waren besonders auf der Leinwand hypnotisierend, wo er meist den mit mehreren Pistolen bewaffneten Bösewicht über den Rand einer hohen Felsklippe stieß. Diese Augen besaßen für mich die ganze Kraft und Magie, die der Film hervorbringen konnte. Ich sehe sie noch heute vor mir – ein unwirklicher Schleier verstärkt ihren Glanz, sie blicken weich, ohne mit der Wimper zu zucken, geheimnisvoll und tiefer und unergründlicher als der Pazifik im Marianengraben. Zur Vervollständigung der Geschichte sei erwähnt, daß er seine Augen auch auf mich richtete, um sich die paar Dollar zu leihen, die ich gespart hatte. Als ich genug Mut aufbrachte und ihn fragte, wann er mir das Geld zurückzahlen werde, sah er mich noch einmal an und sagte leise: »Wenn ich lebe, werde ich zahlen.« Wie nicht anders zu erwarten, lebte er nicht lange genug, um mir das Geld zurückzugeben.

Die meisten Männer, die die ersten großen Zuschauermassen in die Kinos lockten, sind nicht mehr unter uns. Die Pioniere sind vergessen. Es sei denn, man gräbt eines ihrer Werke aus, um sich darüber lustig zu machen. Ihr Beitrag zur Filmkunst, so schwer faßbar er auch sein mag, weil andere ihn sich schnell aneigneten, sollte nicht leichthin übergangen werden.

In der Anfangszeit gab es nur Stummfilme – obwohl man vergißt, wenn man sich manchmal wehmütig an diese Zeit erinnert, daß der Stummfilm nicht so stumm war wie allgemein angenommen. Ein Klavier sorgte immer für Musik und hörte nur in der Pause auf zu spielen. Die Melodien hatten wenig mit dem Film zu tun, sondern waren musikalische Klischees und Improvisationen, die in den Ohren schmerzten. Und als in dem Bemühen, den Stummfilm noch lauter zu machen, Jiu-Jitsu-Experten anfingen, Filmorgeln zu spielen, wurde die Musik zu einer erheblichen Störung. In den frühen Jahren gab es jedoch ein höchst interessantes Detail, das heutzutage fehlt: das Firmenzeichen der Filmgesellschaft. Es wurde auf die Kulissen gemalt und war in jeder Szene zu sehen, so daß man den Film nicht stehlen oder illegal kopieren konnte. Wie Whistlers Schmetterling in einer Ecke seiner Gemälde, tauchte in jeder Szene ein Hahn oder ein Indianerkopf oder ein anderes eindeutiges Symbol auf. In jener längst vergangenen Zeit wurde der ganze Film gestohlen, nicht nur Ideen.

Es wäre aufschlußreich, wenn auch vermutlich etwas ablenkend, wenn jeder Schauspieler bei Erscheinen auf der Leinwand als Hinweis auf seinen Beitrag zu dem kollektiven Werk ein Markenzeichen tragen würde. Sehr viele solcher Zeichen würden dann plötzlich auftauchen, wenn man sie am wenigsten erwartet. Wenn wir zum Beispiel von der Darbietung einer Schauspielerin tief gerührt sind, würden wir sofort die Vielzahl der Leute sehen, die dafür verantwortlich sind, was die junge Dame zeigt. Auf ihrem Kostüm würde man etwa das Zeichen einer Maskenbildnerin sehen, die ihr gerade Tränen in die Augen gefüllt hat. Vielleicht würden wir auch, besonders in einem schlechten Film, voll Staunen fünfzig verschiedene Zeichen sehen, die alle in unterschiedlicher Intensität aufleuchten, während sich die junge Frau unter dem Einfluß einer ganzen Folge von Ideen bewegt, die aus ebenso vielen Quellen stammen und schlecht zusammengestellt sind. Wenn die junge Frau dagegen allein für ihr Spiel verantwortlich wäre, würde ihr Markenzeichen in stiller Schönheit auf der Leinwand erstrahlen – oder auch nicht.

In Hollywood gibt es eine Akademie, die Academy of Motion Picture, Arts and Sciences. Sie soll repräsentativ für alle kreativen Persönlichkeiten auf diesem Gebiet sein. Die Organisation ist mittlerweile alt und abgewirtschaftet. Es ist kein Geheimnis mehr, daß sie nichts mit Kunst und noch weniger mit Wissenschaft zu tun hat. Aber als sie noch jung und tatkräftig war, trat ich als erster aus, als bekannt wurde, die Akademie trage sich mit dem Gedanken, Preise zu verleihen. Ein Preis, den eine Jury vergibt, die sich aus Kollegen zusammensetzt, ist nicht zu unterschätzen, wenn einem etwas an dieser Art Zustimmung liegt. Aber diese Preise werden als Mehrheitsbeschluß nach einer allgemeinen Abstimmung verliehen. Ich war anwesend, als die Akademie einen der Männer, die man im ewigen Ringen um Stellung und Ansehen beiseite geschoben hatte, mit einem Preis ehrte, über den nicht abgestimmt worden war. Dieser Mann nahm die Auszeichnung mit den Worten entgegen: »Ich dachte schon, ihr hättet mich vergessen.« Er hatte ein Recht zu dieser Aussage, obwohl ich glaube, er neigte zu Sentimentalität. Der Mann war David Wark Griffith. Niemand wird ihm seine Verdienste um den Film aberkennen wollen. Er hat als erster meisterhaft das große Filmspektakel inszeniert und dabei handwerklich die volle Kontrolle behalten. Wie allgemein bekannt ist, hat er *The Birth of a Nation* (1915) gedreht. Dieser Film verdankt seinen sehr großen Erfolg geschickt eingesetzten Gefühlen. Mehrere seiner späteren Filme, insbesondere *Intolerance*, waren ihrer Zeit weit voraus, obwohl sie möglicherweise beeinflußt waren von den früheren italienischen Filmepen *Cabiria* und *Quo Vadis?*.*

Griffith gilt als Erfinder der »Nahaufnahme«, einer unwichtigen Errungenschaft, denn schon lange vor ihm verzichtete man in der Photographie und Malerei auf die Beine eines Gegenstands und konzentrierte sich auf das, was man für wichtig hielt. Griffith leistete einen sehr viel bedeutenderen Beitrag. Er benutzte als erster die wichtigste Funktion der Kamera: die Möglichkeit, sie zu bewegen und den Standpunkt zu ändern. Er hat als erster die Kamera erhöht, gesenkt und schwenken lassen. Dies tat er sehr geschickt, und damit zeigte die Kamera das, was seine Zuschauer erleben sollten. Das war ein eindeutiger Fortschritt in der technischen Handhabung. Griffith setzte die Zuschauer in Bewegung, die bislang nur an einer Stelle geblieben waren. Seine Filme waren verlogen romantisch, die Schauspieler agierten überdreht und oft kindisch, aber für sein Publikum war das kein Hinderungsgrund, sich von den Ereignissen auf der Leinwand mitreißen zu lassen. Seine Filme waren zu ekstatisch und zu humorlos, um mir etwas zu bedeuten. Seine Darsteller benutzten für Effekte alles, was sie in die Hände bekommen konnten. Der Inhalt seiner Geschichten ließ mich kalt, nicht aber sein Können in der Handhabung der Kamera. Den größten Einfluß hatte auf mich eine Geschichte, die man über ihn erzählt. »Die zehntausend Pferde etwas mehr nach rechts«, befahl er mit großer Geste seinem Assistenten, der sofort davonlief, um diesen Befehl auszuführen, während der Meister, um besser atmen zu können, etwas Störendes aus der Nase entfernte. »Und die Menschenmenge drei Schritte nach vorne«, erklärte er einem anderen seiner eifrigen Assistenten mit dem Daumen noch immer in einem seiner großen Nasenlöcher. Während die Anweisungen ausgeführt wurden, blickte er wohlwollend auf einen kleinen Jungen hinunter, der bewundernd an seiner Seite stand. »Junger Mann«, sagte er, »möchtest du auch Regisseur sein, wenn du einmal

* Giovanni di Pastrone führte bei *Cabiria* Regie und Enrico Guazzoni bei *Quo Vadis?*

72

groß bist?« – »Nein«, erwiderte der Kleine, »mein Vater hat mir verboten, in der Nase zu bohren.«

Charles Spencer Chaplin – nicht der Schauspieler, sondern der Regisseur – hatte mit seiner Ernsthaftigkeit im Umgang mit Bildern und seinem Geschick im Umgang mit den allereinfachsten Gefühlen eine gewisse Wirkung auf mich. Er war der unbestrittene König, wenn es galt, die komische Seite von Demütigungen zu zeigen. Als äußerst genauer Regisseur arbeitete er oft monatelang an den kleinsten Details. Er wiederholte, wenn notwendig, eine Szene hundertmal, bis sie genau das ausdrückte, was er sich vorstellte. Das weiß ich nicht nur vom Hörensagen, ich habe es selbst beobachten können. Eine solche Präzision erfordert nicht nur die Kontrolle über alles Handwerkliche, sondern auch finanzielle Unabhängigkeit, die er sich von Anfang an mit seiner Kontrolle über den Schauspieler Chaplin erwarb. Auf dem Höhepunkt seines Ruhms war er bekannter als jeder andere Lebende oder Tote. (Nur ein anderer Mensch war beinahe ebenso berühmt. Es war ein Kind – Shirley Temple. Die Kleine besaß den Charme, um ein internationales Publikum in Bann zu schlagen. Ein Dutzend Regisseure arbeiteten mit ihr und behandelten sie wie ein niedliches Hündchen.)

Ich bin nur einem einzigen Menschen begegnet, der nicht wußte, weshalb Chaplin so außergewöhnlich großen Ruhm genoß. Das war im damaligen Indochina, in Phnom Penh. Mein Fremdenführer erklärte, zu seinen Kunden habe auch ein gewisser Mr. Chaplin gehört. Der Mann staunte darüber, daß dieser Mr. Chaplin bei seinem Erscheinen überall so großes Aufsehen erregt hatte. Wie viele andere Menschen an fernen Orten hatte er noch nie einen Film gesehen und konnte Mr. Chaplins normales Auftreten nicht mit der Aufregung in Einklang bringen, mit der man ihn um Autogramme bestürmte. Ich versuchte vergeblich, es dem Mann zu erklären. Aber mein Fremdenführer konnte vieles nicht verstehen. Als ich ihn bat, mich zu einer Khmer-Wandmalerei zu führen, für die ich mich interessierte, denn sie zeigte Hindu-Gottheiten beim Liebesspiel, stellte ich fest, daß er auch das Wort »Liebe« noch nie gehört hatte.

Mit der Erfindung des Tonfilms verlor Mr. Chaplin seine Domäne. Die Stimme aus dem Mund des Clowns, den er geschaffen hatte, stand in keiner Beziehung zu der Maske. Wir sprachen einmal darüber, und ich schlug ihm vor, seine Stimme doch einfach in eine unrealistische Folge von Tönen zu verwandeln. Aber er hörte immer nur auf sich – dieses Privileg hatte er sich erarbeitet. Wir sahen uns oft, und er war sehr großzügig im Lob meiner Filme, obwohl er das durch eine Tat aufwog, für die er mir eine Erklärung schuldig blieb. Zu einer Zeit in meiner Laufbahn, als ich vor dem Aufgeben stand (darauf werde ich später ausführlicher eingehen), forderte er mich auf, für ihn einen Film zu drehen. Diese Ehre hatte er noch keinem anderen Regisseur zuteil werden lassen. Für mich wurde das nur zu einer unerfreulichen Erfahrung.

Im Mittelpunkt des Films sollte Edna Purviance stehen. Sie war einer seiner ehemaligen Stars, und er hatte mit ihr neben anderen bemerkenswerten Filmen *The Woman of Paris* gedreht. Sie war noch immer charmant, obwohl sie seit einigen Jahren in keinem Film mehr mitgewirkt hatte und unglaublich gehemmt und schüchtern war. Sie konnte auch die einfachste Szene nicht ohne größte Mühe spielen. Mr. Chaplin wußte das. Aber er glaubte, ich sei fähig, solche Schwierigkeiten zu überwinden. In dem Film wirkte sie dann tatsächlich ungezwungen und gelöst.

Er trug zunächst den Titel *The Sea Gull* (aber das stand in keinem Zusammenhang zu Tschechows *Die Möwe*). Die Geschichte stammte von mir und handelte von Fischern an der kalifornischen Küste. Nach der Fertigstellung zeigte ich den Film ein einziges Mal in einem Kino. Er lief unter dem Titel *A Woman of the Sea* – und verschwand dann sang- und klanglos in den Tresoren von Mr. Chaplin. Niemand hat ihn je wieder gesehen.* Chaplin und ich verbrachten vor, während und nach den Dreharbeiten viele geruhsame Stunden miteinander. Aber nicht ein einziges Mal wurde über meinen Film gesprochen, und ich habe sein Schicksal nie zur Sprache gebracht. Mr. Chaplin setzte die Produktionskosten von seiner beachtlichen Einkommenssteuer ab, und für mich ging der Film auf das Konto Erfahrungen.

Der Schaden war für mich damals groß; aber ich trug es Mr. Chaplin nie nach, daß er meinen Film unterdrückt hatte. Ich mochte ihn immer sehr, auch wenn seine Willkür ein paar Stunden lang meine Sympathie für ihn gefährdete. Ich fand es immer weniger mühsam, mich selbst zu besiegen, als den Versuch zu machen, andere zu besiegen.

---

* »Chaplin hat den Film noch nicht einmal in seiner Autobiographie erwähnt, und die Geschichte über *The Sea Gull* ist seitdem von Geheimnissen und Rätseln umgeben. Weder der Film noch ein Drehbuch ist vorhanden; aber die täglichen Drehberichte und die Liste der Untertitel befanden sich im Chaplin-Archiv [...]« Zitiert nach David Robinson: *Chaplin - His Life and Art*, London 1985. Anm. d. Red.

In vielen Kreisen wirft man Chaplin eine übertriebene Sympathie für die Sache der Linken vor. Das bezweifle ich. In seinen staubigen Schuhen klimpert das Geld. In Kioto bat mich ein Vertreter des Außenministeriums, bei einer gegen die USA gerichteten Demonstration zu der erregten Menschenmenge zu sprechen. Man schleuderte mir den Namen Chaplin als Beweis dafür entgegen, wie schlecht wir einige unserer talentiertesten Gäste behandeln. Der Angriff war nicht ganz unberechtigt. Viele Verantwortliche in unserer Regierung gehen zu leichtfertig mit Dingen um, die eine etwas klügere Bewertung der Sachlage verdienen. Aber bei dieser Gelegenheit wies ich darauf hin, daß Mr. Chaplin nicht der arme und hilflose, vom Unglück verfolgte Clown ist, als den er sich in seinen Filmen darstellt, sondern ein mächtiger Multimillionär. Ein verlegenes Schweigen breitete sich unter den jugendlichen Japanern aus, als ich sie über den finanziellen Status dieses Opfers des Kapitalismus aufklärte.

Noch etwas sollte zum Thema Charles Spencer Chaplin gesagt werden. Auf dem breiten Boulevard der Stadt, den er mehr als jeder andere weltberühmt gemacht hat, findet man die Namen der mehr oder weniger großen Stars, die zu dem Glitzerglanz beigetragen haben. Sie sind in schimmerndem Metall auf dem Gehweg verewigt. Der Name Chaplin glänzt durch Abwesenheit.

Es ist eine Besonderheit unseres Metiers, daß kein Regisseur in seinen Arbeiten eine gleichbleibende Qualität verwirklicht hat. Und Qualität ist der Maßstab, nach dem ein Künstler üblicherweise beurteilt wird. In den Werken vieler Maler, Bildhauer und Komponisten zeigt sich eine immer spürbare Meisterschaft. Aber gute Regisseure haben sich Schnitzer erlaubt, die auch ihre größten Bewunderer nicht verteidigen können, und unfähigen Regisseuren ist manchmal etwas Bemerkenswertes gelungen. Sehr wenige Filmregisseure haben einen Stil entwickelt, der klar genug wäre, um ihre Arbeiten als einmalig und unnachahmbar einstufen zu können. Zu diesen wenigen gehörte Erich von Stroheim, der seinen Filmen, besonders den ersten, eine knisternde Intensität verlieh, die seine Handschrift verriet.

Sein Wirken als Schauspieler, dem er im wesentlichen seinen Ruhm verdankt, steht nicht zur Debatte. Als Filmschauspieler war er manchmal eindrucksvoll, aber nicht von großer Bedeutung. Seine Darstellung besaß sehr oft etwas so Amateurhaftes, daß ich Gänsehaut bekam. Aber von Stroheims *Greed* (1923/24), ein früher Film, war ein eindrucksvoller und einzigartiger Beweis dafür, wie ein Regisseur seine Schauspieler beeinflussen kann, von denen keiner davor und danach so hervorragende Leistungen zustandebrachte. Von Stroheim beeinflußte im Bereich seiner Kamera das Sichtbare und auch das Unsichtbare. Sogar die Luft knisterte unter der Hochspannung seiner schöpferischen Vitalität. Er schlug als erster vor, daß die Länge eines Films nicht von konventionellen Gepflogenheiten bestimmt werden dürfe. An diese Regel halten sich jetzt viele – meist ungerechtfertigt. Während ich als Kollege mit ihm im selben Studio arbeitete, forderte man mich auf, seinen überlangen Film *The Wedding March* zu kürzen. Ich machte mich an die Arbeit, nachdem er seine Zustimmung gegeben hatte. Von Stroheim wußte, daß ich diese undankbare Aufgabe übernahm, um ihm damit zu helfen, denn sonst hätte jemand, der weniger qualifiziert war und sein Werk weniger schätzte, den Film rücksichtslos gekürzt. Es gibt zweifellos ein paar gute Cutter, wie man diese Scherenschwinger nennt. Aber je weniger man über sie spricht, desto besser. Der äußerst schwierige Vorgang, die Sequenzen eines Films mit Einfühlungsvermögen zusammenzustellen, so wirkungsvoll wie möglich zu schneiden und dabei auf Rhythmus und Tempo zu achten, gehört zum Wirken eines Regisseurs und in seinen Verantwortungsbereich – oder sollte dazu gehören. In dem gerade erwähnten Fall nahm die Filmgesellschaft dem Regisseur den Film aus der Hand, nachdem sie sich seine Talente zunutze gemacht hatte. Das ist ein höchst beschämender und ständig praktizierter Vorgang, obwohl er unmoralisch ist und keinen Erfolg bringt. In meinem Fall bleiben wenig Spuren meiner Arbeit, wenn fremde Hände mit dem Schnitt die Anordnung meiner Szenen ändern.

Von Stroheim stand in dem Ruf, er mache sich keine Gedanken über die Kosten eines Films (auch mir hat man das berechtigter- oder unberechtigterweise angelastet, weil unsere Namen für amerikanische Ohren ähnlich klingen). Er mußte Hollywood verlassen, denn an diesem Ort treten meist Gerede und Gerüchte an die Stelle von Talent, und nur wenige machen sich Gedanken darüber, ob das Gesagte richtig oder falsch ist. Von Stroheim verbrachte den Rest seines Lebens in Frankreich, wo man ihn verehrte. Es gibt eine Anekdote über ihn, die auf amüsante Weise zeigt, wozu die Entschlossenheit eines Regisseurs bei den Dreharbeiten führen kann. In einem seiner Filme sollte ein beleibter Schauspieler das Ziel eines Messers sein, das sein Ohr nur um Haaresbreite verfehlte. Man engagierte einen professionellen Messerwerfer engagiert, aber der Schauspieler weigerte sich, das Opfer einer möglichen Fehleinschätzung zu werden. Daraufhin bot der aufgebrachte Meister der Regie an, das Messer selbst zu werfen, um seinen widerspenstigen Gaukler von der Harmlosigkeit zu überzeugen. Verständlicherweise wehrte sich der Schauspieler noch energischer. Von Stroheim wollte ihm beweisen, wie töricht sein Verhalten war, zeichnete die Konturen von Kopf und Körper des Mannes auf eine Wand, trat zehn Schritte zurück und warf das Messer mit unfehlbarer Genauigkeit so, daß es das gezeichnete Ohr wirklich nur um Haaresbreite verfehlte. Der ängstliche Schauspieler hatte bei der Demonstration die Augen geschlossen, zeigte sich beeindruckt und bat um eine Wiederholung. Er versprach, diesmal die Augen offen zu halten. Der treffsichere Regisseur wollte den Schauspieler nur zu gern noch einmal beschämen, zielte sorgfältig, und diesmal landete das Messer, wie man sich denken kann, mit einem ominösen, dumpfen Knall genau dort, wo die Nase des vorsichtigen Schauspielers gewesen wäre.

F. W. Murnau war ein hervorragender Könner. Sein Beitrag zum Film bestand aus *Der letzte Mann*, gedreht in Berlin, und *Sunrise*, gedreht in Hollywood, das ihn daraufhin kaltstellte. Das ablehnende Verhalten stand in Einklang mit dem energischen Widerstand, den Hollywood allen entgegensetzt, die sich in das Reich der Dichtung und Schönheit wagen und es nicht mit fragwürdigem Geschmack verwässern. Murnau floh nach Tahiti und drehte vor seinem Tod mit Hilfe von Robert Flaherty noch einen Film (*Tabu*). Flaherty hatte mit seinem *Twenty-four Dollars Island* meine Augen erfreut (er brachte es in der »Filmmetropole« zu nichts). Ich hatte mir auch mit Interesse Wienes *Caligari*, Lenis *Wachsfigurenkabinett* und andere Experimente mit verzerrter Architektur angesehen, die der frühe *Golem** inspirierte. Diese Filme erweiterten die Grenzen des Mediums und führten es weg von dem unbedeutenden Mittelpunkt seiner Anfänge. Ich erinnere mich noch genau an das Werk von Thomas H. Ince, einer der Hollywoodpioniere, der bei der Verfilmung von Themen mit gewalttätigen Handlungen einen schnellen, straffen Stil bis zur Vollkommenheit entwickelte. Er hatte damit einen starken Einfluß auf den Film im allgemeinen und bildete viele Regisseure aus, die ihm nacheiferten.

* Regie Henrik Galeen, Ausstattung Hans Poelzig

Einer der verkanntesten Regisseure der ersten, prägenden Jahre war Mack Sennett, der lange vor seinem Tod auf der Suche nach Arbeit auf der Straße stand, in der sein Name jetzt verewigt ist. Er entdeckte nicht nur Chaplin und ein halbes Dutzend anderer großer Clowns, sondern brachte mit meisterhaften Darstellungen des Gewöhnlichen die ganze Welt zum Lachen. In seinen Burlesken über Gesetz und Ordnung und über die menschliche Würde nutzte er seine einzigartige Fähigkeit zur Karikatur der aufgeblasenen Polizei, der Lösung familiärer Krisen, in denen der Mann und die Frau mit Erfolg zu den immer bereitstehenden Torten griffen; zu seinem Repertoire gehörten die alten Ford-Automobile, mit denen er Dinge bewerkstelligte, zu denen kein von Menschenhand erfundenes Fahrzeug in der Lage war, und natürlich die geschickt auf dem Gehweg liegende Bananenschale, der auch ohne sie schon gefährlich genug war, ebenso Hosen und Röcke, die in Momenten hehrer Gefühle rutschten. Ein ganz normaler Verlauf der Dinge war für ihn eine Herausforderung. Ein frisch rasierter, sorgfältig gekleideter Mann mit einem Blumenstrauß in den behandschuhten Händen und einer Blüte im Knopfloch, der sich den Hut zurechtrückt und auf den Weg macht, um seine Angebetete zu beeindrucken, verschwand mit Sicherheit in einer harmlos aussehenden Pfütze. Der arme Mann mochte sich noch so große Mühe geben, die Pfütze zu umgehen. Es half alles nichts, und schließlich saß er bis zum Hals im Schlamm. Ich würde mir wünschen, daß seine Filme wieder gezeigt werden – besonders in Ländern, wo die Mißachtung von zuviel Gesetz und zuviel Ordnung bestraft wird.

Dieser begabte Regisseur war auch der Sultan in einem Harem von Badenixen, die auf seinen Befehl hin aus den Wellen des Pazifik auftauchten wie vor Zeiten Aphrodite. Viele seiner tropfnassen Damen wurden Hauptdarstellerinnen in anderen Filmen, nachdem sie sich bei ihm bewährt hatten. Erwähnt seien einige, die er an den Sternenhimmel des Erfolgs katapultierte: Gloria Swanson, Mabel Normand, Phyllis Haver und Marie Prevost. Mit lobenswerter Regelmäßigkeit machten sie bei anderen Regisseuren die Runde. An Phyllis Haver erinnere ich mich nicht nur, weil sie ein schönes Gesicht und eine gute Figur hatte, sondern auch, weil sie mich einmal an einem sonnigen kalifornischen Morgen mit gutmütiger Geringschätzung ansah und spöttisch murmelte: »Viel Kopf«. Sie hielt nichts von Anstrengungen irgendeiner Art und wählte bald den bequemen Weg des

Rückzugs in die Ehe. Gloria Swanson war bis zu *Queen Kelly* die Königin von allen. Dieser fürchterliche Streifen wurde nie zu Ende gedreht, obwohl er für sie und Erich von Stroheim, den sie als Regisseur engagierte, das Ende bedeutete. Der Fehlschlag konnte den Mann jedoch nicht entmutigen, der die Produktion unterstützt hatte. Es war Joseph P. Kennedy, nicht nur ein kluger und charmanter Mann, sondern auch Vater eines Präsidenten der USA. (Ich war oft sein Gast, als er noch Botschafter in England war. Ich überbrachte ihm 1939 am Cap d'Antibes als erster die Nachricht von dem Nichtangriffspakt zwischen Hitler und Stalin und spielte an der Riviera mit seinem Sohn Jack am Strand Ball. Auf Einladung der Bonner Regierung war ich in Berlin, als unser verstorbener Präsident rief: »Ich bin ein Berliner«, und ich habe seinen allzufrühen Tod aufrichtig betrauert.)

Als Miss Swanson das Eisen schmiedete, solange es heiß war, diente sie dem fürchterlichen Cecil B. DeMille als wichtigste Quelle der Inspiration. Einige seiner Mitarbeiter sagten mir einmal als eine Art Erklärung, DeMille könne natürlich auch bessere Filme machen, aber er ziehe es vor, die Masse anzusprechen. Wie dem auch sei, ich habe sehr wenige seiner Filme gesehen, aber ich beobachtete ihn beim Drehen, wenn er mich dazu einlud. Obwohl ich ihn mochte, konnte ich es bei seinen Dreharbeiten immer nur wenige Minuten aushalten. Es ist bereits peinlich genug, die normale Inbrunst eines Schauspielers zu erleben, der alles tut, um sein Geld zu verdienen, aber wenn ein Regisseur ihn dabei noch unterstützt und ermutigt, wird es unerträglich.

Mabel Normand habe ich nur ein einziges Mal gesehen, und zwar als Sennett sie ins Wasser warf, aber ich sah die letzte des Sennett-Quartetts, als sie wieder trocken war, denn Marie Prevost wurde der Star in Ernst Lubitschs *Marriage Circle*. In diesem und in anderen Filmen entwickelte der berühmte Regisseur eine Technik der amüsanten Anspielungen, die als der »Lubitsch touch« bekannt wurden. Die grundsätzliche Theorie hinter den oft amüsanten Ideen war, daß man auch in den schlimmsten Situationen immer ein gewisses Augenzwinkern spürte und niemand die Fassung verlor. Wenn zum Beispiel der Ehemann seine Frau mit einem Nachbarn im Bett überraschte, warf er den Hut des Mannes vor die Tür, aber forderte ihn beim Hinauskomplimentieren höflich auf, doch wieder einmal vorbeizukommen. Wenn Lubitsch es ernst meinte und auf die kleinen Späße verzichtete, konnte er unglaublich schlechte Filme machen, zum Beispiel

The Man I Killed. Wie die meisten Regisseure kam er aus den Reihen der Schauspieler (sein Buckliger in *Sumurûn* war wunderbar); seine Filme umfaßten ein großes Spektrum. Mit den meisten konnte ich nichts anfangen. Das wußte er, und als er eines Tages die Leitung des Studios übernahm, in dem wir beide arbeiteten, ging er schnell daran, mich auszuschalten. Trotzdem hielt ich sehr viel von den Männern, die die schwere Aufgabe übernommen hatten, andere zu führen. Ich entzog ihm selbst dann meine Bewunderung nicht, als er töricherweise seine Regielaufbahn aufgab und versuchte, andere Regisseure – darunter auch mich – zu beaufsichtigen. Ich habe nie interessantere Persönlichkeiten kennengelernt als die Regisseure, bei denen es mir eine Freude war, sie zu kennen, auch wenn ich einige von ihnen hin und wieder beleidigt habe. Ich erinnere mich zum Beispiel an einen begabten Regisseur, der mich viele Jahre lang heftig ablehnte, weil er mich am Anfang seiner Laufbahn einmal voll Stolz zu den aufgebauten Kulissen geführt hatte. Er glaubte, ich werde sie bewundern. Aber ich fragte ihn nur, wo er beabsichtige, die Kamera hinzustellen. Damals wußte dieser Regisseur noch nicht, was er gezwungenermaßen bald lernen mußte: Die Kamera braucht meist sehr viel mehr Platz als die Dekoration.

Ich unterbreche diese Aufzählung über das, was mich beeinflußt hat und was nicht, um über den Kodex professioneller Höflichkeit zu sprechen, den ich mit einigen meiner Anmerkungen zu verletzen scheine. Dieser Kodex dient dazu, jede Kritik innerhalb einer Branche zum Verstummen zu bringen, obwohl man sich unausgesprochen darin einig ist, daß man durchaus ungestraft die Augenbrauen heben oder hinter dem Rücken eines Kollegen etwas Abfälliges über ihn flüstern darf. Dieser seltsame Kodex gilt in hohem Maß unter Medizinern. Er erlaubt einem Arzt, über einen Kollegen nur das Beste zu sagen, auch wenn das Leben eines Patienten auf dem Spiel steht. Andererseits habe ich keinen einzigen Dirigenten, Komponisten, Maler, Bildhauer, Geiger, Pianisten oder Sänger von Bedeutung kennengelernt, nicht einmal einen Schriftsteller, der nicht oft und ungezwungen abfällige Bemerkungen über Konkurrenten macht. Unter der belastenden Anwesenheit eines Dritten kann sich die Toleranz manchmal in Form von sorgsam reserviertem Lob äußern. Man erzählt von Rimskij-Korssakow, daß er während seiner Zeit als Leiter eines Konservatoriums, dessen Lehrer von einem jungen Musikstudenten so begeistert waren, daß sie ihm die beste Note, eine »5«, gaben, er dem Schüler nur eine »4-5« zuerkennen wollte. Die anderen Lehrer erhoben Einspruch und erklärten, ein hervorragender Musiker mit einer so vollkommenen Leistung verdiene nicht weniger als eine »5«. Der Russe schlug sich daraufhin an die Brust und rief: »Die 5 behalte ich mir selbst vor!«

»Professionelle Höflichkeit« ist in unserem Beruf selten. Ich zitiere eine Bemerkung des Regisseurs von *Cleopatra*: »Joe Mankiewicz beschreibt von Sternberg äußerst amüsant mit folgenden Worten: 'Er kauft seine Anzüge für den Mann, der er sein möchte, das heißt ungefähr drei Nummern zu groß. Er steigt mit einer Leiter in die Hose und macht drei Schritte, ehe der Anzug sich in Bewegung setzt.'«*

George Loane Tucker hat mit seinem *Miracle Man* (1919) großen Eindruck auf mich gemacht. Eine Szene kann ich nicht vergessen, in der ein Blinder ein eindeutig obszönes Buch zur Seite schiebt, das ihm Betty Compson vor die nicht sehenden Augen hält. Ich bin sicher, diese Szene hat dazu geführt, daß ich sie später für *The Docks of New York* (1928) engagierte. *Miracle Man* machte auch Lon Chaney berühmt. Seine Darstellung eines Schlangenmenschen war bemerkenswert. Unter Anleitung anderer Regisseure gab er sich dazu her, Make-up populär zu machen, das man irrtümlicherweise mit Schauspielen verwechselt. Er wurde ein Brunnenvergifter. Diese Bezeichnung trifft auf alle Schauspieler zu, die sich auf übertriebene Effekte verlegen. Für die meisten Schauspieler und für viele Kritiker sind eine Perücke, ein Bart oder eine faltige Fischhaut im Gesicht die Verkörperung künstlerischer Werte. Deshalb hält man Maskenbildner oft für sehr viel wichtiger als Regisseure, weil man unechte Haare auf den ersten Blick sieht, Pseudokunst dagegen schon eher übersehen wird. Die beste mir bekannte Perücke trug nicht ein Schauspieler, sondern ein gefeierter und glatzköpfiger Musiker. Er täuschte mich einen Augenblick mit einem Toupet, da er sich Puder auf den Kragen gestreut hatte, um Schuppen vorzutäuschen.

Mir wird sehr häufig die Frage gestellt: »Was ist für einen Regisseur das Wichtigste?« Bevor ich lernte, nicht zu viele Fragen zu stellen, fragte auch ich Marshall Neilan, den berühmtesten Regisseur seiner Zeit, was für ihn als Regisseur das Wichtigste sei. Ohne Zögern antwortete er: »Jemanden finden, der mich Regie führen läßt.«

---

* *New York Post*, 29. April 1949

Bald darauf gelang es mir, jemanden zu finden, der mich Regie führen ließ – wenn auch nur unter ungewöhnlichen Schwierigkeiten. Aber davon werde ich an geeigneter Stelle ausführlicher berichten. Nicht lange danach wurde ich bei einer Umfrage unter Regisseuren, wer sie ihrer Meinung nach am stärksten beeinflußt habe, am häufigsten genannt. Wenn ich also von einigen Regisseuren beeinflußt worden bin, die vor mir kamen, so habe ich auch andere beeinflußt.

Nur wenige sehen sich in der Lage, das richtig einzusetzen, was sie beeinflußt hat. Ich dagegen bekam die Möglichkeit, das einzusetzen, was mich beeinflußt hatte, indem ich zunächst als Assistent für andere Regisseure arbeitete.

Die Stelle eines Regieassistenten ist normalerweise weder notwendig noch hilfreich, um Regisseur zu werden. In meinem Fall half es mir jedoch, denn ich konnte dadurch feststellen, wie wenig einige der Regisseure, denen ich assistierte, über die Grundregeln ihrer Arbeit wußten. Eine bemerkenswerte Ausnahme war der erste Regisseur, dem ich diente. Er besaß nicht nur alle Voraussetzungen für die Regie, sondern war auch ein freundlicher Lehrer. Er erklärte immer sehr genau, was er tat und warum. Er hieß Emile Chautard.

Andere Regisseure, bei denen ich in der zweifelhaften Funktion eines Assistenten arbeitete, waren für mich nicht ohne jeden Wert, denn durch sie begriff ich, daß kein besonderes Können erforderlich war, um ein Regisseur zu sein. Das ermutigte mich, nicht schüchtern zu sein, wenn sich mir die Möglichkeit zu einer Regie bieten sollte. Ich kann mich jedoch nicht daran erinnern, daß ich jemals nach diesem hohen Amt gestrebt habe. Ich hatte kein besonderes Ziel und keine besondere Laufbahn im Sinn. Ich war glücklich und zufrieden, wenn ich irgendeine Arbeit bekam. Ich glaubte nicht, eine besondere Begabung zu besitzen, aber ich erinnere mich sehr genau, daß die Männer, denen ich assistierte, bis auf eine Ausnahme nur das Talent besaßen, ihr Engagement nicht zu verlieren.

Chautard war ein fleißiger und kultivierter Mann mit außergewöhnlich hohen Maßstäben. Er hatte als Partner von Sarah Bernhardt gespielt, ehe er Regisseur wurde. Er hatte nur eine Eigenart: ihn besuchten ständig französische Schauspieler. Sie gaben sich alle die größte Mühe, General Ferdinand Foch ähnlich zu sehen, von dem damals ganz Frankreich sprach. Ich kann mir nur denken, daß Chautard das Gefühl hatte, die Ansammlung seiner Landsleute bedürfe eines Gegengewichts, als er mir die Position eines Assistenten anbot. Sein Vorschlag verwirrte mich, und ich erklärte, daß mir alle Qualifikationen für diese Auszeichnung fehlten. Chautard wußte, ich leitete das Labor in einem Nebengebäude und besaß genug technisches Wissen, um zwischen der beschichteten und unbeschichteten Seite eines Films unterscheiden zu können. Aber ihm konnte nicht entgangen sein, daß mein Französisch katastrophal war. Und diese Sprache wurde bei ihm auf der Bühne gesprochen, ganz gleich, ob die Anwesenden das Gesagte verstanden oder nicht. Er übertrug die Aufgabe, die subtileren Dinge zu übersetzen, immer einem Monsieur Bissel, seinem Kameramann. Er war zwar ein ausgezeichneter Photograph, konnte jedoch sehr viel besser die Besonderheiten einer Straßburger Gänseleberpastete beschreiben. Wie auch immer, Chautard wies meine Einwände kühl zurück und erklärte, er hätte mir die Position eines Assistenten nicht angeboten, wenn er nicht der Ansicht sei, ich könne besser Regie führen als er. Für mich war das eine Überraschung. Ich führe seine freundliche Aussage auf die bemerkenswerte Höflichkeit zurück, die selbst noch in einer öffentlichen französischen Toilette anzutreffen ist.

Ich weiß nicht, ob ich ihm nützlich war, aber für mich steht außer Zweifel, daß er mir einen großen Dienst erwiesen hat. Bei den Dreharbeiten zu einem Film mit dem Titel *The Mystery of the Yellow Room* unterwies er mich gründlich in den Grundbegriffen seines Handwerks. Er erklärte mir anschaulich seine Methoden (von denen ich keine vergessen habe), und noch mehr als das, ich durfte für ihn einige Szenen drehen, wenn er von einem Ebenbild des General Foch in Beschlag genommen wurde. Ein kleines Beispiel für die Mühe, die er sich gab, um mir sein Wissen zu vermitteln: Er stellte einen Stuhl vor die Kamera und wies mich darauf hin, daß durch das Objektiv alle vier Beine zu sehen seien. Er fügte hinzu, wenn weniger als vier Beine auf der Leinwand zu sehen seien, rufe das ungewollte Aufmerksamkeit hervor, und irgendein Banause werde darauf warten, daß der Stuhl kippt. Dieses Detail werden einige vielleicht lächerlich finden, aber ich lernte dadurch, mir alles genauestens durch die Kamera anzusehen. Und bald konnte ich die zweidimensionale Wirkung aller Dinge, auch Licht und Schatten vor dem Objektiv einschätzen.

Dankbar bin ich später als Regisseur immer seinem Beispiel gefolgt und habe meinen Assistenten klar und deutlich die Theorien erklärt, die mich zum Handeln führten. Sie sind alle Regisseure geworden. Vielleicht habe ich mich in der Kürze der Zeit nicht immer deutlich genug ausgedrückt, denn einer meiner Assistenten – einer der begabtesten – wollte den Weg abkürzen, indem er eine berühmte Filmschauspielerin heiratete. Natürlich behinderte ihn das eher, anstatt ihm zu helfen.

Die Unterweisungen meines ersten Regisseurs haben mir später vielleicht geholfen, aber bei der Arbeit als Assistent anderer Regisseure erwiesen sie sich eher als hinderlich. Wenn ich es wagte, den Mund zu öffnen, um auf die möglichen Folgen einer geplanten Szene hinzuweisen, wurde ich sofort mit beißendem Sarkasmus zum Schweigen gebracht, und man erinnerte mich an meine Aufgaben, die im wesentlichen darin bestanden, die Schauspieler zur nächsten Einstellung herbeizuholen, darauf zu achten, daß die richtigen Krawatten getragen wurden und daß die Hauptdarstellerin höflich daran erinnert wurde, daß sie in der nächsten Szene ein langes Abendkleid trage und nicht das kurze Nachthemd, in dem sie vor der Kamera erscheinen wollte. Ich hielt es bald für ratsam, meine Gedanken für mich zu behalten. Manchmal gelang es mir jedoch, den Regisseur zum Zuhören zu bewegen, wenn ich angesichts dessen, was vor der Kamera geschah, den Mund einfach nicht halten konnte. Ich erklärte dann, er habe das am Tag zuvor gesagt, und es sei nur meine Pflicht, ihn daran zu erinnern. Ich hatte noch eine wichtige Aufgabe. Ich mußte meinem Chef die Zigaretten anzünden. Ich nutzte später die Gelegenheit, den Alltag eines Assistenten in einem meiner Filme wiederzugeben (*The Last Command*, 1927).*

In unserem Metier ist es ratsam, alles Wissen für sich zu behalten. Vielleicht sollte ich noch einen Schritt weiter gehen und raten, in jedem Beruf zu jeder Zeit Unwissenheit vorzugeben. Ich hatte eine frühe Erfahrung mit dieser möglicherweise nützlichen Theorie, als ich zum Militärdienst eingezogen und der Sanitätstruppe zugeteilt wurde, nachdem ich mich für die Fernmeldetruppe qualifiziert hatte. Man erklärte mir sofort, daß ich bei einer schriftlichen Prüfung die beste Note der Kompanie erhalten hatte. Daraufhin kommandierte man mich zuerst dazu ab, einen Lastwagen mit schweren Öfen zu beladen, und dann durfte ich eine Woche lang die Latrinen reinigen.

---

* In *Sight and Sound*, August 1951, wird das Photo des Schauspielers, der die Karikatur eines Regie-Assistenten spielte, für ein Photo von mir ausgegeben.

Nach der ersten Arbeit als Regie-Assistent war mein Kontakt mit Emile Chautard nicht zu Ende. Lange bevor er diese Welt verließ, zog er sich von der Regie zurück und verdiente seinen Lebensunterhalt durch gelegentliche Engagements als Schauspieler. Chautard spielte zweimal in meinen Filmen (*Morocco,* 1930, und *Shanghai Express,* 1932). Und er tat es mit großem Stolz. Wenn er meine Anweisungen etwas langsam ausführte, kam er anschließend zu mir und entschuldigte sich leise für seine »Dummheit«. Dazu hatte er am allerwenigsten Grund, denn er war einer der kultiviertesten und intelligentesten Menschen in diesem Beruf.

In seiner besten Zeit arbeiteten viele bekannte französische Regisseure in Fort Lee am Hudson, wo sich damals die Filmstudios befanden. Wann immer möglich beobachtete ich sie bei den Dreharbeiten. Dort wirkten Mercanton, Blaché, Capellani und der berühmteste von allen, Maurice Tourneur, dessen *Prunella* und *Blue Bird* bemerkenswerte Streifzüge in die Phantasie waren. Und in Frankreich standen lange vor der sogenannten *nouvelle vague* viele Regisseure weit über den anderen: René Clair, Jean Benoit-Lévy, Jacques Feyder, Jean Renoir, Julien Duvivier, Luis Buñuel, Marcel Pagnol und eine ganze Reihe anderer Meister ihres Fachs wie etwa Henri-Georges Clouzot und Marcel Carné.

Es zog viele nach Hollywood – auch mich – und sie wurden Mitglieder einer im wesentlichen internationalen Gemeinschaft begabter Männer aus allen Teilen der Welt. Die meisten wurden sofort unschädlich gemacht wie etwa Mauritz Stiller, der Greta Garbo im Gepäck mitbrachte. Sie kamen in der Erwartung, einen Goldtopf zu finden. Man gab ihnen zwar den Topf, aber er enthielt etwas weniger Substantielles, das schnell wieder weggeworfen werden mußte. Sergej M. Eisenstein, einer der fähigsten Regisseure, wurde ebenfalls angelockt und abgewiesen, noch ehe er seine Kraft an der steinernen Mauer der Filmmetropole erproben konnte.

Eisenstein kann ich nicht nur nebenbei erwähnen, da ich *An American Tragedy* (1931) gedreht habe. Das Filmstudio, das damals auch mich beschäftigte, hatte ihm diesen Film übertragen. Wir hatten uns während meiner Dreharbeiten zum *Blauen Engel* in Berlin kennengelernt und waren gute Freunde geworden. Ich kannte seinen unvergeßlichen *Panzerkreuzer Potemkin* ebenso wie die Filme anderer sehr talentierter Russen, zum Beispiel Pudowkin, Dowshenko, Room, Turin, Preobrajanskaja und andere aus der Schule von Tairoff, Stanislawski und dem abenteuerlichen Meyerhold.

Den Russen ist es trotz ihrer politischen Ideologien immer gelungen, Filme von bemerkenswerter Qualität zu machen. Eisenstein konnte sich wunderbar ausdrucksvoll verständlich machen, und wir diskutierten häufig über alle unsere gemeinsamen Interessen. Er verschloß sich keinem Thema, auch dann nicht, wenn es für ihn potentiell eine Gefahr bedeutete, wie etwa die Kontrolle der Künste durch die Regierung. Als ich ihn fragte, wie man in seinem Land einen guten Film belohne, erwiderte er im Spaß, obwohl es auch sein Ernst hätte sein können, wenn ein Regisseur in Rußland einen guten Film gedreht habe, bekomme sein Büro ein zusätzliches Fenster. Bei einem schlechten Film werde der Regisseur wegen Hochverrat erschossen. Ich erkundigte mich nach der Anzahl der Fenster in seinem Büro, und er antwortete: »Eins.« Wir sprachen auch über moderne Malerei und die damit verbundenen Themen. (Als Erinnerung an unsere erste Begegnung schenkte er mir ein Buch von Kasimir Malewitsch über seine abstrakte Welt.) Als ich wieder in Hollywood war, schrieben wir uns regelmäßig. Meist schickte er ein Glückwunschtelegramm, wenn er einen meiner Filme gesehen hatte. In einem Telegramm stand: »Von Ihren großen Regiearbeiten ist *Morocco* die schönste. Mit Bewunderung und Liebe.« Er hatte immer Papier und Bleistift bei sich, und seine Skizzen, die erst vor kurzem in Paris ausgestellt wurden, zeigen seine außergewöhnliche Begabung. Die Skizzen, die er in meiner Gegenwart zeichnete, sind vermutlich vernichtet worden, denn man hätte sie nur sehr verständnisvollen Menschen zeigen können. Hätte er länger gelebt, hätte er sie vielleicht Professor Kinsey gegeben.

Als Eisenstein zwei Jahre nach unserer ersten Begegnung nach Hollywood kam, um Dreisers Roman* zu verfilmen, hieß ich ihn und seine beiden tüchtigen Assistenten herzlich willkommen. Ich unterhielt mich mit allen dreien sehr oft. Ich sprach mit Eisenstein aber nie über seine Arbeit. Ich hatte eigene Probleme, und wenn mich mein Gedächtnis nicht trügt, reiste ich nach Europa, bevor er angefangen hatte, am Drehbuch zu schreiben. Bei meiner Rückkehr war er nicht mehr da. Man erzählte mir, das Drehbuch, das er den Studiogewaltigen übergeben hatte, sei zu lang gewesen und für sie unverständlich. Das verwunderte mich nicht. Das Dutzend Herren in den oberen Etagen, die sich die Kompetenz zusprachen, Worte in Bilder zu übersetzen, hatte meine Drehbücher nie verstanden. Aber da

* Theodore Dreiser, *An American Tragedy* (1925). Anm. d. Red.

meine Filme bei den Zuschauern Erfolg hatten und »Star-Werte« einspielten – das war ihnen noch wichtiger –, erlaubten sie mir eine Zeitlang Drehbücher zu schreiben, die für sie chinesisch waren. Ich habe Eisensteins Drehbuch nie zu Gesicht bekommen und auch nie wieder etwas von ihm gehört, vielmehr nur ein- oder zweimal indirekt. Er wollte in Mexiko einen Film drehen, den Upton Sinclair finanzierte, wie ich mich erinnere. Auch dort gab es Schwierigkeiten, und schließlich kehrte er nach Rußland zurück. Nach einer Reise in die Karibik wartete ich auf meinen nächsten Regieauftrag. Adolph Zukor sprach mit mir. Er sagte, die Gesellschaft habe eine halbe Million Dollar in *An American Tragedy* investiert. Das Projekt liege jetzt auf Eis. Er bat mich, das Problem mit einer billigen Version zu lösen. Ich hatte den Roman vor vielen Jahren gelesen und willigte ein. Dann begann ich, mein Drehbuch zu schreiben. Ich verzichtete auf die soziologischen Elemente, die meiner Meinung nach keineswegs für das dramatische Geschehen verantwortlich waren, das Dreiser beschäftigte.

Unter den vielen Regisseuren, die ich kenne, gibt es einen, für den ich den größten Respekt habe, obwohl ich nichts von seinen Arbeiten kannte, bevor ich anfing, Filme zu machen. Er war kein Filmregisseur, sondern sein Wirken galt mit einer einzigen Ausnahme nur der Bühne. Ich spreche von Max Reinhardt. Wir lernten uns kennen, als ich nach San Francisco kam, um seine Inszenierung von *Das Mirakel* zu sehen. Karl Vollmoeller*, der Autor, machte uns miteinander bekannt und arrangierte eine Vorführung meines ersten Films für diesen großen Regisseur. Da mich *Das Mirakel* sehr beeindruckt hatte, fühlte ich mich ungeheuer geschmeichelt, als Reinhardt die Arbeit eines Anfängers in den höchsten Tönen lobte. Wir spazierten viele Stunden am Pazifik entlang. Er staunte immer wieder darüber, daß ich meinen ersten Film ohne jede Regieerfahrung gedreht hatte. Er bot mir an, in Berlin die Leitung eines seiner Theater zu übernehmen. Ich dankte ihm aufrichtig und erwiderte, ich könne niemals hoffen, mich mit ihm zu messen. So begann eine dauerhafte Freundschaft. Bis zu seinem viel zu frühen Tod waren wir oft zusammen. Mein gutes Geschick sorgte dafür, daß

---

* Karl Gustav Vollmoeller (1878–1948), stud. Archäologe und Altphilologe, Lyriker, Erzähler und Dramatiker, Mitglied des George-Kreises, Auto- und Flugzeugkonstrukteur, Filmpionier, Drehbuchautor (vgl. *Der Blaue Engel*, S. 162f), Kosmopolit, wurde als Autor der Pantomime *Das Mirakel* international bekannt. In der Inszenierung Max Reinhardts, der das Stück angeregt hatte, wurde das monumentale Mysterienspiel (mit über 2000 Mitwirkenden vor 30.000 Zuschauern) 1911 in London uraufgeführt und feierte bis zur letzten Vorstellung 1930 mit Gastspielen in ganz Europa (u.a. Berlin, Zirkus Busch, 1914) und Amerika (New York, 1924; von Sternberg besuchte 1926 die Aufführung in San Francisco) umjubelte Triumphe. Anm. d. Red.

ich den fähigsten aller Regisseure kannte. Reinhardt beherrschte auf vollkommene Weise alles, was das Theater leisten kann. In einem schwachen Moment wagte er sich in die Welt des Films. Dies geschah natürlich in seiner Zeit des Exils. Damals wäre alles besser gewesen als in Deutschland zu bleiben, auch wenn man es ihm erlaubt hätte. Er beschloß, unter der Mitarbeit von Wilhelm Dieterle *Ein Sommernachtstraum* zu drehen. Aber die mangelnde Kontrolle über die merkwürdigen Mechanismen unserer Kunst führten, gemessen an seinen Maßstäben, zu einem sehr viel schwächeren Ergebnis. Das beeinträchtigte nicht meine Bewunderung für seine überragenden Fähigkeiten, denn inzwischen kannte ich seine Arbeit gut genug, um mich nicht von dem verblüffenden Unterschied zwischen seiner Meisterschaft auf dem Theater und den knarrenden Brettern Hollywoods verwirren zu lassen.

Ein schlechter Film in Hollywood – und alle Türen sind verschlossen, als sei eine große Verschwörung im Gange. Es war unter Max Reinhardts Würde, noch einmal gegen diese Barrikaden anzurennen. Er gründete eine Schule für junge Schauspieler. Es hat nie eine bessere Schauspielschule gegeben, denn er konnte alles aus einem Menschen herausholen, was es herauszuholen gab – und das ist erstaunlich viel. Ich beobachtete ihn oft bei der Arbeit – nicht nur in der Schauspielschule, sondern auch bei Inszenierungen in Berlin und Wien. Ich beneidete ihn um seine Gleichgültigkeit gegenüber dem eigenen Wohlergehen und ich beneidete ihn um seine große Fähigkeit, Ungeduld hinter ermutigenden und anfeuernden Masken zu verbergen. Wenn der Meister vor einem zitternden Einfaltspinsel stand, den sein Können bald verwandeln würde, den aber bis dahin nur ein unseliger Ehrgeiz aufrechthielt, überschüttete er dieses Wesen mit unglaublichen Schmeicheleien und gab ihm das Gefühl, ein solches Kleinod gebe es selbst im Himmel nicht. Wenn die Strategie versagte, vergoß er viele Tränen oder lachte unwiderstehlich. Damit ermutigte er das zitternde Wesen, das mit großen Augen vor ihm stand, wie ein Mann, der einen Hund mit Zuckerbrot und Peitsche dressiert, bis er durch den Reifen seiner Geschicklichkeit springt. Überall in Europa und auch in unserem Land wimmelt es von Schauspielern und Schauspielerinnen, die behaupten, von Reinhardt ausgebildet worden zu sein. Man sollte mißtrauisch sein, denn jemand, den er ausgebildet hat, muß es nicht behaupten – es ist unübersehbar. Wer das Genie dieses Regisseurs einmal erlebt hat, ist nicht mehr derselbe. Ich habe mit vielen Schauspielern gearbeitet, die Reinhardt ausgebildet hatte. Jedesmal unterhielt ich mich mit ihnen unter vier Augen, bevor sie meine Arena betraten. Ich gab ihnen zu verstehen, daß auch ich Reinhardt für den wertvollsten Menschen auf Erden halte, aber um die anderen auf meiner Bühne nicht zu beleidigen, sei ich vielleicht gezwungen, meine Überzeugung nicht offen zu zeigen.

Ich habe in Reinhardts Schauspielschule zweimal Luigi Pirandellos *Sechs Personen suchen einen Autor* gesehen. Und als ich ihm sagte, ich würde diesen Klassiker gerne mit seiner Hilfe verfilmen, und nur er könne die Rolle des Direktors in diesem bemerkenswerten Stück spielen, willigte er sofort ein und versuchte, die Filmrechte zu kaufen. Der Plan ließ sich nicht verwirklichen, denn der Mann, der auf seinen Rechten saß, forderte von uns eine Riesensumme. Soviel Geld konnten wir nicht aufbringen. In unserer Arbeit hat Geld oft etwas verhindert, was vielleicht etwas länger überlebt hätte, als Geld es jemals kann.

Es ist sehr wohl möglich, daß Reinhardt mich beeinflußt hat – aber nicht direkt, sondern indem er mir zeigte, daß es in der Technik der Regie keine Grenzen gibt. Ich werde nie sein *Das Mirakel, Das Große Welttheater*, seinen *Clavigo*, seine *Turandot* und zahllose andere Inszenierungen vergessen. Sie sind für mich so lebendig, als hätte ich sie gestern gesehen.

Möglicherweise beschwöre ich zu viel Protest herauf, indem ich behaupte, in meinen Filmen nicht von anderen beeinflußt worden zu sein. Ich erinnere mich zum Beispiel an den alten Film *Montmartre* von Ernst Lubitsch. Es gibt darin eine Szene, in der Pola Negri demütig auf dem Boden kniet und ihrem Mann die Schuhe poliert, obwohl sie weiß, er ist auf dem Weg zu einer anderen Frau. Dieses kluge weibliche Vorgehen inspirierte mich zu dem psychologischen Hintergrund einer sentimentalen Szene in meinem Film *The Docks of New York*. Handlung und Umstände waren anders, die Motivation dieselbe. In meinem Film wird die Frau von einem Heizer ihrem Schicksal überlassen. Er hat sie geheiratet, um für eine Nacht sein Vergnügen mit ihr zu haben, und geht dann auf sein Schiff. Als er sie verlassen will, reißt die Brusttasche seines Hemds; und obwohl sie weiß, daß sie das Opfer eines Schwindels ist, näht sie ihm die Tasche wieder an. Diese Art Einfluß mag sich vielleicht oft in meine Filme eingeschlichen haben. Eine Robbe, die plötzlich von einer Eisscholle verschwindet, taucht vielleicht in einer meiner Szenen wieder auf – aber nicht als Robbe, und die Szene würde auch nicht in der Arktis spielen. Ich verwende nur die Schnelligkeit der Robbe. Zweifellos ist jeder Reiz ein Einfluß. Aber es ist mir fremd, etwas zu imitieren. Wenn ich etwas in einer anderen Form wiedererschaffe, dann erweise ich damit vielleicht meine Achtung vor dem, was mich beeindruckt hat.

Keiner meiner Filme behandelt ein aktuelles Thema – ganz bestimmt nicht *Der Blaue Engel*, von dem viele behauptet haben, er sei ein Spiegel der Zeit, in der dieser Film entstand. Ich wußte wenig über Deutschland und war erst wenige Tage dort gewesen, als die Dreharbeiten begannen. Ich weiß noch, daß man mich aufforderte, Schulen und Varietés zu besuchen, um mich mit den Schauplätzen von Heinrich Manns Roman vertraut zu machen. Das habe ich nicht getan. Man wollte auch, daß ich nach Lübeck fahre, wo der Roman spielt. Aber ich hatte nicht den Wunsch dazu. Ich schlug nach und stellte fest, daß es eine Hafenstadt an der Ostsee war. Und nach einer Zählung von 1892 gab es dort 14 Esel, 7605 Schweine und 7600 Einwohner. Mir fiel auf, daß auf jeden Einwohner ein Schwein kam, und ich ersparte mir weitere Einzelheiten. Ich hatte keine technischen Berater, und wenn die Umgebung mich über das Gesetz der Osmose beeinflußt hat, dann war es mir nicht bewußt.

Wie ich später berichten werde, hielten die Deutschen den Film damals nicht für deutsch. Als Adolf Hitler zum Oberhenker wurde, befahl er, das Negativ und alle Kopien bis auf eine zu vernichten. Erstaunlicherweise erfuhr ich aus einer verläßlichen Quelle (das heißt, wenn ein Vertrauter aus Hitlers Kreis als verläßlich bezeichnet werden kann), daß er sich die eine Kopie wiederholt vorführen ließ. *Der Blaue Engel* war sein Lieblingsfilm. Ich weiß, daß er sich vergeblich darum bemüht hat, die Dame, die mit diesem Film berühmt wurde, zur Rückkehr nach Deutschland zu überreden. Sie kehrte zurück, aber mit den amerikanischen Soldaten. 1960 lud mich die Stadt Berlin ein, an den Berliner Filmfestspielen teilzunehmen. Ich besuchte den abgeriegelten Ostteil der Stadt und wurde an der Stelle photographiert, unter der Hitler vermutlich gestorben ist. Die schreckliche Erkenntnis, was ein Mann einer Stadt und der gesamten Welt antun kann, ließ mich nicht unberührt. Ich hatte keinen Koffer in Berlin, als ich dort arbeitete. Aber das hat sich geändert, denn jetzt hat mir die Akademie der Künste die Ehre erwiesen, mich in den Kreis ihrer berühmten Mitglieder aufzunehmen. In der Vergangenheit waren mir soziologische und politische

Zusammenhänge vielleicht nicht bewußt, inzwischen ist das anders. Ich wäre ein schlechter Spion gewesen. Ich war nicht nur in Berlin, als Hitler an die Macht kam und seine Sturmtruppen in Aktion traten, ohne daß ich ein einziges Braunhemd sah oder ein »Heil Hitler« hörte, sondern auch etwa eine Woche vor der Annektion in Österreich. Ich war in Japan, kurz bevor dieses Land seinen Eroberungsfeldzug in Asien begann, und die einzige Vorbereitung auf einen Krieg, die mir auffiel, war ein freundlicher japanischer Offizier, der mich auf der Bahnfahrt durch Korea und die Mandschurei begleitete. Ich war an der spanischen Grenze, als der Bürgerkrieg tobte, und sah nur ein friedliches Land. Ich war in Mussolinis Rom und verbrachte einen Nachmittag mit ihm, während Äthiopien erobert wurde. Ich unterhielt mich mit ihm über Filme, ohne zu ahnen, woran er sonst noch dachte. Ich war inmitten von Revolutionen, und wenn nicht gerade ein Knallfrosch vor meinen Augen explodierte, wußte ich nicht, was geschah. Männer boten mir hohe Posten an, wenn sie an die Macht kommen würden. Später erfuhr ich, daß es Kommunisten waren. Ich unterhielt mich mit Alexander Berkman* und Emma Goldman** vor ihrer Deportation nach Rußland. Ich wußte nicht, daß sie Anarchisten waren. Ein Mann, mit dem ich in der Bucht von Tokio segelte, sitzt im Zuchthaus, weil er feindlichen Regierungen Informationen von amerikanischen Beamten hat zukommen lassen, mit denen er sich angefreundet hatte. Bei meinen Begegnungen mit ihm stellte ich nur fest, daß er ein höchst charmanter Gesprächspartner war.

Bei einem Menschen, der alles so genau beobachtet – mit Ausnahme dessen, was vielleicht besonders wichtig ist –, mag das ein eindeutiger Hinweis auf eine eigenartige und sehr spezifische Blockade sein. Ich trage nicht die Scheuklappen eines Pferdes, das durch diese Vorrichtung nicht wahrnimmt, was rechts oder links geschieht, aber ich bin nicht in der Lage, diese Blindheit zu erklären. Ganz gewiß hat es mir nicht gut getan, nicht zu wissen, was in den Köpfen anderer Menschen vor sich ging.

Aber für Filme war ich nie blind. 1959 sah ich in Venedig einen unvergeßlichen ungarischen Film. Er zeigt den ganzen Verlauf einer Revolution,

---

* Alexander Berkman (1870–1936), gebürtiger Pole, Journalist, Verleger, Anarchist, erstach den Stahlmagnaten Henry Clay Frick bei einer Auseinandersetzung; 1919 nach Rußland deportiert. Anm. d. Red.
** Emma Goldmann (1869–1940), Journalistin und Essayistin; 1886 in die USA emigriert; 1893 in New York wegen »revolutionärer Umtriebe« im Gefängnis; ständige Begleiterin von A. Berkman. Auch sie wurde deportiert, ihre Texte wurden jedoch weiterhin in den USA veröffentlicht. Anm. d. Red.

während die Kamera, die das Geschehen offenbar ignoriert, einer Frau folgt, die versucht, eine Gans nach Hause zu bringen, um sie für ihren Sohn zu braten. Die Gans entwischt ihr. Sie jagt der Gans durch die Straßen nach, während die Revolution tobt. Und als sie die Gans eingefangen hat, stellt sie fest, daß ihr Sohn umgekommen ist. Daraufhin setzt sie in einer Szene, die man nicht so leicht erfinden kann, die Gans auf die Leiche ihres Sohnes. Wie kann man je die Kamera und die Effekte in *Hoffmanns Erzählungen** vergessen? Oder Buñuels *Die Vergessenen*, Kurosawas *Sieben Samurei*, Zoltan Kordans *Cry, the Beloved Country*, Ferreris *El Cochecito* und Viscontis *Rocco und seine Brüder*. In Bergmans *Die Jungfrauenquelle* kann man nicht die Vergewaltigung vergessen, auch Feyders *La Kermesse Héroïque* nicht und viele Szenen in Carnés *Kinder des Olymp* oder die Arbeit von Pietro Germi, Mario Monticelli und Vittorio de Sica. Wie soll man nicht von einem psychiatrischen Film** berührt werden, den ein Kanadier gedreht hat? Der Film dokumentiert das Verhalten von Mutter und Tochter, die beide an derselben Geisteskrankheit leiden. Man kann sich auch nicht der Wirkung der Wochenschauen entziehen, die alles Bemerkenswerte vor unsere Augen gebracht haben, alles, was abstrus ist, die nichts ausgespart haben. Eine Kamera war bei der Geburt eines Kindes dabei und beim Tod eines Zaren. Direkt oder indirekt ist alles auf der Welt auf Zelluloid gebannt worden. Und irgendwo hinter dem Objektiv, durch das alles aufgenommen worden ist, befand sich ein Regisseur.

Regisseure kommen aus allen sozialen Schichten und Berufen: Photographen, Schauspieler, Vertreter, Taxifahrer, Schriftsteller, Maler, Aristokraten, Landstreicher, Soldaten, Architekten, Minister, Professoren – und einer, den ich gut kannte, war als Einbalsamierer ausgebildet worden. Meine Ausbildung als Regisseur habe ich beschrieben. Sie hat lange gedauert, und es fehlten dabei wesentliche Schritte. Viele gute Regisseure haben nie das Innere einer Filmproduktionsfirma gesehen oder Schulen besucht, wo Regie als Fach unterrichtet wird, wenn es überhaupt unterrichtet werden kann. Es ist vielleicht die am wenigsten ratsame Methode, einen Regisseur bei der Arbeit zu beobachten, denn vielleicht sieht man nur einen Mann in einem Stuhl; vielleicht kaut er einen Apfel oder redet irgendwelchen Unsinn mit

* Regie Michael Powell und Emeric Pressburger unter Mitwirkung des genialen Hein Heckroth
** *Folie à deux*

einem Assistenten, der ihm gerade berichtet, daß einer der Schauspieler Schluckauf hat. Man sieht nichts von seiner Sehweise, der Fähigkeit zu schneller Analyse, einer Geduld, die jedes normale Maß übersteigt, von seiner Selbstkontrolle und der Kontrolle über das Chaos um ihn herum und von seiner Energie, die wie eine gespannte Feder sein muß.

In aller Fairneß müssen noch ein paar Einzelheiten in den Überblick der Dinge hinzugefügt werden, die mich beeinflußt haben. Sie mögen zwar nicht ausschlaggebend für meine Karriere gewesen sein, aber sie können als Vorbereitung nicht geschadet haben. Als ich Arbeit suchte, trug ich immer ein Buch von Mark Aurel* bei mir, und als es unleserlich war, ersetzte ich es mit einem Band Epiktet**. Meine freie Zeit verbrachte ich in Konzerten und Museen; und lange bevor ich die beschichtete Seite eines Films von der unbeschichteten unterscheiden konnte, kannte ich den Unterschied zwischen einem Breughel und Hieronymus Bosch und ging an einer Rosa Bonheur vorüber. Lange bevor ich daran dachte, vor einer Kamera irgendeine Bewegung zu inszenieren, kannte ich Leonardo da Vinci, der schrieb: »Begreifst du nicht, zu wie vielen und welchen Arten von Bewegungen allein der Mensch in der Lage ist?« Und Vasaris Würdigung von da Vinci kannte ich auswendig:

»Leonardo unternahm vielerlei aus Verständnis der Kunst, beendete aber niemals etwas; es schien ihm, die Hand könne der Vollkommenheit der Kunst in den Dingen, die er mit dem Gedanken erfaßte, nichts mehr hinzufügen, weil er sich in der Idee einige überaus feine und so wunderbare Schwierigkeiten zu schaffen pflegte, welche selbst die geschicktesten Hände nicht auszuführen vermocht hätten.«***

Und oft habe ich an Whistlers Worte gedacht, wenn ich vor Aufgaben stand, die ich nie hätte voraussehen können: »Es kostet unendliche Arbeit, die Spuren der Arbeit zu beseitigen.« Nun ja, es gab helle Leuchttürme, die einen Weg wiesen, den ich im Dunkeln glaubte.

Als Zusammenfassung dieser Dokumentation der Einflüsse, der ich versuche Struktur und Kontinuität zu geben, gestehe ich ein: Das Medium

---

* Mark Aurel (121-180 n. Chr.) gilt aufgrund seiner erhalten gebliebenen *Selbstbetrachtungen* als der Philosoph unter den römischen Kaisern. Er war Anhänger der Stoa und starb übrigens im Heerlager Vindobona, dem späteren Wien. Anm. d. Red.

** Vermutlich die von einem Schüler aufgezeichneten *Unterredungen* des griech. Stoikers Epiktet (50-140 n. Chr.). Anm. d. Red.

*** Giorgio Vasari: »Das Leben des Leonardo da Vinci«, in: *Le Vite de più eccellenti Architetti e Scultori italiani*, Florenz 1550/1568 (dt. Stuttgart/Tübingen 1832-49; NA Worms 1983). Anm. d. Red.

Film, so mißlich es auch sein mag, hat eine tiefgreifende Wirkung auf unsere Zeit. Die Krise unserer Zivilisation ist beschleunigt, wenn nicht gar heraufbeschworen worden von der allgemeinverständlichen Bildersprache, der die Massen ausgesetzt worden sind. Der Film hat allen die Widersprüche unserer Kultur deutlich gemacht, in der Reichtum und Armut dicht nebeneinander existieren; Grausamkeit und Gleichgültigkeit, bislang nicht erkennbar genug, können nicht länger übersehen werden. Es hat eine Unruhe eingesetzt – das Vorspiel zu einem Sturm. Es begann ganz harmlos, als Müßiggänger mit glitzerndem Schmuck und Bergleute, die tief unter der Erde durch ihrer Hände Arbeit Kohle in Brot verwandeln, sich kennenlernten. Die Unruhe verbreitete sich, als Menschen an fernen Orten, die von der Hand in den Mund leben, unter dem Banner der Unterhaltung die gedankenlose Zurschaustellung der Verschwendung vorgeführt wurde. Gegensätze können nur ungestört bestehen bleiben, wenn man nicht zu viel voneinander weiß.

Die Männer, die diese Zelluloidchronik geschrieben haben, wußten nicht, was sie damit auslösen würden. Auch wenn sie es gewußt hätten, wäre diese Chronik möglicherweise nicht anders ausgefallen. Es liegt im Wesen unserer Zeit, daß alles, was geschieht, überall gesehen und bekannt wird. Mittelmäßige Ideen eignen sich für ein Medium, das mittelmäßig sein muß, um populär zu bleiben. Filme können sich keine wertvollen und großen Ziele leisten. Sie dürfen sich nur auf das konzentrieren, was jeder verstehen kann. Sie sorgen dafür, daß die bedeutungsloseste Idee groß erscheint, indem man die Leinwand vergrößert. Man kann die Leinwand ohne weiteres noch größer machen, die Änderung des Inhalts ist keine Frage der Größe.

Drittes Kapitel

Jetzt ist die Wolke so groß wie deine Hand, und jetzt über-
schattet sie ein Land. Die Geschichte von Thor, der in Asgard
das Trinkhorn leeren, mit der alten Frau ringen und mit dem
Läufer Loki um die Wette laufen mußte und dann feststellte,
daß er das Meer ausgetrunken, mit der Zeit gekämpft hatte
und mit Gedanken um die Wette gelaufen war, ist eine
Beschreibung von uns, die wir inmitten der scheinbaren
Belanglosigkeiten mit den höchsten Kräften der Natur ringen.

Emerson

Die Filmkamera schreibt eine eigene Sprache und zur Bestürzung des Menschen, der mit einem Stift in der Hand das Thema komponiert hat, verändert und verwandelt das scharfsinnige Werkzeug meist die beabsichtigte
Bedeutung, es sei denn, die Bedeutung war von Anfang an bedeutungslos.

Mit dem geschriebenen Wort kann man etwas beliebig ausarbeiten; das
Wort kann in der Zeit vorwärts und rückwärts springen, dort knapp sein,
wo es nicht ausschmücken will, es kann jeden wünschenswerten Umweg
einschlagen und Punkt, Komma, Ausrufungszeichen, Absatz und Klam-
mern einsetzen, um Wirkung zu erzielen. Die Kamera hat einen eigenen
Wortschatz, eine eigene Grammatik und eine unglaubliche Geschwindigkeit bei der Vermittlung eines Textes; und das macht sie ungeeignet, um lediglich als Mittel der optischen Übersetzung von Literatur zu dienen.

Betrachten wir die Elemente dieser komplizierten Kunstform – lassen
wir den Regisseur beiseite, dessen Arbeit darin besteht, diese Elemente anzuwenden, wenn er sie nicht selbst beisteuert –, dann erkennen wir zwei
Elemente, die in ihrer Bedeutung alle anderen überragen. Das eine ist die
Aufgabe des Autors, das andere ist die Person des Schauspielers, der normalerweise die Last des Geschriebenen trägt. Die Bühne und die Leinwand
sind an derselben Brust genährt worden.

Wir alle wissen, der Autor beginnt seine Arbeit allein. Er wählt einen
Rahmen für sein Thema. Dann geht er daran, die Leiden und Freuden der
Menschheit vor uns auszubreiten, auch wenn sein Held kaum mehr als ein
mechanischer Roboter ist. Die Wahl des Rahmens ist unbegrenzt. Dem

Autor stehen ferne Länder zur Verfügung oder die Straßenecke, an der er wohnt, aber auch die Regionen der Hölle und des Himmels. Seine Möglichkeiten werden sogar noch größer, wenn er den Rahmen verkleinert und sich auf ein oder ein halbes Dutzend Menschen konzentriert.

Blättern wir durch die Seiten eines Meisterwerks – zum Beispiel Zolas *Germinal* –, suchen wir vergeblich unstimmige Konstruktionen, ein falsches Wort, ein unklares Ereignis, das zu nichts führt, einen Menschen, der nicht mit unvergeßlicher Genauigkeit gezeichnet wäre. Ein solches Werk ist nicht als Einheit entstanden. In diesem großen Roman gibt es einen Strom der Ereignisse, die damit enden, daß ein Mann ein Haar seiner Frau in dem zerwühlten Bett des einzigen Mannes findet, der ihm in seiner bereits zusammenbrechenden Welt noch helfen kann. Wieso fügt sich alles so vollkommen ineinander? Ich vermute, den Meister seiner Kunst kann man mit dem bescheidenen Mann in einer böhmischen Legende vergleichen. Er war ein Meisterschütze. Der König bot dem Mann die Hälfte seines Reichs an, wenn er ihm beibringen würde, so genau zu treffen wie er. Der König hatte viele mit Kreide gezogene Ringe gesehen, in deren Mitte je ein Pfeil steckte. Er fand den Meisterschützen vor einem noch zitternden Pfeil. »Behaltet Euer Reich, edler Herr«, erwiderte der Mann mit Pfeil und Bogen, »ich schieße zuerst und ziehe dann den Kreis.«

Im Unterschied zu einem Biologiestudenten, der die genaue Zahl der Knochen kennt, die Anordnung der Muskeln, die Zusammensetzung des Blutes, die Funktion der Organe und alles andere unter der Haut, interessiert den Schriftsteller mit seinem Skalpell nicht das, was vielleicht sichtbar ist. Vergessen wir nicht, Instinkte und Gefühle, die aufsteigen, solange ein Mensch atmet, sind ebenso wirklich und sogar von noch größerem Gewicht.

Es liegt auf der Hand, daß ein hilfloses Kind, das mit noch geschlossenen Augen durch das Fruchtwasser stößt, um mit der Nase Luft zu holen, ein Trauma erlebt, wenn man bedenkt, daß seine Gefühle bei der Geburt voll entwickelt sind. Der Schriftsteller und der Künstler haben damit keinerlei Probleme; aber den Wissenschaftler muß das Paradox verwirren, daß ein äußerlich so winziges, unentwickeltes Geschöpf innerlich bereits so weit entwickelt ist, und er steht vor dem Rätsel, was in diesem Wesen geschieht. Er wird es vielleicht nie lösen können, es sei denn, er schafft einen Homunculus und flößt ihm mit einer Pipette nacheinander Tropfen um

Tropfen ein Konzentrat Angst, Zorn, Schmerz und Freude ein, um die Wirkung beobachten zu können.

Jedes Lebewesen unterscheidet sich trotz äußerlicher Ähnlichkeit von allen anderen seiner Art. So unterscheiden sich auch Menschen, aber weniger in ihrem Aussehen als in der Art, wie sie auf den Aufruhr ihrer Gefühle reagieren. Die Menschen wollen sich offenbar nicht voneinander unterscheiden. Im Gegenteil, sie kleiden sich ähnlich, verhalten sich ähnlich und versuchen mit ganzer Kraft, ähnlich zu denken. Sie tun alles, um sich anzupassen. Es bereitet ihnen Unbehagen, sich voneinander zu unterscheiden, denn dadurch könnten sie unangenehm auffallen. Wenn es ihnen auch gelingt, einander ähnlich zu sehen, so stimmen doch ihre Gefühle nicht genau mit den Gefühlen der anderen überein. Und so lernen die Menschen schnell, sie zu verbergen.

Wenn ein Mann und eine Frau sich lieben, erregen sie sofort Aufmerksamkeit, denn für eine kurze Zeit kann man den erstaunlichen Fall beobachten, daß zwei Individuen gleichzeitig von demselben Gefühl beherrscht werden. Der durchschnittliche Mensch lebt verborgen hinter einem undurchdringlichen Schleier und wird seine wahren Gefühle nur in einer Krise zum Ausdruck bringen, in der er seine Kontrolle verliert. Eine Krise muß keinen besonderen Anlaß haben. Ein Mensch kann explodieren, wenn man es am wenigsten erwartet, denn jeder hat eine eigene Methode, seine vielfältigen Gefühle in eine Kontinuität zu bringen, und kontrolliert sie nach einem eigenen Rezept. Man kann viele Jahre mit einem Menschen zusammenleben und wird möglicherweise nur durch einen Zufall seine wahren Gefühle kennenlernen.

Ein tiefgreifendes Ereignis, etwa ein Erdbeben, eine Revolution, eine deprimierende Lage, plötzlich erwachte Leidenschaften oder plötzliches Leid zwingen jeden Menschen, auf die Flut der Gefühle zu reagieren, die sich bis zu diesem Zeitpunkt aufgestaut haben, obwohl er von ihrem Vorhandensein möglicherweise nichts ahnte. Da es schwer ist, Gefühle zu untersuchen, wenn sie nicht in Erscheinung treten, muß man sich Fehlern, Schwächen und Unzulänglichkeiten zuwenden, aber auch den Schmerzen und Qualen der Menschen, um sie zu beobachten. Der Ausschlag emotionaler Reaktionen ist meist nur klein, aber hin und wieder wird das Pendel heftig ausschlagen. Nicht immer wird es von außen angestoßen. Letztlich bleibt nur sehr wenigen dieser Stoß der Elemente erspart, die den Menschen von der leblosen Materie unterscheiden – und einige müssen ein außergewöhnlich hohes Maß an Belastungen dieser Art ertragen. Erschüttert sah ich in Kalkutta vor dem Tempel der Kalighât eine Witwe, die sich auf ihre Weise opferte. Die Frau saß in schmutzig weiße Lumpen der Trauer gehüllt, das Gesicht kreideweiß, maskenhaft, mit einem Ausdruck des Leids, wie ich es noch nie gesehen hatte, im Staub der trockenen Kuhfladen in ihrem Kot und hatte sich seit dem Tod ihres Mannes nicht mehr von der Stelle gerührt.

Der Wissenschaftler ist ein objektiver Beobachter, das Meerschweinchen des Künstlers ist sein eigenes Ich. Der Wissenschaftler beschränkt sich auf Fakten, der Künstler vermischt Fakten mit Phantasie, bis sie nicht mehr voneinander zu unterscheiden sind. Der Wissenschaftler geht mit großer Umsicht vor, der Künstler springt zu Schlußfolgerungen, obwohl sie beide zu demselben Ergebnis kommen können.

Es gibt Kunst und eine Art Verdrehung, die sich als Kunst ausgibt, so wie es Macht und Pseudo-Macht gibt. Der bei weitem wichtigste Faktor des Theaters ist der Autor des Stücks. Er erschafft eine Welt nach seinem Willen und ist ein Richter, vor dem nicht er, sondern andere stehen. Er bestraft seine Feinde, preist die eigenen Tugenden und verleiht dem Schauspieler machtvolle Worte und einen anderen Stand. Die Worte und die fremden Gefühle, aus denen sie kommen, kann ein Schauspieler, der sich selbst nicht kennt, geschickt interpretieren.

Die Bühne, auf der ein schlechter Schauspieler pathetisch die Worte eines schwachen Autors spricht, wird zu einem Hexensabbat hohler Macht und einer schwarzen Messe von leerem Geschwätz, das in sich zusammenfällt, wenn die Lichter ausgehen. Diese Bühne ist harmlos.

Wenn dem Schauspieler große Worte oder die Majestät eines edlen Gedankens gegeben werden, verwechselt man ihn oft mit der Quelle der Kraft. Wird ihm das wieder genommen, was ihn großartig erscheinen läßt, schrumpft er wie ein Ballon, dem die Luft entweicht. Die Sehnsucht nach einer Injektion dieser Pseudo-Macht, lockt Tausende und Abertausende auf die Bretter der Bühne, obwohl die Wirkung der Injektion nie lange vorhält. Sie bekommen dort natürlich nicht nur diese Pseudo-Substanz, sondern auch ein Maß von Anerkennung, wie es dem Autor selten zuteil wird.

Vielleicht ist das auch ganz richtig, denn der Schauspieler ist das sichtbare Medium des Autors und muß auch die sichtbare Last des Mißerfolgs tragen. Der Autor kommt mit leichteren Strafen davon. Es ist vielleicht ebenso richtig, daß der Interpret den Beifall entgegennimmt, solange er anhält. Wenn ein Autor versagt, dann hat er lediglich keinen Erfolg, und er kann sich damit abfinden. Wenn ein Schauspieler keinen Erfolg hat, bedeutet das, sein Körper wird nutzlos und überflüssig. Zur Aufrechterhaltung seiner Illusion muß er weiterspielen, denn wenn er nach dem Mißerfolg keinen anderen verkörpern kann als sich selbst, wird er zu einer leeren Hülle.

In unserer Zeit ist es der Bühne gelungen, sich durch die Bildröhre in jede Wohnung, in jedes Haus zu schleichen. Auf der Mattscheibe sehen wir, daß der Schauspieler, der bereit ist, alles zu tun, nur um beschäftigt zu sein, auch einen Vertreter spielt und mit größter Begeisterung Rasiercreme anpreist oder Bohnerwachs und Mittel gegen Verstopfung. Kein echter Vertreter könnte einem potentiellen Kunden mit diesem schauspielerischen Feuerwerk ein Produkt verkaufen. Eine Hausfrau, die sich plötzlich einem so fanatischen Verrückten gegenübersieht, würde entsetzt zurückweichen und die Tür zuschlagen.

Alle, die es zur Bühne zieht, sehen meist besser aus als der Durchschnitt und in einigen Fällen so unglaublich gut, daß unverkennbar das Äußere auf Kosten des Inneren bevorzugt worden ist. Aber immer ist das Innere eines Menschen für den Wunsch verantwortlich, Schauspieler zu sein. Darauf werde ich später noch ausführlicher eingehen. Alle Schauspieler und Schauspielerinnen, ganz gleich, wie sie aussehen, wissen, daß sie ohne die Substanz, die ihnen ein Dichter verschafft, hohl sind. Und sie vergessen selten – es sei denn, zuviel Lob hat ihnen den Kopf verdreht –, daß sie nur das Instrument eines anderen sind, der sich dazu entschlossen hat, sie zu benutzen. Die Duse wird zur Sklavin von d'Annunzio. Sie liebt ihn, und sie lebt nur für sein Lob. Einer meiner Freunde, der beide gut kannte, erzählte mir, daß dieser Dichter die berühmte Schauspielerin wie eine streunende Katze behandelte. Niemand verstand ihre Unterwürfigkeit. Aber sie wußte zweifellos um den Unterschied zwischen der wahren Macht und der Macht, die man nur vorübergehend besitzt. Und deshalb war sie sogar stolz darauf, das Opfer der mangelnden Diskretion des Dichters zu sein.

Auf den unzähligen Märkten der Welt, wo diejenigen, die andere sein wollen als sie sind, ihre Körper feilbieten und ihre Identität für die zweifelhafte Identität eines anderen austauschen, ist nicht jeder so begabt wie eine

Duse. Aber sie sind alle ebenso eifrig. Große blaue Augen, anmutige Hände, ein verführerisches Schwenken der Hüfte, eine gute Stimme, eine interessante Mißbildung, wohlgeformte Beine, ein Mund voller blendendweißer Zähne, die Bereitschaft, sich wie ein Narr zu benehmen, ein kraftvoller Körper, ein Riese, ein Zwerg – alle, die von der Natur besser oder schlechter als ihre Mitmenschen bedacht worden sind, eilen zum Theater.

Der Bauchredner mit seiner Puppe, der Jongleur, der Vogelstimmen-Imitator, zwei Männer, die ein Pferd mit zwei Köpfen spielen, ein verknöcherter Mann, eine Frau ohne Beine, der Besitzer einer Kuh mit fünf Hufen, der Akrobat und die Tänzerin, die nicht stillstehen kann – jeder, der etwas Besonderes ist, bietet das an, was er hat. Man kann unschwer sehen, was an einer Kuh mit fünf Hufen nicht in Ordnung ist; aber es ist sehr viel schwieriger zu erkennen, was an einem Menschen mit zwei Beinen nicht stimmt.

Wer begabt ist, ein außerordentlich gutes Gedächtnis und die Fähigkeit hat, etwas eindrucksvoll darzustellen, trägt die Zeichen seiner Fähigkeiten nicht so schamlos zur Schau, daß alle sie sehen. Und so geschieht es, daß die leere, eitle Hülle, das sinnliche Lächeln und der aufreizende Körper, der alles verspricht und nichts einlöst, schneller als andere in den Strudel gezogen und auch schneller wieder hinausgeschleudert werden. Jemand, der sich nicht aufspielt und bescheiden genug ist, um zu wissen, daß er ohne die inspirierende Kraft nichts ist, muß vielleicht lange in der Warteschlange stehen. Im allgemeinen sind diejenigen, die Erfolg haben, die Geschöpfe des Autors oder des Regisseurs, der für seine Zwecke eine Puppe braucht, die er wegwirft, wenn sie ihren Zweck erfüllt hat. Diese »Puppe« hat ein schweres Leben.

Soweit wir die Geschichte zurückverfolgen und das Herumtasten und Suchen der Menschen betrachten können, streben alle danach, ihre Stellung im Leben zu verbessern. Die Bühne ist ideal für eine radikale Veränderung ohne zuviel Mühe. Wie flüchtig und illusorisch die Veränderung auch sein mag, sie ist besser als keine Veränderung. Der Bettler kann einen König darstellen, der Ängstliche mit einem Schwert in der Hand in die Schlacht ziehen. Der Tugendhafte überläßt sich ungehemmten Leidenschaften, ohne mehr als seine Phantasie zu bemühen (als habe die Phantasie keine Folgen!), und der Gehemmte begeht das schlimmste Verbrechen und wird nicht dafür bestraft. Nichts Heiliges und nichts Profanes ist von der Feder des Dramatikers und der Maske des Schauspielers verschont worden. Ein Schauspieler kann an einem Tag Gott, am nächsten der Teufel sein und am dritten ein Frosch. Ihm bietet sich ein unglaubliches Spektrum an Möglichkeiten. Er kann sich der Komödie zuwenden und einen leidenschaftlichen menschlichen Impuls lächerlich machen, der sein Leben beherrscht. Er ist kein Gelehrter, aber er kann die Aufrichtigkeit der verworrensten menschlichen Gefühle erforschen. Als Oedipus Rex kann er der Mann seiner Mutter sein, als Hickey in *Der Eismann kommt* seine Frau ermorden und sich dann abschminken, nach Hause gehen und sie küssen, als sei nichts geschehen. Er kann Gläubigkeit verhöhnen und Religionen verlachen oder auf die Knie fallen und einen Gott anbeten, ohne das Geringste an seinen Überzeugungen zu ändern.

Die Verwachsenen, die Komischen und alle, die Zielscheiben von Spott wären, werden Clowns. Sie schlagen nicht nur Kapital aus ihrem Unglück, sondern sorgen für Gerechtigkeit, indem sie alle die lächerlich machen, die von der Natur besser bedacht worden sind. Männer ziehen unter Beifall und allgemeiner Zustimmung Frauenkleider an und Frauen die von Männern. Jedes bekannte menschliche Gefühl wird in Liedern, Tänzen und Reden von Geeigneten und Ungeeigneten beschworen, nachgeahmt, dargestellt und einer Menge vorgeführt, die applaudiert oder zischt, den Darsteller beneidet oder verachtet.

Wie allgemein bekannt, trat im alten Rom der Schauspieler nicht immer auf, weil er spielen wollte. Er war nicht nur Gegenstand der Verachtung, sondern wurde von der Menge zum Tode verurteilt, deren Lust auf Unterhaltung auf andere Weise nicht mehr gestillt werden konnte. Auch als man Menschen wilden Tieren vorwarf, standen die Veranstalter zweifellos vor dem Problem, die Zuschauer nicht zu langweilen.

Die Geschichte der Schauspieler wurde in vielen Büchern festgehalten. Der Schauspieler ist das überzeugendste Instrument in unserer Werkstatt, er kann aber auch das schwächste sein. Wie wir wissen, begann ein Theaterstück im alten Griechenland mit nur einem Schauspieler, der auf der Bühne stand und mit großen Gesten allen, die man dazu veranlassen konnte, Eintritt zu bezahlen, eine Geschichte erzählte. Dann kamen in Ziegenfelle gekleidete Schauspieler auf die Bühne und sangen. Forscher fanden heraus, daß die Eintrittskarten aus Blei waren. Auf der einen Seite sah man den Darsteller und auf der anderen applaudierende Hände. Man entdeckte auch aufschlußreiche Einzelheiten, etwa, daß die Kostüme mit einem künstlichen Phallus bereichert wurden, der zwischen den Beinen hing. Der Veranstalter wollte vermutlich dafür sorgen, daß an der Art der Unterhaltung kein Zweifel bestand. Die Thespis-Jünger entledigten sich bald der Ziegenfelle, erhöhten die Schuhe und verfeinerten die Gesichter mit einer Maske. Im alten Rom verboten die Gesetze den Schauspielern, sich völlig zu entblößen, und man schrieb ihnen vor, Unterwäsche zu tragen.

Dieselben Gesetze untersagten dem Schauspieler ausdrücklich, sich zu setzen, wenn er müde war. Er durfte sich auch nicht die Nase schneuzen, spucken oder sich den Schweiß von der Stirn wischen. Darüber hinaus geben die Vorschriften den klugen Rat, der Schauspieler möge sich nicht beklagen, wenn das Futter des Kostüms aus alten Lumpen sei, denn es komme nur auf das Äußere an. Der Schauspieler konzentrierte sich auf seine Erscheinung und gewann schnell große Popularität. Er sorgte geschickt mit bezahlten Claqueuren dafür, daß kein Desinteresse unter den Zuschauern aufkam. (Das ist noch immer Mode und beschränkt sich nicht nur auf Schauspieler.) Im Jahr 15 v. Chr. verabschiedete der römische Senat eine Resolution, die seinen Mitgliedern und der Aristokratie verbot, sich in der Öffentlichkeit mit Schauspielern zu zeigen. Den Schauspielern gelang es viele Jahrhunderte lang nicht, ihre Ehrbarkeit zu etablieren. Man trieb sie von Ort zu Ort. Mit einem Wort: Das Schauspielerdasein war gleichbedeutend mit dem Leben eines Landstreichers. Aber der Thespis-Jünger nahm diese Wanderschaft heroisch auf sich und verzichtete auf den Lohn, den die Gesellschaft nur denen zuteil werden ließ, die ansässig waren. Die Gaukler beklagten sich, gaben aber die lebenslange Maskerade nicht auf. Damals wie heute finden sie ihre Ehre in dem kurzen Augenblick des Ruhms, wenn der Vorhang fällt, auch wenn nach dem Abschminken die ernüchternde Leere einsetzt.

Damals nahmen sie erschöpft und ihrer Funktion beraubt, denn ihr Puls schlug nicht mehr im Gleichklang mit anderen, nach jedem Gastspiel ihre Wanderschaft wieder auf. Man verachtete sie als ausschweifend und unmoralisch. Die Mächtigen, die schlimmere Verbrechen begingen und grausamere Plünderungen, als ein Schauspieler auf der Bühne zu zeigen wagte, trieben sie ohne Skrupel wieder auf die Straße. Aber der Schauspieler überlebte und blieb das Alphabet des Stückeschreibers; für Autor und Regisseur hörte die äußere Erscheinung der Schauspieler nie auf, ein Problem zu sein, denn damit vermochten sie, ohne sich zu bewegen oder den Mund zu öffnen, die Pläne und Ziele auch der geschicktesten Könner zunichte zu machen.

Die Spuren all jener, die an der Tradition des Theaters unserer Zeit mitgewirkt haben, erwecken den Eindruck, daß man auf der Bühne immer zu Exzessen neigte und zur offenen Mißachtung konventioneller Moral. Die Unterlagen geben jedoch keinen Aufschluß darüber, ob das pikante Nebenprodukt der Liebe zur Kunst eine Folge der Aufgabe war, alle Aspekte des menschlichen Wesens aufzudecken, oder ob jemand erst dann ein guter Schauspieler wurde, wenn er alle geistigen und moralischen Restriktionen über Bord geworfen hatte.

Der Mangel an erkennbarer Zurückhaltung stand nicht immer gesellschaftlicher Anerkennung im Weg. Im Gegenteil, die Mächtigen teilten ihre Macht oft mit Schauspielern und Schauspielerinnen. Hin und wieder bat eine Königin um eine private Vorstellung, und ein König wählte eine Geliebte aus den Reihen der Schamlosesten, denn sie waren oft die Schönsten. Samuel Pepsys* schwärmt von der »hübschen, klugen Nell.« Diese Nell, Nell Gwyn, war das Kind eines Londoner Fischhändlers. Sie verkaufte Apfelsinen bis sie dreizehn wurde. Dann kam sie zu einer Truppe von Jongleuren (es ist nicht bekannt, womit sie jonglierte), hatte ihr Debut im Drury Lane Theater, nachdem sie in einem Bordell Lesen und Schreiben gelernt hatte; durch ihren Erfolg auf der Bühne wurde sie die Geliebte von Charles II. Im Gegensatz zu anderen machte sie aus ihrer Herkunft keinen Hehl. Als man sie einmal verwechselte, und eine wütende Menge ihre Kutsche anhielt, streckte sie den bezaubernden Kopf aus dem Fenster und rief lächelnd: »Gebt Ruhe, liebe Leute, ich bin nicht die Hure, die ihr sucht.«

Kaiser, Diktatoren, ihre Erben und Bevollmächtigten scheinen immer die Schauspieler ihrer Zeit um sich versammelt zu haben. Ich weiß von vielen Fällen in unserer Zeit, wo die Führer des Volkes die Lieblinge des Theaters leidenschaftlicher verehrten als umgekehrt. Trotz dieser nicht immer verbotenen Beziehungen kam der Schauspieler erst vor kurzer Zeit zu Rang und Ehren. Bis zum heutigen Tag ist er jedoch (vielleicht mit einer Spur Mißtrauen) Träger von Dingen, die zu gefährlich sind, als daß der durchschnittliche Bürger damit spielen sollte.

---

* Samuel Pepsys (1633–1703), englischer Schriftsteller und hoher Verwaltungsbeamter. Anm. d. Red.

Und in dieser scheinbar unbeweglichen und einfallslosen Welt, die wie ein konkaver Spiegel nur das reflektiert, was unmittelbar auf sie trifft, in einer Welt, die sich zu höflichem Applaus öffnet und schließt, in der derselbe Souffleur auch den Akteuren draußen souffliert, in einer Welt, in der alle Regeln und Werte des Lebens in Stücke zerrissen und von Gauklern wieder zusammengesetzt werden, in dieser Welt, die den Müßiggängern Unterhaltung verschaffen soll, muß der Regisseur und der Kunstsuchende zu Hause sein.

Der endlose Zug all derer, die sich in diese Maskerade ziehen lassen, schafft die Tonleiter, mit der man große Musik machen kann. Diese Tonleiter ist nicht kalt und leblos, sondern warm, und sie atmet. Man kann nicht übersehen, daß die Elemente dieser Tonleiter unaufhörlich vor Hoffnung und Demütigung pulsieren; und aus diesem Grund kann man sie nicht völlig objektiv einsetzen. Welche Belohnung die Spieler auch bekommen mögen, sie sind bei exzessivem Einsatz exzessiven Strafen ausgesetzt. Niemand schont sie, und sie selbst schonen sich auch nicht. In ihrer Anatomie unterscheiden sie sich nicht von anderen Menschen, aber ihre Herzen haben gelernt, entsprechend dem Blutdruck anderer schnell oder langsam zu schlagen. Und sie reagieren selbst dann, wenn sie erkennen, daß die anderen nichts über das menschliche Herz wissen. Der Schauspieler ist gezwungen, seinen Kopf darauf zu trainieren, daß er spielt. Dabei riskiert er, sein Bewußtsein nicht mehr anders benutzen zu können, auch wenn er nicht mehr spielen möchte.

Schauspieler können die Abhängigkeit von anderen nicht vermeiden. Ihr Ehrgeiz ist unersättlich. Beifall ist für sie nicht Nektar und Ambrosia, sondern Brot und Butter. Gleichgültig wie reich und mächtig sie werden – obwohl nur wenige der Zwangsjacke der Armut entkommen –, es gelingt ihnen nie, die Gunst der Menge zu kaufen. Und nur darauf haben sie es abgesehen. In dieser Hinsicht unterscheidet sich die große Schauspielerin nicht von der Frau, die sich sorgfältig zwei Stunden lang schminkt und dann als die hintere Hälfte eines Stoffpferdes agiert.

In dem pulsierenden Scheinkosmos gibt es kein Gesicht und keine Gestalt, auch wenn sie nur der Phantasie eines Dichters entsprungen sind, die nicht erscheinen, wenn man sie sucht; und es gibt keine Gewohnheit, wie entehrend sie auch sein mag, die nicht eifrig von jemandem nachgeahmt wird.

Man sollte nicht glauben, daß die vielen Bühnen, der Zirkus und die Leinwand bereits alles gezeigt haben, was es zu sehen und zu wissen gibt. Der potentielle Vorrat, der noch in den Schlund des Dramatikers fließen kann, ist nicht einmal angezapft. Nicht ein Bruchteil des Wenigen, das mich fasziniert, hat seinen Weg durch mich genommen, und ich habe auch keine Hinweise dafür, daß es bei anderen der Fall ist. Der profane Humor einer Bauernhochzeit in der Kathedrale von Rouen, wo die Gäste sich wie zu Hause in der Küche benehmen; der leidenschaftliche Hahnenkampf in Bali, wo der siegreiche Hahn den Rivalen besteigt, den er kurz zuvor zerfetzt hat, um den leblosen Körper zu befruchten; die Versteigerung eines mutigen Stiers in Mexiko City, der gerade tot aus der Arena geschleppt worden ist; der Kummer einer japanischen Mutter, die mit Papierschlangen ihre Tochter festhalten möchte, als das Schiff Yokohama verläßt; das Geschrei auf dem Kamelmarkt in Kairo; die Fröhlichkeit der genüßlichen *Apéritif*-Stunde im alten Saigon; das geschäftige Treiben in Basra, wo die Frau hinter einem Esel herläuft, auf dem wie in biblischen Zeiten ihr Mann sitzt; die flatternden Bitten um gutes Wetter, die der Asiate an seine Bäume bindet; der Bahnhof in Kalkutta, wo Tausende tagelang auf dem Boden liegen und darauf warten, an einen noch schlimmeren Ort fahren zu können; die explosive Kraft des mittelalterlichen Ghettos in Warschau, bevor es dem Erdboden gleichgemacht wurde; die einfallsreichen Spiele der Kinder, wie man sie auf einem Gemälde von Breughel bewundern kann; die Hoffnungslosigkeit in einer Opiumhöhle im alten Schanghai; die Offenheit des alten Yoshiwara-Freudenhauses in Tokio, wo man die Beliebtheit der Damen an der Anzahl der Schuhe ablesen konnte, die am Eingang zurückgelassen wurden; die Dschunken in der Mündung des Jangtse, dessen gelber Schlamm mit solcher Wucht in das ockergelbe Meer schießt, daß die Wolken sich kupferrot färben; ein öffentlicher Briefschreiber in Kanton, der ruhig seinen Tee trinkt, während seine Kunden ihn ängstlich und besorgt anstarren; der Samstagmarkt in Port-au-Prince, wo Nachttöpfe und Babys verschachert werden; das Familienleben an den Ufern in Surabaya, wo sich das Leben von der Geburt bis zum Tod unter offenem Himmel abspielt; ein Flug über den Euphrat und den Ort, von dem man einst glaubte, dort sei das Paradies – all das und mehr ergibt ein brodelndes Schauspiel, das um das Phänomen Menschheit kreist.

Der Film kann als einziges Medium all das, was geschieht und was sich auf der Erde bewegt, umfassend und ungehemmt dokumentieren und das Wesentliche auf den Punkt bringen – auch wenn die Feder, die er dazu benutzt, vielleicht noch nicht beweglich genug ist.

Viertes Kapitel

Wenn du erst ein verheirateter Mann bist, Samiel, wirst
du sehr viel mehr wissen als jetzt; aber ob es sich lohnt, soviel
durchzumachen, um so wenig zu lernen, sagte der arme
Junge, als er mit dem Alphabet bei Z war, ist
Geschmackssache.

Dickens

Als ich an einem kalten und regnerischen Abend durch eine dunkle Straße
in Mexico City ging, fiel mir ein zerlumpter Arbeiter auf, der wie hypnotisiert ein buntes Plakat anstarrte, das in Lebensgröße eine verführerische
Frau zeigte, die für einen Film warb. Ich dachte natürlich, der Mann sei
von dem Bild der Schauspielerin fasziniert, die ihre Vorzüge so freigiebig
zur Schau stellte. Aber ich irrte mich, denn als ich an dem Mann vorüber-
gegangen war und mich noch einmal umdrehte, sah ich, daß er das dicke
Plakat verstohlen von der Wand löste, sich darin wie in eine Decke einhüll-
te und zum Schlafen in einen feuchten Hauseingang legte. Vielleicht hätte
er beim Einschlafen weniger angenehme Gedanken gehabt, wenn auf der
improvisierten Decke eine Flasche Haarwasser abgebildet gewesen wäre.
Wie auch immer, das aufreizende Plakat diente nicht dem Zweck, zu dem
es bestimmt war.

Hätte der müde Mann sich wie beabsichtigt von der Werbung verlocken
lassen, wäre er in ein Kino gegangen und dort eingeschlafen. Aber das
Kino ist ebensowenig als Schlafgelegenheit gedacht wie das Plakat als Bett-
decke. Jemand, dessen Beruf es ist, Zuschauermassen in ein Kino zu lok-
ken, greift zu dem bewährten Mittel, alle Frauen so darzustellen, als seien
sie Huren. Es ist ein einfaches Rezept, das von einer unvorstellbar großen
Zahl hochbezahlter Werbefachleute entwickelt worden ist. Ihre Aufgabe
besteht darin, alles zu verkaufen, was sich nicht von selbst verkaufen läßt.

Es gehört zur Spezialität dieser Experten, mit einem Köder zu locken
und etwas zu versprechen, was nicht geliefert werden kann. Sie zeigen
nicht das Richtige, sondern das Falsche. Man hat schnell herausgefunden,

daß der einfachste Reiz die größte Anziehungskraft auf die Massen ausübt; dabei spielt es keine Rolle, welchen Inhalt ein Film hat oder um welche Art Film es sich handelt. Das bewährte Rezept kreist immer um Sex und um sein biologisches Gegenstück Gewalt. Man füge irgendwo das Wort »Liebe« hinzu, und die Litanei ist unwiderstehlich. Wenn der Filmtitel diese Elemente nicht unmittelbar verrät, muß man sie auf der Fassade des Kinos zeigen. Unterschiedliche Farben sind erlaubt, aber man darf eine suggestive Umarmung nicht vergessen, aufeinandergepreßte Lippen, einen beinahe entblößten Busen. Man gebe zu der Mischung ein Messer oder ein Gewehr und vermeide jede Feinheit.

Wenn die Zuschauer erst im Kino sitzen, darf man sie mit etwas zum Lachen oder zum Weinen bringen, was draußen nicht gezeigt wurde. Die Werbung muß keineswegs wahrheitsgetreu das widerspiegeln, was man auf der Leinwand sieht, denn das würde sich nicht als Kassenmagnet erweisen. Der Kinobesitzer könnte sein Popcorn und Eis nicht verkaufen, wenn draußen erkennbar wäre, daß im Saal »Kultur« stattfinden soll.

Die Gefahr ist gering, daß der so ins Kino gelockte Zuschauer zufällig das Werk eines denkenden Menschen zu sehen bekommt. Der potentielle Affront gegen die Masse ist längst aussortiert worden, ehe er auf der Leinwand erscheinen kann. Deshalb entspricht die Werbung auf der Kinofassade, auch wenn sie etwas zu aufdringlich ist, sehr wahrscheinlich dem, was den Zuschauer im Kino erwartet. Der Zuschauer sitzt möglicherweise in Plüschsesseln, die weicher als erwartet sind, vor einer Leinwand, die größer ist als notwendig, und die Geräusche werden nicht nur aus einer, sondern aus vier Richtungen wiedergegeben. Aber das, was der Filmprojektor hoch über dem Kopf auf die Leinwand wirft, ist die altbekannte Sauce.

Man sollte die Truppe der Ausbeuter nicht als zynisch brandmarken. Diese Leute sind nur zu dem Schluß gekommen, daß es keine bessere Methode zur Vergrößerung des Einkommens gibt, als weibliche Kurven zu aktivieren.

Wenn man die Verlockung der Frau mit ihrem elementaren Reiz auf das andere Geschlecht vertikal, horizontal und in der Tiefe untersucht (wie man es unbedingt tun sollte), dann wird deutlich, daß dieser Köder nicht nur Männer anziehen soll, denn Frauen bilden die Mehrheit der Zuschauer im Kino.

Viele Theorien stellen klar und deutlich fest, daß eine Frau sich für nichts mehr interessiert als für eine andere Frau. Sie hält nicht nur jedes Mitglied des eigenen Geschlechts, einschließlich der eigenen Mutter, für eine Rivalin, sondern sie hat viele Gründe, um das Verhalten einer anderen Frau zu beobachten. Hat sie die Pufferzone zwischen der Welt draußen und dem dunklen Kino innen erst einmal hinter sich gebracht, ist die dünne Linie, die das Reale vom Erdachten trennt, schnell überschritten, und die Befriedigung der Phantasie stellt sich mühelos ein – noch müheloser, wenn ein Mann sie begleitet. Das Geschehen auf der Leinwand läßt sie nicht kalt, nachdem sie sich erst einmal in den Phantomkörper der Frau versetzt hat, die vor aller Augen ihre gefährlichen Schlingen auslegt. Wo auf der Leinwand eine Frau auftaucht, muß ein gutaussehender Mann in der Nähe sein. Selbst wenn die Zuschauerin mit ihrem Begleiter Händchen hält, kann sie der Versuchung nachgeben, ohne sich die Mühe machen zu müssen, den Verführer zuerst kennenzulernen und dann dafür zu sorgen, daß er rechtzeitig wieder verschwindet. Es besteht keine Gefahr, entdeckt zu werden. Ihr drohen keine Strafen oder mögliche Demütigungen. Niemand sieht ihre blitzenden Augen. Aber auch wenn sie eine weniger subjektive Haltung einnehmen sollte und unbewegt auf ihrem Platz sitzt, anstatt sich von den gebündelten Lichtstrahlen entführen zu lassen, ist ihr Blick vielleicht nicht weniger aufmerksam, denn ihr Interesse wird von etwas in Anspruch genommen, das für sie von größter Wichtigkeit ist. In den meisten Teilen der Welt wächst die Frau in dem Gefühl heran, dem Mann unterlegen zu sein (es ist eine Binsenweisheit, die sich jedoch hartnäckig hält, daß der Zufall der Geburt über Unterlegenheit oder Überlegenheit entscheidet). Unsere Zuschauerin wird keinen Augenblick versäumen, um zu sehen, wie eine andere Frau den Beweis erbringt, daß sie dem Mann ebenbürtig ist. Unabhängig davon, wie schnell eine Frau das primitive Rezept findet, das den sogenannten Herrn und Meister zu ihrem Sklaven macht, ist sie jederzeit für Hinweise und Tricks dankbar, die sie in ihr Repertoire aufnehmen kann. Obwohl das auf der Leinwand Gezeigte vielleicht nicht auf alle zutrifft, verschafft es ihr möglicherweise noch eine andere Art Befriedigung: die Verachtung für andere Frauen. Sie beruht auf einer tiefsitzenden, hemmungslosen Feindseligkeit gegenüber einem Verhalten, das noch ungereinigt in ihr selbst sitzt.

Diese Anmerkungen mögen unwesentlich sein. Aber es besteht kein Zweifel daran, daß die Zuschauer, an die wir uns als eine homogene, auf unterster Ebene zusammengeschlossene Herde wenden, sich leicht von dem kleinsten gemeinsamen Nenner beeinflussen lassen. Sie wehren sich gegen alles, was ihren kollektiven Instinkten widerspricht. Bei kleinen Zuschauergruppen schwankt der Intelligenzgrad vielleicht; ab einer bestimmten Zahl ist das nicht mehr der Fall. Dann ist es nicht mehr wichtig, ob es sich um schwarze oder weiße Zuschauer (oder auch jede dazwischen liegende Hautfarbe) handelt, und wo sie sich zusammenfinden. Diese Masse wählt als Idol nur den, der ähnliche Eigenschaften besitzt wie sie selbst – und zwar nicht die besten, sondern die schlechtesten Eigenschaften. Dadurch befreien die Menschen sich von Schuldgefühlen und rechtfertigen das eigene Verhalten, das somit bewiesenermaßen kein Hindernis zu Popularität und Erfolg darstellt.

Abgesehen von der Tatsache, daß eine Menschenmenge nichts anderes ist als eine Versammlung von Individuen, kann das Wissen, was ein bestimmtes Individuum tut, wenn es allein ist, keine Gewißheit darüber verschaffen, wie dieses Individuum sich als Teil einer Menschenmenge verhält. Eine Menschenmenge hat ihren eigenen Charakter; er ist nicht die Summe der einzelnen Charaktere, sondern scheint zu einer Einheit verschmolzen zu sein, die nicht länger ihren Komponenten gleicht. In dieser Konfiguration findet eine Entkleidung des Egos statt. Die zu einer Masse zusammengepreßten Individuen bilden ein heidnisches Konklave, in dem kein früheres Tabu mehr Gültigkeit besitzt. Es herrscht das Gefühl vor, zu einer großen Gemeinschaft zu gehören. Die Bande der Zurückhaltung sind gelöst, alles wirkt ansteckend, und keiner kann sich dem entziehen. Wenn die Menge einen Führer wählen sollte, würde sie ihm seltsamerweise weder gleichen, noch würde sie so handeln wie er. Der Führer gehört nicht länger zur Menge.

Diese riesige Gemeinschaft ist unser Publikum. Kein Filmregisseur kann es ignorieren. Auch ich habe nicht den Wunsch, das zu tun. Ich habe kein wissenschaftliches Interesse an der Menge; der Wissenschaftler ist dem Gegenstand seiner Untersuchung selten auf Gedeih und Verderb ausgeliefert. Ein Anthropologe kann mit kühlem Blick eine Menge studieren, aber wenn er versuchen sollte, ihre Struktur zu verändern, könnte er seine Distanziertheit nicht aufrechterhalten. Der Historiker stellt fest, daß es nie zu etwas geführt hat, die Eigenschaften einer Menge zu ändern. Und der Psychologe warnt davor, sich einer Menge entgegenzustellen, denn der mögliche Held könnte dabei zu Schaden kommen. Die Menge studiert nicht; sie dokumentiert nicht, rät nicht und ändert sich nicht. Die Menge handelt. Diese Menge ist unsere Jury. Ich habe nicht den Wunsch, daß ihr gesenkter Daumen mir gilt. Solange ich mich von ihr fernhalten kann, muß ich sie weder respektieren noch ihr erlauben, sich in mein Urteil einzumischen. Aber meine Arbeit bleibt nicht von ihr unberührt und unbeeinflußt.

Diese gigantische Versammlung, diese Masse – wenn man so will, der Mob – ist an sich ein sehr viel gewaltigeres Schauspiel als alles, was man ihr vorführt. Sie besitzt eine klare Persönlichkeit, die eindrucksvoller ist als jeder Schauspieler. Das Publikum kann den Darsteller mehr erregen als er das Publikum. Es agiert zwar als Masse im Einklang, aber seine Stimmung ist nicht ohne weiteres erkennbar. Sollte man in der Position sein, Befehle zu geben, dann sorge man dafür, daß genug Gewehre schußbereit sind. Das Publikum kann zum Schweigen gebracht und beeindruckt werden. Es kann angewidert nach Hause gehen, obwohl es während der Vorführung gelacht und applaudiert hat. Das sichtbare Verhalten unterscheidet sich in vielen Ländern, das innere Verhalten nie. In einem Land gilt Pfeifen als Beifall, in einem anderen bedeuten Pfiffe Protest und Empörung. Wenn man das Publikum in Spanien begeistert, dann wird man mit dem Lob der Mutter gefeiert. Erregt man in Amerika Mißfallen, dann kommt die Mutter ebenfalls ins Spiel, aber das klingt dann mehr nach »Hurensohn«. Wenn die Menge zum Beten niederkniet, sollte man nicht aufrecht stehenbleiben. Wenn sie sich erhebt, um die eigene Fahne zu grüßen, dann darf man nicht sitzenbleiben. Sie kann den Mann umjubeln, den sie gestern verflucht hat, und sie wird den Mann hängen, den sie am Tag zuvor in den Himmel gehoben hat. Niemand wird die Stimmung einer erregten Menge verkennen, obwohl ihre Gefühle nicht immer so offenkundig sind wie bei Aufständen und Hinrichtungen. Die Bewegung der Menge verändert sich. Manchmal drängt sie sich zusammen, dann wieder schwärmt sie aus wie ein Heuschreckenschwarm. Sie kann sich langsam dahinschleppen oder wie eine Sturmflut anbrausen. Sie kann wie eine Rinderherde in Panik geraten oder, wie in Tokio, sich höflich verbeugen und einen dann mit dem Ellbogen beiseiteschieben. Eine Menge kann eine Stadt in Schutt und Asche legen oder einen Menschen in Stücke reißen. Ihre Gewalttätigkeit kann sich mit ihrer Angst messen. Man kann der Menge befehlen, sich zu versammeln; aber ihr sagen, daß sie sich zerstreuen soll, ist schwieriger. Sie kann ohrenbetäubendes Gebrüll ausstoßen, wenn ein Popanz, eine aufgeblasene Schweinshaut, vorbeigetragen wird, und sie kann einen Mann zerfleischen, der in Notzeiten Lebensmittel hortet. Die Menge kann einen Sieg feiern, als habe sie ihn errungen, und sie kann einen Mann betrauern, der nichts zum Sieg beigetragen hat. Mit einer ausgelassenen Menschenmenge kann ein neues Jahr beginnen oder auch eine Revolution. Und wenn die Menschen sich verstecken, kann das eine Invasion bedeuten oder die Verhängung des Kriegsrechts.

Menschenmengen gibt es in jedem Land. Der Film ist wie ein Unkraut in jeden Winkel vorgedrungen, um sie zu finden. Es ist die erklärte Aufgabe des Filmregisseurs, das Wohlwollen dieser Horden zu erringen. Sein Werk wird nicht nur in Paris, London, Rom und New York gezeigt, sondern auch in Khartoum, Kairo, São Paulo, Istanbul, in Karachi, Kobe, Helsinki, Seoul, Kabul und Christchurch. Das wäre eine ungeheuerliche Aufgabe, wenn sich die gewünschte Resonanz nicht überall (auch im entferntesten Winkel der Welt) einstellen würde, wo sich eine Menge einfindet, um sie zu äußern.

Man möge sich einmal kurz die ungeheure Ausdehnung des Gebiets vorstellen, das unser Medium beherrscht. Kein anderes Vehikel der Massennormierung kommt ihm gleich. Aber man kann es offenbar nur benutzen, indem man an das appelliert, was alle Zuschauer miteinander verbindet: das Tier im Menschen. Glücklicherweise kommt bei allen Dingen der Punkt, an dem die Sättigung einsetzt. In der erholsamen Pause ist es dann möglich, etwas einzuschmuggeln, was nicht der Wiederaufguß eines uralten Fruchtbarkeitsrituals ist.

Viele werden mir vielleicht nicht zustimmen und meine Gedanken als zu pessimistisch abtun oder noch schlimmer, als eine didaktische Aussage, zu der ich nicht berechtigt bin. Bevor ich deshalb mit meiner Betrachtung des Publikums fortfahre, erlaube ich mir, meinen Berechtigungsnachweis zu erbringen.

Die Leinwände, über die meine Filme geflimmert sind, hängen in jedem Land der Erde. Genauer gesagt, es gibt vermutlich kein Kino, das sich nicht der Bilder bedient hat, die zunächst nichts anderes als verschwommene Erscheinungen waren, die ich durch das Objektiv meines Bewußtseins sah. Mit der möglichen Ausnahme von Rußland, wo meine Filme vermutlich nur wenige beeinflußt haben (der Geist von Karl Marx wacht über den Filmprojektoren in diesem großen, weiten Land), gibt es keine Nation, in der meine Version der *Comédie humaine* nicht ihre Spuren hinterlassen hat. Ich bin nur einmal über die Grenze von Rußland geflogen, und aus der Luft habe ich keine Menschenmenge gesehen. Ich weiß also nichts über das Verhalten der Massen dort und kann nicht sagen, ob sie einen eigenen Willen haben. Also kann ich nur vermuten, daß sie sich nicht von anderen unterscheiden. 1960 erschien in Locarno ein Dutzend hochrangiger Russen, sie wollten sich an einem regnerischen Vormittag einen meiner Filme ansehen. Als ich das Kino verließ, umarmten sie mich herzlich. In ihrer Begleitung befand sich eine Schauspielerin aus Prag. Sie war jünger als der Film, den sie gerade gesehen hatte. Sie brach in Tränen aus, folgte mir auf die regennasse Straße, kniete vor mir nieder und küßte mir die Hand. Zum Teil mag der Anlaß zu dieser Huldigung gewesen sein, daß ich den Vorsitz einer Jury führte, die unter anderem einen Preis für hervorragende schauspielerische Leistungen zu vergeben hatte – ein Film mit ihr stand in der engeren Wahl. Mir entging nicht, daß sie eine großartige Vorstellung gab, als sie sich in Gegenwart ihrer Begleiter vor mir auf den Boden warf. Aber ihre Tränen waren echt; ihr lief die Nase, ein Zeichen dafür, daß ihre Gefühle nicht gespielt waren. In dem Film geschah nichts, um jemanden weinen zu lassen. Aber diese junge Dame (die schöne Jana Brejchowa) war unter sowjetischem Einfluß aufgewachsen und hatte vermutlich noch nie etwas gesehen, was nichts mit politischen Ideologien zu tun hatte. Ihr ging eine kinematische Philosophie nahe, die viele Probleme aufwerfen mag, aber niemals eine Lösung bietet. 1961 sagte die charmante Kira Paramanowa – Mitglied einer Filmjury in San Francisco, deren Vorsitz ich führte –, mein Werk werde in Moskau verehrt, obwohl die Filme nicht öffentlich gezeigt würden.

Diese Art Scharfsinn ist ungewöhnlich und hat nichts mit dem Urteil der Menge zu tun, die nur das sieht, was dem Auge geboten wird, obwohl viele Einzelne darunter sein mögen, die tiefer blicken. In Cienfuegos bat mich ein zwölfjähriger Junge um ein Autogramm – aber nicht, während einer meiner Filme gezeigt wurde, sondern während ich mir die Schuhe putzen ließ. Als ich ihm erklärte, ich sei kein Schauspieler und fragte, warum er ein Autogramm von mir haben wolle, erwiderte er wie aus der Pistole geschossen: »Sie können viel mehr als ein Schauspieler, denn Sie benutzen viele Masken und nicht nur eine.« Möglicherweise hatte der kleine Junge recht, und ich lasse andere für mich spielen – aber das ist Nebensache.

Es ist jedoch erstaunlich, daß kein Schauspieler, der mit mir zusammengearbeitet hat, das in Betracht gezogen hat. Ein Schauspieler sieht nur sich selbst. Ich denke zum Beispiel an einen Schauspieler, der durch einen meiner Filme zu großem Ruhm gekommen war. Er besuchte Berlin, als ich dort an einem anderen Film arbeitete*. Er machte mir bittere Vorwürfe, weil ich nicht am Bahnhof gewesen war, um den Menschenauflauf bei seiner Ankunft zu sehen. Sein Verdruß beeindruckte mich nicht. Ich erklärte ihm, ich hätte kein Zeit zu solchen Ausflügen, denn um mich herum sei im Augenblick alles möglich. Diese Antwort, die ihm völlig unverständlich war, traf ihn wie ein Nadelstich und löste eine Sturmflut der Empörung aus. Eine Menschenmenge hatte ihm zugejubelt, als er den Bahnsteig betrat. Wieso war ich nicht Mensch genug, um alles stehen und liegen zu lassen, um ihn zusammen mit dieser Menge in Berlin zu begrüßen? Ich wurde für einen Augenblick Mensch und versprach, das nächste Mal alles aufzuschieben, um seinen triumphalen Einzug in eine Weltstadt mitzuerleben. Aber es gab kein nächstes Mal, denn ich drehte keinen Film mehr mit ihm, und alle Aufregung bei seinem Erscheinen in der Öffentlichkeit legte sich bald darauf.

Es wäre zwar mehr als absurd gewesen, wenn ich ihm in der Menschenmenge zugejubelt hätte; aber dieser Schauspieler hat in einem beachtlichen Maß dazu beigetragen, daß eine bestimmte Art begeisterter Anhänger ihn feierte. Er sah nicht besonders gut aus, aber er war trotzdem ein einzigartiger Mensch, und er hatte meine Anweisungen buchstabengetreu ausgeführt (vor jeder Szene pflegte er zu sagen: »Wunderbar! Du möchtest wie ich sein, nicht wahr?«) Und nachdem ich ihm seine Bewegungen eingepaukt hatte, besaß er die Anmut eines Tigers. Er erweckte den Eindruck, seine kraftvollen Hände könnten eine große Silbermünze (sie war für diesen Zweck aus Blei) zusammendrücken; er konnte einen Gegner zu Boden schlagen (nachdem ich dem Gegner genauestens gezeigt hatte, daß er sich verhalten mußte, als habe ihn der Blitz getroffen), als sei das Wegblasen einer Feder schwieriger; er konnte ein Faß Bier über den Kopf heben und leertrinken (das Faß hing an einer Kette, die die Kamera nicht »sah«, und

* George Bancroft, 1929 zu Besuch in Berlin während der Dreharbeiten zu *Der Blaue Engel*. Anm. d. Red.

das, was er trank, hätte auch einen Papagei nicht betrunken gemacht); er konnte das Ungesetzliche zu seiner Domäne machen (so stand es im Drehbuch, das er nie las); er konnte mit einem Maschinengewehr umgehen, als sei es ein harmloses Spielzeug (die Scheinwerfer waren so eingerichtet, daß man beim Abfeuern des Kindergewehrs nicht das Blinzeln seiner Augen sah); und er ließ sich mit Attila, dem Hunnenführer vergleichen, obwohl seine Frau mir erzählte, sie wecke ihn jeden Morgen mit Orangenblüten, die sie ihm unter die Nase hielt.

Ja, ich erinnere mich, einmal in einer Menge gestanden und einem Mann zugejubelt zu haben. Als Junge feierte ich mit vielen Tausenden einen gewissen Dr. F. A. Cook, der gerade von einer Schlittenfahrt mit zwei Eskimos zurückgekehrt war und als erster Forscher den Nordpol erreicht hatte. Alle meine Träume vom großen Abenteuer standen dort auf dem Balkon, wo er mit Spitzbart und allem erschien. Der Jubel wurde ohrenbetäubend laut, als man ihm einen Blumenkranz um den Hals legte. Damals habe ich zum letzten Mal gejubelt, denn sein Vergnügen an dieser Verehrung wurde zu offensichtlich, um nicht Argwohn zu erregen. Sein zufriedenes Lächeln mit dem Blumenschmuck, der ihm wie ein Pferdegeschirr um den Hals lag, stimmten nicht mit meiner Vorstellung von einem Polarforscher überein. Nicht lange danach stellte man fest, daß die Entdeckung des Nordpols eine Erfindung von ihm gewesen war. Als ich schließlich echte Forscher kennenlernte, stellte ich fest, daß sie nie lächelten, denn die überstandenen Strapazen hatten das Lächeln von ihren Gesichtern verschwinden lassen.

Aber ich erforsche die Menge, und mein Lächeln ist ebenfalls seltener und seltener geworden. Ich möchte noch einen Schritt weiter gehen. Viele behaupten, daß ein großes Publikum sehr viel intelligenter ist als ein Individuum, das auf dieses Publikum zielt. Das stimmt nicht. Das Publikum ist weder intelligenter noch weniger intelligent. Es ist anders. Ein Mann, der glaubt, er tue etwas im Auftrag eines Publikum, irrt sich. Ihm fällt lediglich nichts anderes ein. Es ist ebenso sinnlos, die Reaktionen des einen oder anderen Publikums zu studieren (das geschieht oft, um die eigene Arbeit zu überprüfen oder zu verbessern) wie einen Afrikaner in seiner runden Schilfhütte zu beobachten, um herauszufinden, was er tun wird, wenn ihn ein Nashorn angreift.

Eine andere trügerische Theorie kreist um die naive Hypothese, ein

Publikum werde sich im Laufe der Zeit bessern. Das kann vielleicht ein Individuum, ein Publikum nie. Eine Verschlechterung ist eher wahrscheinlich. Man stelle sich etwa Sophokles in Konkurrenz zu einer mandeläugigen Schönen vor, die Laute spielt und dabei einen Bauchtanz vorführt.

Ich habe Glück gehabt, denn bei meinen Begegnungen mit den Massen habe ich oft ein Schauspiel erlebt, das heutzutage selten oder nach den heftigen Stürmen der vergangenen Jahrzehnte völlig verschwunden ist. Nicht immer diente als Köder eine verführerische Frau, obwohl sie meist in der Nähe war.

In Santiago de Cuba (vor der Zeit, als Castro sich »mit etwas Macht bekleidete«) bat ich einen Fremdenführer, mich zu einem Hahnenkampf zu bringen, denn ich hatte gelesen, ein vergleichbarer Fanatismus sei nirgends zu finden. Das Hotel hatte mir den Fremdenführer verschafft; der Mann schwor bei allem, was ihm heilig war, ein so entwürdigendes Schauspiel wie ein Hahnenkampf sei in Kuba nicht zu finden. Das sei gegen das Gesetz – der Stadt, der Nation und der Moral. Wenn Täubchen zum Vergnügen gewünscht seien, dann könne er ein paar junge, zarte und schokoladenbraune anbieten, die ich aus einem Photoalbum auswählen sollte, das er zufällig bei sich trug. Außerdem, fügte der Mann hinzu, sei er sehr fromm und lehne etwas so Abartiges wie zwei kämpfende Hähne entschieden ab. Er sei entschlossen, mir Kuba nur von der besten Seite zu zeigen. Ich erwiderte ungerührt, ich werde mir einen anderen Fremdenführer besorgen. Das half ihm, sich daran zu erinnern, daß ganz in der Nähe das Gesetz nicht so streng beachtet wurde. Wir kamen gerade rechtzeitig, um zu sehen, wie man zwei Hähne auf den Kampf vorbereitete, indem man ihnen die Krallen schärfte. Mein Führer war nicht nur ein Lügner und ein Kuppler, sondern offenbar auch ein Experte für Hahnenkämpfe, denn er zog aus derselben Tasche, in der er die Aktphotos hatte, eine blitzende Schere, packte den Hahn, den er mit einem kleinen Einsatz favorisierte und schnitt ihm die Sporne zu spitzen mörderischen Waffen. Auf der hohen Arena, die unten eine kleine Bühne wie eine Grube hatte, sah ich so üble und bösartige Gesichter, als seien sie Goyas *Caprichos* entsprungen. Gebrüll brandete auf, als die gefiederten Gladiatoren aufeinander losgelassen wurden. Die Dämmerung brach an, Kerzen wurden entzündet und dicht an die Hähne gehalten, die so heftig kämpften, bis von ihnen nichts mehr als blutige, flatternde Fetzen übrig waren.

In Havanna erkundigte ich mich während einer der üblichen Revolutionen bei einem Taxifahrer nach einem weniger alltäglichen Schauspiel. »*Si Dios quiere*«*, erwiderte er mit einem Schulterzucken und brachte mich zu einer *Casa*, die Alhambra hieß. Das Theater war voll besetzt. Ich mußte stehen. Man erklärte mir, der letzte Sitzplatz sei drei Minuten nach Einlaß verkauft gewesen, und ich stellte bald fest warum. Ein derber Komiker machte Knoten in eine Gummiwurst, die ihm zwischen den Beinen hing, und begann dann, eine milchige Flüssigkeit auf die Musiker zu spritzen, bevor das Licht ausging. Die nächste Szene fand auf einem Bett statt, wo zwei Männer, als Sherlock Holmes und Watson kostümiert, sich zuerst höflich voreinander verbeugten und dann eine Nachahmung dessen boten, was sie für das Freizeitvergnügen von Engländern hielten. Die Darbietung beendete ein Vorhang, der von oben bis unten mit Namen von Ärzten warb, die sofortige Heilung von Geschlechtskrankheiten versprachen. Der Vorhang diente dann als Kulisse für eine erstaunlich gelenkige Schwarze, die ohne das winzigste Kleidungsstück auftrat und begann, ihre Körperfülle auf eine Weise vibrieren und zucken zu lassen, die dafür sorgen sollte, daß die Ärzte auf dem Vorhang nicht über fehlende Kundschaft klagen konnten. Aber das Spiel mit dem schwachen Fleisch war nur ein Vorgeplänkel für das, was folgte, als die Musiker die junge Dame nicht länger zu ihren aufreizenden Bewegungen ermutigten. Im Theater wurde es dunkel; in dem einsetzenden Schweigen erschien eine weiße Leinwand und ohne größere Vorbereitung begann ein Film mit Mönchen und Nonnen, die an die Tradition des Eunuchentheaters anknüpften.

Die gesamte Karibik ist nicht ohne Charme. Aber wenn man auf der Suche nach verfeinerten Genüssen ist, sollte man sich nicht allzuweit von den ausgetreten Bahnen entfernen, in Haiti das Hotel nicht verlassen und auf Martinique die Zimmertür verschließen. Um sich alles zu ersparen, bleibt man am besten zu Hause, obwohl auch das nicht ganz ungefährlich ist. Ich habe mir nichts erspart. Unter meinen Notizen über die Sirenenklänge, die die Massen anlocken, befinden sich kaum leserliche Aufzeichnungen. Ich konnte sie erst entziffern, als ich mich daran erinnerte, daß ich sie in einer heißen Nacht in Mirzapur geschrieben hatte, und das Blatt mit einem Insektenteppich bedeckt gewesen war, unter dem mein Stift

---

* sinngemäß: »In Gottes Namen«. Anm. d. Red.

kaum das Papier fand, während Geckos von der Decke auf mich fielen und ich eine Gänsehaut nach der anderen bekam. Die Notizen sollten mich daran erinnern, was Menschen tun, wenn sie ausschwärmen. An diesem Tag war ich mit einer Menschenmenge durch Kuhmist und roten Staub gelaufen, die das Lingam und das Yoni* verehrte.

Auf Bali bat ich den Hotelbesitzer in Den Pasar, mir ein Zimmer zu geben, von dem ich sehen würde, was in diesem abgelegenen kleinen Paradies geschah. Er erwiderte, dazu sei jedes Zimmer geeignet. Das stellte sich als richtig heraus, denn ich hätte ebensogut mitten auf dem Marktplatz wohnen können. Dies war, bevor die Japaner Bali den Holländern wegnahmen. Ich weiß nicht, wie es jetzt dort aussieht. Vermutlich läuft die neueste Verfilmung von *Ben Hur* im größten Tempel. Damals war die ganze Insel ein einziges Theater, in dem sich kein Vorhang hob oder senkte. Niemand achtete auf die Zeit, man wußte nie, wann eine Vorstellung anfing, und wann sie aufhörte. Man mußte keinen Eintritt bezahlen, kein Teller wurde herumgereicht, es gab keine Pause, und niemand achtete darauf, ob einer zusah oder nicht. Dort erlebte ich eine andere Dimension von Theater, wo Darsteller und Zuschauer austauschbar waren; denn entweder setzte sich das Publikum aus denen zusammen, die spielen wollten, oder aus denen, die gerade gespielt hatten und danach gebannt jene beobachteten, die zuvor Zuschauer gewesen waren – sie alle gaben Vorstellungen der Superlative, obwohl nicht ein einziges Mal Beifall geklatscht wurde. Offenbar beginnt für einen Balinesen die Schauspielerlaufbahn mit der Geburt, wenn nicht schon davor. Babys, die an der Brust liegen, blicken so verächtlich auf das Treiben, wie man es normalerweise nur von einem Kritiker erwartet, der eine vernichtende Kritik schreiben wird. Auf dem Platz vor einem Gebäude, den man den Tempel des Todes nennt, sah ich einen sechsjährigen Jungen. Er rauchte eine lange Zigarre und dirigierte den komplizierten Rhythmus des Gamelanorchesters, dessen Musiker bestimmt fünfmal so alt waren wie er. Der Kleine war wirklich ein routinierter Meister und konnte seine Fähigkeit nicht ohne jahrelange Praxis erworben haben. Die Frauen mit und ohne Babies waren zwar nackt bis zur Taille, aber sie verhüllten die Brüste bei den rituellen Gebeten. Die anmutigen Füße mit den langen Fußnägeln standen fest und angespannt, während sie stundenlang ihre

* Altindische Symbole der Schöpfungskraft, »Lingam« – männlich; »Yoni« – weiblich. Anm. d. Red.

Fächer bewegten, und die maskenähnlichen Gesichter wirkten so entrückt, als seien sie nicht mehr mit den bronzenen Körpern verbunden. Die blicklosen starren Augen waren blind für alles, außer der Welt tief in ihrem Innern. Ganz Bali war eine Bühne. Und in den Nächten tanzten junge Männer mit Schaum vor dem Mund in zuckenden Verrenkungen, und dabei richtete jeder einen rasiermesserscharfen Kris (der traditionelle Dolch) auf seinen glänzenden Bauch. Kinder, deren Finger unempfindlich gegen Feuer waren, hielten glühende Holzstückchen an ihre Augenlider, ohne sie damit zu versengen, während Rangda, die Hexe, vergeblich umhersprang, um ihre Opfer zu fangen. Oder ein reinkarnierter Hanuman und seine schnatternden Affen kämpften die klassische Schlacht mit Dämonen aus dem Ramayana*.

Alle diese Darbietungen ereigneten sich in selbsterzeugter Trance. An sich ist das nicht bemerkenswert, denn das meiste auf Erden geschieht normalerweise in einem Trancezustand. Aber nicht immer ist das Ergebnis so harmlos und so vollkommen wie damals auf dieser duftenden Insel am Rande der Welt.

Das Theater – wie primitiv seine Wiege auch sein mag – muß ursprünglich als eine Folge des Drangs nach der therapeutischen Entladung einer ansonsten unterdrückten Emotion entstanden sein. Hätte man sie nicht ausagiert, wäre sie verwirrend und gefährlich geworden. Ich bezweifle, daß sich auf Erden ein Ort findet, an dem mehr als eine Handvoll Menschen leben, wo es keinen Ableger dieses uralten Rituals gibt.

Bei meiner Ankunft in Rangun erklärte man mir, es gebe kein Theater in der Stadt des Shwe-Dagon-Tempels, der der Sage nach um acht Haare von Gautamas Kopf herumgebaut worden war. Aber als ich mich auf den Weg machte, um die Richtigkeit dieser Aussage zu überprüfen, fand ich nicht nur ein burmesisches Theater, sondern auch das seltsamste Publikum, dem ich je begegnet bin. Auf der belebtesten Kreuzung der Stadt hatte man ein Podest errichtet. Und dort agierte etwas erhöht über der Straße eine kleine Gruppe grell angestrahlter, weiß gekleideter Schauspieler vor einer riesigen Menge von etwa fünfzehntausend Menschen, die dicht gedrängt auf Matten saßen und eine undurchdringliche Barriere bildeten. Ich dachte: Diese Aufführung werde ich bestimmt nicht sehen. Aber dann

* Altindisches Heldenepos. Anm. d. Red.

hörte ich das heftige Geklingel von Straßenbahnen, die während der Darbietung hin und her fuhren und dabei die Zuschauer in zwei Hälften teilten. Sie bahnten sich ihren Weg mit Hilfe halb tollwütiger Schaffner, die
Eisenstangen und Peitschen schwangen und die Gleise so lange freihielten,
bis die Wagen durch die schwitzende Menge gerollt waren. Im Bann des
burmesischen Dramas schienen die Zuschauer nicht zu bemerken, ob die
Straßenbahnen an ihnen vorbei- oder über sie hinwegrollten. Sie wichen
gerade soweit zurück, daß die Wagen im Schneckentempo vorwärts kamen.
Nach kurzer Überlegung stieg ich in einen Wagen, der sich gerade einen
Weg zu den Spielern bahnte. Auf diese Weise sah ich sie und ihre gebann-
ten Zuschauer etwas genauer. Es war das erste Mal, daß ich eine Theater-
aufführung von einem reservierten Platz in einer Straßenbahn aus sah.

Ein ebenfalls seltsames Publikum entdeckte ich in Mukden in der Mandschurei, die damals von den Japanern kontrolliert wurde. Die Journalisten in meiner Begleitung, die ich erst seit einer Stunde kannte, berichteten zögernd von einer »erstklassigen Truppe« in etwa dreihundert
Kilometern Entfernung und waren völlig verwirrt, als ich mich nachdrücklich dafür interessierte, etwas »Zweitklassiges« zu sehen. In einem
altersschwachen, von einem mageren Mongolenpony gezogenen offenen
Wagen mit einem Sonnenschirm fuhren wir durch das ausgedehnte Viertel, das ausschließlich der Prostitution vorbehalten war. Nach sintflutarti-
gen Regenfällen in der Nacht zuvor stand es unter Wasser. Das Viertel war
in einen koreanischen, einen chinesischen, einen japanischen und einen
russischen Sektor aufgeteilt, aber die Herkunft der weiß geschminkten
Verführerinnen konnte man nur an der Sprache ihrer Lockrufe erkennen.
An diesem Abend schienen sie ausnahmslos bereit, ihre Dienste zu einem
Sondertarif anzubieten, der von zwanzig Sen bis zu drei Yuan reichte. Das
hatte etwas mit einem reduzierten Programm zu tun, das mir niemand
erklären konnte. Ein etwas höherer Preis wurde von den Frauen genannt,
die auf Stelzen liefen, um trockene Füße zu behalten. Die höhere Summe,
so wurde mir erklärt, habe ihren Grund in der zusätzlichen Mühe, von
den Stelzen zu steigen. Schließlich erreichten wir eine schmale Gasse.
Trotz aller Bemühungen des Kutschers weigerte sich das Pferd weiterzu-
gehen, denn durchdringende Musik und dröhnendes Holzgeklapper ver-
rieten uns, daß wir ein Theater erreicht hatten. Als wir eintraten, empfing
uns ohrenbetäubender Lärm, den schwarz gekleidete Musiker veranstalte-

ten. Man mußte geschickt dampfenden zusammengewickelten Handtüchern ausweichen, die den schweißtriefenden Zuschauern zugeworfen wurden, die sich diesen Luxus leisten konnten. Ich versuchte, einen Platz zu finden, an dem mir nicht die Gefahr drohte, von einem heißen Handtuch erschlagen zu werden, stellte aber bald fest, daß ich mit dem Stuhl direkt an der Bühne eine schlechte Wahl getroffen hatte. Im Theater wimmelte es von Kindern. Bald benutzten sie meine Knie als Trittbrett, um auf die Bühne zu steigen. Sie kümmerten sich nicht um die üppig kostümierten Darsteller, die über die Kinder steigen mußten. Sie zeigten sich nicht ganz unbeeindruckt von den kleinen Schauspielern, die mit ihnen konkurrierten, und machten von dem traditionellen Privileg Gebrauch, den Zuschauern den Rücken zuzuwenden und Tee zu trinken, wann immer ihnen danach zumute war. Ein allgegenwärtiger Inspizient in einem schwarzen Gewand mit Kapuze, das ihn »unsichtbar« machen sollte, servierte den Tee. Die Unterbrechung ihrer Kunst schien sich immer mitten in einem Satz zu ereignen, der – soweit mir verständlich – von ungeheurer Bedeutung war. Nachdem sie die Tasse geleert hatten, rückten sie Bärte und Perücken zurecht und nahmen den Dialog in einem Falsett wieder auf, den sie nur in einer Ausbildung zu Eunuchen gelernt haben konnten. Mir fiel auf, daß die meisten Zuschauer Soldaten mit aufgepflanztem Bajonett waren, die der Bühne den Rücken zuwandten. Sie waren offenbar nicht gekommen, um sich das Stück anzusehen. Stunden vergingen, und nichts Außergewöhnliches geschah. Handtücher flogen durch die Luft, die Kinder krabbelten überall herum, die Soldaten betrachteten, ich weiß nicht was, die Schauspieler tranken Tee, die Zuschauer schwitzten, und die Musiker veranstalteten einen Höllenlärm. Es war eine heiße Nacht und eine rätselhafte Nacht. Alle Asiaten haben eine Vorliebe für Pokergesichter; obwohl ihre Gefühle ebenso unbeständig sind wie unsere (wenn nicht noch unbeständiger), sorgen sie dafür, daß sie nicht nach außen dringen. Auch die Schauspieler in diesem Teil der Welt schminken sich die Gesichter zu leblosen Masken. Sie bemühen sich nicht um Beweglichkeit, sondern um Starrheit. Schließlich erhob ich mich, um zu gehen. Das führte dazu, daß alle, einschließlich der Soldaten, mich anstarrten. Aber als ich ein Handtuch auffing und mir den Schweiß vom Gesicht wischte, drehten sie sich wieder um. Ich durfte das Theater verlassen und mich auf die Suche nach meinen Begleitern machen, die schon lange gegangen waren.

Als ich mir meinen Weg durch die brodelnden Massen Chinas bahnte, gelangte ich auch an einen Ort, der einst ein Sumpf an der Mündung des Huangpu gewesen war. Die ersten Opium- und Teehändler gründeten hier einen einzigartigen Ort; danach – es muß immer einen Platz geben, wo die Welt ihren Abfall und Dreck ablädt – wurde der Ort mit dem Namen Schanghai eine Riesenstadt, weil er zu diesem fragwürdigen Zweck auserwählt worden war. Vielleicht wird noch einmal ein anderes, ähnliches Gebilde entstehen, das die Miasmen der Menschheit befruchten, aber ich bezweifle es. Dies war zweifellos China, aber ein China, wo ich Schilder mit der Aufschrift sah: »Hunde und Chinesen haben keinen Zutritt.« Dafür werden viele Menschen noch lange zahlen müssen. Nach außen bot die Stadt ein Bild der Ordnung. Sie war in Sektoren aufgeteilt, in denen die Angehörigen mehrerer Nationen ihre eigenen Gerichte hatten und bis 1923 eigene Postämter. Briefe konnten mit Briefmarken aus den USA, Hongkong, Frankreich, Japan, Rußland, Deutschland und manchmal sogar Indien frankiert werden. Aber unter der Oberfläche oder um die nächste Straßenecke bot sich ein anderes Bild. Und dorthin ging ich. Diesmal hatte ich einen Führer, wie man ihn sich nicht besser wünschen konnte, einen Konsulats-Attaché.* Er besaß nicht nur ein umfassendes Wissen über die Stadt und alles, was es dort gab, er hatte auch bei einem meiner Filme mein Drehbuch getragen und dabei eine umfassende Ausbildung erhalten. Nichts, was in Schanghai geschah, entging ihm. Und nachdem er mir das einmal bewiesen hatte, wußte ich, daß er die Stadt wirklich durch und durch kannte.

Abgesehen von dieser einen Exkursion verbrachte ich drei pulsierende Stunden in dem turbulenten Ableger des Theaters, das man die Große Welt nannte. Das Etablissement befand sich an der Kreuzung Tibet Road und Avenue Edward VII. Es war eine konzentrierte Welt und so vielschichtig, als sei sie nicht zusammengedrängt – aber sie war nicht für »ausländische Teufel« da, sondern nur für die Chinesen. Eine Beschreibung lohnt sich, denn kurz nach meinem Besuch dort nahmen die Japaner Schanghai ein; und das Vergnügungszentrum wurde von Bomben zerstört, die seltsamerweise chinesische Flugzeuge abwarfen, während es wie immer vor Menschen nur so wimmelte. Es gab eintausendundzwölf Tote und ebenso viele Verwundete.

* Hungerford B. Howard

Diese Anlage bot der Menge in sechs Stockwerken Unterhaltung. Sechs Stockwerke brodelten vor Leben und dem dazugehörigen Lärm und Getöse. Hier wurde geboten, was sich Chinesen als Zeitvertreib und Unterhaltung einfallen lassen. Nachdem ich mich in den heißen Strom der Menschlichkeit hineinbegeben hatte, gab es kein Zurück mehr, selbst wenn ich es gewollt hätte. Im ersten Stock fand ich Spieltische, Sängerinnen, Zauberer, Taschendiebe, Spielautomaten, Feuerwerk, Vogelkäfige, Fächer, Weihrauch, Akrobaten und Ingwer. Eine Treppe höher gab es Restaurants, ein Dutzend Schauspieltruppen, Grillen in Glaskästen, Zuhälter, Hebammen, Friseure, und man konnte sich Ohrenschmalz entfernen lassen. Im dritten Stock gab es Jongleure, Heilkräuter, Eiscafés, Photographen, eine neue Schar Frauen – diesmal waren die hochgeschlossenen Kleider bis zur Hüfte geschlitzt –, für den Fall, daß man an den züchtigeren weiter unten vorbeigegangen war, die nur die Beine zeigten; und als Neuheit einige Reihen freistehender Toiletten. Die Impresarios erklärten den belustigten Kunden, wie sie die importierte sanitäre Einrichtung zu benutzen hatten. Im vierten Stock gab es viele Schießbuden, Fan-Tan-Tische, rotierende Räder, Massagetische, Akupunktur und Heilpraktiker, heiße Handtücher, getrockneten Fisch und getrocknete Därme und Tanzböden mit Musikgruppen, die versuchten sich gegenseitig zu übertönen. Im fünften Stock boten sich Frauen an, deren Kleider bis zu den Achseln geschlitzt waren, außerdem gab es einen ausgestopften Wal, Geschichtenerzähler, Luftballons, Peep Shows, Masken, ein Spiegelkabinett, zwei Stände mit Liebesbriefen, die Erfolg garantierten, Gummigötter und ein Tempel mit gefährlich aussehenden Göttern und Räucherstäbchen. Im obersten Stock und auf dem Dach dieses Hauses der vielen Freuden zeigten Seiltänzer ihre tollkühnen Darbietungen, außerdem gab es Wippschaukeln, chinesisches Schach, Mah-Jongg; Feuerwerk explodierte, Lotterien versprachen große Gewinne und Heiratsvermittler das große Glück. Als ich versuchte, wieder den Weg nach unten zu finden, zeigte man mir einen freien Platz, wo Hunderte von Chinesen, wie man mir sagte, mit einem Sprung vom Dach auf dem schnellsten Weg zur Straße zurückgekehrt waren, nachdem sie ihr ganzes Geld ausgegeben hatten. Als ich unschuldig fragte, warum man die Stelle nicht mit einer Absperrung versah, bekam ich zu hören: »Man darf einen Menschen, der sich umbringen will, doch nicht daran hindern!« Das Leben schien damals keinen großen Wert zu haben, und als kurz darauf eine Bombe fiel, noch weniger. Wie kann man Menschen daran hindern, sich und andere umzubringen?

Ich werde die Menschenmassen nicht beschreiben, die auf den Sampans im Pearl River geboren werden, dort leben und sterben, oder den unglaublichen Schmutz chinesischer Städte und Dörfer. China ist nicht mehr das Land, das ich noch gesehen habe. Soviel ich weiß, kann es dort jetzt schlimmer oder auch besser sein. Als ich durch den fernen Osten reiste, gab es noch keinen Stacheldraht an den Grenzen. (Ich könnte auch nicht wie damals ungehindert durch Polen, Estland, Litauen, Lettland und Ungarn reisen und jeden beliebigen Grenzübergang benutzen.) Die Länder haben sich alle verändert. Zwei große Kriege und ein Dutzend kleine haben sie durcheinandergewirbelt. Ich fürchte aber, ihre Menschenmassen werden auf den Seiten der Geschichte unverändert wieder auftauchen.

Wenn Menschen ungeachtet ihrer Gewohnheiten und persönlichen Geschichte zu einer Versammlung, einer Anhäufung, einer Summe geworden sind, hat eine Verschmelzung stattgefunden. Das Verhalten des Einzelnen ist im größeren Verhaltensmuster der vielen aufgegangen. Manche glauben, die Fähigkeit, Menschen zu einer Menge zu verschmelzen, sei einer großen Karriere förderlich. Vielleicht ist das der Fall. Unleugbar hat diese Fähigkeit einige außergewöhnliche Menschen hervorgebracht, obwohl sie häufiger dazu führte, daß ein falscher Prophet die Menge auf Abwege führte, wenn nicht sogar in ihren Untergang. Diese Begabung – falls es tatsächlich eine Begabung ist – der Wunsch, einer Menge zu gefallen, ist nicht alltäglich und läßt sich nicht leicht auf andere übertragen. Sie wurzelt wie die meisten Dinge im Verhaltensmuster von Lebewesen, die unter den Menschen stehen. Man kann niemandem die Fähigkeit beibringen, eine Menge zu beeinflussen, wenn der Wunsch dazu nicht vorhanden ist, denn der Durchschnittsmensch empfindet einen moralischen Widerwillen dagegen, Unrat für Gold zu verkaufen und dabei die Arme so fleißig wie eine Windmühle zu bewegen, um Begeisterung für seine Pläne hervorzurufen. Außerdem kann man nur bei wenigen emotionalen Diebstahl lernen oder die Irreführung der Instinkte oder den Abbau von Schutzwällen. Trotzdem gibt es viele Plätze, an denen genau das geschieht – unter anderem im Kino.

Jedesmal, wenn ein Film von mir die Gunst der Menge gewann, waren mir die Quellen nicht bewußt, die ich in meinem Innern angezapft hatte.

Es wäre mir nicht schwergefallen, Kontakt zu den Gefühlen der Menge zu finden, wenn ich ihre Kriterien akzeptiert und die unveränderlichen Rezepte benutzt hätte, die der Menge gefallen. Aber aus Gründen, die mir ebenfalls nicht bekannt sind, war das für mich kein ausreichender Antrieb, um einen Film zu drehen. Deshalb suchte ich nach anderen Impulsen, die sich als noch ergiebiger erweisen würden. Nachdem jedes neue Konzept erschöpft war, und der Kreis meiner Erfahrungen sich vergrößerte, wurde das Feld kleiner, auf dem ich nach neuen Werten suchen konnte. Und so wußte ich oft nicht, wie ich einen neuen Weg finden sollte, dem ich hätte folgen können. Wenn meine Filme einen durchgehenden Stil haben, dann basiert dieser Stil auf einer Suche und nicht auf einer Erkenntnis. Wenn einige der Filme unklar zu sein scheinen, dann ließ sich das nicht vermeiden: Nur wenn einem die Klarheit fehlt, macht man sich auf die Suche! Die meisten, die Filme machen, scheinen sich ihrer Sache sicher zu sein — obwohl das nur die Sicherheit der Mittelmäßigkeit ist. In jeder Kunstform bedeutet Perfektion, ihre Möglichkeiten zu begrenzen.

Ich habe nicht die Absicht, mangelnde Perfektion zu einem künstlerischen Wert zu erheben. Man muß genau sein in der Entscheidung, welcher Bereich unangetastet und welcher erforscht werden soll. Und man muß wissen, wie man diesen Bereich begrenzt, denn man darf ihn nicht mit zufälligen Ideen befrachten. In meinen Filmen gibt es vieles, was keinen Zweifel an meinen Absichten läßt. Vielleicht fehlte mir die Fähigkeit, die zum »Teufel zu jagen«, die sich mit dem auseinandersetzen mußten, was durch mich ans Licht gekommen war. Aber ich hatte auch nie den Wunsch dazu. Es ist mir auch peinlich, die Leinwand mit dem endlosen Aufguß abgenutzter Liebesgeschichten zu berieseln. Ich zucke zusammen, wenn ein vergrößerter Kuß zur Darstellung von vier riesigen Lippen wird, die in wohl dosierter Sinnlichkeit schwelgen. Tränen eines Schauspielers, die Mitleid hervorrufen, lassen mich schaudern. Brutalität ist abscheulich, und Foltern sind ekelhaft. Das Kino ist kein Krankenhaus. Die Darstellung von Kriegen bedeutet, Salz in die Wunden der Menschen zu streuen. Wollust und raffinierte sexuelle Anspielungen sind abstoßend. Ich möchte sehr wohl viele für meine Welt interessieren, aber meine Welt ist nicht die Welt der Masse, obwohl die Masse oft vor meiner Welt Schlange gestanden hat.

Es wäre aber unrichtig, diese theatralische Ketzerei, das Zurückschrekken vor dem Sentimentalen, wie wirkungsvoll es auch sein mag, darauf zurückzuführen, daß ich nicht beeindruckbar sei. Im Gegenteil. Ich habe keine dicke Haut, und ich war nicht unempfindlich gegenüber den gewöhnlichen menschlichen Gefühlen. Ich konnte mich auch nicht der Wirkung ihrer Gewächshaustriebe entziehen. Nichts, was je eine Menschenmenge in Erregung versetzte, hat nicht auch in mir ein Echo gefunden. Ich gestehe, daß meine Anfälligkeit größer war als meine Fähigkeit, die Emotionen zu bewältigen. Ich habe auch nicht die selten erfolgreiche Absicht, meine Fehler zu tarnen.

Die Menge verschmilzt auf der primitivsten Ebene zu einer Einheit. Ich sage das nicht als Amateur oder als distanzierter Beobachter. Ich habe eine lange und gründliche Lehrzeit in und außerhalb der Menge hinter mir. Meine Ansichten sind weder das Ergebnis von Magie noch von Theorie. Ich war in meinem Leben obdachlos und habe in Palästen gewohnt. Ich habe wie ein Hund aus Hunger an einem Suppenknochen genagt und bin von den Botschaftern vieler Nationen zu Banketten geladen worden. Ich bin wie ein Landstreicher auf Güterwagen aufgesprungen und bin in einem Privatzug quer durch die USA gereist. Ich habe alles gegessen – von altem verschimmelten Brot bis zu Haifischflossen. Ich habe das Hochgefühl unvermuteten Erfolgs erlebt und den Schock unvermuteten Mißerfolgs – nicht einmal, sondern ein Dutzend Mal. Ich habe die Schreie der Ertrinkenden gehört, als die *Chichibu Maru* mit einer chinesische Dschunke zusammenstieß, die auseinanderbrach. Das todbringende Schiff umkreiste einmal das sinkende Wrack, konnte aber nicht anhalten, weil es wichtige Post an Bord hatte. Ich war dabei, als die *S. S. Eastman* im Chicago River zehn Meter vor der Küste kenterte und Tausende von Frauen und Kinder nach einem Urlaubstag in die Leichenhalle befördert wurden. Ich weinte, als man die Leichen in Lastwagen davonfuhr. Ich habe mitangesehen, wie man hilflose Opfer aus einem Zug warf, der durch Polen fuhr, und stand in New York hinter Polizistenketten, als Näherinnen, deren Kleider in Flammen standen, aus dem brennenden Dachgeschoß sprangen und zerschmettert auf der Erde lagen. Ich habe an Versammlungen von Anarchisten teilgenommen, und es ist mir nur mit Mühe gelungen, nicht von der berittenen Polizei zu Tode getrampelt zu werden, die die Menschen mit Schlagstöcken auseinandertrieb.

Ich hatte kein Geld für die Straßenbahn und bin bis an das Ende der Welt gereist. Ich bin barfuß gelaufen, weil ich keine Schuhe hatte, und

Gast von Königen gewesen. Ich habe die Schule als Fünfzehnjähriger verlassen müssen, aber an einer großen Universität gelehrt. Ich habe Hunderte prachtvolle Begräbnisse mit angesehen und ebensoviele lärmende Hochzeitszüge in den Straßen von China. In einer mexikanischen Arena wurde mir ein Stier geweiht, hohe Kirchenführer haben mich empfangen und Angehörige des britischen Parlaments haben mich um meinen Rat gefragt. Ich habe Kaffee mit einer Frau* getrunken, die aus dem Bunker eines Diktators kam, der die ganze Welt beherrschen wollte, und Tee mit einer anderen**, die gerade einen mächtigen König verlassen hatte, der seine Fußnägel manikuren ließ, während er seine Abdankungsurkunde unterschrieb.

Ich habe Orchester dirigiert, Musik komponiert, andere zu Liedern inspiriert, Häuser gebaut, Holz geschnitzt, meine Bilder und Skulpturen wurden in Museen ausgestellt; ich habe Motoren repariert, bin gegen internationale Schachmeister angetreten, habe in Macao und Monte Carlo um Geld gespielt, bin beim Militär gewesen, habe Tausende von Büchern gesammelt – und habe manchmal monatelang nichts getan, weil ich einfach nicht wußte, was ich tun sollte. Ich bin in Haiti in einem Heim für Geistesgestörte gewesen, wo man Patienten an Wände gekettet hatte. Eine alte Frau umarmte mich als ihren Sohn und wollte mir dann eine unsichtbare Schürze verkaufen, die sie mit einer Nadel und einem Faden genäht hatte, die nur sie sah. Angehörige des alten Adels standen zu meinen Diensten, die Geliebten entthronter Herrscher versuchten, mich zu verführen, und ich weiß noch, daß ich viele Stunden zitternd auf einer Straße stand und auf den flüchtigen Blick der Frau wartete, die ich zu lieben glaubte. Ich habe das Meer auf einem Viehfrachter überquert (keineswegs freiwillig!) und war blau gefroren, weil es kein Holz zum Brennen gab. In besseren Tagen schenkte man mir einen Zweig von dem alten Baum, unter dem, wie man sagt, Konfuzius schlief.

Ich lebte eine Woche in einem Dorf, wo man die Geister der Toten rief, ich habe an einem Hochamt im Vatikan teilgenommen, stand vor der Klagemauer in Jerusalem und hörte zusammen mit Moslems den Muezzin zum Gebet rufen, wanderte mit buddhistischen Priestern in safranfarbi-

---

* Leni Riefenstahl. Anm. d. Red.
** Lady Thelma Furness, damals liiert mit King Edward VIII., nach seiner Abdankung Herzog von Windsor. Anm. d. Red.

gen Gewändern durch den Dschungel mit einer leeren Schale und bettelte um Reis, drehte in Tibet die Gebetsmühlen, zog in Shinto-Schreinen die Seile und klatschte in die Hände, in einem Durga-Tempel in Benares sprangen Affen über mich hinweg; ich pilgerte zu den Verbrennungsplätzen der Hindus und badete im Ganges, während in Sichtweite Leichen verbrannten. Ich habe Neid, Habsucht, Völlerei, Faulheit, Wollust, Stolz und Zorn kennengelernt und hatte selbst ebenso viele unangenehme Tugenden. Gewehre haben auf mich gezielt; ich habe gefährliche Operation beobachtet und war bei anderen der Patient. Ich habe gelitten und das Leiden anderer verursacht. Ich habe mich um viele gekümmert, denen ich gleichgültig war, und war, wie ich fürchte, vielen gegenüber herzlos, die ich mit größerer Umsicht hätte behandeln sollen. Ich habe Behausungen erlebt, die so bevölkert waren, daß man glaubte zu ersticken, und habe versucht, als Einsiedler in der Stille zu leben, in der ich meinen eigenen Pulsschlag so laut wie Hammerschläge hörte. Ich habe geholfen, Kinder vor Entführern zu beschützen, und bin selbst entführt worden. Ich habe Vulkanausbrüche gesehen, Taifune und Wirbelstürme überlebt, bin durch gefährliche Wolken über dem malaiischen Dschungel mit einem Piloten geflogen, der die Nerven verlor, habe mich durch Sandstürme gekämpft, mich aus Schneestürmen und Flutwellen gerettet, wiederholt erlebt, wie die Erbe bebte; ich bin in Bordellen, Opiumhöhlen und Blindenheimen gewesen. Aber die Dinge, die mich am meisten berührt haben, sind in dieser Aufzählung nicht erwähnt – und all das ist ein Teil von mir. Es sollte mich kompetent genug machen, das Verhalten von Menschenmengen zu verstehen und das Individuum, das darin gefangen ist; natürlich nur unter der Voraussetzung, daß ich nicht darauf bestehe, daß andere meine Überzeugungen teilen.

Fünftes Kapitel

DER DIREKTOR: *[...] Ihre Seele – oder wie Sie das nennen wollen – nimmt hier Gestalt an. Der Schauspieler verleiht ihr Körper und Form, Stimme und Gebärden. Und meine Schauspieler, lassen Sie mich das sagen, haben schon weit Besseres verwirklicht als Ihr kleines Drama, mag es sich nun auf der Bühne behaupten oder nicht. Aber wenn es sich behauptet, glauben Sie mir, dann gebührt das Verdienst daran meinen Schauspielern.*
DER VATER: *Ich wage nicht, Ihnen zu widersprechen, mein Herr. Aber für uns, die wir sind, was wir sind, mit diesen, unseren Körpern, ist es eine Qual, diese Gesichter zu sehen [...]*
DER DIREKTOR (ihm das Wort abschneidend, ungeduldig): *Gütiger Himmel. Das Make-up wird alles ändern, das Make-up [...]**

Pirandello

Es ist merkwürdig, daß so wenig, wenn überhaupt etwas über das Thema Vogelscheuche geschrieben worden ist.** Dieser vielgestaltige und malerische Stellvertreter, den der Mensch für sich mitten in einem Feld aufstellt, um über seine Ernten zu wachen, hat aus jedem Bauern einen einfallsreichen Regisseur gemacht. Die Vogelscheuche ist nicht immer eine grotesk ausgestopfte Karikatur mit flatternden Lumpen und einem verwegenen Hut, um die Vögel zu erschrecken. Ich habe viele sehr poetische Vogelscheuchen gesehen. Die schönste entdeckte ich in einem von Wassergräben durchzogenen Feld mitten in Java. Hoch über dem Reis stand auf Bambuspfählen eine mit Palmblättern gedeckte Hütte. Von ihr führten lange Leinen mit winzigen Glöckchen bis zu den Rändern des Felds. Jedesmal, wenn sich ein Vogel näherte, zog ein anmutiger, kupferfarbener Arm sanft an den Leinen und verjagte die fliegenden Räuber mit dem hübschen Geläut der Glöckchen.

Der Schauspieler ist das Gegenteil der Vogelscheuche: Seine Aufgabe ist es, anzulocken! Er versetzt nur sich selbst in Angst und Schrecken. Eines

---

* Aus: *Sechs Personen suchen einen Autor*
** Meines Wissens gibt es nur Percy MacKayes Theaterstück und die Strohpuppe in Victor Flemings *Wizard of Oz*. Vor langer Zeit nahm ich ein paar Vogelscheuchen aus Reisfeldern in Bali und stellte sie in Kalifornien auf.

der einfachsten Lockmittel ist körperliche Schönheit. Arnold Schönbergs Frau sagte mir einmal mit unnötiger Leidenschaft, es sei ihr unverständlich, wie ein denkender Mensch glauben kann, keine Falten im Gesicht zu bekommen. Das ist weit hergeholt, aber nicht ganz unberechtigt. Es ist nicht unbedingt notwendig, zu denken, obwohl es sich manchmal als unvermeidlich erweisen mag. Aber für einen ansonsten von der Natur reichlich bedachten Menschen mag es unnötig sein, tiefschürfend zu denken. Glücklicherweise wird die Denkfähigkeit eines Schauspielers weniger beansprucht als sein Aussehen.

Auch wenn man das Problem einer Analyse dieses augenfälligen Bestandteils unserer Kunst nur oberflächlich betrachtet (sozusagen leichthin über eine Prämisse hinweggeht, von der man voraussetzt, daß sie erfüllt ist), muß man feststellen, daß es aller Wahrscheinlichkeit nach einen zwingenden Grund dafür gibt, daß ein Mensch, der sich nicht auffallend von anderen unterscheidet, ein Anziehungspunkt für neugierige Augen sein möchte. Aus welchem naheliegende Motiv auch immer, dieser Wunsch entspringt einer elementaren Unsicherheit, die der Schauspieler zu einer Zeit erworben hat, als ihm noch lange keine Alternativen offenstanden. Das neugierige Auge der Zuschauer sieht eine Sühne nicht, die der Schauspieler in dem vergeblichen Bemühen leistet, etwas abzuschütteln, was sich nicht so leicht vertreiben läßt.

Wir alle brauchen andere, die uns das liefern, was wir uns nicht selbst verschaffen können. Die Abhängigkeit des Schauspielers geht weit über die Bedürfnisse der meisten anderen Menschen hinaus. Er ist um seine Aufgabe nicht zu beneiden. Mann oder Frau – der Schauspieler muß sich mit vielen Dingen, nicht nur mit dem Publikum auseinandersetzen. Hier stößt man auf etwas Merkwürdiges, das meines Wissens bis jetzt noch nicht untersucht worden ist. Erst in relativ neuerer Zeit ist es den Frauen erlaubt worden, auf der Bühne zu stehen. Was haben sie getan, wenn sie von denselben Motivationen getrieben wurden, die Männer veranlassen, sich ins Rampenlicht zu stellen? Ist es möglich, daß die exhibitionistische Neigung zu auffälliger Kleidung, um Aufmerksamkeit zu erregen, – die ja im Widerspruch zum Plan der Natur steht, den Mann zu schmücken – durch eben dieses Verbot ausgelöst wurde?

Nach dieser Aussage kann ich nicht die Umkehrung des Plans der Natur unerwähnt lassen, der vorsah, die Frau zu einer unscheinbaren Version des geschmückten Mannes zu machen, ohne zu bemerken, daß es der Frau nicht schwerfiel, sich soweit umzustellen, daß sie zum Mittelpunkt der Aufmerksamkeit wurde, sobald sie das Joch der männlichen Herrschaft abgeschüttelt hatte. Die Frau, die auf Grund der von Männern geschaffenen Sitten und Moral von Kindheit an zur Verstellung erzogen wurde, hat keine Mühe, sich in der Welt der Masken zurechtzufinden. Dort kann sie sich nicht nur als Rivalin des Mannes kleiden, sondern auch entkleiden und Reize zur Schau stellen, die der Mann nicht bieten kann.

Es gehört kein großer Scharfsinn zu der Feststellung, daß der Zauber des Theaters immer sinnlich und weniger intellektuell gewesen ist. Dabei darf man jedoch nicht außer acht lassen, daß ein intellektueller Reiz nicht notwendigerweise asexuell sein muß. Darüber hinaus sollte man sich hüten, dem Sinnlichen ein Stigma anzuhängen, denn das könnte wieder in die Comstock-Zeit zurückführen, in der diese Art Verlogenheit eine Karikatur in *The Masses* inspirierte: Eine Frau wird mit einem Strick um den Hals vor einen Richter geschleppt. Darunter steht: »Euer Ehren, diese Frau hat gerade ein *nacktes* Kind zur Welt gebracht.«*

Das Singsangmädchen, das in einer festlich geschmückten Rikscha durch eine chinesische Straße fährt, steht in der Hierarchie der Schauspielkunst auf der untersten Stufe. Die Mädchen auf den »Blumenbooten« haben noch einfachere Aufgaben, denn sie müssen noch nicht einmal singen. Unterhaltung ist aber nicht immer so primitiv. Die gepuderte Geisha verbindet mit ihrem Auftreten viel Anmut und Klugheit. Die zahllosen jungen Frauen, die im Theater und Film nichts als ihre Körper zeigen, sind nicht soweit avanciert. Der konkurrierende kostümierte Mann steht noch eine Stufe tiefer.

Aber ganz gleich: wie gut Männer und Frauen aussehen mögen, sie sind selten mit ihrem Äußeren zufrieden. Schönheit, die durch nichts bereichert wird, ermüdet und widert sogar an. Alle, die attraktiv bleiben wollen, müssen der reinen Schönheit etwas hinzufügen, das von längerer Dauer ist.

Der Schauspieler hat ganz offensichtlich viele Eigenschaften mit denen gemein, die wie gebannt auf ihn blicken. Einige Dinge heben ihn jedoch von den anderen ab. Zu den hervorstechendsten Eigenschaften gehört sein Wunsch, sich nicht zu verbergen, sondern alles zu enthüllen – und das

* Robert Minor, 1915

freizügig. Der Schauspieler muß alles tun, um die Dinge zu zeigen, die wir oft in uns verbergen – Dinge, die den Motor unseres Lebens in Gang halten. Was wir verschämt eingestehen, betont er nach besten Kräften. Während wir nur selten unsere Liebe öffentlich zur Schau stellen, ist für den Schauspieler keine Bühne hell genug erleuchtet, um seine Liebe mit süßer Wonne zu verkünden. Während der Gedanke, jemanden zu töten, Entsetzen in uns hervorruft, erfüllt ihn ein Dolch oder eine Pistole in den Händen mit himmlischen Freuden. Der Tod ist ein unangenehmer Gedanke, aber kein Schauspieler hat je Probleme gehabt, wenn es darum ging, auf Stichwort die Qualen eines Sterbenden zu zeigen, dessen Leben Atemzug um Atemzug entschwindet. Sein Leben hat sich erfüllt, wenn die Augen der Zuschauer auf ihm ruhen. Es wird schal und leer, wenn er hinter den Kulissen verschwindet. Schmeicheleien machen ihn hilflos; seine Träume kreisen um Applaus. Er läßt sich lieber auszischen, als übersehen zu werden. Und sein Privatleben kann ein unerfreuliches Intermezzo bei der Gestaltung seines Lebens sein.

Schon seit vielen Jahrhunderten hat man diese Eigenschaften beobachtet. Horaz stellt Schauspieler auf eine Ebene mit Bettlern und Narren. Lukian prangert sie mit folgenden Worten an: »Nehmt ihnen ihre Masken und die glitzernden Kostüme, dann bleibt nur Lächerliches übrig.« Irgendwo steht auf Lateinisch, wer dem Schauspieler applaudiert, spendet dem Teufel Beifall. Zu Molières Zeiten standen Schauspieler mit »Schwertschluckern, Bettlern und Rattenfängern« auf einer Stufe. Hazlitt* schreibt: »Nur wenn die Schauspieler sie selbst sind, sind sie nichts. Herausstaffiert mit gespieltem Lachen und Weinen durcheilen sie auf den Zuruf des Souffleurs die Extreme von Freude und Schmerz und tragen das Kostüm des Schicksals anderer Menschen. Nicht einmal die Gedanken gehören ihnen.«

Aber der Schauspieler hat diese Verachtung nicht verdient; es gibt mehr darüber zu sagen – und wie sich herausstellen wird, ist es wenig genug. Ein befreundeter Arzt erzählte mir, in seiner Anfangszeit habe er zu seinem Erstaunen jedesmal, wenn er zu einem Schauspieler gerufen wurde, Symptome von Platzangst festgestellt. Er sprach darüber mit Sigmund Freud. Warum schien jeder Schauspieler unter dieser krankhaften Abneigung gegenüber Räumen zu leiden? Freud ergriff ihn bei den Schultern, schüttelte

---

* William Hazlitt (1778–1830), englischer Schriftsteller, bekannt für seine Schauspieler-Theorie. Anm. d. Red.

ihn wie einen jungen Hund und schrie: »Jeder Mensch mit Platzangst muß Schauspieler werden!«

Das Bewußtsein und der Körper sind weitgehend in die Darstellung einbezogen. Wieviel von dem einen oder dem anderen benutzt wird, hängt davon ab, was ein klarsichtiger Regisseur will. Sir Henry Irving* soll, als er erfuhr, ein anderer Schauspieler werde den Hamlet spielen, ausgerufen haben: »Du meine Güte! Woher weiß er, daß er sich nicht einen schweren körperlichen Schaden zufügt?« Man kann anmerken, daß auch die Zuschauer schwer verletzt werden können.

Schauspielen bedeutet nicht, in einer Verkleidung einen Text aufsagen, auch nicht die Fähigkeit, auf Abruf etwas nachahmen zu können. Schauspielen bedeutet die Rekonstruktion von Motiven, denen Handlungen und Worte zugrundeliegen. Das ist nicht leicht, obwohl es für den Schauspieler leicht sein mag, die eigenen Qualen zu vergessen, indem er sich die eines anderen auflädt. Im besten Fall ist er nicht nur ein Interpret, nicht nur der Träger von Ideen, die andere haben, sondern gibt seiner Darstellung ein tieferes Verständnis, als der Autor es besitzt. Der Schauspieler kann ein hervorragender Techniker sein und das geschriebene Wort und die Anweisungen des Regisseurs mit den Komponenten seiner Persönlichkeit verbinden. Auf diese Weise verleiht er Gedanken Zusammenhang und Fluß, die nicht ohne sein Können über das Rampenlicht hinauskommen würden. Der Schauspieler kann uns mit der Bedeutung des einfachsten Wortes beeindrucken, obwohl wir es bereits unzählige Male gehört haben, ohne seinen Sinn zu verstehen. Der Schauspieler verdient sich nicht die Sporen damit, daß er Shakespeare rezitieren kann, ohne eine Silbe zu verschlucken, auch nicht damit, daß er das Kabuki-Theater und Stanislawski verinnerlicht hat, um eine Fernsehwerbung zu machen. Er hat sie sich dann verdient, wenn er gelernt hat, seine Übertreibungen zu zügeln und sich soweit unter Kontrolle zu haben, daß er Darstellung und Kommentar miteinander verbinden kann. Dann wird er unser Mitgefühl wecken – nicht für sich, sondern für den, dessen Geschichte wir sehen.

Es scheint kein besonders großes Können zu erfordern, einen anderen Menschen darzustellen. Der Schauspieler hat jedoch die seltsame Neigung,

---

* Sir Henry Irving (1838–1905), englischer Schauspieler und Theaterleiter, war bekannt für seine Shakespeare-Inszenierungen. Anm. d. Red.

den eigenen Wert herabzusetzen und den Wert anderer zu suchen. Aus diesem Grund versagen wir ihm normalerweise unsere Achtung. Der Schauspieler schafft in sich ein Vakuum, übernimmt das äußere Verhalten einer ihm unbekannten Person und erweckt damit nur Verachtung für die Hohlheit beider. Dann kann er die erhabensten Gefühle ausdrücken und macht sie doch nur lächerlich. Glücklicherweise gibt es große Schauspieler, obwohl sie nicht immer die erfolgreichsten sind, denn die Zuschauer lassen sich nur allzuleicht von der Schminke täuschen. Der fähige Schauspieler vermag uns klare Einsichten anstelle von Dunkelheit zu vermitteln. Er kann das undurchsichtigste Motiv erhellen, so wie ein Blitz zeigt, was die dunkelste Nacht verbirgt. Der Schauspieler kann uns die Sünde in ihrer häßlichsten Manifestation zeigen und ein Verbrechen sühnen, indem er seine Brutalität aufdeckt und die Qualen des Verbrechers. Er kann alle unsere Gedanken in seinen Körper hineinnehmen und sie uns wohlbehalten und sicher zurückgeben, wenn der Vorhang fällt – vorausgesetzt, sie waren wohlbehalten und sicher, als sie uns verließen.

Der Schauspieler kann erreichen, daß wir einen mächtigen König beschimpfen, und erreicht oft, daß wir jemanden achten, den wir für einen Narren hielten. Er kann dafür sorgen, daß wir über die Dummheit anderer lachen und über die eigene erröten. Wenn man erkennt, daß er vielleicht seine eigene Dummheit ausagiert, sollte man sich darüber nicht lustig machen.

Wer aus Begeisterung manchmal in Schnee und Regen auf einen erschöpften Schauspieler wartet, der ohne Kostüm und Schminke aus dem Bühneneingang eilt, ahnt nicht, daß dieses blasse und erschöpfte Wesen während der Vorstellung soviel Kraft aufgewendet hat, wie nötig ist, um durch den Kanal zu schwimmen. Es hat begeisterte Zuschauer gegeben, die das ahnten. Sie haben in vielen Fällen den Schauspieler auf die Schultern gehoben und ihn nach Hause getragen. Man muß nicht betonen, daß diese Art Ehrung den Schauspieler sofort wieder zu neuem Leben erweckt. Ich bin einmal mit einem weltberühmten Komiker* quer durch die Vereinigten Staaten gefahren. Er war für seine großen Schuhe und das kreisende Stöckchen berühmt. Er hatte gerade einen anstrengenden Film abgedreht und seinem Sekretär die klare Anweisung gegeben, keine Menschenseele dürfe

* Charlie Chaplin. Anm. d. Red.

von der Reise etwas erfahren. Der Sekretär nahm ihn beim Wort. Und als unser Zug am Ende des ersten Tages in Albuquerque einrollte, stand niemand am Bahnsteig, um den berühmten Mann um ein Autogramm zu bitten. Als ich das mißmutige Gesicht sah, und da ich ihn wirklich mochte, erklärte ich dem nervösen Sekretär, wie seinem Herrn am besten zu dienen sei. Bei unserer Ankunft in Chicago hatten Telegramme die genaue Ankunftszeit angekündigt und darauf hingewiesen, daß diese Reise geheim sei. Eine riesige Menschenmenge begrüßte, o Wunder, den traurigen Mann; und nicht länger bekümmert, beklagte er höchst zufrieden den Mangel an Privatsphäre. Der Sekretär beging diesen Fehler nie wieder, und unser Schauspieler war aus diesem Grund nie wieder unglücklich.

Unser Alltag bringt uns oft nichts als Kummer, Enttäuschung und lästige Aufgaben. Wir sind allen dafür dankbar, die sie vertreiben, uns an unsere Ideale erinnern und uns neuen und ungeahnten Mut machen. Der Schauspieler kann erreichen, daß wir das Theater mit neuer Entschlossenheit verlassen, und er kann uns aller Sorgen entheben, als seien wir neugeboren. Er kann uns auf Schönheit aufmerksam machen, die wir Tag für Tag sehen und doch nie bemerkt haben. Und er kann uns das Gefühl geben, wir hätten noch nie einen Menschen richtig gesehen – aber er kann auch bewirken, daß wir keinen Menschen mehr sehen mögen. Ich möchte damit nicht den Eindruck erwecken, als unterscheide sich der Schauspieler grundsätzlich von allen anderen Menschen. Schauspieler suchen Beifall und werden nichts unterlassen, um die Aufmerksamkeit auf sich zu lenken und Beifall zu bekommen. Sie unterscheiden sich nur durch die Stärke, in der diese normale Neigung in ihnen vorhanden ist. Doch Beifall ist selten ein Maßstab für Verdienste. Viele Angeber sind auf diese Weise reich geworden. Aber Reichtum mindert nicht den Drang, Beifall zu suchen. Das beweisen zahlreiche erschreckende Tragödien. So trank sich ein Schauspieler beispielsweise zu Tode, weil er keine Rollen mehr bekam, obwohl sein Vertrag ihm eine wöchentliche Gage von zehntausend Dollar garantierte.

Ich habe Hunderte von Schauspielern nicht nur oberflächlich kennengelernt und Tausende auf allen möglichen Bühnen beobachtet. Ich will damit nicht sagen, ich hätte mich sehr darum bemüht, Schauspieler gründlich zu studieren. Aber es ließ sich nicht vermeiden, ein genaueres Wissen über Schauspieler zu erwerben. Viele sehr berühmte Schauspieler haben meinen Weg gekreuzt, obwohl ihr Ruhm nur auf dem übertriebenen Lob beruhte, der immer den Mittelmäßigen zufließt. Ich habe jedoch auf vielen Bühnen nicht wenig gesehen, was mich beeindruckte. Selten waren die Fähigsten auch die Berühmtesten. Kein Filmschauspieler hat bei mir einen bleibenden Eindruck hinterlassen, auch wenn die Filme, in denen sie spielten, es manchmal taten.

Dafür gibt es einen rein technischen Grund. Auch wenn der Schauspieler auf der Bühne präzise Anweisungen hat und nur das Werkzeug des Regisseurs ist, nimmt er den Kontakt zum Publikum auf. Der Ablauf des Geschehens und das Los der Aufführung liegen in seinen Händen. Er ist in der Lage, die Reaktionen der Zuschauer wahrzunehmen und wird die Reaktion auf sein Spiel nicht ohne weiteres ignorieren. Ein Schauspieler kann kaltes Schweigen nicht einfach abtun, so wenig wie das spöttische Gelächter nach einer übertriebenen Geste. Er weiß, wo die Zuschauer sitzen; und er und kein anderer übermittelt ihnen ganz direkt seine Gedanken und Gefühle.

Im Film ist das nicht so. Im Gegensatz zu dem Schauspieler in Fleisch und Blut wird der Filmschauspieler von einem Mechanismus reproduziert, der sich nicht auf die Vervielfältigung seines Bildes beschränkt. Dieser Mechanismus verkauft den Schauspieler nicht nur wie Marionetten im Sonderangebot, es entsteht auch der Eindruck, sie könnten sich selbständig bewegen und sprechen. Ein Kind, ein Hund oder ein Pferd wird auf dieselbe Weise zum Spielen gebracht wie ein großer Schauspieler – im Grunde sogar mit weniger Mühe, denn sie leisten keinen so großen Widerstand. Kindern, Tieren oder Schauspielern wird bewußt eine Intelligenz aufgepfropft, die ihre eigene zu sein scheint. In den erfolgreichen Zeichentrickfilmen weiß das Publikum, daß jemand für die Bewegung der mit dem Schwanz wackelnden Ente sorgt und auch für das Quaken. Und wenn ein Bauchredner eine Puppe aus der Schachtel holt, dann weiß man, daß die Intelligenz der Puppe nicht ihre eigene ist. Aber wenn ein Filmschauspieler agiert, der erheblich mehr manipuliert wird als eine Trickfilmente oder eine Bauchrednerpuppe, dann beurteilt ihn auch der scharfsinnigste Kritiker, als sei er ein freies, unabhängiges Wesen. Das ist nicht der Fall. Die Filmmaschinerie läßt das nicht zu.

Es gibt im Film ein sehr breites Spektrum an Darstellern von unterschiedlichem Aussehen und Talent. Aber sie sind so machtlos wie Marionetten, bevor sich unter den Händen des Meisters, der an den Fäden zieht, Kopf und Kiefer bewegen. Es besteht jedoch ein feiner Unterschied zwischen Marionette und Filmschauspieler. Bei einer Marionette zieht nur einer die Fäden, in unserer Kunst sind es viele. Das führt nicht selten zu einem wirren Durcheinander, das jedoch mit großem Aufwand verheimlicht wird.

Ich beabsichtige damit keineswegs, die Überlegenheit des einen über den anderen herauszustellen. Für die Menschheit als Ganzes sind Filmschauspieler oder Theaterschauspieler, Taucher oder Pilot, Maurer oder Künstler alle gleich in ihrem Wert – oder ihrem mangelnden Wert. Es ist keineswegs snobistisch, die Feinheiten einer Kunst zu untersuchen. Aber je länger ich über die Probleme des Künstlers nachdenke, desto weniger gleichen sie den Problemen des Schauspielers.

Ungeachtet der Tatsache, daß der Schauspieler in Filmen und auf der Bühne austauschbar ist, fällt mir doch ein wesentlicher Unterschied auf. Im Gegensatz zum Theater weiß ein Schauspieler, der sich auf den Film einläßt, nicht nur nicht, wo das Publikum ist, er wird auch bald aufhören, sich Gedanken darüber zu machen, ob es überhaupt ein Publikum gibt. Möglicherweise sind drei Kameras von drei verschiedenen Standorten gleichzeitig auf ihn gerichtet. Eine Kamera hängt vielleicht vier Meter über seinem Kopf, eine andere steht vor seinen Füßen. Es ist ungewiß, ob er weiß, welcher Teil von ihm später zu sehen sein wird, wenn er das nicht in ständigem Kontakt mit dem Kameramann erfragt, der aber seine eigenen Probleme hat und vermutlich zu dem vernünftigen Schluß kommt, es sei nicht Aufgabe des Schauspielers, sich um die Einstellungen zu kümmern. Der Schauspieler kann nicht feststellen, welcher Teil von ihm unsterblich gemacht wird, denn nicht die Entfernung von der Kamera, sondern die Brennweite des Objektivs ist dafür ausschlaggebend.

Vielleicht wird sein Gesicht so vergrößert, daß man es nicht ohne Unbehagen ansieht, obwohl es einem Schauspieler noch nie Unbehagen bereitet hat, wenn sein Gesicht wie ein Luftballon aufgeblasen wird. Ein nicht richtig abgerichteter Scheinwerfer kann bewirken, daß seine Nase an einen krummen Rettich erinnert, oder daß der Ausdruck seiner Augen nicht zu sehen ist (meist eine Wohltat). Normalerweise sorgt man dafür, daß der Schauspieler besser aussieht als in Wirklichkeit; und oft macht man ihn größer, indem man ihn auf eine Kiste stellt. Ein schlechter Aufnahmewinkel oder ein falsch eingesetztes Objektiv kann den Eindruck erwecken, als werde er von Möbeln erdrückt. Seine Stimme kann durch die Tonaufnahme unkenntlich werden (leider wird sie im allgemeinen richtig wiedergegeben). Er kann stumm sein, weil das Mikrophon in einer Ecke hängt, die seine Stimme nicht erreicht.

Eine Abfolge von Gedanken oder Gefühlen sind kaum (wenn überhaupt) möglich, denn die Technik des Drehens verlangt oft, daß ein Schauspieler am 6. Oktober sein Haus betritt und am 5. Januar des nächsten Jahres im Flur steht, weil es der Drehplan so vorsieht. Wen wundert es da, daß es einem Mann möglicherweise schwerfällt, sich an die Krawatte zu erinnern, die er vor drei Monaten getragen hat; oder wenn er nicht mehr weiß, was er damals empfand, oder ob er ein Paket in der rechten oder linken Hand trug. Notizen und Skizzen helfen, aber nicht allzu viel. Auch wenn der Schauspieler ein hervorragendes Gedächtnis besitzt, muß er sich möglicherweise mit der Erinnerung der anderen zufriedengeben. Meistens muß er jedoch auf den überzeugendsten Menschen in seiner Nähe vertrauen, und das ist derjenige, der mit einem Maßband die Entfernung von seiner Nase zum Objektiv mißt.

Es hat sich als unpraktisch herausgestellt, einen Film in der kontinuierlichen Abfolge der Einstellungen zu drehen (oft stehen die Schauspieler nicht zur Verfügung, noch öfter nicht der Drehort), denn es kostet Zeit, Kulissen aufzustellen, die Kamera einzurichten, das Szenenbild auszuleuchten und die Schauspieler einzuweisen. (Nur sehr wenige Regisseure halten letzteres nicht für Zeitverschwendung.) Normalerweise dauert es viele Wochen, einen Film zu drehen, und eineinhalb Stunden, ihn zu zeigen. In diesem Zeitunterschied liegt der Grund dafür, daß ein Film nicht hintereinander gedreht wird. Die Filmgesellschaften haben die Vorschläge unzähliger Experten für bessere Herstellungsverfahren eingeholt. Alle diese Methoden wurden praktisch erprobt – mit katastrophalen Ergebnissen.

Aber kehren wir zum Schauspieler zurück. Man erklärt ihm bei den Dreharbeiten wie auf der Bühne, was er tun und empfinden soll. Aber es gibt keine Kostümprobe oder Probeaufführung mit Zuschauern, meist kommt es nicht einmal zum Kontakt mit anderen Schauspielern. Und an keinem Punkt der Produktion erhält er einen Hinweis darauf, wie die bereits getane Arbeit sich in das Ganze einfügt. Erst der fertige Film wird das deutlich werden lassen.

Das abgedrehte Material ist nicht fertig, wenn der Schauspieler seine Arbeit getan hat. Das Werk wird von einer Schere zum Abschluß gebracht.

Diese Schere tritt in Aktion, wenn am Drehort die Scheinwerfer ausgeschaltet worden sind. Oft setzt jemand sie ein, ohne viel, manchmal ohne überhaupt etwas von den ursprünglichen Absichten zu wissen. Der Cutter kann dem Schauspieler den wichtigsten Satz oder das wichtigste Wort aus dem Mund nehmen oder seinen kostbarsten Ausdruck löschen. Er schneidet Gesicht und Worte des Schauspielers im wahrsten Sinne des Wortes zurecht. Seltsamerweise haben nur wenige Regisseure das Privileg, bei diesem Vorgang anwesend zu sein, denn diese wichtige Funktion ist von dem unkreativen Teil des Filmgewerbes erobert worden. Der Cutter, manchmal ein geschickter Techniker, kann erreichen, daß ein Stotterer flüssig spricht, und ein Mensch, der sich bewußt langsam bewegt, schnell läuft. Er kann diesen Vorgang umdrehen, Tempo und Rhythmus nicht nur eines Schauspielers, sondern des ganzen Films ändern. Er kann Sequenzen einfügen, in denen der Schauspieler nicht mehr spielte, sondern an das Mittagessen dachte, und mit einem mühelosen Schnitt eine Szene zerstören, die dem Schauspieler am wichtigsten war.

Er kann Einstellungen beibehalten, in denen Hände und Beine geschwollen wirken (obwohl körperliche Entstellungen nicht ganz so absurd sind wie geistige), und er kann die hirnloseste Frau der Welt zum Nachdenken bringen, indem er Teile ihrer Anatomie zeigt, die sie sorgfältig hatte verbergen wollen.

Nicht nur der Cutter schneidet, sondern jeder, dem es gelingt, den Film in seine Hände zu bekommen – auch der Vertreiber und Vorführer, der oft den Film zwischen der Nachmittags- und der Abendvorführung ändert, weil er nichts lieber tut, als den Film zu verbessern. Wäre jedem erlaubt, sein Genie unter Beweis zu stellen, um einen Film vorführreif zu machen, dann würde am Ende nichts übrigbleiben als der Titel – und auch der Titel wird bis zum Tag der Premiere heftig diskutiert.

Der Schauspieler ist für seine Darstellung keineswegs verantwortlich. Deshalb muß er auch damit rechnen, daß im Film jemand auftritt, der ihm ähnlich sieht, oder daß er mit einer fremden Stimme spricht.

Meine Filme waren bis auf einige wenige Ausnahmen nur in meinen Händen, bis sie die Zuschauer erreichten. Ich habe bei vielen Schauspielern die Stimme manipuliert, indem ich etwa einem Bild vom ersten Take die Stimme vom dritten Take unterlegte. Ich mußte auch unterschneiden und Sätze übergehen, indem ich einen Schauspieler zeigte, während ein anderer sprach. (Der ideale Film, wenn es ihn je geben sollte, wird ein völlig künstlicher Film sein.)

In *An American Tragedy* (1931) ersetzte ich die Stimme des vorsitzenden Richters bei der Verhandlung völlig. Der Mann war kein schlechter Schauspieler, aber ich stellte zu spät fest, daß er eine Aussprache hatte, die nicht der beabsichtigten Charakterisierung entsprach. Man fragte mich, weshalb mir das beim Engagement nicht aufgefallen sei. Ich gestand meine Unachtsamkeit. Der Schauspieler hatte mich dadurch beeindruckt, daß er überhaupt nichts sagte. Anstatt also den Schauspieler auszutauschen und seine Gefühle zu verletzen, ersetzte ich seine Stimme, ohne daß es jemandem außer dem Schauspieler auffiel, der sehr gestaunt haben muß, als er plötzlich erlebte, daß er den Mund öffnete und fehlerfrei sprach. Diesen Vorgang nennt man »Synchronisation«. Besonders die sogenannten ausländischen Fassungen, in denen man die Sprache völlig ändert, werden synchronisiert.

Ich habe falsche Aussprache und Zischlaute, die mich störten, mit Feder und Tinte auf dem Tonstreifen geändert, der um sechzehn Bilder versetzt neben dem Filmstreifen läuft. Vor einiger Zeit hat man erklärt, es sei gelungen, photostatische Linien auf die Tonspur zu schreiben, die den Lauten der menschlichen Stimme gleichen. Man stelle sich vor, die menschliche Sprache mit Feder und Tinte hervorzubringen! Eine leichte Drehung des Frequenzenreglers kann eine Stimme heben oder senken, und jede Veränderung der Geschwindigkeit bei der Tonaufnahme kann eine Stimme bis zur Unkenntlichkeit entstellen.

Nur sehr wenige sind mit den flachen Stimmen der großen Stars unzufrieden (eine flache Stimme ist geradezu eine Voraussetzung für Erfolg), und deshalb wird die Stimme eines Schauspielers normalerweise kaum verändert. Aber ein Großteil dessen, was in das Mikrophon gelangt, wird ohne Zustimmung des Schauspielers weggenommen. Viele Schauspieler verpflichtet man zu dem sogenannten *wild track*, um damit etwas zu ersetzen, was geändert oder vergessen wurde. Nicht selten kam dieser »begabte« schauspielerische Akt am Telefon zustande. Der *wild track* wird dann eingefügt, wenn ein Schauspieler etwa mit dem Rücken zur Kamera steht, oder wenn er winkt. Es entsteht der Eindruck, als rede er. Meist handelt es sich um zärtliche, an anderer Stelle geschnittene Worte, die auf diese Weise den Eindruck einer großartigen schauspielerischen Leistung vermitteln. Da der

Schauspieler dafür bezahlt wird, hat man nie Einwände dagegen gehört. Aber auch ohne solche Maßnahmen ruft man ihn oft ein dutzendmal zurück, um etwas zu verbessern, das von Anfang an mechanisch war und es am Ende auch bleibt.

Ich war öfter gezwungen, einer »abgedrehten« Szene nachträglich mehr Gefühl zu geben, indem ich Mängel verbarg und Bedeutungen durch unterlegte Töne oder Musik hervorhob (auch das geschieht später ohne Kenntnis oder Zustimmung des Schauspielers). Ich hatte endlose Mühen, den sogenannten »trockenen Mund« unhörbar zu machen. Denn wenn die Zunge eines Schauspielers trocken ist, klingt das in der Aufnahme wie das Prasseln von Hagelkörnern. Ein Schauspieler, der dazu neigt, muß ständig viel Wasser trinken, obwohl das eine schauspielerische Leistung noch nie verbessert hat.

Alle Filmschauspieler werden in einem unglaublichen Maß manipuliert. Meist ist es ihnen bewußt, wie versteckt es auch geschehen mag. Es ist natürlich kein Geheimnis mehr, daß die Darsteller in meinen Filmen noch mehr manipuliert werden als üblich, obwohl ich im Gegensatz zu anderen Regisseuren kein Geheimnis daraus mache. Man denke an den Vorteil eines geübten Bauchredners, der nur seine Stimme und ein Stück Holz mit einer begrenzten Anzahl Gelenke benutzt. Die Aufgabe der Manipulation wird etwas komplizierter, wenn viele Stimmen und Menschen zum Einsatz kommen, da der menschliche Körper recht viele Gelenke besitzt.

Und doch ist dies so erfolgreich möglich, daß niemand es bemerkt. Die Illusion kann erstaunlich vollkommen sein. Keine Marionette in der Geschichte der Welt ist soviel Manipulation unterworfen worden wie eine meiner Hauptdarstellerinnen*, die in sieben Filmen nicht nur die eigenen Gelenke und die eigene Stimme nicht unter Kontrolle hatte, sondern ebensowenig den Ausdruck ihrer Augen und die Art ihrer Gedanken. Man hat dies so wenig bemerkt, daß sogar ein scharfsinniger Kritiker wie Frankreichs Kulturminister, der ausgezeichnete Schriftsteller André Malraux, sagte: »Sie ist keine Schauspielerin wie Sarah Bernhardt, nein, sie ist ein Mythos wie Phryne.« Diese berühmte Kurtisane soll angeblich vor zweitausend Jahren in Athen gelebt haben und diente Apelles und Praxiteles als Modell. Aber sie war so berauschend schön, daß sie den Ankläger betörte,

* Marlene Dietrich. Anm. d. Red.

als man sie wegen Entweihung der Eleusinischen Mysterien vor Gericht stellte, indem sie ihr Gewand ablegte und die eigenen Mysterien enthüllte. Wer geneigt ist, meinen Beitrag zur Schönheit meiner modernen Phryne verächtlich abzutun, wäre vielleicht überrascht, wenn er wüßte, wieviele Fäden gezogen wurden, um dieses Ergebnis zu erreichen.

Aber ich will auf Darsteller in anderen als meinen Filmen zurückkommen. Ich habe intelligente Darbietungen gesehen, die man Idioten entlockt hat, die nicht ohne Stolpern ein Zimmer durchqueren konnten, und erlebt, wie intelligente Schauspieler und Schauspielerinnen soweit gebracht wurden, daß sie sich wie Schwachsinnige benahmen und es erst merkten, als sie ihre Verwandlung im Kino erlebten.

In vielen Fällen kann man den Filmschauspieler zwar für seine Person verantwortlich machen, für seine Darbietung auf der Leinwand jedoch nicht. Je mehr ein Schauspieler über Filme weiß, desto mehr erkennt er seine Hilflosigkeit, und desto mehr wird er versuchen, Kontrolle über Drehbuch, Regisseur und Kameramann zu bekommen und versuchen, seinen Einfluß bei der endgültigen Zerstörung des Materials, beim Schnitt, oder der Redaktion geltend zu machen. Nicht viele Darsteller haben Positionen erlangt, in denen sie die Faktoren kontrollieren konnten, die ihre Karriere beeinflussen. Und selbst dann beweist diese Selbst-Manipulation nichts anderes als ihre Unfähigkeit.

Dem durchschnittlichen fähigen oder auch unfähigen Filmschauspieler ist es lieber, wenn man von ihm verlangt, seine Gefühle morgens um neun wie einen Wasserhahn aufzudrehen; und er ist auch bereit, auf Verlangen eines unfähigen Regisseurs hysterisch zu lachen oder zu weinen, ohne viele Fragen zu stellen und ohne die Hilfe von Kitzeln oder Glyzerin. Er möchte nach getaner Arbeit zufrieden in dem Bewußtsein nach Hause gehen, künstlerisch tätig zu sein. Natürlich fällt es einem Menschen mit wenigen oder keinen geistigen Fähigkeiten leichter, sich diesen Bedingungen anzupassen, als einem intelligenten Menschen. Das Verfahren der Filmherstellung kann für denjenigen ein schwerer Schock sein, dessen Bewußtsein sich seit der Kindheit entwickelt hat. Aber ein Schauspieler ist nicht leicht zu schockieren. Und so macht er sich so schnell wie möglich und so genau wie möglich an die Aufgabe, zu lernen, wo sein Platz in diesem Kreuzworträtsel ist. Wenn er schließlich genug Erfahrung hat, um die Kontrollen zu passieren, und tun kann, was er für richtig hält, ist das

Ergebnis unter Umständen sehr viel schlechter als seine Leistungen als Anfänger.

Die komplizierten Mechanismen der Filmproduktion leisten selbst den besten Bemühungen eines höchst intelligenten Schauspielers nicht nur Widerstand (wenn er intelligent genug ist, hält er seine Intelligenz bald für ein schweres Handikap), sondern im ganzen System, in dem er arbeitet (es wird von Männern organisiert, die alles Denken übernehmen, das sie für einen Film für wesentlich halten), herrscht eine unglaubliche Verwirrung.

Wenn der Schauspieler morgens auf der Suche nach dem Bühnenbild erscheint, das sein Zuhause darstellen soll und wo er sich wenige Minuten später verhalten muß, als hätte er dort sein ganzes Leben verbracht, vergißt er die Verwirrung einen Moment, und sein erster Blick gilt dem Spiegel. Als nächstes wird er aus dem Augenwinkel den Regisseur suchen. All das ist Routine. Etwas komplizierter wird es, wenn man von ihm verlangt, sich so zu verhalten, als sei er in den vier Wänden allein, denn in jeder Ecke – auch dort, wo angeblich die Decke des Zimmers ist – stehen Arbeiter und hinter jedem Scheinwerfer Beleuchter, die bei jeder seiner Bewegungen gähnen. Wenn er sich nicht zuvor ihre Gutwilligkeit durch forcierte Freundlichkeit erkauft hat, die durchsichtig genug ist, um als Bitte um Mitleid gedeutet zu werden, betrachten ihn diese Leute gleichgültig, wenn nicht sogar feindselig, denn sie wissen, daß er in drei Minuten mehr verdient als sie in drei Wochen. Der Schauspieler lernt bald, auch das abzuschütteln, denn er könnte kein Schauspieler sein, wäre er nicht gegen alles immun – außer dagegen, daß man ihn völlig ignoriert.

Möglicherweise verlangt man von ihm, einen anderen Schauspieler so zu umarmen, als sei es sein bester Freund, obwohl er bis zu diesem Augenblick von der Existenz des Betreffenden überhaupt nichts ahnte. Man fordert ihn auf – in vielen Fällen zieht er das auch vor –, die leere Stelle neben dem Objektiv leidenschaftlich zu lieben, die im fertigen Film von der Hauptdarstellerin gefüllt sein wird, die ihm leidenschaftlich in die Augen blickt. Die abwesende Hauptdarstellerin ruht in ihrer Garderobe oder arbeitet an einem anderen Film, oder – und das ist noch wahrscheinlicher – vertraut gerade einer Klatschtante ihre neueste geheime Liebesaffäre an. Unseren Schauspieler kümmert das Fehlen der Partnerin nicht, denn man erklärt ihm, wenn die Dame anwesend wäre, könnten sie sich nicht in die Augen blikken, denn sonst würde es auf der Leinwand wirken, als schielten sie beide.

Der Darsteller hat meist kein Drehbuch, an dem er sich wenigstens hin und wieder orientieren könnte. Er erhält den Text erst eine halbe Stunde vor Drehbeginn. Man sagte ihm, er soll von links nach rechts gehen oder auf dem Kopf stehen, und er muß warten, bis er im fertigen Film sieht, was er getan hat. Sollte er ein Neuling sein und sich nach dem Warum erkundigen – die Neugier legt sich mit der Erfahrung –, gilt er als schwierig. Proben machen ihn ungeduldig, denn seiner Meinung nach beeinträchtigen sie seine »Spontaneität«.

Mit Ausnahme von wenigen, über deren Unnormalität noch ausführlich berichtet wird, habe ich nie einen Schauspieler kennengelernt, der soviel Zeit auf das Innere seines Kopfes verwendet wie auf das Äußere. Offenbar ist die Schminke wirklich von größter Bedeutung. Kein Schauspieler versäumt es, sich eingehend diesem Teil seiner Darstellungskünste zu widmen. Ich galt als sehr unvernünftig, weil ich darauf bestand, daß die Schauspieler sich meine Erklärungen anhörten, ohne daß ich mit falschen Augenwimpern, Maskara, Lockenwicklern und Miederänderungen konkurrieren mußte. Normalerweise sind Regisseure nicht irritiert, wenn man von ihnen verlangt, die Feinheiten ihrer Kunst durch eine Schar Handwerker zu vermitteln, die einen Schauspieler auf die Prüfung vorbereiten, vor die Kamera zu treten. Wenn der Darsteller nämlich dem Regisseur zuhören möchte, dann könnte das ja den Zeitplan verzögern. Im allgemeinen genügt eine aufmunternde Bemerkung wie: »Also los, Spence, zieh das ab, dann können wir alle essen gehen!« Geschminkt, geputzt und geschniegelt schlendert er vor die heißen Scheinwerfer, die die Kulissen aufheizen, bis man sich wie in einer Sauna vorkommt, und spielt kühl einen Mann von Welt, während ihm der Schweiß über den Rücken läuft und zu seinen Füßen eine Lache bildet.

Sollte der geistreiche Text, den er sprechen muß, seinem Gedächtnis zuviel abverlangen, liest er die Worte von einer Tafel ab – eine nur zu diesem Zweck vorhandene Standardeinrichtung. Das ist nicht leichter, als den Text auswendig zu lernen, denn die Worte sind hastig mit Kreide und meist noch falsch geschrieben. Natürlich wurde in der guten alten Stummfilmzeit die Tafel nur benutzt, um einem Schauspieler den Punkt zu zeigen, wo ein Haus in Flammen stand oder seine Frau das Kind wickelte. Jetzt dient die Tafel einem doppelten Zweck, der nicht unterschätzt werden darf. Wenn mehr als ein Schauspieler auf einen Punkt außerhalb der Kulisse blicken, würden sie ohne die Tafel alle in verschiedene Richtungen sehen. Einige der großen Reden in der Filmgeschichte sind aus etwa dreißig Versuchen zusammengesetzt worden, sie von der Tafel abzulesen. Hin und wieder wurde eine solche Rede aus Einstellungen zusammengeschnitten, die man in mehr als einmonatiger Arbeit gedreht hatte. Wenn später das Kinopublikum atemlos den großartigen Worten lauscht – zum Beispiel die berühmte Rede von Gettysburg –, dann fällt auf, daß man den Schauspieler beim Sprechen nicht sieht, sondern nur hört, während ihn andere Schauspieler mit offenem Mund anstarren. Ich kann jedem versichern, die Münder stehen nicht offen vor Bewunderung für das Gedächtnis des Schauspielers.

Ein Schauspieler erinnert sich nicht an das, was er tun oder sagen muß. Wenn man ihm zuhört, solange er nicht auf der Bühne steht, könnte man allerdings den Eindruck gewinnen, sein Gedächtnis sei unschlagbar. In der Filmwelt möchte ein Schauspieler in dem Ruf stehen, an einen Drehort zu kommen, die Lage mit dem Auge eines Adlers zu durchschauen und in Blitzgeschwindigkeit alles zu bewältigen, was man von ihm fordert. Ein Schauspieler sagte zu mir, als ich ihn engagierte: »Man nennt mich den One-Take-Warner.« In einer Szene von *Shanghai Express* dauerte es Stunden, bis ich Mr. Oland dazu brachte, nur »Guten Morgen« zu sagen – mit Hilfe der Tafel. Noch schlimmer kann eine Szene sein, wenn ein Schauspieler glaubt, er braucht nur den Mund aufzumachen, und die Zuschauer sind vor Begeisterung hingerissen. Man macht sich einen Schauspieler sehr schnell zum Feind, wenn man wagt, darauf hinzuweisen, daß es nicht genügt, die Worte in der richtigen Reihenfolge zu sprechen und nach jedem Komma und Punkt erleichtert Luft zu holen, um sie mit der beabsichtigten Bedeutung zu füllen.

Ich erlaube mir, die intellektuelle Atmosphäre noch etwas genauer zu beschreiben, in der ein Filmschauspieler zu Hause ist. Peter Arno gelang es, die Absurdität der üblichen Dreharbeiten in einer Karikatur auf den Punkt zu bringen. Er zeigt, wie ein Schauspieler temperamentvoll ins Bett steigt, wo unter den Laken die Hauptdarstellerin im Nachthemd wartet. Der Regisseur macht die beiden miteinander bekannt, während unser Schauspieler sich zu ihr legt. Arno übertreibt natürlich, denn der Schauspieler würde sich höchstwahrscheinlich selbst vorstellen müssen. Schauspieler sind in solchen Dingen nicht zimperlich. Sie können nur nicht ertragen, daß man sie völlig ignoriert. Ich kannte nur einen Schauspieler, der davor zurückschreckte, erkannt zu werden. Das war Lionel Atwill. Ich stand mit ihm in einem Kinofoyer, als eine Touristin auf ihn zutrat und sagte: »Ihr Gesicht kommt mir so bekannt vor. Sind Sie nicht Filmschauspieler?« Er wurde blaß, murmelte: »Großer Gott« und verschwand.

Auf der Leinwand kann eine Sekunde eine Ewigkeit sein. Üblicherweise besteht der Star darauf, am längsten vor der Kamera zu sein, und vergißt, daß er nicht auf diese Weise zum Star geworden ist. Aber ein Star hat unzählige Privilegien, und der Umgang mit ihm ist nicht leicht, denn Star in einem Film zu sein, bedeutet Unfehlbarkeit. (Das erinnert mich an eine nette Anekdote zur neueren Geschichte, die mir der geistreiche Robert Murphy erzählte, als er amerikanischer Botschafter in Japan war. Bei einem Staatsbesuch im Vatikan sprach er Papst Pius XII. darauf an, daß Seine Heiligkeit sich noch als päpstlicher Nuntius in Deutschland positiv über Hitler geäußert hatte. Mit einem gewinnenden Lächeln erwiderte das Oberhaupt der römisch katholischen Kirche: »Damals war ich noch nicht unfehlbar.«) Regisseure werden meist auf Grund ihrer Fähigkeit engagiert, einen Star nicht zu verärgern, und weil sie auch gegenüber niederen Chargen freundlich sind. Ein Beispiel: Wenn ein Star, der die Rolle eines Entdeckers spielt, nicht so in seinem Zelt erscheint, als hätte er einen erschöpfenden Fußmarsch hinter sich, sondern so, als habe er gerade seine Garderobe verlassen, und der Regisseur es wagt, auf diesen Umstand hinzuweisen, dann wird er keine Gelegenheit mehr haben, um auf die nächste Absurdität aufmerksam zu machen.

Auf die Gefühle eines Schauspielers in Nebenrollen wird nicht soviel Rücksicht genommen. Wenn er einen König spielen soll, wird er barsch zur Einstellung befohlen und, um die richtige majestätische Atmosphäre zu schaffen, mit den Worten empfangen: »Mein Gott, König, wo zum Teufel bleibst du denn? Man hat dir doch gesagt, du sollst dich bereit halten!« Dieser Schauspieler wird dann sofort einen gütigen Herrscher spielen, ein Vorbild an Würde, und seinem mächtigen Staatsminister einen Befehl geben, der am Vortag in einer Szene, in der der König ein Pferdedieb war, einen wütenden Sheriff gespielt hat. Es gibt eine interessante Geschichte über einen der begabteren Regisseure, der in einer Szene plötzlich einen Mann mit Bart von links nach rechts gehen lassen wollte. Man rief zu diesem Zweck einen Statisten von der Straße. Aber zum allgemeinen Erstaunen wollte der Bärtige das Drehbuch lesen und feststellen, wohin und warum er zu gehen habe. Der Regisseur und sein Stab glaubten ihren Ohren nicht zu trauen. Der Mann sollte nur von einer Stelle zu einer anderen gehen. Der Statist brauchte das Geld dringend. Trotzdem beharrte er darauf, den Zusammenhang der Handlung mit seinem Gang kennen zu müssen, um gehen oder fliegen zu können. Man muß nicht rätseln, was geschah. Der Statist wurde auf der Stelle durch einen anderen ersetzt – ohne Bart. Also klebte man ihm einen falschen Bart aus gekräuseltem Haar mit dem Saft der nordafrikanischen Akazie an.

Diese Anekdote ist zwar komisch, aber es hätte dem Mann mit dem echten Bart wenig geholfen, das Drehbuch zu lesen, denn dort hätte er keinen Hinweis auf seinen Auftritt gefunden. Ich erkläre meinen Schauspielern vor der Kamera zwar immer, was und weshalb sie etwas tun sollen, aber ich habe wenig Anhaltspunkte dafür, daß ein Schauspieler mit dem Wissen zufrieden ist, nicht mehr als ein kleiner Teil des ganzen Gemäldes zu sein. Es herrscht allgemein die seltsame Ansicht, daß der Schauspieler und das Drehbuch viel mit der endgültigen Qualität eines Films zu tun hätten. Diese irrige Theorie ist nicht nur weit verbreitet, sondern gehört zum Credo sehr berühmter Kritiker. Ein Zitat von George Jean Nathan soll diesen Trugschluß veranschaulichen: »Das ist Hollywood. Das ist die sogenannte große Bedrohung des Dramas, des Theaters von O'Neill und Maxwell Anderson, von Katherine Cornell und Helen Hayes, von McClintic und Arthur Hopkins. An diesem Tag findet man O'Neill in einer Drehbuchkonferenz oder Katharine Cornell, die mit Josef von Sternberg Rumba tanzt [...]«*

Ich habe großen Respekt vor der Erinnerung dieser hervorragenden Autorität, aber man muß klarstellen, daß unsere Kunst nicht von den Qualitäten abhängt, die die genannten Persönlichkeiten zum Film beisteuern. O'Neill und Helen Hayes haben immer wieder mitgewirkt; sogar die große Eleonora Duse hat schon 1916 in einem italienischen Film gespielt; George Bernhard Shaw hat keine Mühe gescheut – davon abgesehen, daß seine Stücke verfilmt wurden –, um eine meiner Schauspielerinnen mit Bewunderung zu überhäufen, nachdem er einen Film von mir gesehen hatte. Und ich konnte nie Rumba tanzen.

* Aus: *The Morning After The First Night* (New York, 1938)

Die Filmmaschinerie ist scharf kritisiert worden – auch von den eigenen Leuten. Ich bezweifle, daß je etwas so Vernichtendes darüber geäußert wurde wie in einem meiner Filme (*The Last Command*, 1928). In diesem Film verkörpert Emil Jannings einen Hollywood-Statisten. Dieser Mann ist ein ehemaliger hoher General der russischen Armee, der vor der Revolution flieht und in Filmen kleine Rollen spielt. Man engagiert ihn, damit er darstellt, was er einmal gewesen ist. Er erlebt alle Entwürdigungen der Filmindustrie, wird um den Verstand gebracht und stirbt. Aber den echten Filmschauspieler bringt das nicht um den Verstand, wie in meiner poetischen Version. Es bringt ihn dazu, das Idol ungezählter Millionen zu werden.

Die Dauer der Popularität hängt nicht von dem Schauspieler ab, sondern von modischen Trends und der Arbeit von Regisseuren. Die Darsteller von Nebenrollen haben die längsten Filmkarrieren, denn auf ihnen ruht nicht die Last von Mißerfolgen. Man engagiert sie als Typ, der als dünn, dick, glatzköpfig, bärtig, Soldat, Kosak, Diplomat, als Beine oder Busen eingestuft ist. Und in diesen Kategorien bleiben sie. Wehe dem Schauspieler, der einmal einen Mönch gespielt hat und glaubt, man werde ihn eines Tages als Cowboy engagieren.

Der Star ist wie jeder andere als Typ klassifiziert und wird nachdrücklich mit der Rolle identifiziert, die er spielt. Das tun in einem unfaßlichen Ausmaß nicht nur jene, die ihn auf der Leinwand gesehen haben, sondern er tut das auch selbst. Er macht sich den Guten oder Bösen zu eigen, den er darstellt. Sollte er etwas anderes verkörpern müssen, dann wird er unter größten Schwierigkeiten von einer früheren Charakterisierung losgelöst. Der Star benimmt sich nicht nur, als wäre er der Urheber der Qualitäten, die ihm von der Rolle zugeschrieben werden, für die man ihn engagiert hat, sondern erweckt mit unnachahmlicher Bescheidenheit den Eindruck, niemand vor ihm habe diese Qualitäten besessen.

Das Wesen der Arbeit läßt ihm nur die Energie für die Jagd nach uneingeschränkter Zustimmung. Andere Themen werden vermieden, indem er ständig über sich redet. Sollte er einmal gezwungen sein, einem anderen Schauspieler zuzuhören, der über sich redet, weiß er sehr wohl, daß er bald wieder an der Reihe ist. Der Mangel an Gleichgewicht im unruhigen Leben des Filmschauspielers beruht auf den unnatürlichen Forderungen, die an ihn gestellt werden. Man verlangt von ihm, einen Höhepunkt zu spielen, bevor er die Szenen kennt, die dorthin führen. Er soll möglicherweise eine glühende Liebesszene mit einer Frau spielen, die schon sechs Kinder von ihm hat, bevor er weiß, wie er sie kennengelernt hat. Diese Art Akrobatik fördert nicht den Sinn für Logik und Ausgeglichenheit. Die Gefühle werden wie Gummibänder gespannt – nur das Mittagessen bringt eine Unterbrechung – und aufrechterhalten, während man eine neue Einstellung einrichtet, um sie zu drehen. Szenen werden am Ende eines Achtstundentages unterbrochen und am nächsten Tag fortgesetzt. Fünfzehn Minuten vor Ende der Dreharbeiten erfährt der Schauspieler in einer Szene, seine Frau sei beobachtet worden, wie sie mit einem Fremden in einem kleinen Hotel verschwand, wo sie sich als Ehepaar ausgegeben haben. Was dann geschah, wird er vielleicht nie erfahren. Sollte er neugierig sein, wird man ihm vermutlich sagen, der Rest der Szene werde noch geschrieben und befinde sich in der Redaktion.

Der Schauspieler lernt schnell, genau das zu tun, was man von ihm verlangt. Da ihn kein Regisseur führt, wird er sich auf sein Gefühl für eine Szene verlassen – und etwas Schlimmeres gibt es nicht. Die Schauspielerei ist nicht ganz so einfach. Aber die wesentlichen Interessen des Filmschauspielers kreisen nicht um die Darstellung; er möchte ebenso viele Worte und ebenso viele Nahaufnahmen wie die anderen Schauspieler. Über die Bedeutung der Worte und der Nahaufnahmen machte er sich keine Gedanken. Er wird darauf bestehen, daß seine Garderobe so gut wie die aller anderen ist; und wenn er zu einem Drehort fährt, darf sein Mittagessen nicht schlechter sein als das des Regisseurs. Außerdem duldet er in dem Fahrzeug, das ihn hin und her fährt, nur Leute, die ihn unwiderstehlich finden. Aber er lernt schnell, sich nicht um das zu kümmern, was er als Darsteller tun muß.

Es gibt weder einen wichtigen noch einen unwichtigen Schauspieler. Es gibt nur den Schauspieler, der das zum Ausdruck bringt, was seine Gegenwart rechtfertigt. Seine Person mag weit weniger sichtbar sein als die Ideen, die er darstellen soll. Vor allem muß er sich jederzeit unter Kontrolle haben und darf dem aufgeblasenen Ego nicht erlauben, seine Erscheinung zu verunstalten. Sein Verstand und nicht sein Gefühl muß ständig aktiv sein. Man kann beobachten, mit welcher überzeugenden Souveränität der Filmschauspieler tanzt, singt, reitet, auf einen fahrenden Zug springt oder sich von einem Auto anfahren läßt. Das ist natürlich nur möglich, weil er genau weiß, was er tut. Ansonsten trägt er eine harmlose Maske zur Schau, die ihm von seiner fiktionalisierten Version aufgezwungen worden ist, denn wie immer ist er völlig desorientiert. Das liegt in erster Linie an dem Schema der Filme, die abgesehen von den altbewährten Rezepten Spannung und Gewalt keine andere Bedeutung mehr haben. Wenn der Schauspieler etwas anderes darstellen soll als seinen Schatten, wenn man ihn auffordert, aus seinem Innern ein Gefühl zu holen, das sich dem Publikum mitteilt, dann kann er nur ahnen, wo und in welchem Zusammenhang es schließlich benutzt wird und welches Ergebnis der vielen Versuche, es ihm zu entlocken, auf der Leinwand zu sehen sein wird.

Manchmal gibt es einen Menschen, der vielleicht weiß, wie sich das Puzzle zu einem Ganzen zusammenfügt. Er ist dann auch in den Lage zu entscheiden, was und wer erforderlich ist. Hin und wieder gelingt es ihm mit Engelsgeduld jeden, nicht nur den Schauspieler, zu überreden und zu zwingen, einen Beitrag zu etwas zu leisten, was den Rang eines Kunstwerks hat. Aber dieser Mensch ist nicht der Schauspieler.

Deshalb meine ich, der Schauspieler kann in Filmen nicht als ein Künstler agieren und sich selbst nicht mit dem Darsteller auf der Bühne vergleichen. In seiner untergeordneten Stellung ist er wenig mehr als eines der komplexen Materialien, die in unserer Kunst verwendet werden. Da seine Bedeutung nicht nur von ihm, sondern von allen anderen übertrieben worden ist, wird man meine Tendenz bemerken, etwas Gewicht auf die andere Seite der Waage zu legen. Aber meine Untersuchung des Wesens unserer Arbeit will nicht den Schauspieler herabsetzen, nicht verherrlichen, auch nicht in Frage stellen, sondern will ihn lediglich genau betrachten. Wenn man das tun will, natürlich abgesehen davon, ob es sich lohnt oder nicht, müssen andere Ebenen als das äußere Bild herangezogen werden, um die Persönlichkeiten richtig einzuschätzen, die durch Kopien buchstäblich dreihundert- oder vierhundertmal vervielfältigt werden. Jede der Kopien kann ein riesiges Publikum anlocken und dem Original so großen Ruhm und Reichtum einbringen wie keinem Politiker, Dichter, Musiker, Maler, Wissenschaftler, Lehrer, Architekten, Arzt oder einem Berufstätigen, dessen Haltung zu seiner Arbeit sich nicht mit mangelnder Beherrschung ihrer Grundlagen vereinbaren läßt.

Sechstes Kapitel

Er ist ein schreckliches menschenfressendes böses Ungeheuer,
Sohn von Kala und Satahrada. Wegen seiner Reue hat
Brahma ihm Unverwundbarkeit geschenkt. Er ist
wie ein Berggipfel. Er ist riesengroß, hohläugig, roh,
mißgestaltet, schrecklich anzusehen, in ein blutbesudeltes
Tigerfell gekleidet, hat ein Riesenmaul, versetzt alle Wesen
in Angst und Schrecken wie der Tod mit offenem Rachen und
trägt drei Löwen, vier Tiger, zwei Wölfe, zehn Hirsche und
den großen Kopf eines Elefanten mit Stoßzähnen und
mit Fett beschmiert auf einer Lanzenspitze und
brüllt mit lauter Stimme.*

Wörterbuch der Hindu-Mythologie

Es besteht kaum ein Zweifel daran, daß diese Beschreibung Viradhas von einem Schauspieler stammt, der dabei an mich dachte.

Nach vielen Jahren, wenn ich ihn längst vergessen habe, setzt ein Schauspieler, den ich ermutigt hatte, in einem meiner Filme eine Rolle zu übernehmen, zu einer Schmährede an, sobald er nur meinen Namen hört, oder wenn ein Mensch, der bemüht ist, das Labyrinth unseres Berufs zu erforschen, ihn nach mir fragt. Seine Augen glühen vor Haß, er sucht verzweifelt nach den passenden Worten (die in Verbindung mit einem anderen Regisseur noch nie verwendet wurden), um den entsetzlichen Minuten gerecht werden, die er unter der tödlichen Folter meiner Anweisungen durchlitten hat.

Ich weiß genau, weshalb ich einen Schauspieler wähle. Er soll das darstellen, was ich sichtbar machen möchte. Für den Gewählten mag sich meine Wahl als unverständlich erweisen, nachdem er sich von der Freude über meine Komplimente beim Vorstellungsgespräch erholt hat. Er fragt sich verunsichert, warum ich mich für ihn entschieden habe, denn keine der Eigenschaften, die er als Lob aus meinem Mund vernommen hat, sind ihm bewußt. Das bedarf vielleicht einer Klarstellung, obwohl ich nicht weiß,

---

* Aus: *A Classical Dictionary of Hindu Mythology and Religion* von John Dowson, M.R.A.S. (London, Kegan Paul, Trench, Trübner & Co., Ltd, 1913)

weshalb. Ein Schauspieler wird engagiert, weil er geeignet ist, meine und nicht seine Vorstellungen sichtbar zu machen. Seine Erscheinung, für mich überaus wichtig, ist für ihn vergleichsweise unwichtig, denn sie ist ihm seit langem vertraut. Seltsamerweise sind die meisten Schauspieler nicht mit ihrem Aussehen zufrieden und unternehmen große Anstrengungen, es zu ändern – nicht nur durch Masken, Schminke und andere Hilfsmittel, sondern auch durch Schönheitschirurgie. Wenn ich mich entscheide, das Schicksal meines inneren Bildes der Erscheinung eines Schauspielers oder einer Schauspielerin anzuvertrauen, setzte ich voraus, daß er oder sie sich zu dem bereitfinden, was gewünscht wird. Und wenn es eine Sie ist, habe ich die berechtigte Erwartung, daß sie sich meinen Absichten fügt. Zu diesem Zeitpunkt gibt es nie einen Zweifel daran oder einen Hinweis darauf, daß alle es nicht eifrig tun wollen.

Aber wie sich bei den Dreharbeiten herausstellt, ist das Opfer nicht damit zufrieden, seine natürliche Kraft, sein Erbe menschlicher Gaben, den bisher ungenutzten Reichtum an Anmut und atavistischer Möglichkeiten einzusetzen, sondern neigt dazu, mit dem eigenen – nicht meinem – Wissen Kontrolle über alles auszuüben, was es gerade wahrnimmt. Wenn der Schauspieler beispielsweise glaubt, er habe nichts getan, bin ich vielleicht völlig zufrieden. Wenn er glaubt, er habe mir alles gegeben, was es zu geben gibt, weise ich sein Angebot möglicherweise als Pathos, Quatsch oder Geschwätz ab, obwohl ich ihm das nie sagen werde. Ich war nie unfreundlich oder rücksichtslos, wenn ich einem Schauspieler klar gemacht habe, daß seine Tricks nicht mit dem übereinstimmen, was von ihm erwartet wird. Aber ich hätte ebensogut brutal sein können, denn scheinbar ist es gleichbedeutend mit Unterdrückung, Empörung, Eigensinn und Quälerei, wenn man nicht dem ersten Gedanken zustimmt, der einem Schauspieler durch den Kopf geht, oder wenn man sich nicht seiner festen Überzeugung anschließt, daß er sich nur so und nicht anders vor der Kamera zeigen kann.

Ich möchte mit meiner subjektiven Untersuchung das Wesentliche aufspüren und schreibe deshalb offen über meine Konflikte mit Schauspielern. Von wenigen bemerkenswerten Ausnahmen abgesehen, stellte sich die Zusammenarbeit als konfliktreich heraus, denn offensichtlich führten alle Erfahrungen mit mir als Regisseur zu endlosen Klagegesängen, die mündlich oder schriftlich in der Welt verbreitet wurden. Das Echo auf dieses

Lamento hat dazu geführt, daß meine Methoden als eine Form der Folter gebrandmarkt wurden, die in der Welt der Bühne nicht ihresgleichen hat.

Es ist nicht leicht, völlig objektiv zu sein. Und es mag sich für einen Schauspieler als äußerst schwierig herausstellen, sich ohne Gefühlsregung der Begutachtung des Regisseurs zu überlassen. Aber man könnte sich vorstellen, daß der Schauspieler sich wieder beruhigt, wenn er seine Darstellung, die unter Streß zustande kam, auf der Leinwand gesehen hat und feststellt, das niemand verletzt wurde, daß er als gescheiter und intelligenter Mensch erscheint und sogar berühmt wird. Aber nein, sein Leid läßt sich nie mehr auslöschen. Der Dorn hat sich ihm ins Fleisch gebohrt und wird dort bleiben. Er wird eitern, bis ins Grab. Warum?

Schauspieler und Schauspielerinnen sind in meinem Vorzimmer ohnmächtig geworden, noch bevor man sie in die Höhle des Löwen führte. Die Geschichten ihrer Kollegen, die für mich gearbeitet haben, taten ihre Wirkung, und sie rechneten damit, daß ihnen etwas Großes, wenn auch Schreckliches bevorstand. Als Beispiel zitiere ich den über einsachtzig großen John Wayne, der sagte: »Ich war vor Angst erstarrt.« Ein anderer Einsachtziger überlebte zwar die Begegnung mit mir, aber er floh nach seiner ersten Szene, und ich mußte ihn durch einen anderen, ebenso großen Schauspieler ersetzen. Bei dem Flüchtling handelte es sich um Joel McCrea. Sehr wahrscheinlich hat ihn seine Frau dazu angestiftet. Sie wurde durch einen meiner Filme von einer Nebenrollen-Schauspielerin zum Star.* Ich werde noch andere erwähnen, aber im Augenblick sei gesagt, meine Arbeit wurde nicht leichter bei dem Gedanken, daß ein Schauspieler sich abergläubisch bekreuzigte, bevor er mir die Hand reichte.

Jetzt ist es natürlich zu spät, um etwas an diesem Ruf zu ändern. Irgendwie glaube ich jedoch, wenn ich versucht hätte, mich von diesem Stigma zu befreien (falls es ein Stigma ist), dann wäre es mir gelungen.

Es hat auch Schauspieler und Schauspielerinnen gegeben, die sich, offenbar immun gegen den Impuls zur Verleumdung, zusammengeschlossen haben. In Japan ging eine kleine Gruppe sogar soweit, einen Club mit meinem Namen zu gründen, um meine Arbeit mit ihnen unsterblich zu machen. Aber der Club überlebte nur zwei oder drei Zusammenkünfte und spaltete sich bald in Grüppchen auf, die sich nur noch an ihre bittersten

* Frances Dee

Momente erinnern konnten. Da man ebensogut einen bitteren Moment beschreiben kann wie jeden anderen Augenblick des Lebens, mag es vielleicht interessant sein, einen oder zwei hier anzuführen. Ein Mitglied der zuletzt erwähnten Gruppe war eine schlanke Revuetänzerin, ehe sie zum Star wurde. Während der Dreharbeiten nahm sie fünf Kilo zu, bis ich eines Tages zufällig auf eine Schachtel Pralinen trat, die sie vor mir versteckte, nachdem ich ihr gesagt hatte, sie müsse eine strikte Diät einhalten. Ein anderer Schauspieler beschloß, ein Messer mit einer Stahlklinge zu benutzen, anstelle der Gummiklinge, die ich ihm geben ließ, und verletzte bei einem Handgemenge einen Kollegen am Kopf. Das führte zu einer erheblichen Verzögerung der Dreharbeiten. Dem Schauspieler gefiel der Blick nicht, mit dem ich ihn bedachte. Ein dritter stürzte von einem Podest, das er ausdrücklich nicht betreten sollte. Ein vierter trank zuviel Sake, nachdem ich ihm erklärt hatte, bei seinem Auftritt müsse er nüchtern sein. Nun ja, es ist allgemein bekannt, daß man immer genug findet, wenn man nach Gründen sucht, um Gift und Galle zu spucken.

Ich habe bei anderen Regisseuren gearbeitet und nicht wenige beim Drehen beobachtet, und mir ist bewußt, daß mein Verhalten dem traditionellen widerspricht. Der wesentliche Unterschied zwischen mir und anderen Regisseuren besteht darin, daß ich nicht nach jeder Einstellung Beifall klatsche. Ich habe keinen Grund dazu, denn ich hätte den Eindruck, mir selbst zu applaudieren. Ich möchte damit nicht andere kritisieren oder ihnen raten, die lautstarke Begeisterung zu dämpfen, wenn es einem Darsteller gelungen ist, einen Schauplatz zu überqueren, ohne an die Möbel zu stoßen. Das ist ein Fehler von mir. Ich kann nicht applaudieren. Wenn mich etwas beeindruckt, möchte ich darüber nachdenken. Aber ich muß nicht nachdenken, wenn jemand über meine Bühne stolziert. Ich möchte damit nicht sagen, daß ich nicht weiß, wie man lobt. Ich möchte nur klarstellen, daß ich Zeit und Ort für Lob selbst wähle und mir nicht von anderen vorschreiben lasse. Aber Beifall ist etwas anderes. Beifall ist oberflächlich und dumm, wird allgemein falsch eingesetzt und ist nur unbeherrschter, nichtssagender Lärm.

Beifall führt auch nicht immer zu der erwarteten Reaktion. Albert Einstein kam vor vielen Jahren nach Japan, um eine Reihe von Vorträgen zu halten. Er traf mitten in der Nacht in seinem Hotel ein und legte sich sofort schlafen. Im ersten Morgengrauen weckte ihn der Dolmetscher, der ihm zugeteilt worden war. Der Mann entschuldigte sich und erklärte, der Wissenschaftler müsse leider das Bett verlassen und auf den Balkon treten, um sich dort zu zeigen. Verschlafen wollte Einstein wissen, weshalb. Mit großer Ehrerbietung informierte man ihn, vor dem Hotel seien ein paar Japaner. Sie hätten schon einige Stunden geduldig gewartet, um den Schlaf des großen Wissenschaftlers nicht zu stören. Allmählich würden sie aber ungeduldig und seien kaum noch zu bändigen. Einstein erwiderte, er habe nicht den Wunsch, auf den Balkon zu treten, und beabsichtige, mit seiner Frau bis zum Frühstück im Bett zu bleiben. Der Japaner verbeugte sich mehrmals und bestand darauf, daß Einstein und seine Frau sich ankleideten und auf den Balkon traten, sonst könne er für nichts garantieren. Einstein fügte sich widerwillig. Er nahm die Hand seiner Frau und trat auf den Balkon. Ein ohrenbetäubendes Gebrüll ließ Tokio erbeben. Tausende hatten sich im Laufe der Nacht leise vor dem Hotel eingefunden. Als sie ihren Gast mit den langen, wirren Haaren sahen, stießen sie einen explosionsartigen Willkommensruf aus. Sie wollten einen großen Mann ehren. Sie verstanden seine Theorien zwar nicht, aber ihnen war bewußt, daß er mit den Geheimnissen des Universums rang (das war natürlich, bevor die Atombombe auf zwei ihrer Städte fiel).

Einstein erschrak über den heftigen Beifall und begann, am ganzen Leib zu zittern. Er fand, kein Mensch habe das Recht auf solche Verherrlichung. Als der Beifall anhielt und sich noch steigerte, umklammerte er die Hand seiner Frau fester und flüsterte: »Denk an mich, Else, dieser Jubel gilt nicht mir. Du wirst es noch sehen. Ich komme mir wie ein Hochstapler vor. Else, man wird mich eines Tages dafür ins Gefängnis werfen.«[*]

In deutlichem Gegensatz zu Albert Einstein kann für einen Schauspieler der Beifall nicht zu groß sein, obwohl der Schauspieler kaum wertvolle Gedanken vermittelt. Je verlogener der Gedanke, desto berühmter sein Protagonist. Ich will damit nicht behaupten, daß alle Schauspieler so gut wie keine Intelligenz besitzen. Im Gegenteil, die meisten Schauspieler sind sehr gebildet und suchen gierig nach Material, das ihren hohen Anforderungen entspricht. Das ist jedoch immer vom Streben nach Beifall bestimmt.

Zu den intelligentesten Schauspieler, die ich kennengelernt habe, gehört Max Pallenberg. Er war ein direkter Nachfahre der Commedia dell'arte

[*] Sein Arzt Jànos Plesch hat mir diese Geschichte erzählt.

und zu seiner Zeit ein unübertroffener Meister der Improvisation. Da wir nie zusammengearbeitet haben, stand seiner Zuneigung zu mir nichts im Weg. Er beteuerte mir sogar, wenn ich ihn als Schauspieler brauchen sollte, werde er ohne Gage für mich spielen. Ein anderer sehr intelligenter Deutscher, Albert Bassermann, spielte in einem meiner Filme (*The Shanghai Gesture*, 1941). Er behauptete später nicht, er sei dem Sohn der Medusa begegnet. Bassermann machte mir sogar noch ein größeres Kompliment. Als ich ihm ein Engagement anbot, schrieb er mir einen Brief, den ich noch in meinen Unterlagen habe. Er erklärte, in meinem Fall verzichte er auf den Grundsatz, das Drehbuch vor einer Zusage zu sehen. Das freute mich nicht nur. Mich beeindruckte der Scharfsinn, mit dem er zu dem Schluß gekommen war, mein Drehbuch werde ihm nicht verraten, was in meinem Kopf vorging, denn Bilder und Töne können nicht zu Papier gebracht werden. Das Drehbuch eines Films, den ich plane, ist bestenfalls ein technisches Hilfsmittel für das Material, das rechtzeitig zur Stelle sein muß. Ich war immer dankbar, wenn die Schauspieler keine vorgefertigten Ansichten vor der zu bewältigenden Aufgabe hatten, denn das hemmte sie unweigerlich.

Aber ich habe den Geist von Max Pallenberg nicht beschworen, um über Intelligenz zu sprechen, denn wenn ich zurückblicke, muß ich feststellen, daß dies nicht meine Stärke ist. Ich möchte mich noch genauer mit Schauspielern und ihrer Reaktion auf Beifall beschäftigen. Max Pallenberg besaß eine außergewöhnliche Neugier. (Es wäre vielleicht interessant zu untersuchen, ob eine exzessive Neugier ihre Wurzeln darin hat, daß ein Kleinkind auf der Suche nach der Mutter von Zimmer zu Zimmer krabbelt.) Seine Neugier, das Verhalten von Menschen zu ergründen, veranlaßte ihn zu einem Besuch in einem Heim für Geisteskranke. Er beobachtete die Geistesgestörten, die so harmlos waren, daß sie auf dem Gelände spazieren gehen durften. Einer der Patienten zog durch seine vornehme Erscheinung die Aufmerksamkeit des Schauspielers auf sich. Der Mann sah Pallenberg ebenfalls mit einem seltsamen Blick an. Pallenbergs Begleiter erklärte, dieser Patient glaube, Kaiser von Österreich zu sein. Der Mann kam plötzlich voll Interesse näher. Eine Begegnung ließ sich nicht mehr vermeiden, und man machte die beiden Herren miteinander bekannt. »Kaiserliche Hoheit, dies ist Pallenberg.« Der Geisteskranke betrachtete den Schauspieler aufmerksam und erkundigte sich hoheitsvoll, ob er nicht

Max Pallenberg, der bekannte Schauspieler, sei. Überrascht und beeindruckt, von einem Menschen erkannt zu werden, der den Verstand verloren hatte, verneigte sich der Schauspieler und murmelte: »Eure Majestät.« Er hielt es nicht für gefährlich, einer Wahnvorstellung Rechnung zu tragen. Der Kaiser legte dem Schauspieler anerkennend die Hand auf die Schulter. »Sie erinnern sich natürlich, daß Sie den *Schweijk* vor mir gegeben haben.« Es war die berühmteste Rolle von Pallenberg.* Gerührt verneigte sich Pallenberg noch tiefer. Daraufhin klopfte der Mann dem Schauspieler auf die Schulter und sagte würdevoll: »Eine großartige schauspielerische Leistung. Sie waren hervorragend! Ich habe selten etwas so Faszinierendes gesehen.« Von diesem Lob geschmeichelt, vergaß Pallenberg, daß dieser Mann *nicht* der Kaiser war, verneigte sich bescheiden und erwiderte: »Es war mir eine besondere Ehre, vor Eurer kaiserlichen Majestät spielen zu dürfen.« – »Sie waren hinreißend, überwältigend. Niemand könnte es Ihnen gleichtun. Meinen Glückwunsch, Sie sind ein großer Schauspieler.« Pallenberg verlor inzwischen ebenso den Verstand wie der Mann, der ihn lobte, und wollte auf die Knie sinken. Aber eine feste Hand hinderte ihn daran. »Haben Sie nicht auch in *Turandot*** gespielt?« Der Schauspieler vermochte nur noch zu nicken und stammelte, er habe es sich nicht träumen lassen, daß Seine Hoheit auch diese Vorstellung kannte. »Oh ja, und ich muß Ihnen nicht sagen, daß Sie miserabel waren. Ich habe nie etwas Schlechteres gesehen.« Max Pallenberg war sofort wieder klar bei Verstand. Er schüttelte die Hand seines Kritikers ab, richtete sich auf, sah ihn kalt an und rief: »Was kümmert mich die Meinung Eurer Hoheit!«, drehte sich auf dem Absatz um und verließ das Irrenhaus.

Der besten Darstellerin, die ich jemals kannte und die mich am meisten beeindruckt hat, bin ich in einem Irrenhaus begegnet. Es war eine Schauspielerin, die die Schwelle der Vernunft überschritten hatte. Wo sie sich befand, war Beifall nicht mehr notwendig. Das war in Kioto. Ihre Bühne war eine Zelle, das Rampenlicht ein vergittertes Fenster. Sie lag nackt und verwahrlost ausgestreckt auf dem Steinboden. Ihr Kopf ruhte auf einem Holzblock. Diese Japanerin war blind für alles außer ihre eigenen Bedürfnisse und verkörperte die höchste Form der Schauspielkunst. Ihre Augen

---

* *Der brave Soldat Schweijk*, Theaterstück nach dem Roman von Jaroslav Hasek.
** von Carlo Gozzi und Karl Vollmoeller

blickten in die Ferne, ihre Bewegungen und bedeutungslosen Gesten waren unglaublich zart und fein. Sie war der Inbegriff theatralischer Anmut. Ihre Stimme formte melodische Töne, die nur sie verstehen konnte. Sie war völlig im Bann der Sehnsucht zu spielen, und niemand konnte sich einmischen.

Wenn ich meine Funktionen als Regisseur ausübe, finden leider sehr viele Einmischungen statt. Einen Menschen gestalten, sein Verhalten ändern, seine Gesten und seine Sprechweise korrigieren, ihn veranlassen, den Körper zu verrenken, das Gehirn zu martern, ihn zu ungewohnten Dingen zwingen, ihn unterbrechen, ihn in Übereinstimmung mit einem seltsamen Tempo atmen lassen, ihm sozusagen schwer im Magen liegen und von ihm verlangen, unter allen Umständen ein freundliches Gesicht zu machen, natürlich und selbstbeherrscht aufzutreten – wenn das keine Einmischung ist, dann ganz bestimmt etwas noch Schlimmeres. Es erfordert eine starkes Stimulans, sich der Eintrichterung von Gift und Galle zu unterwerfen, die mit dem Drang einhergeht, sich den Leiden einer Schauspielerkarriere auszusetzen. Wenn ich mich auch auf gefährlichen Boden wage, so behaupte ich doch, man muß im Umgang mit Schauspielern grundsätzlich mit einer starken Neigung zu Masochismus rechnen.

Masochismus ist eine seltsame Form von Genuß. Er wird ausgelöst durch ein prinzipielles Einverständnis mit Mißbrauch oder einer Form der Erniedrigung. Untersucht man diese Neigung in Beziehung zu dem Bedürfnis des Schauspielers nach Beifall – dem Höhepunkt des Genusses –, dann wird verständlich, daß mit gewissen Reaktionen zu rechnen ist, wenn er keinen Beifall erhält, nachdem er etwas erduldet hat, das er vielleicht für Mißbrauch hält. Seine Qualen dauern an, bis sie in der einen oder anderen Form zum Ausbruch kommen – die leichteste Entladung erfolgt, indem er seinen Zorn und seinen Ärger an jedem ausläßt, der es wagt, ihn mit unzureichenden Methoden in Erregung zu versetzen. Was mich anbetrifft, so erhält der Schauspieler erst dann Beifall, wenn der Film gezeigt wird. Und dann wird nur sein Abbild bewundert, das in keiner Beziehung zu seiner »Folter« steht.

Aber nie hat eine Schauspielerin mich nach den Dreharbeiten mit ihrem Ärger verfolgt. Das waren immer nur die Schauspieler. Und das erhärtet meine Theorie, die besagt, daß man sich die Reaktion eines Schauspielers damit erklären kann, daß er ein Mittel sucht, um seine verletzten Gefühle zu heilen. Ein vernünftiger Schauspieler hält seine Gefühle aus seiner Dar-stellung heraus. Wie jeder Psychologe bestätigen wird, reagieren Frauen an-ders als Männer. Es liegt im Wesen der Frau, passiv, rezeptiv, abhängig von männlicher Aggression und zu langem Leiden fähig zu sein. In anderen Worten, es empört eine Frau normalerweise nicht, wenn sie manipuliert wird. Im Gegenteil, üblicherweise findet sie Gefallen daran. Ich habe viele Beweise für die Annahme, daß im Gegensatz zu Männern keine Frau an der möglicherweise qualvollen Erfahrung, im Verlauf der Manifestierung meiner Version von ihr, umgestaltet zu werden, nicht Gefallen fand.

Ich werde das im weiteren Verlauf noch genauer erläutern. Im Augen-blick erwähne ich Marlene Dietrich, die in einem erst kürzlich erschiene-nen Buch über mich schreibt: »[...] der Mann, dem ich am meisten gefal-len wollte.« Ich habe einen Brief von Ona Munson. Sie schreibt kurz nach den Dreharbeiten mit mir: »Dieser Brief ist ein unumstößlicher Vertrag, in dem ich meine Liebe, Freundschaft und völlige Bewunderung festhalte.« Ein anderer Brief stammt von Georgia Hale. Sie schreibt mir darin, sie habe mit Chaplin einen meiner Filme gesehen und berichtet von Chaplins Anerkennung meiner Arbeit. Dann fährt sie fort: »Natürlich habe ich Sie in Hollywood als erste richtig eingeschätzt. Jawohl, ich.« Und diese drei Damen hatten es nicht leicht mit mir. Mein nicht beneidenswerter Ruf bewog Frauen sogar, sich das sogenannte Leiden zu wünschen, das ein Regisseur einem Schauspieler bei der Arbeit unvermeidlich zufügt. Hier ein Ausschnitt aus einem Brief der charmanten Mary Garden: »Was sind Sie doch für ein Genie – und welche Freude könnte größer sein, als die, in Ihrer Nähe zu arbeiten.« Aber das Urteil der Männer sieht ganz anders aus.

Im New Yorker *Morning Telegraph* bezeichnete man mich 1937 als ein »Gila-Monster«. Das folgende soll ein wortgetreu wiedergegebener Bericht von Victor Mature über meine Arbeitsweise sein:

*Der Regisseur brüllte: »Sie sind kein Aufseher bei Macy's in Schanghai. Sie sind auf eine nette Art ein böser Rauschgiftsüchtiger, verstanden? Sie sind ein naiver Kleinstadt-Mephisto.« – »Das verstehe ich nicht. Was ist ein naiver Kleinstadt-Mephisto?« gestand Mature. »Das bin ich«, schnauzte der Regis-seur.** Gene Lockhart wollte mich angeblich in Schutz nehmen und schrieb folgendes in einem Artikel über seine Qualen:

---

* Aus einem Zeitungsartikel von Duncan Underhill, 1941.

*Trotz der Geschichten über die an ein Ungeheuer erinnernden Eigenschaften dieses Gentleman, die das Gegenteil behaupten, muß man den Humor eines Mannes bewundern, der einen Schauspieler mit den Worten ruft: »Mr. Lockhart, würden Sie so freundlich sein und Ihren Hemdkragen auf die Bühne bringen?« Der bewußte Hemdkragen umschließt in diesem Augenblick meinen Hals und ist zu eng.** Ein Regisseur ist vielleicht gezwungen, laut zu werden, um von den dreihundert Beschäftigten gehört zu werden. Aber wenn man das mit »Brüllen« und »Schreien« bezeichnet, dann kommt darin unmißverständlich eine feindselige Haltung zum Ausdruck. Angesichts der Probleme von Schauspielern möchte ich mein Verhalten nicht beschönigen; auch ein gewisser Sadismus kann nicht völlig geleugnet werden, wenn man es für sadistisch hält, daß ein Bildhauer seinen Stein mit dem Meißel bearbeitet oder seinen Ton klopft und walkt.

Es ist eine Sache, Schauspielerei, aber eine andere, Schauspieler und Schauspielerinnen zu untersuchen. Im Grunde bestünde überhaupt kein Anlaß dazu, aber sie dominieren diese Kunstform weit stärker als alles andere. Deshalb ist es notwendig, sich mit dem Material vertraut zu machen, das ich als Regisseur gezwungenermaßen benutze. Schauspieler sind nicht einfach, und sie gleichen sich ebensowenig wie ein Mensch dem anderen. Sie unternehmen verzweifelte Anstrengungen, das zu kompensieren, was sie zu sein scheinen.

Der Mann, der Verbrecher darstellt, sammelt Terrakotta aus der T'ang Dynastie. Die freizügigste Darstellerin freizügiger Frauen lebt zurückgezogen in einem Keller. Und nach gelegentlichen Ansätzen zu einer Sünde tut sie Buße wie eine Nonne. Der internationale Frauenheld, der sich großspurig über leidenschaftliche Liebe und Verführungen ausläßt, ist impotent. Ein Komiker, bei dem sich die Zuschauer vor Lachen biegen, ist zu Hause alles andere als komisch, wenn er feststellt, daß jemand, den er angestellt hat, um den Ofen zu heizen, es nicht tut. Die Zelluloid-Variante der schönen Helena hat eine unstillbare Gier auf Rühreier. Ein edler Held, der von Ehre und Idealen spricht, ist ein ordinärer Alkoholiker. Ein Mäzen ernster Musik weiß nicht, was eine chromatische Tonleiter ist. Jemand, der sich als größter Redner verkauft, kann keinen einzigen Satz sprechen, wenn er ihn nicht abliest und dabei jedes Wort im Mund zergehen läßt, als sei es Kaviar.

---

* *The Stage*, Januar 1936.

Mir ist durchaus bewußt, daß meine Gedanken möglicherweise Anstoß bei allen im Schauspielerberuf Tätigen erregen, deren Maßstäbe und Ideale über meinen stehen. Deshalb beeile ich mich hinzufügen, daß ich ihren Beruf nicht herabsetzen, sondern nur ihre Unbeständigkeit erklären möchte – und auch die des Regisseurs. In dem Glashaus, aus dem ich hin und wieder einen Stein werfe, sind schon lange alle Fenster zerbrochen.

Das Bild der Schauspieler von mir ist dokumentiert und in zahlreichen fragwürdigen persönlichen Anspielungen auf mich in ebenso zahlreichen Büchern nachzulesen. Das wenige, das ich hinzufüge, kann also nicht mehr als ein Tropfen in dem Faß sein. Aber ich möchte, daß dieser Tropfen nicht in Verallgemeinerungen untergeht. Das kann nur geschehen, wenn ich etwas genauer auf meine Erfahrungen eingehe.

Emil Jannings hat sich zweimal dazu entschlossen, die Strafe meiner Regie zu erdulden. Er ist einer der fähigsten und schwierigsten Schauspieler auf meiner Liste. Er lebt zwar nicht mehr, aber er wird uns noch lange den sichtbaren Beweis seiner Talente geben. Auch er endete in einem Irrenhaus, obwohl es nicht als Irrenhaus bekannt war, sondern als Adolf Hitlers Tausendjähriges Reich. Jannings war nicht nur einer der Insassen, sondern erhielt auch den Titel eines Kultursenators. In dieser Funktion besuchte er im Oktober 1937 Schweden. Als ihn die skandinavische Presse fragte, warum alle Kopien seines besten Films, Der Blaue Engel, nach Deutschland zurückgeholt worden und in das sehr große Feuer »entarteter Kunst« gewandert waren, erwiderte er, der Film sei »technisch fehlerhaft«. Technisch fehlerhaft oder nicht, das ist nicht die ganze Geschichte. Ich will sie von Anfang an erzählen.

Emil Jannings hatte in den früheren Jahren viel mit dem Aufstieg des deutschen Films zu tun. Er war ein großer Enthusiast auf diesem Gebiet und stellte sein Talent vielen guten Regisseuren zur Verfügung. Er bestand sogar darauf, sich der Regie jener zu überlassen, die einen höchst persönlichen Stil hatten und Schauspieler mit fester Hand führten. Jannings war ein wahrer Riese. Sein unförmiger Körper barg im Übermaß alle die seltsamen Eigenschaften, die sich in einem Schauspieler finden können, der in seinem Beruf an die Spitze gekommen ist. Er war ein Meister der Maske, nicht nur äußerlich, sondern auch innerlich. Der Spiegel war sein *alter ego*. Wäre er schlank gewesen, hätte er Narziß als Symbol legendärer Eitelkeit ersetzt. Aber sein Ehrgeiz richtete sich nicht auf eine schlanke Taille. Er und seine Begleiter waren Tag und Nacht auf der Suche nach Wurst und Geschichten mit dem Markenzeichen seiner Talente.

Bei einem kurzen Besuch 1925 in Deutschland machte mich der Autor Karl Vollmoeller* mit ihm bekannt. Vollmoeller war ebenfalls eine bemerkenswerte Persönlichkeit. Er war Dichter und schrieb Theaterstücke, unter anderem *Das Mirakel*, und war sozusagen im Nebenberuf eine wandelnde Enzyklopädie alles Menschlichen. Vollmoeller kannte die berühmtesten Menschen seiner Zeit und war für viele ein Beichtvater – auch für mich. Er war überall zu Hause und ständig auf Reisen. Er hatte in Berlin eine Wohnung mit Blick auf das Brandenburger Tor, ein Haus in Basel, einen Wohnsitz und eine Wollfabrik in Stuttgart. In Venedig bewohnte er das oberste Stockwerk des Palazzo Vendramin – Richard Wagner hatte dort einmal gelebt. Das alles hatte ihm das Leben zu bieten, und doch fand man ihn eines Tages tot in der Badewanne eines Bungalows in Hollywood. Vor seinem zu frühen Tod muß er Kontakte zum Naziregime gehabt haben, denn zu meinem Staunen verhaftete ihn das F.B.I. an einem Sylvesterabend in meinem Haus. Er wurde interniert. Ich habe ihn nie wiedergesehen und hatte deshalb keine Möglichkeit, mit ihm über seine Verbindungen mit den Nazis zu sprechen. Wenn es sie gab, dann ließen sie sich bestimmt nur auf seine unglaubliche Neugier zurückführen, alles zu wissen und jeden zu kennen. In Venedig nahm er mich einmal auf ein deutsches Schlachtschiff mit und machte mich mit dem Flottenadmiral bekannt. Das beeindruckte mich weniger als seine beneidenswerte Immunität gegenüber den allgegenwärtigen Schnaken, die mich überfielen, wenn ich bei ihm am Canale Grande wohnte. Er hatte sich nie darüber Gedanken gemacht, bis er mein Gast im malaiischen Dschungel war. Diesmal hatten die Insekten eine Vorliebe für ihn und wollten nichts von mir wissen.

Dieser außergewöhnliche Mann konnte Emil Jannings so lebhaft beschreiben, daß selbst der Teufel eine Gänsehaut bekommen hätte. Aber er hinterließ keine Spuren seines unerschöpflichen Wissens über Menschen außer in der Erinnerung der wenigen, die ihn kannten. Er muß die Begegnung von Jannings und mir mit einer Umsicht in die Wege geleitet haben, die ihm ruchlose Freude bereitete.

* zu Karl Gustav Vollmoeller (1878–1948) siehe auch S. 87. Anm. d. Red.

Jannings konnte mit seinem Charme jeden betören. Und auch ich war nicht unbeeindruckt, als wir uns zum ersten Mal die Hände schüttelten. Ich hatte ihn in Filmen als Pharao, Tartuffe, den Kalifen von Bagdad, Danton, Mephisto, als Akrobaten und Türsteher gesehen. Ich hätte mir aber nicht träumen lassen, daß alle diese Rollen in seinem riesenhaften Körper jederzeit lebendig und in seinen Alltag integriert waren. Es wäre unfair zu leugnen, daß auch ich meine Dämonen mit mir herumschleppte – aber das stand in keinem Zusammenhang mit meinen Filmen. Jannings hatte von meinem ersten Film gehört, den ich sozusagen mit ein paar Groschen gedreht hatte, und beschwor mich, in Deutschland zu bleiben. Ich widerstand seinen Schmeicheleien aus unerfindlichen Gründen und kehrte nach Hollywood zurück, wo mich eine Reihe von Mißerfolgen erwartete – aber alle nicht gravierend genug, um mich zu Fall zu bringen.

An einem schönen sonnigen Tag trafen er und sein Mercedes samt seiner Gefolgschaft in Hollywood ein. Von da an sahen wir uns täglich. Wir arbeiteten für dasselbe Unternehmen. Ich hatte inzwischen einen Publikumserfolg aufzuweisen, der dafür sorgte, daß allen, denen die Haare zu Berge standen, sich wieder beruhigten. Jannings begegnete mir nach wie vor mit dem größten Wohlwollen. Und da das Unternehmen uns beide respektierte, sprach nichts dagegen, daß wir früher oder später einen Film zusammen machen würden. Ich wurde auch in seinem Haus ein häufiger Gast. Es war ein großes Herrenhaus direkt am Hollywood Boulevard, das irgendwie den Weg von den Ufern des Mississippi in die Palmenwüste gefunden hatte. Das Haus ist jetzt abgerissen. Aber wenn ich an dieser Stelle vorbeifahre, erscheinen die Geister und winken mir zu, obwohl Emil Jannings in der fernen und malerischen Zeit unseres Mediums alles andere als ein Geist war.

Er hatte eine große Vorliebe für Hunde und Vögel. In den Zimmern wimmelte es von bellenden Kötern, krächzenden Papageien, Singvögeln aus seinen heimatlichen Wäldern – darunter eine Meise namens Pinkus, die er in allen finanziellen Fragen konsultierte. An der Rückseite des Gartens hielt er Hühner. Im Hühnerlauf scharrten und gackerten Greta Garbo, Pola Negri, Valentino, John Gilbert, Conrad Veidt, Lya de Putti und andere muntere Hennen und krähende Hähne, nach den vielen Gästen benannt, die diese Auszeichnung erhielten, wenn sie ihren Tribut an Wurst abgeliefert hatten. Hin und wieder versuchte eine Schöne, sich die Pulsadern aufzuschneiden oder ein Gast einem anderen die Kehle durchzuschneiden. Aber solche unerquicklichen Einzelheiten vergaß man schnell noch vor dem Kaffee. Hemmungen und gesellschaftliche Formen legte man vor der Haustür ab, und alle benahmen sich wie in den guten alten Zeiten von Petronius.

Der Herr dieses Hauses hatte bald seinen ersten amerikanischen Film, *The Way of all Flesh* (1927), gedreht. Durch den Erfolg wurde er noch expansiver und expandierender als bei meiner ersten Begegnung in Europa. Er befürchtete auch nicht länger, von Indianern skalpiert zu werden, und sorgte dafür, daß man seinen einnehmenden Charme nicht so schnell vergaß. Die Qualen der häufigen Anfälle von Verdauungsbeschwerden standen in krassem Gegensatz zu seinem üblichen überschäumenden Wesen. Er setzte dann seine Frau und die verzweifelten Ärzte in Alarm, die vor keiner leichten Aufgabe standen, wenn sie den sich windenden Körper von Kopf bis Fuß untersuchten, während er stöhnte, er sei von Lügnern umgeben und ihre hochheiligen Beteuerungen des Mitgefühls verfluchte. Wenn ein anderer Beschwerden hatte, brüllte er vor Lachen. Er liebte derbe Witze – nur nicht die, bei denen er den kürzeren zog. Wenn man bestimmte Anspielungen wagte, wurde er verdrießlich und blickte sehr finster drein.

Einer der bitteren Tropfen im Kelch seiner Freuden war ein Erlebnis bei den Dreharbeiten zu seinem ersten amerikanischen Film. Der Regisseur Victor Fleming forderte ihn auf, eine Szene, in der er einschlafen mußte, überzeugender zu spielen. Das ließ er sich nicht zweimal sagen und schlief bald so tief und fest, daß man ihn für die nächste Szene nicht wecken konnte. Der Regisseur beschloß, ihm eine Lektion in puncto Übertreibungen zu erteilen, und wechselte mit seinem Stab zu einem anderen Schauplatz. Jannings erwachte acht Stunden später auf einer dunklen Bühne, wo er nicht mehr im Mittelpunkt der Aufmerksamkeit stand. Abgesehen von dieser Gelegenheit war er nie allein. Er benahm sich so, als sei die Erde wertlos, wenn sie sich nicht um ihn drehte.

Ich konnte ihn nicht länger ignorieren, denn bei seinem zweiten Film übergab man mir die Regie. Der Film erhielt den Titel *The Last Command*. Ich schrieb das Drehbuch nach einer dürftigen, aber sehr guten Idee, die Ernst Lubitsch einmal beiläufig erwähnte. Lubitsch fand sie für einen Film nicht gut genug. Mich interessierte sie jedoch sehr, denn ich sah darin eine Möglichkeit, mit der Hollywood-Maschinerie abzurechnen und mit der

Gefühllosigkeit, mit der man die Filmstatisten behandelte. Ich dachte mir eine Film-im-Film-Handlung aus und ließ einen alten heruntergekommenen Mann, der die russische Revolution überlebt hatte, das Opfer der Launen eines Regisseurs werden. Ich erwähne, daß ich das Drehbuch geschrieben habe, denn im Vorspann taucht als Autor der Name des Ungarn Lajos Biro auf.* Die Verantwortlichen der Filmgesellschaft baten mich, diesen Namen im Vorspann zu nennen, denn Mr. Biro stand seit Jahren auf der Gehaltsliste, und man brauchte dafür irgendeine Rechtfertigung. Ich habe mich auf diese Art Fehler öfter eingelassen. Aber die angeblichen Autoren haben immer geschwiegen. Man bat mich aus demselben Grund, einen anderen Überzähligen in der Funktion als »Supervisor« zu nennen. Man darf den überflüssigen Ballast eines Studios, der dem Kunstschaffenden nicht helfen, sondern ihn behindern soll, nicht unterschätzen. Nun ja, ich half den Verantwortlichen gerne, ihre Posten zu behalten, und erhob keine Einwände, solange die Leute, die ihre Namen in meinen Filmen sehen wollten, mir nicht in die Quere kamen.

Den grausamen und arroganten Filmregisseur sollte auf meinen Wunsch William Powell spielen. Mit dieser Rolle, die man ihm nach seinen eigenen Worten aufzwang, wurde aus dem kleinen Schauspieler ein Star. Er bedankte sich bei mir dafür, indem er in seinem neuen Vertrag zur Bedingung machte, daß er nie wieder in einem meiner Filme spielen müsse.** Er erwies sich damit nicht als Ausnahme von der langen Liste der Schauspieler, die über meine Art der Regie empört waren. Eine Ausnahme war jedoch Emil Jannings. Er hätte nicht im Traum daran gedacht, während oder nach diesem Film Einwände gegen mich als Regisseur zu erheben. Aber ich habe es abgelehnt, *ihn* noch einmal als Schauspieler einzusetzen zu müssen.

Ehe ich auf Einzelheiten eingehe, möchte ich ein paar der Poltergeist-Eigenschaften dieses schwierigen Schauspielers nennen und auf seine Bedeutung als eine der großen Persönlichkeiten seiner Zeit hinweisen. Er war damals nicht nur der berühmteste Schauspieler, den Kritiker und Publikum bejubelten, sondern auch der berühmteste Vertreter deutscher Schauspielkunst, die unter der Leitung von Max Reinhardt so bedeutsam geworden war. Jannings wurde geachtet und geehrt, und sein Name war in aller

---

* Journalist und Theaterautor. Biro war unter der Regierungen von Károlyi und Béla Kun in Staatsdiensten, nachdem Ungarn 1918 Republik geworden war.
** Diese Vertragsbedingung wurde in einem Artikel erwähnt, der im November 1934 in *Photoplay* erschienen ist.

Munde. Er wurde so reich, daß er sein Geld keiner Bank anvertrauen wollte. Sein Sekretär erzählte mir, Jannings schlafe auf einem unbequemen Kissen, unter dem zweihunderttausend Dollar in bar knisterten.

Als ich sein Regisseur wurde, hatte ich im Gegensatz zu ihm nur einen erfolgreichen Film vorzuweisen (nach mehreren Mißerfolgen). Was mich anging, so konnte ich mir keine Gedanken darüber machen, ob ein Schauspieler Weltruhm besaß oder nicht. Ich war entschlossen, Filme auf meine Weise zu machen, oder keine Filme – wie ich zugeben muß, eine seltsame Einstellung, denn kurze Zeit davor hätte ich noch jeden Job angenommen, der mir genug Geld für die Miete und Essen einbrachte.

Emil Jannings spürte mit seinem unfehlbaren Instinkt, daß ich ihm möglicherweise zu noch mehr Ruhm verhelfen könnte. Er überließ sich mir gerne und stellte die Autorität nicht in Frage, die ich mir selbst zulegte. Er äußerte sich begeistert über die Geschichte, die ich geschrieben hatte und die Hollywood bloßstellte. Ihn faszinierte die Vorstellung, die Hauptrolle des heruntergekommenen Statisten zu spielen, der an dem unmenschlichen und absurden Ritual des Filmemachens zerbricht. Es kam zwischen uns nie zu kinematographischen Problemen, für die er wie ich eine ausgeprägte Ader hatte, und er unterstützte Experimente. Er beklagte sich nur über meine Unklarheit. Dieser Vorwurf war vermutlich berechtigt, denn ich zog Unklarheit, die möglicherweise zu unvorhersehbarer Größe führte, einer Klarheit vor, die bestenfalls etwas Mittelmäßiges hervorbrachte. Als ich meine Pläne für seine Rolle zum ersten Mal mit ihm besprach, funkelten seine Augen. Bei den Dreharbeiten wurden sie stumpf und leer.

Wie alle Schauspieler war er extrem scheu. Aber im Gegensatz zu den meisten scheute er sich sogar, vor die Kamera zu treten. In gewisser Weise verhalf ihm das zum Ruhm, denn er war dafür berühmt, Gefühle mit dem Rücken zur Kamera auszudrücken. Und sein Rücken war ausdrucksvoller als die Mimik der meisten Schauspieler. Aber seine schauspielerischen Tricks entsprachen nicht der Rolle, die er spielen sollte. Ich war auch nicht beeindruckt, wenn ihm immer dann der kalte Schweiß ausbrach, wenn wir sein Gesicht einsetzen wollten. Seine Schüchternheit verband sich mit ausgeprägter Eifersucht. Von Beginn der Dreharbeiten an verhielt er sich so, als seien wir verheiratet. Die kleinste Aufmerksamkeit, die ich anderen Schauspielern widmete, war für ihn ein Akt der Untreue. Er bebte und zitterte wie eine verlassene Frau, wenn ich ihn eine Sekunde aus den Augen ließ, um anderen, die ebenfalls in einer Szene spielten, Anweisungen zu geben.

Ich hätte das noch tolerieren können, wenn er nicht rachsüchtig seinen Kollegen hinter meinem Rücken neue Anweisungen gegeben hätte. Er tat das nicht offen und ehrlich, sondern dann, wenn ich meine Aufmerksamkeit anderen Aspekten der Arbeit zuwenden mußte. Ein rauhes und verstohlenes Flüstern verriet mir, daß er unter der sorgfältig einstudierten Gruppe Verwirrung stiftete. Es half nichts, wenn ich ihn zur Rede stellte, denn dann behauptete er, ich verdächtige ihn zu Unrecht. Als Beweis lief er von einem verlegenen Schauspieler zum nächsten und fragte, ob er etwas anderes getan hätte, als meine Anweisungen zu erläutern. Es war für ihn eine Kleinigkeit, eine geordnete Bühne in eine aufgeregte Straßenecke zu verwandeln. Das bereitete ihn nur richtig auf seine Szene vor, und er machte sich keine Gedanken, was es bei uns auslöste. Er war entschlossen, im Mittelpunkt der Aufmerksamkeit zu stehen – mit sauberen oder unsauberen Mitteln.

Jannings erinnerte sich nie an die Ereignisse vom Vortag, sondern erschien jeden Morgen kampfbereit und begrüßte mich jovial mit »Julius«, weil er hoffte, mich damit zu reizen. Gelassen hörte er sich dann meine Pläne an und stolzierte wie ein Hahn davon, der gerade von einer Henne gesprungen ist. Seine Zufriedenheit wies darauf hin, daß die Bühne bald ein Scherbenhaufen sein würde.

Nachdem er den Regisseur geschafft hatte, ging er daran, mit großer Geste allen in Reichweite die Hände zu schütteln. Dann blickte er sich suchend danach um, wo sich am besten Unheil anrichten ließ. Er lief durch die Kulissen, inspizierte sie, zeigte einem Kulissenmaler einen Fleck und wies ihn an, das auszubessern. Wenn er sah, daß der Mann ohne meine Zustimmung nicht bereit war, etwas zu ändern, rief er den »Supervisor« zu sich, um den Fall mit ihm zu besprechen. Ich fand sie einmal in ein Gespräch vertieft, das um einen Samowar kreiste, den sie so aufstellen wollten, daß die Kamera ihn aufnehmen mußte. Ich beendete ihre Überlegungen, indem ich einen Elektriker anwies, einen Schalter zu betätigen, der die Bühne in Dunkelheit hüllte. Dann ließ ich den Samowar wegbringen und forderte den »Supervisor« auf, in sein Büro zu gehen und dort zu bleiben, bis ich ihn brauchte. Jannings verschwand empört in seiner Garderobe und schloß sich ein, bis er erfuhr, daß ich mit anderen Schauspielern arbeitete. Wie von einer Tarantel gestochen, stürmte er auf die Bühne und wartete mit finsterer Miene, die nichts Gutes verhieß, auf seinen Auftritt.

Der Film war auch ohne ihn kompliziert genug, und seine Rolle war nicht leicht. Er mußte als Hollywood-Statist bescheiden sein und gebieterisch als kommandierender General der russischen Armee. Aber es gelang ihm immer, diese beiden Eigenschaften zu vertauschen. Als hilfloser Statist verhielt er sich wie der große Herr, und in der prächtigen Uniform des ordensgeschmückten russischen Generals stand er wie ein Schuljunge vor mir, der auf seine Strafe wartet. Ich mußte ihn dann aufpumpen wie einen Fahrradschlauch. In der Hollywood-Phase des Films mußte er als Statist den General spielen. Jetzt war seine Bescheidenheit am Platz, aber ich mußte sie ihm eintrichtern. In den vorrevolutionären Szenen des Films trug er einen weiten Mantel mit einem breiten Pelzkragen, der ihn als autoritären Militärtyrannen glaubhaft machte. Aber er verschwand darin wie ein geknicktes Veilchen und benutzte den Mantel, um sich zu verstecken. In einer anderen Episode wird der Zug, in dem er sitzt, als Signal für den Ausbruch der Revolution angehalten. Ein Untergebener reißt ihm den Mantel, auf den er schon lange ein Auge hatte, von den Schultern. Jannings tat alles erdenkliche, um diese Szene zu vermeiden, denn sie raubte ihm das bequeme Versteck.

Wenn ein Schauspieler über das Eingreifen des Regisseurs stöhnt, scheint er völlig zu vergessen, daß er möglicherweise derjenige ist, der sich einmischt. In dieser Fallgeschichte eines berühmten Schauspielers, die ein Regisseur erzählt, hätte es nicht die geringste Einmischung gegeben, wenn der Regisseur alles akzeptiert hätte, was der Schauspieler ihm anbot. Und so entstehen die meisten Filme – aber nicht meine Filme.

Der Film über Hollywood und die russische Revolution entstand in fünf Wochen – obwohl es fünf Jahre zu sein schienen. Über das Verhalten der Schauspieler mußte ich mir keine Sorgen machen. Ich mußte das Wesen der Filmfabrik Hollywood erfassen und das Wesentliche einer Revolution, ohne dabei realistisch zu werden. In Sachen Hollywood war ich unbestreitbar Experte, und das erschwerte eine unrealistische Darstellung. Bei der russischen Revolution war mir wohler, denn ich konnte meine Phantasie ungehindert einsetzen. Das war ein Rätsel für Emil und andere, die mich herablassend ansahen. Sie wußten über die russische Revolution nicht mehr als ich, aber wenn man ihnen zuhörte, hatte man den Eindruck, sie seien als Genossen Lenins bei seiner Ankunft in Petrograd dabei gewesen, als er das Karussell der Bolschewiken in Gang setzte. In meinen Unterlagen befindet sich ein Telegramm von Feodor Schaljapin*, worin er sich veranlaßt fühlt, mich wissen zu lassen, wie sehr ihn dieser Film bewegt hat. Aber er war ein Russe. Was konnte er schon über die Russen wissen? Der verstorbene Masaryk, der erste Präsident der Tschechoslowakei, erklärte öffentlich, dies sei sein Lieblingsfilm.

Ehe ich daran gehe, weitere schmerzliche Einzelheiten über einen meiner Starschauspieler zu berichten, sei auch erwähnt, daß die Studiogewaltigen es ablehnten, den Film nach Fertigstellung in die Kinos zu lassen. Sie nahmen nicht nur Anstoß an der Revolution, sondern erklärten, meine Darstellung von Hollywood sei unwahr und werde das Publikum vor den Kopf stoßen. Außerdem würde eine so ungerechte und herzlose Anprangerung der Filmindustrie die Finanziers aufbringen, mit deren Geldern der Film gedreht worden war. Glücklicherweise besuchte Otto Kahn, einer der Geldgeber, zufällig das Studio. Er sah den Film, umarmte mich gerührt und erkundigte sich bei den Verantwortlichen, ob er recht gehört habe, daß dieser Film auf Eis gelegt werden sollte. Als man es ihm bestätigte, bezeichnete er sie in meiner Gegenwart als hirnlose Idioten und befahl ihnen, den Film den Kinos anzubieten.

Ich sicherte meine Vorstellung von der russischen Revolution ab, indem ich für die Schar meiner Statisten eine Reihe russischer Ex-Admiräle und -Generäle engagierte, ein Dutzend Kosaken und zwei ehemalige Mitglieder der Duma**. Sie alle waren Opfer der Bolschewiken, allen voran ein Borschtsch-Kenner mit dem Namen Koblianski. Ein Kosakengeneral ließ es sich nicht nehmen, meinen Wagen immer blitzblank zu putzen. Diese Männer beobachteten Jannings' Bemühungen, einen Russen zu verkörpern, mit solcher Verachtung, daß ich ihnen befehlen mußte, sich nichts anmerken zu lassen. Jannings ließ sich jedoch keine Gelegenheit entgehen, seine Verachtung für ihre Bemühungen, Russen zu sein, offen zu zeigen.

Aber mit dem Hafer, der ihn stach, hatte er anderes als solche Kleinigkeiten im Sinn. Jannings konzentrierte sich hauptsächlich darauf, alle meine Bemühungen, ihn durch eine Tür auftreten zu lassen, zunichte zu

* Fjodor Iwanowitsch Schaljapin (1873–1938), russ. Opernsänger. Anm. d. Red.
** die Reichsduma, russische Volksvertretung von 1905–1917. Anm. d. Red.

machen. Er hatte eine Abneigung gegen diese Art Auftritt, die jedes menschliche Verständnis überstieg. Als es ihm nach fünfzig Versuchen schließlich gelang, seine Masse durch eine Tür zu bringen, spielte er nicht weiter, sondern fing an, hemmungslos zu kichern, weil er das Hindernis besiegt hatte. Für ihn war die Vorstellung zu Ende, und er wartete auf meine Huldigung nach diesem überragenden Sieg. Meine russischen Ratgeber schüttelten traurig die Köpfe, denn es war undenkbar, daß eine Russe nicht in der Lage sein sollte, durch eine Tür zu treten

Bei einem Kind Regie führen, ist eine Sache, aber wenn das Kind annähernd dreihundert Pfund wiegt, fällt es nicht leicht, über alle seine Streiche zu lachen. Ich löste das Türproblem, indem ich einen Scheinwerfer auf seinen Hinterkopf richten ließ, bis ihm der Nacken glühte, und er froh war, einen kühleren Ort zu erreichen. Aber es kam noch schlimmer, als Jannings auf ein Pferd steigen und Stiefel tragen sollte. Er fürchtete beides mit einem tiefsitzenden Abscheu, der meine Russen sprachlos machte. Ich mußte auf die Pferde verzichten, denn wir konnten ihn nicht davon überzeugen, daß sie harmlose Tiere sind. Er ließ sich von seinem Double die Stiefel einlaufen und bekam von dem Double an beiden Füßen Fußpilz. »Julius, mein Fußpilz... !« wurde jetzt seine morgendliche Begrüßung.

Er machte mich nicht nur für den Fußpilz in seinen Stiefeln verantwortlich. Als Drehbuchautor und als sein Regisseur war ich auch der Adressat seiner Klagen über die vielen Unklarheiten seiner Rolle. Wenn ich ihm eine Szene vorspielte, die er nicht verstehen wollte, rief er die Beleuchter als Zeugen dieser Travestie seiner Kunst an. Trotz meiner Unklarheiten steigerte er sich so in die Rolle hinein, daß er nach einem Drehtag als General seine Haustür mit der Peitsche bearbeitete, herrisch Einlaß begehrte und seinem Personal Angst einjagte. Der Abend eines Drehtags als Statist sah ihn am Eingang seines fürstlichen Hauses mit ungepflegtem Bart und trüben Augen. Er klopfte ängstlich an die Haustür und bat mit gebrochener Stimme, eintreten zu dürfen. Und das erlebten dieselben Dienstmädchen, die am Vortag vor seiner Peitsche schreiend davongelaufen waren.

Ich machte mir nie die Mühe, mich nach der Wirkung meiner Arbeit auf ihn zu erkundigen. Das war nicht notwendig, denn er stand immer wie ein Ochse vor mir, ließ die Schultern hängen und sah mich mit dem gequälten Blick an, für den er berühmt geworden war. In seiner Rolle als Statist sollte er den Kopf schütteln, als könne er das Leben nicht länger ertragen. Also durfte ich mich nicht dagegen wehren, wenn er seine Gefühle an mir erprobte. Jeder zufällige Besucher bei den Dreharbeiten fragte sich, wie dieser arme Mann sich überhaupt noch auf den Beinen hielt. Er verriet sich nur einmal, als er mein Mitleid erzwingen wollte und erklärte, er sei zu schwach, um noch länger zu stehen. Daraufhin rief ich sein Double, der als Ebenbild von Jannings geschminkt und kostümiert war, und ließ Jannings einen Stuhl bringen. Er sprang wütend auf und beförderte sein Double mit einem Tritt von der Bühne.

Als der Film abgedreht war, bedankte ich mich bei Jannings für seine Mitarbeit und fügte hinzu, ich werde mich unter keinen Umständen noch einmal auf das zweifelhafte Vergnügen einlassen, mit ihm einen Film zu drehen, auch wenn er der letzte noch lebende Schauspieler auf der Welt sei. Ich riet ihm, nach Hause zu gehen, sich den Bauch mit Wurst vollzuschlagen und das Leben zu genießen – aber ohne mich! Er hörte mir höflich zu, erwiderte meine Komplimente, ohne eine meiner unerfreulichen Eigenschaften zu vergessen, und drehte die nächsten Filme. Darunter *The Street of Sin*. Das Drehbuch wurde für ihn geschrieben, aber die Regie ging diesmal an Mauritz Stiller. Ein anderer war *The Patriot* mit Lubitsch als Regisseur. Seinen vorletzten Film drehte er mit Ludwig Berger und den letzten Film in Hollywood unter Lewis Milestone.

Über seine Erfahrungen mit diesen begabten Regisseuren weiß ich nichts. Jeder Regisseur hat andere Methoden, um eine Darstellung in Gang zu setzen – einige verwenden ihr ganzes Talent darauf, freundlich zu sein. Ich bin zu dem Schluß gekommen, daß diese Gabe nicht zu unterschätzen ist, aber mehr Kraft erfordert, als ich zu verschwenden habe. Es steht jedoch fest, daß Jannings mit all seinen Fähigkeiten und mit der Unterstützung fähiger Regisseure eine Reihe von Mißerfolgen produzierte, die ihn zur Rückkehr nach Deutschland zwangen.

Ich bin mir über die genaue Reihenfolge der Filme nicht sicher, die die Öffentlichkeit dazu bewogen, ihre Bewunderung für Emil Jannings zu überdenken, aber ich weiß noch, daß er mich entdeckte, als ich bei der Vorführung von *The Patriot* hinter ihm saß. Mit einem strahlenden Lächeln, das schnell verschwand, fragte er mich nach meiner Meinung zu seiner Darstellung als russischer Zar Paul I. Ich antwortete unklugerweise sehr knapp und bündig: »Scheiße.« Er verlor keine Zeit, meinen Kommentar Ernst Lubitsch zu berichten, der mich zur Rede stellte und mir bittere

Vorwürfe wegen meines unkollegialen Verhaltens machte. Als ich Lubitsch daran erinnerte, daß er meine Arbeiten immer kritisiert, ich jedoch seine Filme, mit Ausnahme des gerade gesehenen absurden Schwachsinns, gelobt hatte, schwor er, über diese Angelegenheit sei noch nicht das letzte Wort gesprochen. Er hielt sein Versprechen. Unter Einsatz seines erstaunlichen Sinns für Humor, machte er sich mit Gift und Galle daran, mich in Verruf zu bringen, und wurde dabei von der Presse mit Freuden unterstützt. Das Drehen von Filmen wurde für ihn Nebensache. Das folgende Zitat fünf Jahre nach meiner Bemerkung über Jannings' Leistung und nach meinem *Blauen Engel* hilft mir, mein Gedächtnis aufzufrischen: »Hollywood müßte Lubitsch einen Orden verleihen, weil er die Wahrheit über Herrn von Sternberg erzählt hat. Künstler oder Scharlatan, solche Männer sind eine Bedrohung für die Filmindustrie.«* Lange vor seinem Tod wurden wir trotzdem sehr gute Freunde, aber er konnte seine feindseligen Gefühle mir gegenüber nie ganz unterdrücken. Bei einem Zusammensein mit gemeinsamen Freunden hob er sein Glas, prostete mir zu und sagte in das eintretende Schweigen: »Auf deine Gesundheit, Josh, aber du wirst mir verzeihen, wenn ich nur... einen ganz kleinen Schluck trinke.«

Kehren wir zu Jannings zurück. Kurz nach seinem erzwungenen Abschied von Hollywood telegraphierte mir dieser unberechenbare Schauspieler aus Berlin und bat mich, nach Deutschland zu kommen, um ihm als Regisseur durch die Schwierigkeiten des ersten deutschen Tonfilms zu helfen. In dem Telegramm wies er darauf hin, daß er jeden Regisseur haben könne, auch Lubitsch, aber er wünsche sich nur mich. Ich fand die Bitte dieses stolzen und talentierten Schauspielers rührend. Ich hatte ihm unmißverständlich gesagt, daß ich ihn für eine schreckliche Gefahr und Belastung bei jedem ästhetischen Vorhaben hielt; und meinem Wesen entsprechend nahm ich das Angebot an. Ich bat meine Filmgesellschaft um Urlaub. Man genehmigte mir den Urlaub unter der Voraussetzung, daß ich meinen Vertrag um weitere zwei Jahre verlängerte.

Mit dem Wort »Urlaub« läßt sich mein Abstecher nach Berlin kaum beschreiben, der mir noch einmal die Ehre verschaffte, mit dem schwierigsten Schauspieler der Welt zusammenzuarbeiten. Ich kam ohne Vertrag in Berlin an und wußte nicht, was mich erwartete, obwohl mir bekannt war,

* *Hollywood Herald*, 14. Januar 1933.

daß Erich Pommer die Produktion übernahm. Einige seiner Filme hatten mir große Achtung eingeflößt.* In Hollywood hatte er ohne großen Erfolg gearbeitet. Da ich mich vor meiner Abreise nicht danach erkundigt hatte, welches Projekt geplant sei, und mir auch nicht vorstellen konnte, daß dies ohne meine Zustimmung entschieden worden sei, überraschte es mich, daß man an einen Film über Rasputin dachte. Dieses Thema interessierte mich nicht. Ich hatte nicht die Absicht, jemandem auf die historischen Fußzehen zu treten. Ich wollte auch keine Geschichte verfilmen, deren Ausgang keine Möglichkeiten offenließ. Deshalb lehnte ich den Plan ab; Pommer und Jannings machten sich dann auf die Suche nach einem Stoff, der mich interessieren würde.

Kaum eine Woche später erschien Jannings aufgeregt in meinem Hotel. Mit großer Geste und beneidenswerter Begeisterung überreichte er mir ein Buch mit dem Titel *Professor Unrat*, das 1905** veröffentlicht worden und in den vergangenen zehn Jahren in Filmkreisen herumgeschoben worden war. Sein Autor war Heinrich Mann. Es geht darin um einen Lehrer namens Raat. Er beginnt ein Verhältnis mit der Sängerin Rosa Fröhlich, die bereits ein uneheliches Kind hat, heiratet sie und verliert dadurch seine Stellung. Er will sich an der Gesellschaft rächen, wird Politiker und Spieler, benutzt seine Frau, bis beide verhaftet werden. Der Roman hat wenig Ähnlichkeit mit dem Film *Der Blaue Engel*.

Mir gefiel die Geschichte im ersten Teil des Romans. Ich traf mich mit Heinrich Mann und fragte, ob er Einwände habe, wenn ich den Aufbau seiner Geschichte ändern, Szenen streichen und hinzufügen würde, wie ich es für richtig hielt. Ich sagte ihm auch, ich denke daran, den Film *Der Blaue Engel* und die Frau Lola zu nennen. Den Schluß wollte ich ändern und den Professor in das Klassenzimmer zurückkehren lassen, um dort zu sterben. Heinrich Mann hatte keine Einwände. Er sagte mir sogar, er wünschte, er hätte selbst an die vorgeschlagenen Änderungen gedacht, und ließ mir volle Freiheit zu ändern oder hinzuzufügen, was ich für richtig hielt. Alle waren zufrieden, daß ich mich zum Bleiben entschloß, um einen Film zu machen. Jannings war außer sich vor Freude. Und ich ließ Robert Liebmann beauftragen, meine Pläne zu Papier zu bringen, damit

---

* Er hatte Wienes *Caligari* produziert, Langs *Nibelungen*, Murnaus *Der letzte Mann*, Bergers *Walzertraum* und Duponts *Varieté*.
** Kurt Wolff Verlag, Leipzig

der technische Stab Kulissen, Etat und Drehpläne in Angriff nehmen konnte.

Um den Roman in einen Film zu verwandeln, der meinen Maßstäben visueller Dichtung entsprach, fügte ich die Gestalt des Clowns und alle Episoden und Einzelheiten ein, die dazu führen, daß der Professor in die Zwangsjacke gesteckt wird. Da es im Vorspann heißt, der Film sei die freie Bearbeitung eines Romans von Heinrich Mann nach einem Drehbuch von Robert Liebmann, und Vollmoeller und Zuckmayer als Autoren der Bearbeitung genannt werden, ist vielleicht eine Erklärung angebracht, ehe ich über den Beitrag des Starschauspielers spreche.

Der Regisseur ist der eigentliche Autor eines Films, und in vielen Ländern wird das auch rechtlich anerkannt. Ich persönlich lege keinen großen Wert auf die namentliche Nennung für andere Funktionen im Vorspann. Für alle Stärken im *Blauen Engel* und alle Schwächen (es sind nicht wenige) bin ich allein verantwortlich. Es wäre im Grunde nicht notwendig, das hervorzuheben. Aber eine Filmfabrik in Hollywood hat mein Werk kopiert*. Und obwohl sie aus dem Original eine Karikatur gemacht hat, waren sie gesetzlich gezwungen, die Rechte zu erwerben, ehe der Versuch starten konnte, mein Werk »zu verbessern.« Die Genehmigung zur Herstellung dieser schlechten Kopie wurde von allen gekauft, die irgendetwas damit zu tun gehabt hatten. Mit einer unvergleichlichen Unverschämtheit wurde der Inhalt einem halben Dutzend anderer Leute zugeschrieben, mein Name und meine Arbeit noch nicht einmal höflichkeitshalber erwähnt.**

Damals in Berlin bat man den hervorragenden Schriftsteller Carl Zuckmayer, seinen Namen für die Bearbeitung zur Verfügung zu stellen. Man fürchtete, meine radikalen Änderungen von Manns Roman würden die deutsche Presse auf den Plan rufen. Schließlich hatte man zum ersten Mal einen Amerikaner nach Deutschland geholt, um diesen so wichtigen Film zu drehen, und dann stand Heinrich Mann auch auf der politischen schwarze Liste der zensierten Presse. Zuckmayer war zu großen Dingen fähig, aber sein Beitrag in diesem Fall war unerheblich.

* *The Blue Angel*, 1959, Regie: Edward Dmytryk, mit Curd Jürgens und May Britt in den Hauptrollen, im Verleih der 20th Century Fox. Anm. d. Red.
** Von Sternbergs Klage wegen Plagiats war erfolgreich, obwohl 20th Century Fox die Rechte an dem Ufa-Drehbuch gekauft hatte; er konnte nachweisen, daß einige Szenen ausschließlich auf ihn zurückgehen. Anm. d. Red.

Der andere Bearbeiter, Karl Vollmoeller, war mir damals in Berlin ein wertvoller Fremdenführer. Ich wollte ihm mit der Nennung seines Namens danken und helfen. Aber auch er hatte mit dem Text des Drehbuchs nichts zu tun. Im Gegensatz zu den anderen hat er auch nie etwas Derartiges behauptet. In einem Brief von ihm aus Basel 1939 schreibt er unter anderem: »Gestern abend haben sechshundert Studenten der Universität Basel Augen und Ohren aufgesperrt, daß so etwas einmal möglich war. Als sie Deinen 'Blauen Engel' gesehen haben, wünschte ich Dich an meiner Seite, damit Du erkannt hättest, wie weit Deine beinahe todbringenden Fähigkeiten der Zeit vorausgeeilt sind. Kein Wunder, daß Du dafür bezahlen mußt. Soviel Begabung wird immer bestraft.«*

Beim Filmemachen gibt es so viele Eventualitäten, daß es die Fähigkeiten einer Gruppe – ganz zu schweigen die eines einzigen – weit übersteigt, sie alle im voraus zu erkennen. Aber alles, was Anspruch darauf erhebt, ein Kunstwerk zu sein, kann nur einen Schöpfer haben. Diesmal gab es in der Vorbereitungszeit scheinbar unüberwindliche Probleme. Die Deutschen besaßen weder die richtige technische Ausrüstung noch die Erfahrung, um einen Tonfilm zu machen. Ich hatte in Rittau und Schneeberger zwar sehr tüchtige und fähige Kameramänner und den ebenso fähigen Otto Hunte als Bühnenbildner, aber es war nicht leicht, sie alle zu unterweisen. Um die Kamerageräusche zu eliminieren, mußte man eine Reihe riesiger Verschläge für mich und die Kameramänner bauen. Sie standen vor den jeweiligen Schauplätzen, und wir mußten von einem zum anderen springen, um so die Kontinuität des Tons zu gewährleisten, der von der Kontinuität der Bilder abwich. Damals konnte man nicht wie beim Synchronisieren den Ton nach Abschluß der Dreharbeiten ändern oder Bildfolgen unterlegen. Überall gab es persönliche, künstlerische und politische Probleme – und von überall her kamen Einwände. Und wenn es zu einer Sache keine Einwände gab, dann kamen meine Einwände. Herr Hugenberg**, Leiter der Ufa, war der Chef einer einflußreichen Zeitungskette. Er mißtraute meinen Absichten und erriet ohne große Spekulationen, daß ich nicht im Sinn hatte, die Deutschen als Herrenrasse zu zeigen.

---

* Vollmoeller spielt hier auf den folgenschweren gesundheitlichen Zusammenbruch von Strenbergs 1938 in London an; vgl. Biographie im Anhang. Anm. d. Red.
** Alfred Hugenberg war vor und während Hitlers Diktatur Abgeordneter des Deutschen Reichtags, Führer der Deutsch-Nationalen Volkspartei und bis Juni 1933 Wirtschaftsminister.

In Erich Pommer hatte ich einen erfahrenen Produzenten, wie ich ihn mir nicht besser wünschen konnte. Er wußte nicht nur, wie man die Kräfte bei einer Filmproduktion zusammenführt, sondern erkannte auch, daß er in seiner Eigenschaft den Regisseur bestenfalls unterstützen konnte und ihn nicht beherrschen durfte. Er war so beunruhigt, daß er seine übliche Zurückhaltung vergaß. Als wir am ersten Drehtag zu den Studios fuhren, erkundigte er sich nach meinen Plänen. Ich wußte nicht, wie ich die heiße Suppe löffeln sollte, und anstatt ihn zu belügen, wie jeder routinierte Regisseur es getan hätte, erwiderte ich, das würde ich noch entscheiden. Pommer erklärte, diese Art Unbestimmtheit sei in Deutschland *verboten*. Ich müßte nicht nur genau wissen, welche Szenen ich drehen will, einschließlich Kamerastand, Objektiv und Brennweite, sondern er verlange, jeden Morgen darüber informiert zu werden. Ich staunte über seinen Ausbruch, denn er wußte, wie ich in Hollywood arbeitete und hatte meine Wünsche von Anfang an unterstützt. Ich sagte, es seien Vorbereitungen für alle Eventualitäten getroffen, die Schauspieler seien bestellt und ihre Kostüme lägen bereit. Außerdem hätte ich noch auf keiner Bühne Zeit vertan und werde eine fertige deutsche und englische Version des Films, wie ich ihn mir vorstelle, abliefern. In allen anderen Punkten könne ich seine Forderung nicht erfüllen. Ich sei nicht in der Lage, ihm genau zu sagen, was ich tun werde, da ich es selbst nicht wisse. Ich könne es ihm auch dann nicht sagen, wenn er mich an die Wand stellen und erschießen lasse. Darauf erklärte er, meine Arbeitsmethode sei für ihn unannehmbar. Ich bat ihn, mich auf der Stelle zum Hotel zu bringen; ich wollte packen und nach Amerika zurückfahren. Ich fügte noch hinzu, den Film mache ich; und ich werde niemandem erlauben, sich einzumischen. Der kluge Erich Pommer brachte mich nicht ins Hotel. Er stellte bald fest, daß wegen Unentschlossenheit auf meiner Seite niemals Zeit verlorenging, und während der ganzen Zeit war er sehr freundlich und hilfsbereit. Und Wunder über Wunder, als ich ihm den Film brachte und darum bat, nichts daran zu ändern, gab er mir sein Wort, der Film werde genau so vorgeführt, wie ich es wünsche. Im Gegensatz zum traditionell üblichen Verhalten von Produzenten, die einen Film entstellen, sobald der Regisseur seine Arbeit getan hat, hielt Erich Pommer sein Wort, und erwarb sich damit nicht nur meine Achtung, sondern auch meine Bewunderung.

Nun folgt der traurige Teil des Berichts. Ich bin auf der Bühne und stehe dem Inbegriff aller deutschen Schauspieler gegenüber: Emil Jannings. Er wird seine ersten Worte sprechen, die wir auf unserer primitiven Tonspur aufzeichnen. Er war ein Meister der deutschen Sprache, die ich nicht mehr fließend beherrschte, obwohl es mir nicht schwerfiel, mich verständlich zu machen, wenn es erforderlich war. Jannings hatte hoch und heilig versprochen, sich zu benehmen. Er hatte mir geschworen, er habe sich geändert, und ich müsse mich nicht auf eine Wiederholung seines früheren Verhaltens gefaßt machen. Das sollte sich als richtig herausstellen. Er wiederholte sich nicht, sondern ließ sich etwas Neues einfallen. Ich hatte ihn übergangen und die anderen Rollen nach meinen Vorstellungen besetzt. Besonders mit der Wahl von Marlene Dietrich stellte ich mich gegen ihn. Er hatte sich heftig gegen diese Entscheidung gewehrt. Aber nun war er in seinem Element. Niemand, so glaubte er, könne seine Autorität hinsichtlich der deutschen Sprache anzweifeln – am allerwenigsten ein Ausländer.

Wir probten die ersten Szenen. Und da seine vokalen Leistungen sich darauf beschränkten, vor einem toten Vogel zu pfeifen, verlief die Aufnahme ohne Zwischenfälle. Er hatte mir respektvoll zugehört und zufrieden festgestellt, daß ich hinter der Kamera in einem schalldichten Raum saß, den ich nur unter Schwierigkeiten verlassen konnte. Den Kopfhörer auf meinen Ohren hatte er sich mißtrauisch angesehen, aber er wiegte sich in Sicherheit, denn er wußte, daß ich nur undeutlich wahrnehmen würde, was er tat, sagte oder pfiff. »Hals- und Beinbruch« hörte man überall, und die Dreharbeiten fingen an. Die nächste Szene spielte in seiner mit Büchern vollgestopften Mansarde. Die Situation erinnert an ein Inquisitionstribunal: Sein Lieblingsschüler, den er mit zweideutigen Photos ertappt hat, wird einem Kreuzverhör unterzogen.

Mein bärtiger Professor begann nun, herrisch in einer Sprache zu reden, in der nicht nur jede Silbe betont wurde; er schwelgte auch in archaischen Wendungen, wie man sie seit dem Mittelalter nicht mehr gehört hatte. (»Schämen Sie sich nicht?«). Jannings schien entschlossen, allen ein unvergeßliches Beispiel seiner Meisterschaft in der deutschen Sprache zu liefern, und machte das mit jeder Silbe deutlich. Es lag jedoch noch etwas anderes, etwas Merkwürdiges in jedem Ton – eine Art diabolische Freude, die nichts mit der beabsichtigten Bedeutung des Textes zu tun hatte –, der durch die Kopfhörer drang. Es verwirrte mich, bis ich begriff, daß er sich freute, weil ich in einer Kabine saß. Würde ich es wagen, protestierend herauszukommen, hätte er mich sofort mit dem Hinweis zum Schweigen gebracht, daß ich nie einen Fuß in eine deutsche Schule gesetzt hatte, und deshalb nicht wußte, wie ein deutscher Professor sprach.

Das Mikrophon in meiner Kabine ermöglichte es mir, eine höfliche Bemerkung zu machen. Ich beschloß, diesen theatralischen Unsinn im Keim zu ersticken, bevor er um sich greifen konnte, denn seine Kollegen standen alle voll Bewunderung mit offenem Mund herum. Sie staunten nicht nur über Jannings' hervorragende Aussprache, sondern konnten nicht fassen, daß diese Leistung dank der Technik einem Publikum übermittelt werden würde. »Nein, Emil, so nicht. Sei nicht so hinter jedem Ton her wie der Teufel hinter der armen Seele. Du bist mit diesem armen Jungen allein zu Hause. Vergiß die vielen Menschen, vergiß die Bühne – niemand hört dich, nur der Schüler, den du zwischen den Knien hast.« Ein unheilvolles Schweigen folgte. Emil blickte zu dem Lautsprecher, aus dem meine Stimme gekommen war. Er spitzte die Lippen, senkte die Augen und blickte dann wieder nachdenklich auf den Lautsprecher. Die Schauspieler verschwanden verlegen; niemand wollte ein unschuldiger Zeuge werden. Schließlich sagte er zu dem Lautsprecher: »Julius, wir machen einen deutschen Film.« Ich antwortete etwas schärfer: »Emil, mir gefällt deine Stimme, wenn du mit mir sprichst, wenn du ins Mikrophon sprichst, allerdings nicht. Wir machen einen deutschen Film, aber einen Tonfilm.«

Ohne den Schüler zwischen seinen Knien loszulassen, wartete Jannings, bis ich aus dem Verschlag hervorgekommen war. Er bereitete sich auf den großen Kampf vor – das hatte er so unverhüllt noch nie getan. Er empfing mich mit einem Schwall von Argumenten, vergaß dabei sein sprachliches Können und erging sich mit beißendem Sarkasmus über meine mangelnde Beherrschung, mein begrenztes Vokabular und den Gebrauch, den ich davon machte. Ich erwiderte, das sei mir durchaus bewußt, und ich hätte nicht die Absicht, meine Worte aufnehmen zu lassen. Aber ich verlange von ihm, so zu sprechen, wie ich es für richtig hielt. Als sein Ärger wuchs, fügte ich noch hinzu, es sei vorgesehen, daß er seine Rolle nicht nur deutsch, sondern auch englisch sprach. Bedauerlicherweise müsse jeder Laut von ihm in welcher Sprache auch immer, ob Chinesisch, Urdu, Arabisch oder Suaheli mit russischem Akzent, meine Zustimmung finden. Unwissenheit hin, Unwissenheit her, meine Ohren seien die letzte Instanz für alles, was auf der Tonspur aufgezeichnet werde. Jannings erwiderte, er werde sich zu keinen Experimenten in einer fremden Sprache hergeben, aber Deutsch sei seine Muttersprache, und ich möge ihm seinen Text vorsprechen. Das tat ich. Darauf brüllte er, niemand habe das Recht, von ihm zu verlangen, die Sprache in seinem ersten Tonfilm zu entwürdigen.

Da ich im Umgang mit ihm immer schlagfertig sein mußte, erklärte ich mich damit einverstanden, alles so aufnehmen zu lassen, wie er es für richtig hielt. Aber ich fügte hinzu, ich würde keinem anderen erlauben, so zu sprechen, und er werde mit seinem Pathos unangenehm auffallen. Seine Haltung sei bedauerlich, denn bis jetzt habe ich ihn für genial genug gehalten, um auch dann hervorragend zu sein, wenn er die Aufgabe habe, sich gegen die deutsche Sprache zu versündigen.

Das machte ihn sprachlos. Da er den inzwischen erstarrten Jungen immer noch zwischen den Knien festgeklemmt hielt, fügte ich hinzu, er möge daran denken, alle Pausen zu vermeiden, den Jungen nicht aussprechen zu lassen, wenn er sich verteidigen wollte, zu vergessen, daß er der Bannerträger seiner Sprache sei, und statt dessen entsetzt darüber sein, daß er diesen Musterschüler mit Bildern einer nackten Schauspielerin in den Schulbüchern entdeckt habe. Jannings rief sofort den verängstigten Requisiteur und wollte wissen, wo die Postkarten seien (die Szenen mit den Postkarten waren erst Wochen später zum Drehen angesetzt). Der Mann erwiderte, man habe sie ihm in die Jackentasche gesteckt, noch ehe er im Studio war. Jannings murmelte, das stehe nicht im Text. Und jede Eingebung, die seine Rolle betraf, sei ihm in Zukunft rechtzeitig mitzuteilen, damit er sie verarbeiten könne. Der ängstliche Requisiteur sah mich verzweifelt an. Auf ein Kopfnicken von mir unterbrach uns mein Assistent, der mit blassem Gesicht dabeistand, und erinnerte daran, es sei Zeit für eine Pause und das Mittagessen.

Wie bereits erwähnt, betrachtete Jannings die leibliche Stärkung als seine heilige Pflicht. Bei dem Wort »Mittagessen« sprang er auf und ließ den erstarrten Schüler endlich los, der das eigentliche Opfer dieser Situation war. Jannings vergaß das unangenehme Thema sofort und wandte sich einem angenehmen zu. Mit strahlendem Lächeln kam er zu mir, als sei nichts geschehen, und wollte wissen, ob ich mit ihm essen gehe. Ich schützte eine Verabredung vor und versprach, am nächsten Tag mit ihm zu essen. Er verließ die Bühne beschwingt und mit den federnden Schritten eines jungen Mannes.

Ich möchte damit keinen Schauspieler verunglimpfen. Der *Salto mortale* einer wesentlichen Komponente meiner Arbeit darf nicht nur unter dem Aspekt seiner Launen gesehen werden. Jannings besaß gute Voraussetzungen, um mit mir zu kämpfen. Nur ich war ihm wichtig, und er wußte, er konnte sich darauf verlassen, daß ich es mit ihm aufnahm. Er hatte mich nicht ohne Grund aus Amerika kommen lassen.

Es ist das Recht eines Schauspielers, über die Konzeption einer Rolle zu diskutieren. Und es kommt hin und wieder vor, daß ein Regisseur nicht fähig ist, einen Schauspieler zu führen. Aber solche Diskussionen sollten nicht in aller Öffentlichkeit stattfinden, und der Regisseur sollte auch über die Absicht einer Diskussion informiert sein. Die Bühne für den *Blauen Engel* war ein Bahnhof. Es wimmelte von Besuchern, die alle nichts von den Problemen des Regisseurs ahnten. Sie sahen nur einen gedemütigten Schauspieler. Alles, was in Berlin Rang und Namen hatte, erschien früher oder später bei mir im Studio. Es kamen nicht nur Journalisten, Schriftsteller, Schauspieler, Regisseure – sogar Max Reinhardt erschien (ihn beschäftigte am meisten, wie ein Zischlaut aufgenommen werden konnte), sondern auch Bildhauer und Maler, unter ihnen George Grosz. Er überreichte mir ein Buch über sein Werk, in das er als Widmung schrieb: »Dem großen Regisseur, dem liebenswerten Menschen und guten Freund der Kunst« (was er wirklich dachte, steht in einem anderen Buch, das er später schrieb). Außerdem waren immer Schüler von mir anwesend. Zu ihnen gehörte auch Leni Riefenstahl, die spätere Regisseurin der Nazifilme *Triumph des Willens* und *Olympia* (in diesem Film gehörten die Sieger nicht nur der Herrenrasse an). Es kamen auch Leute, die naiv genug waren zu glauben, man könne das Filmemachen durch Zusehen lernen. Der Produzent Pommer glänzte durch Abwesenheit. Er erschien nur selten am Drehort. Er mußte nicht nur die Kohlen aus anderen Feuern holen, sondern hielt es für das beste, den Hochofen meiner Bühne nicht zu betreten. Ich lernte ihn sehr schätzen.

Der Schauplatz unserer Arbeit war kein Ort, sich zu amüsieren. Eine Obstfliege kann in etwa siebenundzwanzig Generationen mutieren, Jannings war dazu im Bruchteil einer Sekunde fähig. Mit sicherem Instinkt hatte ich für dieses Werk Schauspieler und Schauspielerinnen engagiert, wie sie noch nie zuvor in einem Film versammelt waren. Und im Zentrum dieser bizarren Versammlung stand ein Darsteller, der das Äquivalent zu einem Dutzend Wildkatzen war. Mr. Tappertit sagt bei Dickens: »Es gibt Saiten im Herzen der Menschen, die man besser nicht zum Klingen bringt.« Jannings brachte sie alle zum »Klingen«.

Der Film ist ein Zeugnis dafür, daß man Jannings inszenieren konnte. Aber man sieht im Film nicht, was vor jeder Szene und in der Garderobe geschah. In seinem Allerheiligsten, in dem er sich von allen Seiten im Spiegel sah, fanden die besten Vorstellungen statt.

Ich möchte einen typischen Morgen beschreiben, obwohl ich meinen Empfindungen dabei nicht gerecht werden kann. Ich klopfe um Viertel vor neun an seine Garderobentür, trete ein und erkundige mich nach seinem gesundheitlichen Befinden. Wenn ich das unterließ, war er so verletzt, daß er mitteilen ließ, er sei schwerkrank, und ich müsse sofort den Krankenwagen rufen. Er erschien pünktlich um sieben und nahm vor einem Spiegeltriptychon Platz, um sich als alter Professor zu schminken. Er kämmte seinen Bart Haar um Haar, begutachtete jede Strähne genau nach Farbton und Länge, bearbeitete sie, bis es wie die anderen lag, und der Bart ein Teil von ihm geworden war. Meinen Gruß erwiderte Emil´ mit einem langen vorwurfsvollen Blick, dessen Wirkung er an seinem allgegenwärtigen Diener König erprobte, der bei diesem Blick blaß wurde und zusammenzuckte, als sei er geschlagen worden. (Nie hat ein Sklave einen unzutreffenderen Namen gehabt!) Dann zündete Jannings sich eine Zigarette an und stieß den Rauch aus, als sei er seine Seele. Er räusperte sich, entblößte vorsichtig die Zähne, damit sie nicht mit dem Haarberg, den er sich angeklebt hat, in Berührung kamen, und erklärte leise, ich liebe ihn nicht mehr. Ich beteuerte ihm daraufhin meine unsterbliche Zuneigung und forderte ihn auf, seine Liebe für mich unter Beweis zu stellen, indem er mir half, noch ein paar Meter Film zu drehen.

Jannings drückte dann die Zigarette aus, als habe er vor, mich zu Asche zu zermalmen, betrachtete mich im Spiegel mit seinen feuchten Augen, aus denen die üblichen selbstauferlegten Qualen sprachen. Das war das unverzichtbare Vorspiel, mit dem er sein masochistisches Ego in Schwung brachte, um spielen zu können. Dann sagte er in einem Ton, als sei es der schwerste Vorwurf seines Lebens: »Du hast gestern nicht mit mir zu Mittag gegessen.«

Ich versuchte es jedesmal mit einer anderen Strategie. Am Ergebnis änderte sich nichts. Ich sagte, ich hätte keinen Appetit, und er konterte, er werde nicht zulassen, daß ich mich ihm durch Hungern entziehe. Ich versuchte, ihm zu erklären, daß ich arbeiten müsse. Das führte nur zu der Bemerkung, keine Arbeit könne von bleibendem Wert sein, wenn sie nicht von Sauerkraut und Schweinshaxen inspiriert worden sei. Ich erinnerte ihn daran, daß immer Haare von seinem Bart in meinem Kaffee schwammen. Er erwiderte, er habe den Bart jetzt besser angeklebt.

»Mit wem ißt du heute mittag?« – »Das weiß ich noch nicht. Vermutlich esse ich allein.« – »Was wirst du essen?« – »Das weiß ich nicht. Ich habe doch gerade erst gefrühstückt.« – »Du weißt genau, was du essen wirst!« – »Komm, Emil, hör mit diesem Unsinn auf. Du hast mir versprochen, dich zu benehmen.« Diese Ermahnung überhörte er. Und ich wußte, es würde kommen, was kommen mußte. Er berichtet mir mit dem unschuldigen Blick eines Neugeborenen, ihm sei zu Ohren gekommen, daß Frau Dietrich in aller Frühe aufgestanden war, um mein Mittagessen vorzubereiten. »Wieso ist es wichtig, wann sie aufsteht und was sie macht? Es ist jetzt neun, und ich muß auf die Bühne. Sprechen wir ein andermal darüber.« – »Wir sprechen jetzt darüber!« – »Worüber denn? Emil, sei doch vernünftig.« – »Du ißt doch lieber mit einer Frau als mit mir! Habe ich recht?« Als letzte Zuflucht versuche ich, die Sache ins Humorvolle zu ziehen. »Hör zu Emil. Du bist verheiratet und hast eine Tochter. Also muß du auch schon einmal mit einer Frau zusammengewesen sein. Du weißt also, es besteht ein Unterschied zwischen einem Mann und einer Frau.« Er nimmt den Fehdehandschuh auf und behauptet, es gehe um etwas Grundsätzliches. Keine Frau könne etwas bieten, was er nicht zu bieten hätte, und ich habe zuviel Achtung vor den Besonderheiten des weiblichen Geschlechts.

Ein kurzer und verrückter Wortwechsel, bei dem mir der Kopf anfängt zu brummen, endet mit der Drohung, er werde alles hinwerfen. Das Ultimatum führt dazu, daß ich ihm verspreche, mit ihm, ihm ganz allein zu Mittag zu essen. Aber Jannings hat sich noch nicht richtig in Fahrt gebracht. »Ich glaube dir nicht!« Mit großer Geste reißt er sich den Bart ab, an dem er zwei Stunden gearbeitet hat, während König in Ohnmacht fällt.

»Emil, kleb den Bart wieder an. Beeil dich! Wir müssen an die Arbeit. Die Musiker und Schauspieler warten auf mich. Ich muß jetzt gehen.« Aber der Ausbruch muß seinen Verlauf nehmen. »Warum gibst du dich soviel mit den anderen ab?« – »Ich muß dir einen guten Rahmen bieten, Emil. Alle müssen gut sein.« – »Kein Zuschauer wird einen Blick auf die anderen werfen.« – »Kleb dir den Bart an und Schluß damit. Die Eifersucht macht dich müde und schadet dir.«

»Du wolltest mit der Dietrich essen, nicht wahr?« Ich weiß, was jetzt folgt, und wende mich zum Gehen. Und unvermeidlich geschieht es, und jedes Mal schlimmer als zuvor. Er wirft sich auf den Boden, daß die Wände wackeln, weint, schreit und stöhnt, sein Herz höre auf zu schlagen. Ich muß ihn aufheben. Das ist nicht leicht, denn sein spielerischer Widerstand wiegt schwerer als die vielen Pfunde, die er auf den Rippen hat. Dann muß ich ihn auf den Mund küssen, der naß von Tränen und klebrig vom Leim ist, und ihn wieder zu seinem Spiegel bringen. Dort bittet er um Vergebung, während ich seinen Diener zum Leben erwecke. Und wenn Jannings auf diese Weise seine niederen Gefühle gereinigt hatte, konnte man sich darauf verlassen, daß er ein oder zwei Stunden etwas weniger boshaft war.

Wenn man liest, wie ein Schauspieler sich in die richtige Stimmung bringt, um seine Tagesarbeit zu verrichten, sollte man nicht außer acht lassen, daß ich versuche, nicht einen Schauspieler zu beschreiben, sondern eine Tube Farbe, die ich auf der Leinwand benutzen muß. Dieser Goliath lebt nicht mehr und kann sich nicht mehr gegen das verteidigen, was hier geschrieben wird. Ich bezweifle sehr, daß er es tun würde, auch wenn er noch am Leben wäre, denn er hat genügend Zeugnisse seiner Arbeit hinterlassen, mit denen sich nur wenige messen können. Diese Arbeit spricht für sich selbst und ist sehr glaubhaft, wohingegen sein Bild, wie ich es hier zeichne, schwer zu glauben ist. Selbst ich sehe nur, was auf der Leinwand ist, wenn ich mir den *Blauen Engel* betrachte.

Während der Dreharbeiten verhielt Jannings sich bei Kleinigkeiten genauso wie bei unserem ersten Film in Hollywood. Er gab den Schauspielern Anweisungen, wenn ich ihm den Rücken drehte und hetzte sie gegen mich auf. Es folgt eine eidesstattliche Aussage einer seiner Kolleginnen:

»Er wollte mir klarmachen, wenn ich die Rolle so spiele und wenn ich den Anweisungen von Herrn von Sternberg in Hinblick auf Charakterisierung, Dialoge und Reaktionen auf seinen Text folge, dann sei ich im Filmgeschäft erledigt und niemand werde mir noch eine Rolle anbieten, denn ich spielte eine absolut unsympathische Gestalt und keineswegs die Gestalt, die er gesehen habe, als er beschloß, in diesem Film zu spielen. Und zu meinem Besten wolle er, daß ich mich gegen Herrn von Sternbergs Regie auflehne.«

Das Zitat ist Teil der Aussage von Marlene Dietrich in einer außergerichtlichen Verhandlung, als die Anwälte der Gegenpartei sie nach Einreichung meiner Klage ins Kreuzverhör nahmen.*

Nach außen schien meine Beziehung zu Jannings von großer Freundschaft, gegenseitiger Bewunderung und unerschütterlichem Vertrauen geprägt zu sein. Wir waren Damon und Phintias.** Beim Betreten der Bühne schüttelte er mir so herzlich die Hand, als sei ich nie im Fegefeuer seiner Garderobe gewesen. Bekanntlich neigen die Deutschen und die Franzosen zu exzessivem Händeschütteln. Neun Zehntel der Menschheit kennen diese Sitte nicht. Sie entstand in alter Zeit bei den Galliern als Beweis dafür, daß sie unbewaffnet waren. Die Franzosen schütteln die Hand nachlässig und ziehen sie schnell wieder zurück, als hätten sie etwas Unreines berührt, aber die Deutschen machen daraus eine schwülstige Zeremonie, die nicht immer auf fehlende Waffen hinweist. Emil Jannings kam jedenfalls nicht unbewaffnet.

Meine Hände mit ihrem gehörigen Maß an Nerven wurden jeden Morgen für die nächsten Stunden außer Gefecht gesetzt. Ich mußte nicht nur meinen vielen Schauspielern die Hände schütteln und dem Stab von hundert Arbeitern und Assistenten, sondern auch Journalisten, Feuerwehrmännern, Wachleuten, Musikern, Studiogewaltigen und Besuchern, die alle der Reihe nach bei mir erschienen, mir tief in die Augen blickten, um mir ihre ambivalente Bewunderung auszudrücken, und mir dabei die rechte Hand lähmten. Deshalb verordnete ich in der zweiten Woche der Dreharbeiten, das Händeschütteln bis zur Fertigstellung des Films zu unterlassen. Bis dahin würde mir höchstwahrscheinlich ohnehin kein Mensch mehr die Hand schütteln wollen. Ich verlangte auch, auf das »Guten Morgen« zu verzichten, denn nur wenige Szenen hatten etwas mit einem guten Morgen zu tun. Ich erschien noch vor den Pförtnern im Studio, und bis alle mich fröhlich begrüßt hatten, war es zwölf Uhr mittags.

Kein Deutscher, sondern ein Ungar empörte sich am meisten über meine Anordnung. Huszar-Puffy war ein rundlicher, jovialer Schauspieler, der mich oft beim Schach geschlagen hatte, und sich zu meinen glühendsten Bewunderern zählte. Er erklärte unumwunden, wenn ihm ein »guten Morgen«

* Dieser Streit wegen Diffamierung und Plagiats meiner Arbeit wurde außergerichtlich beigelegt.
** Pythagoräer z. Zt. des Dionisios von Syrakus, gelten als Beispiel für Freundestreue, Vorbild für Schillers Ballade *Die Bürgschaft*. Anm. d. Red.

nicht erlaubt sei, könne er nicht mehr spielen, und das Leben habe seinen Sinn verloren. In der Mittagspause versammelte er alle Schauspieler in seiner Garderobe – keine leichte Aufgabe, denn der Studioarchitekt hatte die Schauspielergarderoben nicht für eine Vollversammlung berechnet. Dort beschloß man, dem Menschenschinder eine Lektion zu erteilen. Man wollte den Feind unbarmherzig schlagen, der ihnen das gute Lebensgefühl raubte, indem er eine tiefverwurzelte deutsche Sitte untersagte.

Als ich der Aufforderung Folge leistete und mich in seine Löwenhöhle zwängte, explodierte er wie ein Vulkan und überschüttete mich wortgewaltig mit Vorwürfen. Er verband sein Plädoyer für die Beibehaltung einer Sitte, auf die man nicht ohne Blutvergießen verzichten würde, mit einem Ultimatum, das die besten und beleibtesten Schauspieler Deutschlands mit versteinerten Gesichtern unterstützten. Aber plötzlich brach Jannings in dröhnendes Gelächter aus, stieß Puffy in den dicken Bauch, und der Aufstand war vorüber. Jannings wollte mich mit niemandem teilen. Ich sollte ohne Abstriche sein Opfer sein. Er stellte sich immer auf meine Seite, wenn andere gegen mich waren.*

Man kann die absurden Konflikte zwischen dem Regisseur und seinem hochexplosiven Material nur verstehen, wenn man bedenkt, daß der Schauspieler die Gefühle, die normalerweise über ein ganzes Leben verteilt sind, in wenige hektische Minuten komprimiert, in denen er benutzt wird, um sich zu verwirklichen.

In den letzten Drehtagen mußte Jannings Szenen spielen, die sein ganzes Talent forderten und von mir mein ganzes Können und höchste Wachsamkeit. Er mußte den entehrten und heruntergekommenen Professor darstellen, der in seine Heimatstadt zurückkehrt. Es kommt zum endgültigen Zerfall, während er als dummer Clown den Partner eines billigen Zauberers spielt. Davon steht nichts in dem Roman, und die Szenen waren ursprünglich auch nicht geplant. Die Idee dazu entstand während der Dreharbeiten.

---

* Keiner der Schauspieler in dieser Garderobe hätte sich träumen lassen, welche Zukunft ihnen allen bevorstand. Huszar-Puffy zum Beispiel versuchte während Hitlers Einmarsch in Rußland nach Hollywood zu fliehen. Man holte ihn in der Nähe von Wladiwostock von einem Schiff; die Russen internierten ihn; man schleppte ihn von Sibirien nach Moskau, und schließlich verhungerte er im Konzentrationslager Kokusek in der Nähe von Karaganda in Kasachstan. Kurt Gerron, der sich auch in der Garderobe befand, wurde von den Nazis umgebracht, nachdem sie ihn gezwungen hatten, einen Film für sie zu inszenieren, in dem gezeigt wurde, wie gut sie die Juden behandelten [der »Dokumentarfilm« *Der Führer schenkt den Juden eine Stadt*, 1944 im KZ Theresienstadt gedreht. Anm. d. Red.]. (Puffys Schicksal erfuhr ich von einer Frau, die aus dem Lager Kokusek floh; über die Tragödie Gerrons berichtete mir Paul Rotha in Hamburg.)

Als Hochzeitsspaß werden dem Professor Eier aus der Nase geholt, und er kräht dabei wie ein Hahn. Seine Ehe mit einer Dirne hat ihn ruiniert, und die Tragödie erreicht ihren Höhepunkt. Jeder, der den Film kennt, wird sich daran erinnern, wie der Professor zur Zielscheibe von Eiern wird, als er plötzlich nicht kräht. Jannings hatte sich für diese Szene möglichst alte Eier ausgebeten, die an seinem Kopf zerplatzen sollten. Dieser Wunsch ließ sich leicht erfüllen, denn ein frisches Ei konnte man in Berlin nicht ohne weiteres finden, und in der Studiokantine gab es nur die andere Version.

Jannings überzeugte sich von der szenischen Brauchbarkeit der Eier, indem er eines aufschlug. Als ihm der faule, widerliche Gestank in die Nase stieg, reichte er mir den Korb und sagte: »Du wirst dir doch bestimmt nicht das Vergnügen entgehen lassen, mir ein paar Eier an den Kopf zu werfen, damit ich weiß, wie du die Szene haben möchtest.« Da ich ihm stets genau zeigte, wie jede Szene gespielt werden sollte, gab es wenig Grund für seinen Sarkasmus. Aber er ließ keine Gelegenheit aus, seine Gefühle zu zeigen. Ich demonstrierte wie üblich ihm und seinem Partner Kurt Gerron ohne Hintergedanken, wie und wo ich die Eier haben wollte. Dabei hatte ich nur das Gefühl, es mit einem erstklassigen Schauspieler zu tun zu haben, und war mir sicher, daß nichts von unseren persönlichen Differenzen in den fertigen Film einfließen werde.

Jannings spielte seine Rolle hervorragend – keiner hätte es so gut vermocht. Und im zeitlichen Abstand wird sein bemerkenswerter Beitrag noch größer, denn bei der Erstaufführung konnte er nicht mit dem unerwarteten Durchbruch von Marlene Dietrich als Star konkurrieren. Mich beschäftigt diese Phase des Filmemachens zwar nicht, denn vor meiner Kamera ist nichts wichtig oder unwichtig. Aber der kluge Jannings erkannte sehr wohl, daß er sich trotz all seines Könnens nicht mit dem messen konnte, was hier mit einer rezeptiven Frau geschehen war. Er wußte lange vor allen anderen, lange vor mir, daß sein Name zwar in größeren Buchstaben gedruckt sein mochte als die Namen aller anderen, daß aber der eigentliche Richter, das Publikum, sich nicht davon beeindrucken lassen würde.

Nach der letzten Szene sagte er diesmal zu mir: »Ich muß dir nicht sagen, daß es nicht genug Geld auf der Welt gibt, um mich noch einmal dazu zu bewegen, in einem deiner Filme mitzuwirken.« Ich sah mich nicht genötigt, meine Gedanken auszusprechen. Ich war viel zu erschöpft. Diesmal schüttelten wir uns typisch deutsch zum Abschied die Hände.

Es gibt noch ein Nachspiel, ohne das die Geschichte meiner Beziehung zu diesem Schauspieler nicht vollständig ist. Am Vorabend meiner Abreise aus Berlin – nur meine Mitarbeiter hatten den Film bisher gesehen – war ich beim Packen, als es an der Tür klopfte. Jannings trat ungewöhnlich bescheiden ein, und ich begrüßte ihn mit den Worten: »Wie nett von dir zu kommen, um mir Adieu zu sagen.« Emil seufzte und erwiderte: »Wenn der Berg nicht zum Propheten kommt, dann kommt der Prophet zum Berg.« Ich blickte in sein trauriges Gesicht und sagte: »Auf Wiedersehen, Prophet«, und er ging.

Aber auch das war nicht das Ende. Ein paar Minuten später – er mußte hinuntergegangen und zurückgekommen sein – klopfte es noch zaghafter. Diesmal streckte er nur den Kopf ins Zimmer. Mit erstickter Stimme flüsterte er: »Was auch geschehen mag, Jo, ich weiß, wenn ich sterbe, wirst du weinen. Und ich werde weinen, wenn du stirbst.« Danach habe ich ihn nie wieder gesehen.

Ich habe mich zu dieser Beschreibung eines Schauspielers entschlossen, um die Hintergründe unserer Kunst zu erklären. Ich will damit nicht ihn erklären. Meine Beziehung zu ihm beruhte nicht auf dem Wissen um das Verhaltensmuster eines Menschen, denn damals ahnte ich nicht, daß es solche Verhaltensmuster gibt. Aber selbst wenn ich etwas darüber gewußt hätte, bezweifle ich, daß ich anders mit ihm hätte umgehen können. Seine Fähigkeiten als Schauspieler und sein Mangel an Disziplin waren untrennbar miteinander verbunden. Ich glaube, das eine hätte nicht ohne das andere sein können.

Es ist zwar nicht an mir, das zu sagen, aber ich möchte hinzufügen, Jannings verdiente ganz bestimmt den weltweiten Ruhm, der ihm viele Jahre zuteil wurde. Und er hat sich seinen Platz in der Geschichte des Films erworben – nicht nur als Spitzenschauspieler, sondern auch als Quelle der Inspiration für die Schriftsteller und Regisseure seiner Zeit. Meiner Meinung nach ist dies das höchste Verdienst, das ein Schauspieler erwerben kann.

Siebtes Kapitel

> Es ist für jeden Mann, für jede Frau die größte Demütigung,
> wenn man ihm oder ihr die menschlichen Eigenschaften
> abspricht. Alle Angehörigen von Minderheiten in
> unserer Kultur haben das in einem gewissen Ausmaß
> ertragen müssen. In Hollywood können Angehörige von
> Minderheiten das größte Prestige erringen, zu Reichtum kom-
> men und in mächtige Positionen aufsteigen – aber ihnen wird
> wie allen anderen auch die größte Demütigung angetan.
>
> *Hortense Powdermaker*

Das Zitat stammt aus der anthropologischen Studie einer objektiven Wis-
senschaftlerin, die ein Jahr lang in der Traumfabrik lebte; sie hatte sich auf
diese Untersuchung mit Forschungen zur melanesischen Kultur auf New
Ireland vorbereitet. Bei der Analyse des Filmzirkus hat diese Wissenschaft-
lerin mir gegenüber einen klaren Vorteil: Sie ist eine völlig unbeteiligte
Beobachterin, und ihr Buch verschafft jedem, der sich mit unserer Branche
beschäftigt, viele Einsichten in das gesellschaftliche System eben dieser
Branche. Dazu zählen auch Gepflogenheiten wie der Einsatz eines Bettes
als Trittleiter zum Ruhm. Aber all das gehört nicht in meinen Interessens-
bereich.

Die Anthropologin hat ihr Buch Dr. Paul Fejos gewidmet, einem Film-
regisseur, der klugerweise diesen seltsamen Zweig der Kunst verließ und
Leiter der Wenner-Gren Foundation for Anthropological Research wurde.
Er ist auch der Autor von *Ethnography of the Yagua* und von *Archeological
Explorations in Peru*. Beide Bücher zeigen, daß er sich für ein exklusiveres
Publikum entschied, als Hollywood es ihm bieten konnte.

Hollywood ist wie jedes andere Filmzentrum von Menschen bevölkert,
die Tag und Nacht fieberhaft hoffen, daß ihnen jemand die besagte »größte
Demütigung« antut. Diese Hoffnung geht selten in Erfüllung. Aber hin und
wieder findet eine Verwandlung statt, auf die nur wenige vorbereitet sind.

Ich will ein Beispiel dafür anführen, wie ein Sprung vom Nichts zu einem Star gelang – und wieder zurück zu einem Nichts. Mir fiel diese Galatea zum ersten Mal auf, als ich Regieassistent bei einem Film mit dem Titel

By Divine Right (1923) war – ich muß nicht betonen, daß niemand ein Recht hatte, weder ein göttliches noch ein anderes, diesen Film zu drehen. Es ist nicht leicht, ein Star zu werden, aber noch schwieriger, Regieassistent zu werden. Es ist beschämend, bei Filmen mitzuarbeiten, aber noch beschämender ist es, sich im Filmgeschäft um ein Engagement bemühen zu müssen.

In diesem Fall erhielt ich meine Position durch Pfeifen. Ich war erst knapp eine Woche in Hollywood, als ich erfuhr, daß eines der unabhängigen Studios einen Regieassistenten für einen Regisseur suchte, von dem ich noch nie etwas gehört hatte. Ich ging in sein Büro und bewarb mich um die Stelle. Er erkundigte sich sofort, ob mir die örtlichen Verhältnisse vertraut seien, und kam nicht auf die Idee, mich zu fragen, wozu ich vielleicht sonst noch zu gebrauchen war. Ich verneinte nicht, sondern trat an das Fenster, beugte mich hinaus und pfiff laut durch die Finger. Der überraschte Regisseur wollte wissen, ob ich nicht ganz bei Trost sei. »Ich schon«, erwiderte ich, »ich verstehe nur nicht, warum Sie noch niemanden gefunden haben. Ich kann Ihnen im Handumdrehen mehr Leute zusammentrommeln, die alles über Hollywood wissen als in Ihr Büro passen.« Seine Stirn glättete sich, als ich ihm erklärte, ein so belangloses Wissen sei leicht zu erwerben. Aber ich hätte andere Fähigkeiten, die sich als nützlich erweisen mochten – etwa, ein Drehbuch schreiben und mein technisches Wissen über Film. Ich wurde sein Assistent. Ich habe von ihm nichts gelernt. Aber das Wenige, was ich für ihn tat, hatte weitreichende Konsequenzen. Der Regisseur Roy William Neill und der Star Elliot Dexter, der auch zu den Geldgebern zählte, führten meinen Namen neben den zahllosen anderen auf, die den Anfang eines Films verunzieren. Sie wollten offenbar die wohlklingende Liste der glanzvollen Namen dieses wenig glanzvollen Films nicht verschandeln und erweiterten meinen Namen. Aus Jo Sternberg wurde ein aristokratischer Josef von Sternberg. Das geschah ohne mein Wissen und ohne, daß man mich fragte.

Hätte man mich gefragt, dann wäre mir dieser angebliche Adel bestimmt nicht wichtig gewesen, denn damals gab es genügend Adlige, sogar Fürsten und Erzherzöge, die auf der Straße standen. Das war 1923. Im Krieg war ein Reich nach dem anderen untergegangen. Die Adligen waren Türsteher in Paris, Chauffeure in New York und Statisten in Hollywood.

Wie auch immer, sofort nach der Uraufführung richtete die Presse ihre

Angriffe auf diesen neuen »Aristokraten«. Man schien mich zum Repräsentanten der »Hunnen« gewählt zu haben, die man vor kurzem besiegt hatte und die jetzt Hollywood erobern wollten. Das heilige Land des Films war offenbar in Gefahr. Die Kritik an dem Film kreiste ausschließlich um das »von«. Diese absurden Angriffe veranlaßten mich, auch in Zukunft auf den albernen Zusatz nicht zu verzichten, obwohl er sehr viel länger zur Zielscheibe von Angriffen wurde, als ich es für möglich gehalten hätte. (Viele Jahre später lernte ich in Schanghai den adligen Leopold von Sternberg kennen. Er hatte um diese Begegnung gebeten und bedankte sich bei mir dafür, seinen Namen berühmt gemacht zu haben. Sternberg ist eine Stadt in Mähren, und viele unbedeutende Personen und auch Personen von Stand tragen diesen Namen.)

Während der Dreharbeiten hatte das Besetzungsbüro eine junge Frau als *Dress extra* engagiert. Das sind Statisten, die für siebeneinhalb Dollar am Tag in eigener Garderobe auftreten, wenn »Atmosphäre« gebraucht wird. Dank der Gewerkschaften, die es damals noch nicht gab, werden sie heute besser bezahlt, aber sie stehen noch immer auf der untersten Stufe der Leiter. Wenn überhaupt, gelingt es nur wenigen, sich von dort hinaufzuarbeiten. Mir fiel diese Frau zum ersten Mal auf, als sie an eine Kulisse gelehnt ein Buch las. Wie ich später erfuhr, hatte es ihr ein Drehbuchautor gegeben, der sich mit dieser Methode Frauen angelte. Als ich sehen wollte, was sie las, stellte ich fest, daß es eines meiner Bücher war, die Übersetzung eines Wiener Romans.* Und auf die Seite, die sie las, war eine Mascaraträne getropft.

Kaum ein Jahr später führte eine Reihe seltsamer Ereignisse dazu, daß ich meinen ersten Film drehte (*The Salvation Hunters*). Ich werde im nächsten Kapitel berichten, wie dieser Film entstand. Aber jetzt spreche ich von der jungen Frau, die mit einer Träne die Seite eines Buchs befleckte und zum Star wurde. In dem Film geht es um drei Menschen, die auf einem Schwimmbagger leben – eine junge Frau, ein junger Mann und ein Kind. Miss Hale spielte die Hauptrolle für dieselbe Gage, die sie als Statistin hatte – das war nicht viel, während der Dreharbeiten allerdings eine tägliche Einnahme, während sie bis dahin höchstens zwei Tage im Monat gearbeitet

---

* *Töchter* von Karl Adolph, in der Übersetzung von Jo Sternberg unter dem Titel *Daughters of Vienna* im Verlag The International Editor erschienen, Wien 1922.

hatte. Niemand bekam soviel wie sie, die meisten anderen sehr viel weniger. Ich bekam nichts für Drehbuch, Regie und Produktion, bis der Film in den Verleih kam.

Ich weiß nicht viel über ihre Herkunft. Sie erzählte mir, sie habe in einem Nightclub in Chicago gesungen, bevor sie sich nach Hollywood durchschlug. Sie war keine Schauspielerin und gab nicht vor, es zu sein. Ich setzte die junge Frau so ein, daß sie sich in das Konzept des Films gut einfügte. Das geschah auch mit den anderen Darstellern, die an diesem filmischen Abenteuer teilnahmen. Sie war nicht überragend – ich vermutlich ebenfalls nicht. Aber das Niveau der Filme damals war niedrig und ihre Leistung ausreichend. Sie war nicht schön, besaß aber einen gewissen Charme. Und sie bewegte sich ohne Widerrede so, wie man es ihr sagte – und dafür muß man sie loben. Während der Dreharbeiten empfand sie nichts, aber das war auch nicht erforderlich. Die Gefühle, die ihr im Film zugeschrieben werden, entstehen durch Bewegungen eines Baggers, Spiegelungen im Wasser, Gekritzel an Wänden, durch Kaugummi, Immobilientafeln, Möwen und durch einen gesprungenen Spiegel, vor dem sie sich mit einem abgebrannten Streichholz die Augenbrauen nachzieht.

Ich machte mir keinen Gedanken darüber, was sie oder alle anderen dachten, die in diesem Film mitwirkten, denn ich war viel zu sehr mit dem beschäftigt, was ich dachte. Ich erinnere mich undeutlich, daß sie mich in den wenigen Pausen, die wir uns gönnten, mit Auszügen aus einem Buch der verstorbenen Mary Baker Eddy* bedachte. Viele in dieser Industrie hatten und haben die Neigung, sich einer geistigen Krücke zu bedienen, denn es gibt wenig in dem Abgrund, in dem wir arbeiten, an dem man sich festhalten könnte. Jahrelang war jeder zweite Mensch, den ich kennenlernte, entweder ein Transzendentalist aus dem Himalaja, der gelobt hatte, sieben Jahre lang ununterbrochen zu reden, oder ein hinduistischer *Guru*, der geschworen hatte, ebenso lange zu schweigen. Nebenbei sei erwähnt, als ich einen der Schweigenden mit Tallulah Bankhead bekannt machte, schrieb er schnell auf einen Zettel, er würde seinen Eid brechen, wenn sie sich abends unter vier Augen mit ihm träfe. Tallulah lachte und erwiderte, er müsse seinen Eid nicht brechen, denn sie übernehme das Reden gerne allein.

* (1821–1910), entwickelte eine Methode der »geistigen Heilung«; ihr 1875 veröffentlichtes Buch *Science and Health* wurde als vielgelesener Ratgeber zur Lebenshilfe populär. Anm. d. Red.

Nach Fertigstellung des Films sprach die junge Frau, deren Weg von unten nach oben beschrieben wird, nicht mehr mit mir, obwohl sie kein Schweigegelübde abgelegt hatte. Es gelang mir, den Besitzer eines kleinen Kinos auf dem Sunset Boulevard zur Vorführung meines ersten Films zu bewegen. Meine Schauspieler saßen im Publikum, das meine Arbeit mit höhnischem Gelächter bedachte und schließlich randalierte. Viele verließen den Saal – darunter auch ich. Ich wartete im Foyer und war eher erleichtert darüber, daß ich nie wieder einen Film inszenieren mußte, denn mir war bewußt, daß ich die Zuschauer und die Filmindustrie zum Kampf herausgefordert hatte. Es überraschte mich nicht allzusehr, daß man den Kampf postwendend aufnahm. Zu denen, die an mir vorbeigingen, als sei ich ein dreckiger Straßenköter, gehörten die Schauspieler – allen voran meine Hauptdarstellerin, die meine Regie mit einem verächtlichen Blick bedachte, der sehr viel wirkungsvoller war als alles, was sie im Film aufgeboten hatte.

Bei der nächsten Vorführung löste der Film jedoch eine andere Reaktion aus, und der Name Georgia Hale ging um die Welt. Zu den Bewunderern ihrer Leistung gehörte Charles Chaplin; er engagierte sie sofort als seine Partnerin in *Goldrausch*. Er war ein außergewöhnlich guter Regisseur und brachte sie dazu, viel von sich in einem Film zu geben, dessen Dreharbeiten zu ihrem größten Erstaunen länger als ein Jahr dauerten. Ihr Staunen war verständlich, denn mein Film war in weniger als drei Wochen abgedreht.

Nach ihrer Arbeit mit Chaplin gehörte sie in die Reihe der Stars von Paramount und bekam eine hohe Gage. Zwei oder drei Spitzenregisseure bedienten sich ihrer Talente – soweit vorhanden. Die Herren müssen entsetzt darüber gewesen sein, daß sie die ihr zugeschriebenen Eigenschaften nicht besaß. Sie hielten an der irrigen Meinung fest, was einer kann, das kann ein anderer auch und vielleicht sogar noch besser, und verpaßten der jungen Dame noch ein paar zusätzliche Eigenschaften. Am Ende des Jahres verschwand sie nach einem Western mit dem Titel *The Rawhide Kid* von der Bildfläche und im kalifornischen Nebel, aus dem sie aufgetaucht war.

Aber während Georgia Hale noch an der Spitze stand, war ich wieder unten angekommen und arbeitete als Regieassistent in demselben Studio, in dem meine »Entdeckung« als Star funkelte. Ich sah sie auf dem Studiorasen. Sie strahlte und sonnte sich, umgeben von einer Horde Photographen, die sie bestürmten, sich noch einmal für ein Bild in Pose zu werfen.

Ich ging zu ihr, als sie sich stolz in die Garderobe Nummer Eins zurückzog, begrüßte sie und sagte, ich sei zwar zur Zeit nur ein Assistent, aber ich würde mich freuen, mit ihr als Hauptdarstellerin wieder einmal Regie zu führen. Aber die Statistin kam sich jetzt sehr wichtig vor, während der junge Mann, der sie zum Star gemacht hatte, unwichtig war. Sie schob sich eine Locke aus der Stirn und sagte lässig: »Ach ja, das wäre schön.« Ich kannte sie nach ihrem Sturz zurück in die Anonymität noch lange genug, um festzustellen, daß sie begriff, wie unreif sie gewesen war, als sie sich mir gegenüber verhielt, als wüßte sie, was sie tat.

Wieviele benehmen sich, als wüßten sie, was sie tun? Ich wußte es nicht – nicht vor, nicht während dieser Zeit und auch lange danach nicht. Und selbst jetzt ist es möglich, daß ich es nicht ganz genau weiß. Das Verhalten einer Schauspielerin, die kurze Zeit der Bedeutungslosigkeit entflohen war, stimmt nicht mit der anthropologischen Theorie der »Demütigung« überein, mit der man Hollywood beschreiben möchte. Es gibt eine andere Theorie; sie ist zwar nicht wissenschaftlich erhärtet, aber sie kann vielleicht vieles erklären, was auf Erden und auch in Hollywood geschieht. Ich spreche von der Theorie der menschlichen Dummheit.

Mit diesem Buch möchte ich mir nicht auf Kosten anderer schmeicheln. Ich war voll von unausgegorenen Ideen und Impulsen und muß alle verwirrt haben, die mit mir in Berührung kamen. Auf andere mag ich vielleicht selbstsicher gewirkt haben (so selbstsicher wie sie auf mich). Aber das war keineswegs der Fall. Ich suchte nur eine Nische, in der ich mich vielleicht als nützlich erweisen würde. Ich wußte nicht, wo das sein konnte. Ich kann mich nicht einmal daran erinnern, was mich nach Hollywood trieb.

Erst beim zweiten Versuch, mich in Hollywood durchzusetzen, bot sich mir, eher zufällig, die Gelegenheit, Regie zu führen. Beim ersten Mal war ich fünf Tage mit dem Zug gefahren und hatte mich die ganze Zeit von zwei belegten Broten ernährt. Hollywood war für mich damals ein verlassenes Dorf. Eine Woche lang lief ich durch die leeren, von Eukalyptusbäumen gesäumten Straßen und bekam keinen Menschen zu Gesicht, der etwas mit Film zu tun hatte. Dann trat ich den Rückweg in Gegenden an, die etwas mehr an die Zivilisation erinnerten.

Ohne bestimmte Absichten kam ich nach England und fand dort Arbeit. Als ich genug Geld gespart hatte, zog ich durch Italien und Österreich. In Wien übersetzte ich das bereits erwähnte Buch ins Englische. In meinem Gepäck hatte ich diesen Roman und ein paar Theaterstücke, die ich geschrieben hatte, die aber kein Mensch las. Ich kehrte auf einem Viehfrachter nach New York zurück, und es gelang mir, wieder nach Hollywood zu kommen. Diesmal fand ich Arbeit, die sehr schnell Aufmerksamkeit erregte.

Mein Zimmer in Hollywood lag an einer Straßenecke kaum zwei Blocks von der Stelle entfernt, wo mein Name inzwischen im Pflaster verewigt ist. Für mich war Hollywood ein Ameisenhaufen und ich eine der Ameisen. Nur in wenigen Studios wurden Filme gemacht. Die meisten schienen leer zu stehen. Manchmal sah ich eine Limousine, die einen der Berühmten zur Arbeit brachte. Zeitungen und Zeitschriften schrieben unaufhörlich über das Leben der Großen von Hollywood, aber ich bekam sie nur selten zu sehen. Gewiß, ich kannte die Bedeutung von Cecil B. DeMille, Chaplin und Griffith. Ich wußte, daß die Stars in Schlössern auf den Hügeln wohnten, die die Studios umgaben. Auf dem Hollywood Boulevard sah man gelegentlich einen Cowboy. Aber meistens brannte die Sonne auf Einwanderer aus Iowa, Kansas und Minnesota nieder. Bei den Gala-Uraufführungen versammelten sie sich zu einer Menschenmenge, zu der auch ich gehörte, die die Berühmtheiten anstarrte. Dann sah ich Lillian Gish, Theda Bara, Mary Pickford und Douglas Fairbanks, Mae Murray, Tom Mix, Gloria Swanson, Rudolph Valentino und Francis X. Bushman. Sie interessierten mich alle nicht. Ich sah keine Anzeichen von »Demütigung«, und auch ich fühlte mich nicht erniedrigt. Einmal lief ich über ein Studiogelände und sah staunend, daß alle Hut und Mütze zogen. Man erklärte mir, Apolonia Chalupec (Pola Negri) sei angeblich im Studio gesehen worden. Hollywood war gewiß keine inspirierende Umgebung.

Man betrachtete mich mit berechtigtem Mißtrauen, denn ich zog vor niemandem den Hut. Ich hatte kein Rezept, als ich Regisseur wurde. Wenn die Schauspieler eine Szene spielten, galt mein prüfender Blick nicht ihnen, sondern mir. Wenn sich etwas, was ich haben wollte, als schlecht herausstellte, änderte ich es. Man hielt dieses Verhalten für anarchistisch. Es war unerhört, daß jemand einen Fehler zugab oder nicht wußte, was ein Regisseur wollte. Auch so etwas wie Experimentieren gab es nicht. Es gab nur das Privileg, Minderwertiges zu produzieren. Kultur war ein Schimpfwort. Die Filmkolumnisten der Tagespresse waren die Hüter der Literatur. Die lokale Tradition diktierte das Verhalten und forderte Verwirrung, Gin, eine Blüte im Knopfloch, Kartenspiel und einen freundlichen Schlag auf jedermanns Schulter. Das wußte ich auch, denn ich hatte bei Männern gelernt, die damit prahlten, nicht zu wissen, wo die Sonne aufging. Ich hatte sogar als Assistent eines Regisseurs in Wales gearbeitet, der mich nach jeder Szene unsicher fragte, ob das, was er tat, später wohl irgendwie zusammenpassen würde.

Auf einen Schlag gehörte ich plötzlich (mit *The Salvation Hunters*) zum innersten Kreis; DeMille und Griffith lobten mich in aller Öffentlichkeit, und die Stars des Tages drängten sich danach, mich als Regisseur zu haben. Ich erwies mich als ein Außenseiter, und das bin ich geblieben. Aber ich will zu den Insidern gerecht sein. Es war eine in ihrem Großmut erstaunliche Ansammlung von Männern und Frauen. Nach dem Mißerfolg auf meinen ersten Erfolg mußte ich wieder von vorne anfangen und als Regieassistent arbeiten. Jesse L. Lasky, der Leiter von Paramount, begrüßte mich mit den Worten, er freue sich sehr, mich kennenzulernen. Und als ich meinerseits dasselbe zum Ausdruck brachte, ergriff er noch einmal meine Hand und sagte: »Vergessen Sie nicht, ich habe es als erster gesagt.«

Ein paar Monate später überreichte mir derselbe Jesse L. Lasky eine riesige Goldmedaille und einen Scheck über zehntausend Dollar für die Regie des »besten Films des Jahres« (*Underworld*, 1927). Damit kehren wir zurück zur Betrachtung der menschlichen Elemente, die einem Filmregisseur begegnen, der darum ringt, Werte Gestalt annehmen zu lassen, die in Beziehung zu anderen Maßstäben stehen als denen des Films. Die menschlichen Elemente hätten es nicht verdient, so großen Raum einzunehmen, wenn der Regisseur von den Schauspielern nicht in eine der gängigen Kategorien eingereiht würde. »Oh, er ist süß, ein richtiger Schatz. Er läßt mich machen, was ich will.« Das ist eines der Urteile. Das zweite klingt etwa so: »Er ist ein Teufel! Er ist mit nichts zufrieden...«, und eine dritte Kategorie ist offenbar mir allein vorbehalten. Irgendwie muß ich selbst dafür verantwortlich sein.

Diese Einschätzung ist in einem Buch mit dem Titel *Lorenzo Goes to Hollywood* zusammengefaßt. Sein Autor, Edward Arnold, war mein Inspektor Porfiry in *Crime and Punishment*, 1935. Er bezeichnet mich als »Vergewaltiger der Persönlichkeit«. Nichts in seiner Autobiographie deutet auf diese Art Vergewaltigung hin, aber wenn sie stattgefunden haben sollte, hat sie nicht die geringsten Spuren bei ihm hinterlassen. Aber er hätte diese

Aussage nicht gemacht, wenn er sich nicht allgemeiner Zustimmung bewußt gewesen wäre. Er – wie die vielen anderen, deren Echo er war – hatte offenbar Maßstäbe für Schauspieler, die ich nicht kannte und bis heute nicht kenne. Wenn es niemanden gäbe, der die verschiedenen Versionen eines Films, an dem sich ein paar Schauspieler versuchen, miteinander verschmelzen würde, könnte das Ergebnis auch nicht schlimmer sein, als wenn sie mit dem unfähigsten aller Regisseure gearbeitet hätten.

Wenn ich Regie führe, gebe ich mir allergrößte Mühe, meine Absichten zu verdeutlichen. Ich setze auch alles daran, diesen Vorgang auf einer unpersönlichen Ebene zu halten. Der Schauspieler muß sich in das allgemeine Schema einfügen. Wenn er es versteht, tut er es gerne; wenn er es nicht versteht, muß ihm genau gesagt werden, was er tun und denken soll. Bestenfalls ist das Unterwerfung. In den meisten Fällen – wenn nicht in allen – läßt das Drehen eines Films kaum Zeit für etwas anderes als die totale Manipulation von Körper und Verstand eines Schauspielers. Wie bereitwillig er sich dem auch überläßt, die Unterwerfung, die Sklaverei wird zum Teil seines Lebens.

Ein richtiger Sklave in Ketten kann ein Epiktet werden. Genau betrachtet, wird ein Mensch, dessen Gedanken von anderen versklavt sind, zu einem Nichts. Es überrascht daher nicht, daß den Menschen in einer ständigen Kampagne eingeredet wird, dieses Nichts sei in Wirklichkeit etwas Großes; denn der Schauspieler lockt die Zuschauer an, und sie machen sich keine Gedanken darüber, wie und warum er manipuliert wird.

Der intelligente Schauspieler weiß das und ist nur zu gern bereit, etwas zur Entstehung eines Werkes beizutragen, das über seinen Verstand hinausgeht. Nicht alle wehren sich gegen die Manipulation, aber einige wenige begreifen, was für ein Beitrag von ihnen gefordert wird, und geben den Beruf auf. John Davis Lodge, ein höchst intelligenter Schauspieler, wurde unter meiner Anleitung (*The Scarlett Empress*, 1934) zu einem Star. Er lehnte die Manipulation ab, wurde schließlich Kongreßabgeordneter, Gouverneur von Connecticut und amerikanischer Botschafter in Spanien.

Andere bleiben – unter welchen Bedingungen auch immer. Eine Schauspielerin ist in diesem Zusammenhang nicht uninteressant. Soweit mir bekannt ist, hat sie nur in meinen Filmen gespielt. Wäre diese Frau aus Wachs und nicht aus Fleisch und Blut gewesen, und man hätte sie in ein Schaufenster gestellt, dann hätte sie sofort Menschenmengen angelockt.

Mit ihren abgründigen Augen, den langen, samtigen Augenwimpern, den rötlich schimmernden Haaren, einem klassischen Gesicht, gequältem Ausdruck und dem pantherähnlichen Körper hätte sie bei ihrem Erscheinen in einer Kirche den Gottesdienst sofort durcheinander gebracht. Sie war wie eine Katze nur in den Dunkelheit unterwegs, lebte völlig allein, unerkannt und frustriert. Ihr kindlicher Verstand beschäftigte sich nur mit astrologischem Unsinn, und sie interessierte sich besonders für Wahrsager und Okkultisten.

Jahr um Jahr wartete sie darauf, ein paar Tage für mich zu arbeiten. Dann konnte der unterdrückte Wunsch, sich zu zeigen, hervorschießen wie die Atemfontäne eines Wals. Jemand, der es mir berichtete, fragte sie, wie sie mich als Regisseur empfand. Ihre Version der »größten Demütigung« klingt, als sei sie in den Regisseur verliebt. Aber das war nicht der Fall. Sie liebte etwas weit Unerreichbareres – sie liebte sich selbst. »Er sagt mir, was ich tragen soll, und ich möchte ihm unbedingt gefallen. Man ruft mich auf eine Bühne, wo viele Menschen sind, aber ich nehme nur ihn bewußt wahr. Es erregt mich, wenn er sich mir nähert, und ich zittere, bis seine Stimme mich erstarren läßt. Er sagt mir, was ich tun soll, und dann ist er ein Teil von mir. Er kehrt zur Kamera zurück, und ich tue, was er mir gesagt hat. Er kommt noch einmal, schüttelt den Kopf und sagt, das habe er nicht so gewollt. Ich verliere meine Kraft, ich möchte in den Boden versinken. Ich höre nicht mehr, was er sagt, aber etwas in mir, etwas tief in meinem Innern hört ihm zu. Aus weiter Ferne höre ich: ›Versuch es noch einmal‹, und soweit mir bewußt ist, mache ich dasselbe wie zuvor. Diesmal höre ich, wie er sagt, es sei gut gewesen, und das ist wie eine Segnung.«

Kein Regisseur benutzt bei der Regie Hypnose oder geheimnisvolle Beschwörungen. Er arbeitet für alle sichtbar auf einer bevölkerten Bühne und schüttelt keine Zaubertricks aus dem Handgelenk. Er verbrennt keinen Weihrauch. Im Gegenteil, man sprüht Insektenvernichtungsmittel in den Raum, wo sich seine Mysterien ereignen, damit sich keine Fliege auf die Nase eines Schauspielers setzt.

In der Anfangszeit meiner Regielaufbahn nahm ich für mich genug Können in Anspruch, einen Pferdeschweif soweit bringen zu können, daß er meine Anweisungen befolgte. Ich wußte damals noch nicht, daß der Umgang mit Menschen sehr viel schwieriger ist als die Dressur eines Pferdes. Einer der Stars, die meiner Obhut in einem Film anvertraut wurde, der nie in den Kinos lief, war die willigste Frau, die je vor meiner Kamera stand. Aber wenn die Kamera sich auf sie richtete, verlor sie die Kontrolle über ihr Gesicht, die Augen wurden hilflos und ihr Körper zitterte wie Espenlaub. Für diesen Zustand gab es nur ein Heilmittel – Alkohol. Und da der Alkohol sie in diesen Zustand gebracht hatte, war er ungeeignet. Ich ließ Kesselpauken schlagen. Das Getöse lenkte sie lange genug ab, um ihre Rolle zu spielen. Es war ihr letzter Film und auch beinahe mein letzter.* Dieser Film nützte niemandem etwas außer der jungen Frau, die mein Drehbuch hielt. Sie lernte bei den Dreharbeiten genug, um für kurze Zeit ein Star zu werden (Alice White).

Es ist nicht unangemessen, John Grierson zu zitieren – er war der einzige Kritiker, der den Film jemals sah. »Welch eine Ironie, daß in Hollywood noch nie ein so schöner Film produziert worden ist – und auch noch nie ein Film, der so wenig menschlich ist.«**

Abgesehen von diesem einen Fall werden Pauken und Trompeten nicht als Hilfsmittel der Schauspielkunst benutzt, Alkohol und Drogen dagegen schon häufiger. Aber damit beginnt eine Karriere nicht, damit endet sie. Einigen Schauspielern fällt es nicht leicht, das Vakuum zu ertragen, in dem sie sich befinden.

Es ist harte Arbeit, einen Menschen zu planen, umzuformen, zu beherrschen und ihm eine andere Persönlichkeit zu geben. Es ist nicht nur für den schwer, der es tut, sondern noch schwerer für den, der auf diese Weise manipuliert wird. Aber sehr oft, vermutlich sogar in den meisten Fällen, weiß der Schauspieler nicht, was eigentlich geschieht. Er findet sich mit allem ab, und die große Aufmerksamkeit schmeichelt ihm sogar. Esther Ralston (*The Case of Lena Smith*, 1929) gehörte zu diesen Schauspielerinnen, denen die Dreharbeiten nichts anhaben konnten. Nur ihr Mann, der immer anwesend war, bemerkte die Veränderung ihrer Persönlichkeit. Ich beachtete ihn kaum, obwohl sich das als Fehler herausstellte, denn er verkaufte mir wertlose Anteile an einer Goldmine, während ich seine Frau in etwas Wertvolleres als Gold verwandelte.

Einer meiner Schauspielerinnen gab ich den Namen Feathers (*Underworld*, 1927).*** Um das zu rechtfertigen, ließ ich sie von Kopf bis Fuß in

---

* Edna Purviance in *The Sea Gull*, 1926. Anm. d. Red.
** *New York Sun*, 18. November 1926
*** Evelyn Brent. Anm. d. Red.

Federn hüllen und sogar an die Unterwäsche Federn nähen. Möglicherweise fand sie die kitzelnden Federn unangenehm, denn als ich ihr einmal sagte, wie sie spielen soll, warf sie einen Schuh nach mir. Ich ließ ihr den Schuh zurückbringen, bat sie, die Bühne zu verlassen und zu ihrem Produzenten-Ehemann zurückzugehen. Aber ihr Mann hatte Teile des Films gesehen. Er staunte über die Verwandlung und erklärte ihr, sie sei verrückt. Sie ließ sich von ihm scheiden und blieb bei mir, um ein Star zu werden. Ich mochte sie. Nach drei Filmen ließ ich sie frei fliegen. Sie fiel prompt auf die Nase. Als ich sie das letzte Mal sah, war sie außerordentlich freundlich zu mir.

Schauspieler vor einer Kamera lassen sich nur schwer unter Kontrolle behalten, und das Unerwartete ist Routine. Man muß damit rechnen, daß ein Schauspieler Dampf abläßt, und man sollte ihm das nicht verübeln. In dem Film mit der gefiederten Dame, deren Schuh mich nicht traf, spielte auch ein Mann, dem ich zu Star-Ruhm verhalf. Er war Engländer, ein Gentleman und ein Freund, der ein Freund blieb. Wir hatten uns Jahre zuvor bei Dreharbeiten kennengelernt, als ich noch Regieassistent war. Ich kannte ihn sehr gut und hatte noch nie erlebt, daß er seine Haltung verlor. Bei den Dreharbeiten stand er eines Abends mitten in einer Gruppe Schauspieler und machte seinen Gefühlen Luft, indem er mir Worte an den Kopf schleuderte, wie ich sie noch nie aus dem Mund eines Gentleman gehört hatte. Sein aggressives, aber völlig untypisches Vokabular war so beleidigend, daß es mir nur mit Mühe gelang, andere davon abzuhalten, sich auf ihn zu stürzen. Ich wies den Elektriker an, die Bühne zu verdunkeln. Dann ging ich zu ihm und erkundigte mich, ob ich etwas für ihn tun könne. Sein Zorn verflog, und er entschuldigte sich. Dieser Mann war intelligent, und ich erwähne diesen Zwischenfall nur, weil ihn jemand mit dem Vorwurf angestachelt hatte, er sei für mich nur eine Marionette. Er erwiderte sehr vernünftig: »Arbeite einmal mit ihm. Dann wirst du ja sehen, ob es einfach ist, eine Marionette zu sein, und ob er sich damit zufrieden gibt.« Der Mann wußte inzwischen, daß mir ein Schauspieler um so lieber ist, je größer seine Fähigkeiten sind. Meine Inspiration des Schauspielers ist nur die Reflexion seiner Inspiration auf mich. Der betreffende Schauspieler hieß Clive Brook. Ich wollte seine Selbstbeherrschung auf die Probe stellen und schrieb ihm eine Rolle in einem anderen Film (*Shanghai Express*, 1932). Diesmal verhielt er sich so, wie es ein Schauspieler tun sollte.

Ich muß an dieser Stelle noch einmal wiederholen, daß ein Schauspieler mit einer Aufmerksamkeit bedacht wird, die in keinem Verhältnis zu seiner Verantwortung steht. Ich möchte damit nicht andeuten, daß er zuviel Gage für seine Arbeit bekommt, denn diese Art Lohn ist nicht mein Problem. Es ist immer einträglich, die Massen zu täuschen. Ich möchte jedoch auf die Absurdität hinweisen, die darin liegt, daß der Schauspieler die Gewinne aus der Spekulation mit Gefühlen erhält, obwohl es nicht seine Gefühle sind, und er auch nicht damit spekuliert. Dieser Gedanken kann irreführend sein und den Verdacht erwecken, ich beneide den Schauspieler um den Applaus, den er bekommt. Das ist nicht der Fall. Der Maler ärgert sich nicht über das Lob, das den Farben auf seiner Leinwand gezollt wird. Der Ausruf: »Dieses Rot ist einfach wundervoll!« wird dem Künstler nicht mißfallen, der die Farbe für sein Bild gewählt hat. Es gibt jedoch einen gewissen Unterschied: Das gelobte Rot schimpft nicht über den Maler.

Ein Schauspieler wird wie ein Wasserhahn auf- und zugedreht. Und wie der Wasserhahn ist er nicht die Quelle der Flüssigkeit, die durch ihn hindurchfließt. Wir wissen, daß das Instrument, mit dem wir arbeiten, nicht aus Metall ist, sondern atmet, denkt und äußerst sensibel empfindet. Das muß der Regisseur natürlich berücksichtigen, und deshalb hat er seinem Material gegenüber eine andere Haltung als der Künstler. Der Regisseur wird väterlich, und dadurch kommt es zu einem seltsamen Riß in seiner Funktion, denn Väterlichkeit führt zu Unehrlichkeit und Heuchelei. Die Beziehung des Künstlers zu seinem Material ist ehrlich und direkt. Sie wird nicht von einem hinderlichen Schleier beeinträchtigt. Wie kann der Töpfer ehrlich mit einem Stück Ton umgehen, das sich für wichtiger hält als die Hände, die es formen?

Der intelligente Schauspieler weiß das und unterwirft sich dem Regisseur. Er findet sich damit ab, Teil eines großen Ganzen zu sein, auf das er wenig Einfluß hat; und er verschwendet keine Zeit mit der Forderung, mit Samthandschuhen angefaßt zu werden. Wenn die Darstellung eines Gefühls verlangt ist, dann stellt er das Gefühl dar, ohne dabei eigene oder fremde Gefühle mit ins Spiel zu bringen.

Bei der Arbeit mit einem Schauspieler erkläre ich ihm den Sinn der Szene und tue mein Bestes, den Schauspieler als gleichwertigen Partner zu behandeln. Wenn er in mir nicht seinen Partner sieht, dann ist das sein und nicht mein Problem. Ich habe mehr als tausend Menschen inszeniert – vom Kind bis zu den sehr Alten. Ich habe ihnen meine Wünsche so schnell wie möglich klar gemacht, und dabei spielte es keine Rolle, ob sie meine Sprache verstanden, oder ob sie auch nur die geringste Vorstellung davon hatten, worum es mir eigentlich ging. Wie kann man fünfhundert Menschen in fünf Minuten etwas erklären? Es ist nur möglich, sie herumzukommandieren. Die Sprache war dabei nie ein Problem. Es war auch kein Problem, ob es Araber oder Koreaner waren. Und es war kein Problem, ob aus ihren Augen Zuneigung oder Haß, Gleichgültig oder die Sucht zu gefallen sprachen, ob die Augen einem Schauspieler gehörten, der eine große Rolle spielte, oder einem Statisten. Weder ihre Gefühle noch meine Gefühle durften die empfindsame Emulsion in der Kamera erreichen. Das Problem bestand immer nur darin, darauf zu achten, daß die Werte, die das Material lieferte, meiner Kontrolle unterstanden. Diese Werte hängen selten vom Schauspieler ab. Was man im Film sieht, ist ein Zusammenspiel von Licht und Schatten, von Vordergrund und Hintergrund, Punkt und Kontrapunkt, Einbeziehung und Ausklammern von Inhalten, ein Gleichgewicht optischer und akkustischer Wirkungen. Wie soll man das einem Schauspieler vermitteln?

In einem meiner Filme (*The Docks of New York*, 1928) spielte eine Schauspielerin (Olga Baclanowa), die in Rußland die Auszeichnung »verdiente Künstlerin des Volkes« erhalten hatte. Nur wenigen wurde diese Ehre zuteil. Als ich mit ihr arbeitete, war sie für mich nicht wichtiger als jemand, der nur einen Bierkrug hob. Bei einer Szene konnte ich mir die Bemerkung nicht verkneifen, eine Statistin hätte weniger Probleme mit der Szene, mit der sie sich abmühte. Sie erwiderte ruhig, sie sei keine Statistin. Ihre Antwort gefiel mir, denn sie machte den wesentlichen Unterschied zwischen jemandem deutlich, der aufmerksam dem Regisseur zuhört, und dem, der es nicht tut. Aber selbst wenn ich mich über ihren Einwand geärgert hätte, hätte das ihre schauspielerische Leistung so oder so nicht beeinflußt. (Wir begegneten uns zweiunddreißig Jahre später wieder. Sie war noch immer stolz darauf, einen Regisseur auf seinen Platz verwiesen zu haben, und – das muß ich nicht betonen – ebenso stolz auf ihre hervorragende darstellerische Leistung in den Vereinigten Staaten.)

Es ist die Aufgabe des Regisseurs, einem großen Stab und vielen hundert Schauspielern und Schauspielerinnen, freundlichen und unfreundlichen, hilfreichen und feindseligen Menschen Anweisungen zu geben. Das fördert nicht gerade die Vorsicht bei jedem Wort, das ihm über die Lippen kommt. Die Führungsrolle hat nichts mit der wichtigsten Aufgabe zu tun, die darin besteht, aufmerksam darüber zu wachen, was man selbst tut.

Es kommt meist blitzartig zur Rebellion eines Schauspielers, und meist ist sie ebenso schnell wieder vorüber. Wenn die Rebellion darin besteht, daß er sich gegen die Anweisungen wehrt, dann betrifft das nicht nur den Schauspieler, sondern kann die Darstellung der anderen und der gesamten Arbeit zunichte machen. Oft setzt sich ein Schauspieler zur Wehr, den der Ruhm gleichgültig gemacht hat – auch gegen Mißerfolg. So kommt es immer wieder vor, daß ein Star zur Studioleitung geht und sich beschwert, er werde überfordert. Dies geschah auch in einem meiner Filme (*Sergeant Madden*, 1939). Ein großer, kräftiger Schauspieler, der pro Woche viele tausend Dollar verdiente, um ein paar Minuten vor der Kamera zu stehen, schimpfte darüber, daß ich Proben mit ihm ansetzte. Der Leiter des Studios rief mich in sein Büro und befahl mir, keine Zeit damit zu verschwenden, daß ich einem Mann etwas beibringen wollte, der mehr wußte als ich. Wallace Beery änderte seine Meinung, als er feststellte, daß seine Kollegen meine Anweisungen genauestens befolgten.

Es wird niemanden überraschen zu erfahren, daß der Ort, an dem ein Film entsteht, keine Kirche ist, und daß ein Regisseur nicht mit der Ehrerbietung eines Priesters behandelt wird. Der Gang auf die Bühne bedeutet, einen Ort zu betreten, wo Langeweile, Derbheit und Oberflächlichkeit herrschen. Die Funktion des Regisseurs weckt bei niemandem Ehrfurcht. Die Fühler all jener, die seine Anweisungen erwarten, zittern alarmiert wie die Fühler von Insekten, sobald sie eine mögliche Störung wahrnehmen. Entweder muß der Regisseur seine Persönlichkeit dem zersetzenden Einfluß überlassen, oder er muß eine Atmosphäre schaffen, die wie ein Blitzableiter für das Temperament der anderen wirkt. Niemand befindet sich auf der Bühne, weil er unsensibel wäre.

Ich möchte als Beispiel für die unterschiedlichen Persönlichkeiten, die sich bei einem Film zusammenfinden, eine herausgreifen und beschreiben. Ein Roman von Dostojewskij soll verfilmt werden. Für den Regisseur ist das eine sehr zweifelhafte Aufgabe. Bestenfalls kann er einen Film über einen Detektiv und einen Verbrecher machen, der zu dem Text des Romans ebensoviel Beziehung hat wie die Kreuzung Sunset Boulevard/Gower zur russischen Landschaft. Vor mir stehen so unterschiedliche Menschen, wie man sie sich nur vorstellen kann – Schauspieler, die das Besetzungsbüro eines Hollywood-Studios zusammengewürfelt hat. Unter den Anwesenden sind ausgebildete Schauspieler und auch solche, die den Sprung auf die Leinwand durch das Trampolin eines Bettes geschafft haben. Nur wenige sind wegen ihres schauspielerischen Könnens engagiert worden; andere sind hier, weil sie mit dem Studio einen Vertrag haben. In dieser Vielfalt, die ich zu einer Einheit verschmelzen soll, befindet sich eine Frau, die einst eine berühmte Schönheit war, die »zahllosen Verehrern den Kopf verdrehte«, wie George Jean Nathan es einmal ausdrückte. Aber jetzt verdreht nur ihr Hündchen mit dem Namen Moonbeam den Kopf, wenn sie vorübergeht. Es ist meine erste Begegnung mit Mrs. Patrick Campbell*. Sie hat weder das Drehbuch noch den Roman gelesen. Auch die anderen kennen das Werk nicht, das verfilmt werden soll – mit Ausnahme von Peter Lorre, der für die Rolle des Raskolnikow zwar ungeeignet ist, aber totzdem engagiert wurde. Zwei der anderen Schauspieler, darunter Edward Arnold, können ihren Text auswendig. Der Rest, der mir weniger Mühe machen wird, wartet auf meine Anweisungen.

Ich gehe zu Marion Marsh, die die Sonja spielen soll, und erkundige mich, ob sie weinen kann, ohne dabei das Gesicht zu verziehen. Ihre Augen füllen sich sofort mit Tränen, und ich rate ihr, sich die Tränen für die entsprechenden Szenen zu sparen. Das folgende Gespräch hat mein Scriptgirl wörtlich mitgeschrieben. Die Dame mit dem Spitz namens Moonbeam im Arm stürmt auf mich zu und ruft: »Sie schrecklicher Mensch! Was haben Sie der Kleinen angetan? Sie weint ja!« – »Ich habe sie nur am Arm berührt und sie gebeten zu weinen.« – »Aha! Herr Regisseur, was würden Sie tun, wenn Sie mich auffordern zu weinen, und meine Augen bleiben trocken?« Ich erkläre ihr, das sei kein großes Problem, denn der Requisiteur sei anwesend und zu seinen Pflichten gehöre es, notfalls auch Giraffen zu beschaffen. Ich stehe einer Dame gegenüber, die von George Bernhard Shaw ausgebildet wurde. Mit einem Blick auf die Anwesenden sagt sie: »Wir haben hier bereits einen Zoo – aber was hat dieser Lieferant von wilden Tieren mit meinen Tränendrüsen zu tun?« – »Nun ja, gnädige Frau, zu seinem Inventar gehört ein Glasrohr, durch das er Rauch in die Augen bläst. Sollte sich das nicht als wirkungsvoll genug erweisen, benutzt

---

* Stella Patrick Campbell (1865–1940), berühmte britische Bühnenschauspielerin, bekannt auch durch ihren Briefwechsel mit George Bernard Shaw von 1899 bis 1939, der dem Bühnenstück *Geliebter Lügner* zugrunde liegt. Anm. d. Red.

er Zwiebeln.« Mrs. Patrick Campbell spielt nun Empörung. Sie dreht sich um und ruft: »Wie entwürdigend!«

Die anderen beobachten uns inzwischen aufmerksam, um herauszufinden, wer wen zähmen wird. »Sie müssen sich nicht aufregen, Stella, das Drehbuch verlangt nicht, daß Sie Tränen vergießen.« – »Was verlangt Ihr Drehbuch von mir?« – »Keine Impertinenz, Stella.« – »Ich bin nicht impertinent, ich möchte nur wissen, was ich spielen soll!« – »Eine Pfandleiherin.« – »Ich kann unmöglich so etwas Billiges sein. Mein Agent hat gesagt, ich würde eine Vision sein.« – »Ihr Agent muß das Drehbuch gelesen haben. Sie werden eine Vision sein, aber bevor das möglich ist, endet Ihr Leben als Pfandleiherin dadurch, daß Sie mit einem eisernen Schürhaken erschlagen werden.« – »Darüber muß ich nachdenken. Was trägt Ihre Pfandleiherin?« – »Liebe Stella, wenn der abgeschabte Pelz um Ihre Schultern nicht zu Ihrer normalen Garderobe gehört, dann sind Sie richtig angezogen.« – »Mein Gott, man hat mir gesagt, Sie hätten es eilig, und die Bühne sei kalt. Und schließlich hat Patricia Collinge* einen Pelz wie diesen auf Galapremieren getragen.« – »Ich mache mir keine Gedanken darüber, was Miss Collinge trägt, und ich habe es nicht eilig. Möchten Sie sonst noch etwas wissen?« – »Nur noch eins, George.« – »Ich heiße nicht George.« – »Oh bitte, darf ich Sie George nennen?« – »Also gut, Stella, Sie dürfen mich George nennen. Wäre das alles?«

Aber diese charmante Streitaxt ist noch immer entschlossen, mich zu spalten. »George, ich habe gestern mit jemandem zu Abend gegessen, der Ihre Filme sehr gut kennt. Er hat mir erzählt, Sie seien in Martinique einmal in eine Grube gefallen.« – »Er übertreibt, Stella, vermutlich dachte er dabei an etwas, das man über meine Arbeit veröffentlicht hat.« – »Es stimmt also nicht, George?« – »Nicht ganz, Stella – als ich vor einer Frau davonlief, die ein Beamter der Insel mir überlassen hatte, um genau zu sein, es war seine Geliebte – wäre ich um ein Haar in eine Sickergrube gefallen.« – »Laufen Sie vor allen Frauen davon, George?« – »Nicht, wenn ihre Schönheit ihrem Verstand gleicht, wie es bei Ihnen der Fall ist, Stella.«

Mein Material konfrontiert mich mit: Schlagfertigkeit, Trägheit, Feindseligkeit, Ironie, Intelligenz, Sabotage, Begeisterung, Gleichgültigkeit, Humor, Dummheit, Voreingenommenheit und Hilflosigkeit – alles aus

* Patricia Collinge gehörte zu ihren Rivalinnen und war damals sehr berühmt.

dem reichen Vorrat der Reaktionen, mit denen Menschen sich wehren, wenn ihr Panzer durchbrochen wird. Das Ergebnis muß den Filter des Kamera-Objektivs durchlaufen und gesiebt werden, bis der Rest sachgemäß und wertvoll ist – wenn möglich.

In dem Normalvertrag, den ein Filmregisseur unterschreibt, wird seine herausragende Funktion bestätigt, obwohl das Dokument, das seine Pflichten aufzählt, von ihm nicht Unverwundbarkeit verlangt. Wenn man seine Eigenschaften jedoch alle aufzählen wollte, müßte diese Qualifikation an erster Stelle stehen. Damit wäre ich sofort ausgeschaltet gewesen, denn das Wasser, in das man mich zur Abhärtung werfen wollte, war zu flach.

Im Leben eines Regisseurs gibt es nur sehr wenige Gelegenheiten, bei denen er eine perfekte Geschichte und eine perfekte Besetzung in die Hand bekommt. Die Männer, die unsere Branche beherrschen, und die Masse, die das letzte Wort spricht, achten darauf, daß nur die oberflächlichsten Werte den Weg auf die Leinwand finden. Ich hatte mehrmals die Möglichkeit, nicht nur oberflächliche Filme zu drehen. Aber jedesmal war ein boshafter Teufel zur Stelle und vereitelte die Chance zu einer wertvollen Arbeit. In dem Fall, den ich schildern möchte, war dieser boshafte Teufel ein Schauspieler. In anderen Fällen errichteten Kräfte Hindernisse, die nicht nur mein Leben beeinflußten.

Dieses besondere Fiasko muß in allen Einzelheiten beschrieben werden, um auch nur teilweise verständlich zu werden. Der Schauplatz war so gut wie ideal. Ich hielt mich zufällig in England auf, wo ich mich zu Hause fühlte, und unter Menschen, die ich bewunderte. Man hatte mich zwanzigtausend Kilometer von Bali nach London geflogen, um mich dem Messer des ungekrönten Königs der englischen Chirurgen zu überantworten. Während meiner Genesung hatte ich viele Besucher, die mir die Neuigkeiten des Tages berichteten. Es war eine interessante Zeit in der englischen Geschichte, denn in jenem Jahr hatte England drei Könige.* Der Zeitpunkt, an dem sich für mich die Möglichkeit zu einem vollkommenen Film eröffnete, läßt sich genau bestimmen. An diesem Tag erwartete ich nämlich den Besuch der früheren Frau von General MacArthur** in Begleitung von Mrs. Simpson, die Edward VIII. zu seiner morganatischen

* 1936: George V., Edward VIII. und George VI. Anm. d. Red.
** Damals Louise Atwill

Frau machen wollte. Stattdessen erschien Alexander Korda. Er erzählte mir von einem kleinen Vorfall in einem Geschäft in der Tottenham Court Road, der mir zu einem freien Nachmittag verhalf, an dem ich mir Kordas Probleme anhören konnte. Ich kann mich für die Geschichte nicht verbürgen, aber sie wurde mir so erzählt: Offenbar suchte Mrs. Simpson für eines der Gemächer des englischen Königs Vorhänge aus. Als der Verkäufer anbot, die Vorhänge zur Ansicht zu liefern, für den Fall, daß Seine Königliche Majestät eine andere Farbe bevorzugen sollte, erwiderte Mrs. Simpson: »Ihm wird das gefallen, was mir gefällt.« Diese Bemerkung löste heftige Reaktionen aus, als man sie dem Premierminister berichtete, und die Dame, die so unklug gewesen war, die Wahrheit zu sagen, mußte auf besondere Anordnung den Kanal überqueren und nach Frankreich reisen – damit waren alle anderen Verabredungen hinfällig. In diesem Zusammenhang sagte ich zu Beverly Baxter, einem Parlamentsabgeordneten und bekannten Verleger, meiner Meinung nach halte sich Baldwin, der Premierminister, gut in einer Krise, worauf Baxter ärgerlich rief: »Wir können ihm nicht jeden Tag eine Krise beschaffen!«

Der schicksalsträchtige Nachmittag gehörte also Alexander Korda. Er brachte mir *Ich, Claudius, Kaiser und Gott* von Robert Graves und bat mich, das Buch zu lesen. Außerdem gestand er, nicht länger mit einem Schauspieler arbeiten zu können, für den die Filmrechte an diesem Buch gekauft worden seien. Korda – er wurde später Sir Alexander – hatte auch ein eilig angefertigtes Drehbuch mitgebracht, das sich an den zwei Bänden orientierte, und wollte mich überreden, die Regie für den Film zu übernehmen. Die Hauptrolle sollte Charles Laughton spielen. Als ich mich erkundigte, weshalb er den Film nicht selbst inszenieren wollte, schilderte er mir die Schwierigkeiten, die er mit Laughton als Schauspieler erlebt hatte, in allen anschaulichen Einzelheiten. Dabei betonte er immer wieder schmeichelhaft, ich könne sogar den Teufel inszenieren.

Der Teufel besuchte mich am nächsten Vormittag. Er brachte eine Tüte mit blauen Weintrauben und eine Geschichte des römischen Reiches mit. Er gestand mit nicht unerheblichem Stolz, er sei in der Tat ein schwieriger Schauspieler, aber er halte sehr viel von mir, und sei sicher, daß sich alle Schwierigkeiten in Luft auflösen würden. Er fügte hinzu, er habe sich schon seit Jahren gewünscht, einmal mit mir zusammenzuarbeiten. Er strich mir noch mehr Honig ums Maul und erklärte, nur ich sei in der

Lage, das Thema in den Griff zu bekommen, das ihn als römischen Kaiser unsterblich machen werde. Man hatte mich also genügend darauf vorbereitet, daß Schwierigkeiten bevorstanden (welcher Film ist nicht schwierig?), und ich nahm das Angebot an. Ein neues Drehbuch sollte die Essenz der Bücher richtig erfassen, so daß man sie auf Zelluloid bannen konnte. Das Thema interessierte mich. Ich wollte nicht nur das alte römische Reich wieder zum Leben erwecken, die Anmaßung und den Niedergang seiner Kultur zeigen, sondern damit unseren eigenen schwankenden Werten einen Spiegel vorhalten und die kranken Wurzeln von übertriebenem Ehrgeiz bloßstellen. Der Film hatte eine höchst dramatische Handlung. Sie erzählte, wie ein stotternder Kranker zum Kaiser Claudius wurde, indem er zuließ, daß seine Feinde ihn für einen Schwachkopf hielten, und wie er mit ein paar Elefanten England eroberte, wie er die Hinrichtung seiner treulosen Frau Messalina befahl, die sich mit Männern einließ, die ihn verspotteten und verhöhnten, und wie er schließlich vom römischen Senat zum Gott erhoben wurde. Der Film zeigte, wie ein Niemand zu einem Gott und wieder zu einem Niemand wird. Das faszinierte mich.

In Alexander Korda hatte ich nicht nur einen einfühlsamen Produzenten, sondern auch einen Freund, der mit mir durch dick und dünn ging. Er machte nur den einen Fehler, mich aufzufordern, mit den Dreharbeiten zu beginnen, ehe ich meine Vorbereitungen abgeschlossen hatte. Meine Genesung ging langsam voran, und ich mußte mich mit einem Drehbuch beschäftigen, das mit Hilfe von Carl Zuckmayer und Lester Cohern geschrieben wurde. Außerdem gab es einen riesigen Aufnahmestab und Hunderte von Schauspielern mit entsprechend vielen Kostüme. Rom mußte an einem Tag gebaut werden, und das war sprichwörtlich unmöglich. Schließlich und endlich hatte ich es mit einem Schauspieler zu tun, dem es sehr schnell gelang, alle wichtigen Aufgaben an den Rand zu schieben. Korda ist einer der großzügigsten Männer, denen ich je begegnet bin. Er gestand seinen Fehler mit typischer Großzügigkeit ein. Er bot mir volle Partnerschaft in all seinen Unternehmungen an. Das lehnte ich ab. Dann ließ er mir eine wertvolle große Bronzestatue von Aristide Maillol mit den charmanten Zeilen in meine Wohnung bringen, er glaube, ich könne mit Frauen besser umgehen als er. Ich nahm die Bronzestatue an – trotz der anfechtbaren Bemerkung.

Ich muß an dieser Stelle einen kurzen Überblick über die Geschichte von Alexander Korda geben, um zu erklären, wie er als Filmregisseur in eine solche Machtposition kam. Korda war geistreich, klug und besaß großen Charme. Er hatte sich vom Journalisten zu einem der ersten Filmregisseure in Ungarn emporgearbeitet und mußte mit primitiven und lächerlichen Bedingungen kämpfen. Diese Bedingungen sind inzwischen weniger primitiv, aber sehr viel lächerlicher. Sein Weg führte von Budapest über Wien und Berlin nach Hollywood und endete dort in dem glitzernden Labyrinth der Filmmaschinerie. Hollywood und ein paar persönliche Probleme, die ihn auf Schritt und Tritt begleiteten, erwiesen sich als zuviel für ihn. Ich weiß noch, wie er die Filmmetropole der Welt verließ. Ich verabschiedete ihn als einziger am Bahnsteig, als der Zug abfuhr. Ein Stück meines Herzens fuhr mit ihm. Aber das war nicht das Ende dieses bemerkenswerten Mannes. Er wählte London als nächstes Schlachtfeld, und damals hätte er sich nichts Schlimmeres antun können. Die Filmindustrie in England stand keineswegs in Blüte, sondern war ausgehöhlt, bankrott und chaotisch. Unter diesen Bedingungen, die für jeden anderen das Ende bedeutet hätten, tauchte er – vielleicht gerade deshalb – mit seinem *Henry VIII.* auf und erweckte eine so gut wie tote Industrie wieder zum Leben. Niemand weiß, wie er das Geld auftrieb, um den Film zu machen, denn er hatte nicht einmal genug Geld zum Essen – in seinem Fall lohnt es sich, darauf hinzuweisen, denn ich habe nie einen Menschen kennengelernt, der wählerischer gewesen wäre, wenn es um Essen ging.

Die Engländer hielten seinen *Henry VIII.* für eine so überragende Leistung, daß man in England einige Zeit nur englisch mit ungarischem Akzent sprechen mußte, um die Gelder für einen Film zu bekommen. Korda produzierte nach dem ersten Erfolg andere erfolgreiche Filme, und »Film« war plötzlich in der Londoner Gesellschaft ein angesehenes Wort. Als Korda sich um meine Hilfe bemühte, hatte er sich und seine ebenso talentierten Brüder Zoltan und Vincent an eine Krake aus Pfund Sterling verkauft. Außerdem hatte er sich auf Tochtergesellschaften eingelassen und alle Hände voll zu tun, dem Zugriff der vielen Tentakeln zu entgehen. Dazu gehörten eine Reihe berühmter Filmemacher, Kameraleute und Starschauspieler. Männer wie Winston Churchill und Mitglieder des Oberhauses hörten ihm aufmerksam zu, wenn er sich zu Wort meldete.

Aber stärker als alle Macht, die Korda zur Verfügung stand, war ein Schauspieler, den er mir übergeben hatte, und der mich selbst darum bat, ihn als Regisseur zu führen, damit ich ihm seine Stimme und ein paar

Gesten entlocke, zu denen er imstande war. Wenn im folgenden der Eindruck entsteht, daß ich diesen Schauspieler, den ich als Paradebeispiel gewählt habe, verurteile oder kritisiere oder gar seine Methoden in Frage stelle, dann möchte ich diese Ansicht korrigieren. Es geht mir in erster Linie darum, meine Grenzen darzulegen – und damit die Grenzen aller Spezialisten, die es mit den erstaunlichen, wunderbaren und komplizierten, mannigfaltigen und unfaßlichen Auswüchsen des menschlichen Gehirns zu tun haben.

In der Bibel steht: »Und Gott der Herr machte den Menschen aus einem Erdenkloß.« Aus diesem Klumpen Lehm wurde der Mensch erschaffen. Die Bibel geht nicht auf die Zutaten für die menschlichen Talente ein. Wir wenden uns jetzt einem Klumpen Lehm zu, der wie ein idealer Falstaff aussieht. Ich weiß nicht, ob Mr. Laughton es je darauf anlegte, ein Falstaff zu sein. Wenn er laut nachdachte, dann käute er seine Versionen von Nero, Heinrich VIII., Rembrandt, Quasimodo und Captain Bligh wieder. Er sollte nie auf Tiberius Claudius Drusus herumkauen, dem albernen Schwachkopf, der Caligulas Nachfolger wurde. Der Brunnen, aus dem ein Mensch seine Talente schöpft, ist tief, aber Laughtons Brunnen hatte keinen Boden.

Ich gebe zu, daß dieser Brunnen mich nie beschäftigt hat. Und in diesem Fall überprüfte ich auch nicht, ob das Seil abgenutzt war, oder der Eimer zu viele Löcher hatte. Während der Vorbereitungen erwähnte Laughton, daß er Rembrandt bewältigt hatte, indem er Italienisch lernte, und Heinrich VIII. durch die Beschäftigung mit dem Runen-Alphabet. Es kam mir nicht in den Sinn, daß er das ernst meinen könnte. Und selbst dann hätte es mich nicht interessiert zu erfahren, wie er etwas bewältigte, wenn er es nur bewältigte.

Ich gestehe auch, daß für einen Regisseur, der berechtigterweise annehmen darf, daß ein Schauspieler spielen wird, die Denkvorgänge nicht wichtig sind, denen sich ein Schauspieler überläßt. Bei angemessener Motivation und entsprechender Anleitung ist Schauspielen nichts Bemerkenswertes – vorausgesetzt natürlich, daß der Schauspieler ein Schauspieler ist und die notwendige Schamlosigkeit besitzt, sich und seine Gefühle zu zeigen. Es erfordert nur relativ geringe Fähigkeiten, das darzustellen, was Millionen Menschen in unserer Umgebung tagtäglich zum Ausdruck bringen.

Ich habe erwähnt, daß es einem Schauspieler leicht fällt, mit einer Maske zu spielen. Im Fall von Laughton dachte ich, das Hinken und Stottern und die Haare, die gelockt werden mußten, genügten ihm als Verkleidung. Bei unseren flüchtigen Kontakten während der Vorbereitungen des Films spürte ich unbestimmt, daß er vermutlich mehr Dekor brauchte als die kunstvolle Toga, die wir als Kostüm für ihn vorgesehen hatten. Wenn er mir demonstrierte, wie eine Falte mehr oder weniger in der Toga einen erkennbaren Unterschied in seinem Spiel machte, konnte mir nicht entgehen, daß sein Gesicht, der wesentlichste Aspekt seiner Persönlichkeit, nichtssagend war und irgendwie an Watte erinnerte. Aber ich schob diese unheilvollen Anzeichen beiseite und dachte, es handle sich um eine Art vorbereitende Entspannung, um ein Aufblähen als Folge einer künstlerischen Schwangerschaft. Und das würde verschwinden, wenn die Entbindung begann.

Mein Star hatte sich darüber geäußert, das notwendige Hinken mache ihm Sorgen, und er könne sich nicht entschließen, welchen Fuß er nachziehen solle. Ich erinnerte ihn daran, daß nur ein Tausendfüßler vor diesem Problem stehen könnte, und schlug eine Bleiplatte unter der rechten Sandale vor.

Eines Nachmittags erschien er in meinem Büro und fragte mich ganz direkt, wie er den Claudius spielen sollte. Das erschien seltsam, denn er hatte mich gebeten, ihn als Claudius zu inszenieren, aber ich hatte ihm erwidert, er sei für die Rolle ideal und müsse nur noch einmal die beiden Bände von Robert Graves lesen. Ich würde wie üblich Einzelheiten mit ihm auf der Bühne besprechen. Lächelnd fügte ich hinzu, man erziele die besten Ergebnisse durch Probieren. Er schloß die Augen, als versuche er, sich als Claudius zu sehen, und erwähnte dann noch einmal, sein Rembrandt habe das Studium der italienischen Sprache erfordert. »Hör zu, Charles«, sagte ich, »Rembrandt war kein Italiener. Warum hast du nicht Flämisch gelernt?« Er erwiderte, Holländisch hätte ihm nicht bei der Rolle helfen können. Ich erhob keine Einwände und erinnerte ihn daran, daß viele große Männer ähnliche Schwierigkeiten hatten. Zum Beispiel hatte Strawinsky mir einmal erzählt, er vertone lieber ein Thema, das in einer fremden Sprache geschrieben sei.

Ich hatte gegen keine Methode etwas einzuwenden, die er als richtig für seine Darstellung empfand. Ich wurde nur etwas mißtrauisch, als er unverständliche Dinge andeutete. Offensichtlich wollte er die Rolle mit Bedeutungen befrachten, die ein Schauspieler nicht versuchen sollte darzustellen. Er beabsichtigte, in Höhen vordringen, in denen er Dali, Picasso,

Kandinsky und Chagall in einem Atemzug überflügeln wollte. Er wurde nicht nur mir rätselhaft. Ich bin sicher, Swedenborg und Blake wären ebenso verwirrt gewesen. In dem Sinne zitiere ich James Huneker: »Arthur Symons zeigte Rodin einmal einige Zeichnungen von Blake und sagte dem Franzosen: 'Blake hat diese Gestalten wirklich gesehen. Es sind keine Erfindungen.' – 'Ja', erwiderte Rodin, 'er hat sie einmal gesehen. Er hätte sie drei- oder viermal sehen sollen.'«

Ich weiß wenig über Blake, aber umso mehr über Laughton. Und er sah seine Gestalten nicht ein einziges Mal. Die Rechtfertigung seiner Art der Stimulation lag möglicherweise darin, daß er sich voll und ganz engagieren mußte, um eine einfache Idee in den Griff zu bekommen.

Solche Dinge machten mir während dieser Art Schwangerschaft keine Sorgen. Ich bin weder Psychoanalytiker noch Geburtshelfer, sondern Filmregisseur und muß deshalb jede erdenkliche Laune eines Schauspielers irgendwie schlucken. Ich habe mit Schriftstellern gerungen, zum Taktstock gegriffen, um Dirigenten zu zeigen, wie man schwierige musikalische Passagen interpretiert, ich inszenierte den Regisseur, der mir das Inszenieren beibrachte, zähmte temperamentvolle Primadonnen wie Grace Moore, bändigte die besten und schlechtesten Schauspieler des Theaters, unterwies erfahrene Photographen, zeigte Tonmeistern, wie man Tonaufnahmen macht – Hindernisse, Widerstände und Tumulte waren mir nicht neu. Als es notwendig war, nahm ich sogar einem Schützen das Gewehr aus der Hand, der sich weigerte, auf das Ei einer brütenden Henne zu schießen, weil er beteuerte, in einem Abstand von dreißig Metern würde der Schuß unweigerlich das Huhn töten. Ohne nachzudenken, zielte ich, und im nächsten Augenblick flatterte das erschrockene Huhn von dem getroffenen Ei (*Exquisite Sinner*, 1926). Wer war dieser verhältnismäßig kleine Schauspieler, dessen Verhalten ich zu ernst nahm? Ich verstand sehr wohl, daß Korda nicht mehr mit ihm zusammenarbeiten konnte. Aber er würde für mich kein Problem sein. Außerdem war Laughton mein Freund.

Unsere Freundschaft hatte vor vielen Jahren in der Studiokantine begonnen. Mir fiel auf, daß er immer einen Tisch wählte, von dem aus er mich im Auge hatte. Damals war er ein sogenannter Charakterschauspieler und spielte in einem U-Boot-Film mit Tallulah Bankhead. Schließlich nickte ich ihm zu. Er eilte sofort an meinen Tisch und erklärte, er bewundere mich. Das war mir absolut gleichgültig, und wie es meine Art war, sagte ich ihm das.

Die schroffe Reaktion auf sein Lob entmutigte ihn nicht. In der Pause eines Konzerts trat er zu mir und erkundigte sich verstört nach meiner Adresse. Als ich sie ihm nannte, erklärte Laughton, er müsse mich unbedingt noch am selben Abend sprechen. Meine Neugier war geweckt, und ich wartete gespannt auf seinen Besuch. Es ist mir bewußt, daß man die Preisgabe unserer persönlichen Beziehung als Bruch des Berufsgeheimnisses ansehen mag, aber ich bin weder Priester noch Arzt. Wie Emil Jannings, so gelang es auch Charles Laughton, mich unter Beteuerungen der Freundschaft zu einer Zusammenarbeit zu bewegen. Es wäre mir nie in den Sinn gekommen, mich darum zu bemühen. Ich arbeite lieber mit unbekannten Schauspielern. Das liegt zum Teil daran, daß ich neue Gesichter denen vorziehe, die vernutzt sind wie ein Paar alte Hausschuhe. Als er an jenem Abend erschien, wankte er praktisch in die Wohnung und erklärte, er sei der unglücklichste Mensch der Welt, und er könne sich nur mir anvertrauen. Es stellte sich heraus, daß er befürchtete, in seinem Blut hätten sich Spirochäten eingenistet. Als ich mich erkundigte, worauf sich sein Verdacht gründe, und wie er sich infiziert habe, erzählte Laughton, er habe Cognac aus einem Glas mit einer Frau getrunken, die einen Pickel auf der Nase hatte. Ich klärte ihn gründlich auf und erzählte ihm von Vögeln und Bienen, erinnerte ihn an die antiseptische Wirkung von Alkohol, und um ganz sicher zu gehen, meldete ich ihn am nächsten Vormittag zur Untersuchung bei einem Arzt an. Kaum zwölf Stunden später erfuhr ich, daß der unglücklichste Mensch auf Erden inzwischen der glücklichste war.

Aus Dankbarkeit für diesen kleinen Dienst verehrte er mich sehr. Eine Freundschaft begann, die nicht einmal darunter litt, daß ich für seine schauspielerischen Leistungen keine Begeisterung aufbringen konnte. Aber wie inzwischen deutlich geworden ist, ließ sich Laughton nicht so leicht entmutigen, denn er hatte mich schließlich gezwungen, ihn genau zu betrachten, und es sollte ihm gelingen, meine Bewunderung zu erringen — aber nicht als Schauspieler. Das Schicksal war auf seiner Seite, denn ohne den Krankenhausaufenthalt in London wäre es vermutlich bei dieser harmlosen Freundschaft geblieben.

Wir haben jetzt den Punkt erreicht, an dem die Dreharbeiten für unser Werk, wenn man es so bezeichnen kann, beginnen sollten. Für meinen

Freund war ein prachtvoller Rahmen geschaffen worden. Dank des Könnens von Vincent Korda, einem ausgezeichneten Maler und hervorragenden Künstler, war ein Rom aus Gips und Kulissenwänden entstanden, das man mit Freuden ansah. Und man hatte die besten Schauspieler Englands für diese Wiederbelebung alter Pracht versammelt. Ihre Gesichter waren aufeinander abgestimmt, sie ergänzten sich wie die vollkommenen Statuen eines meisterhaften Bildhauers. Jedes Mitglied des römischen Senats vereinte in sich Würde und vornehme Erhabenheit. Man trug die Togen, als habe es nie ein anderes Gewand für Menschen gegeben. Ich konnte daran gehen, ein visuelles Poem des alten Rom zu erschaffen.

Bei der Auswahl der Schauspieler und Schauspielerinnen, die zu meinen Leidensgenossen werden sollten, mußte ich mich mit zwei Absagen für den beabsichtigten Film des Jahrhunderts abfinden. Raymond Massey erklärte, nichts auf der Welt könne ihn dazu bewegen, mit Laughton zusammenzuarbeiten. Ich versicherte ihm lachend, seine Einwände seien nicht berechtigt, denn Laughton sei ein ausgezeichneter und verständnisvoller Darsteller und höchst kooperativ. Offenbar habe ich vor Drehbeginn zu laut gelacht. Ich engagierte Ralph Richardson anstelle von Massey. Die Schauspielerin, die die Rolle der Messalina übernahm, sollte später eine Zeitlang Mrs. Alexander Korda werden. Aber während der Dreharbeiten war sie noch die bezaubernde Merle Oberon und eine ideale Besetzung. Außerdem spielten Emlyn Williams, Flora Robson und Robert Newton, um nur einige wenige zu nennen; die begabte Agnes DeMille übernahm die Choreographie.

Im hektischen Endspurt vor den Dreharbeiten schien alles bestens unter Kontrolle zu sein. Mein Claudius konnte sich zwar noch immer nicht entscheiden, mit welchem seiner zwei Füße er hinken wollte, aber er gab sich betont edel und beneidenswert souverän inmitten des glänzenden kaiserlichen Hofes, den man für ihn ausgewählt hatte. Er ließ zwar hin und wieder erkennen, er würde möglicherweise am Anfang gewisse Schwierigkeiten haben, den stotternden Dummkopf zu spielen, da solche Eigenschaften seinem Wesen fremd seien, trotzdem näherte er sich langsam, aber stetig der Verkörperung eines Kaisers. Da mir die Nuancen von Schauspielern vertraut waren, entging mir nicht, daß seine Souveränität weniger auf die Rolle zurückzuführen war als darauf, daß er sich in einer Stellung befand, in der jedes seiner Worte mit Aufmerksamkeit angehört wurde. Er war in seinem Element. Seine Offenbarungen reichten von Geschichten darüber, wie er Kollegen zu einer Karriere verholfen hatte, bis zu seiner Zeit am Old Vic und zu dem Eingeständnis, wie sehr man ihm geholfen hatte, indem man ihm die Auszeichnung der Royal Academy für seine Schauspielkunst verlieh. Er spielte auch mit dem Gedanken, eines Tages eine Ritterschaft abzulehnen, denn als Sir Charles werde es ihm vermutlich schwerfallen zu spielen. Ich konnte den Weg zu einem Adelstitel nicht abkürzen, aber es lag in meiner Macht, als römischen Senator das Mitglied der Royal Academy zu engagieren, das ihm die Auszeichnung überreicht hatte. Ich setzte diesen freundlichen und würdigen alten Herrn im Senat in die erste Reihe. Von diesem Vorzugsplatz beobachtete er viele Tage lang völlig verwirrt den Schauspieler, dem er einen Orden für hervorragende schauspielerische Leistungen überreicht hatte.

Das Drehbuch konnte jetzt in Film umgesetzt werden. Meine vielen Schauspieler waren kostümiert und eingewiesen. Sie warteten auf der Bühne auf meine letzten Anweisungen. Aber mein Star schmorte noch immer in seinem eigenen Saft. Ich sollte darauf hinweisen, daß alle Schauspieler mit einem Geheimnis vertraut sind, das kein Geheimnis ist: Letzten Endes entscheiden Drehbuch, Bühnenbild, Kostüm und Maske darüber, ob man Napoleon, Pasteur, Livingstone oder Lesseps ist. Eine gewisse Ähnlichkeit ist natürlich wünschenswert; niemand, der recht bei Verstand ist, würde von Laughton erwarten, daß er Tom Thumb oder Abraham Lincoln spielt. Wir hatten ihn auch nicht als Königin Victoria engagiert. Seine Rolle war ihm auf den Leib geschrieben – Laughton war Claudius.

Kurz vor dem Start verzichtete mein Star plötzlich auf das majestätische Gehabe und schien sich in Todesqualen zu winden. Ich dachte zunächst an Lampenfieber oder Verdauungsschwierigkeiten. Ich ließ ihn in mein Büro kommen und erkundigte mich nach seinem Befinden. Er beteuerte, gesundheitlich sei alles bestens, aber er habe noch nicht den richtigen Schlüssel für seinen Claudius gefunden. »Du hast die Bücher gelesen, Charles, und drei Wochen Zeit für das Drehbuch gehabt. Hast du dir die Dialoge angesehen?« – »Oh, ich kann den Text auswendig. Das macht mir keine Sorgen«, erwiderte mein Freund und wand sich wie eine Frau in den Wehen. »Charles, gehen wir doch noch einmal gemeinsam das Drehbuch durch und sehen uns an, was dort steht...«

Er begann, den Text zu lesen und konnte seine Sätze fehlerfrei auswendig. Aber er sprach mit ausdrucksloser Stimme und ohne jede Betonung.

Als eine erste Leseprobe wäre das in Ordnung gewesen. Aber das war es nicht. Er hatte jeden Satz viele Male gelesen. Er unterbrach sich ständig und rekapitulierte die verschiedenen Methoden, mit denen er sich frühere Rollen erarbeitet hatte. Ich hörte mir seine Litanei geduldig an. Das ging so Seite um Seite weiter. Bei einer Szene, in der Claudius in einem Sturm am Heck seines Schiffes steht, brach er plötzlich ab. Es war keine wichtige Szene. Sie sollte nur die Überfahrt nach England im Kampf gegen die Elemente zeigen. Er hatte wenig Text in dieser Szene. Er sollte die Götter anflehen, ihm zu helfen, seine vielen Feinde zu besiegen. Laughton fragte mich unsicher, wie er die Götter anreden solle. Ich möchte daraufhinweisen, daß so etwas ganz normal ist. Viele Schauspieler sind aalglatt und sprunghaft wie Flöhe, und das macht auch nichts. Jeder Regisseur erlebt früher oder später, daß seine Schauspieler ins Schleudern geraten. Auch wenn er sie nicht führt, ist es seine Aufgabe, ihnen über die Hürden zu helfen. In diesem Fall hatten wir die Bücher von Robert Graves, einem der besten Schriftsteller, und sie waren so aufschlußreich, wie man sie sich nur wünschen konnte. Aber ich hatte inzwischen begriffen, daß ein so naheliegender Schlüssel zu einer Rolle für einen Schauspieler nicht in Frage kam, der am Old Vic sein Handwerk gelernt hatte. Ich beschloß, es mit ganz anderen Methoden zu versuchen und so verrückt vorzugehen, wie es außerhalb eines Irrenhauses überhaupt möglich war. Ich erwiderte deshalb, wenn sein verzweifelter Hilferuf an die Götter Eindruck machen sollte, müsse er den Zuschauern das Gefühl geben, der Kiel des Schiffes sei mit Muscheln übersät, die sein Vorwärtskommen behinderten. Laughton durchzuckte es, und er hatte mich verstanden. Er schwor, in jeder Silbe werde man die Muscheln spüren. Er werde dafür sorgen, daß man in seiner Stimme Wellen, Gischt, Seetang, zwei und mehr Delphine und den Schrei der Möwen hörte. Ich beteuerte ihm, das sei in Ordnung, und ich würde mit einer Windmaschine dafür sorgen, daß seine Toga flatterte.

Auf diese Weise konnte man ihn offenbar inspirieren. Dies mochte für mich anstrengend und für die anderen verwirrend sein, aber ein Filmregisseur hat ohnehin kein leichtes Leben. Laughton stürmte wie von Furien gejagt aus meinem Büro. Alle schienen in bester Verfassung zu sein – mit Ausnahme des Regisseurs.

Am letzten Tag vor Beginn unserer Arbeit mit Kamera und Mikrophon kam es zu einer interessanten Entwicklung, die ich in dieser umfassenden

Studie über das Verhalten von Schauspielern nicht übergehen darf. Ich nahm eine letzte Inspektion vor. Die Bühnenbilder waren fertig, der Stab versammelt, die Schauspieler zeigten sich in Kostüm und Maske, das Drehbuch auf einem Rolltisch rollte hinter mir her, als plötzlich von einem Plattenspieler in voller Lautstärke die Abdankungsrede des Königs von England erschallte. Ich drehte mich um, denn ich wollte den Störenfried zurechtweisen, und sah Claudius in seiner Toga. Er hielt das Ohr gebannt an den Lautsprecher. Er hatte den Katalysator gefunden. Die Schallplatte war ein Bestseller geworden und zerriß allen Engländern das Herz. Sie sollte auch mein Herz vor jeder Szene mit Laughton zerreißen – und ich weiß nicht, was der Herzog von Windsor den anderen Beteiligten in der Szene antat. Die pathetischen Abschiedsworte eines Königs an seine Untertanen waren für Claudius, was das Italienisch für seinen Rembrandt gewesen war.

Wir begannen mit dem Drehen. Jetzt geschahen so unfaßliche Dinge, daß ich sie nie glauben würde, wenn ich sie nicht selbst erlebt hätte. Es war ein Alptraum, aus dem es kein Erwachen mehr gab. Es verbreitete sich das Gerücht, die Marotten von Claudius seien Teil eines heimtückischen Plans, Alexander Korda zu ruinieren. Aber das glaube ich nicht, denn dazu war alles zu perfekt. Und der fertiggestellte Teil des Film ist ein Beweis dafür, daß es trotz aller Absonderlichkeiten ein denkwürdiger Film hätte werden können.

Hätte ich jemals den geringsten Zweifel an meiner Fähigkeit als Filmregisseur gehabt, wäre ich endgültig davon geheilt worden, noch ehe der erste Tag um war. Denn von Anfang an hinkte Laughton je nach Laune einmal mit dem einen und dann mit dem anderen Fuß – und manchmal mit beiden. Aber diese »mal so, mal so« Interpretation der Rolle war nur ein kleinerer Test meiner Kontrolle über ihn. Ich möchte noch einmal betonen, Laughton war kein hirnloser Mensch, sondern sehr intelligent, kultiviert, ein eifriger Leser und ein Kunstsammler von ungewöhnlichem Urteilsvermögen. Aber das erleichterte meine Arbeit nicht. Pünktlich um neun erschien er auf einer Bühne, die für die Dreharbeiten vorbereitet war, inspizierte alles und erklärte dann, er sei nicht in der Lage, die Sequenz an dieser Stelle zu spielen, denn er hatte sich für eine Szene präpariert, für die die Bühne noch nicht vorbereitet war. Das verlangte von allen größte Beweglichkeit und wurde bald zur Routine.

Wenn er sich schließlich bereit erklärte, in einer von ihm gewünschten Umgebung zu spielen, Scheinwerfer und Technik eingerichtet waren, verblüffte er alle – mit Ausnahme von mir (das ist ihm nur einmal gelungen). Er bestand auf einer anderen Stelle, wo, wie er es ausdrückte, die Aura für seine Ausstrahlung günstiger sei. Wir ließen nichts unversucht, um ihn auf den Film zu bannen. Schnell wurde alles umarrangiert und ihm ein neuer Hinterhalt gelegt. Aber er entfloh uns und verschwand aus dem Bereich der Scheinwerfer und der Kamera, wenn ihn keine Wand daran hinderte. Der Kameramann beklagte sich bitter über seine Unstetigkeit. Aber es half wenig, Laughton daran zu erinnern, daß wir keinen Film über wilde Tiere drehten, und ihn dort erwarteten, wo er nach den Proben sein sollte. Er hörte immer respektvoll zu, gestand seinen Fehler ein, aber beim nächsten Versuch, ihn an ein Wasserloch zu locken, verschwand er wieder ohne Vorwarnung und machte sich auf die Wanderschaft.

Er wiederholte öfter, er könne nur dann spielen, wenn er eine positive Strömung spüre. Es half auch nicht, wenn ich ihm bedeutete, das Drehbuch sei nicht für einen Grashüpfer geschrieben worden. Dann entschuldigte er sich nur und ließ erkennen, daß er im Bereich des Objektivs nicht das Beste seiner spirituellen Reaktion finden könne. Ich entwickelte bald verschiedene Methoden, um Laughton zu überlisten, wenn sein Geist ihn wieder einmal auf die Wanderschaft führte. Wir leuchteten jede erdenkliche Ecke aus, installierten noch mehr Kameras und Aufnahmetürme und setzten unterschiedliche Objektive ein. Ich beschwor seine fassungslosen Partner, alle Regeln der Bühnenkunst zu vergessen und ihm überall hin zu folgen – wenn nötig auch an die Decke. Darüber hinaus wußte niemand außer dem Stab, der auf die unmerklichsten Signale von mir reagierte, wann wir probten und wann wir drehten, denn unser Claudius besaß die Fähigkeit, sich vor unseren Augen in Luft aufzulösen, sobald er den Verdacht hatte, wir würden drehen.

Während die ersten Drehtage vergingen, und dieser römische Kaiser alles unternahm, um nicht gefilmt zu werden, machte ich eine Bestandsaufnahme der Gegebenheiten, mit denen ich arbeiten mußte, um sie zu einem Film zusammenzuführen. Ich hatte viele Zutaten vorgesehen, und wenn ich auf einige verzichten mußte, würde das Endergebnis davon nicht beeinträchtigt werden. Ich hatte die Aufgabe, den Film zu drehen, und es war ganz allein meine Schuld, wenn etwas vor den Kameras geschah, das sich der Kontrolle entzog. Ich sprach den Darsteller des Claudius von seinen Sünden frei, als ich begriff, daß ich versäumt hatte herauszufinden, warum Korda ihn nicht länger bändigen konnte. Eine unerwartete Entwicklung war eingetreten: Laughton inszenierte jetzt alle, auch Korda und mich.

Ich erkannte, daß es nur mir schaden würde, wenn ich gestand, daß ich ihn nicht zähmen konnte, wo so viele andere öffentlich beteuert hatten, sie betrachteten es als Privileg, ihn zu inszenieren. Ich setzte alle erdenklichen Mittel ein. Ich bewunderte ihn sogar lautstark, wenn er bei den einfachsten Szenen einmal nicht steckenblieb. Ich schreckte vor nichts zurück und tat, was sich der unerfahrenste Amateurregisseur hätte einfallen lassen. Ich verließ sogar die Bühne und übergab meinem Assistenten die Aufsicht in der Hoffnung, meine Abwesenheit könnte die Situation verbessern.

In meiner Einschätzung von Laughton hatte ich vermutlich zwei Faktoren übersehen. Jetzt war es leider zu spät, sie einzubeziehen. Erstens, die bereits erwähnte Neigung zum Masochismus und zweitens der Wunsch, sich völlig hinter einer Maske zu verstecken, damit er beim Einüben seiner Szenen vor dem Spiegel sich nicht mit dem Bild identifizieren konnte, das er dort sah. Letzteres war ein schwerer Fehler meinerseits, denn ich hätte es besser wissen müssen. Zwei Jahre zuvor war er auf meiner Bühne erschienen, als ich eine Karnevalsszene drehte (*The Devil is a Woman*, 1934). Er setzte sich eine Maske auf und übernahm das Groteske der Fratze mit geradezu unheimlichem Können in seinen Körper.

Mit den anderen Schauspielern gab es keine Probleme. Von einer einzigen Ausnahme abgesehen, reagierten sie alle wie beabsichtigt. Ohne mein Zutun verliehen sie ihrer Darstellung eine überaus wünschenswerte Eigenschaft. Ich habe oft versucht, gegen die mangelnde Spontaneität von Schauspielern anzukämpfen, die im voraus wissen, was geschieht. Jetzt mußte ich Laughtons Kollegen nicht mehr auffordern, meine Anweisungen soweit zu vergessen, daß sie scheinbar nicht einmal ahnten, was geschehen würde. Denn wenn Laughton spielte, wußte es tatsächlich niemand. Ich freute mich darüber, daß die anderen gezwungen waren, jedes Wort, jede Geste und jede Bewegung von ihm mit größter Spannung zu verfolgen.

Was Kostüm und Maske anging, war ich hilflos. Laughton sah dem historischen Claudius ähnlich. Es wäre lächerlich gewesen, meinen Hauptdarsteller mit Perücke und Bart unkenntlich zu machen. Es hätte für ihn Tarnung genug sein müssen, einen stotternden Dummkopf zu spielen. Mir kam sogar der Gedanke, Laughton habe sich mit dem vorgeblichen Schwachsinn des historischen Claudius so völlig identifiziert, daß er sich nicht mehr anders verhalten konnte. Aber dafür gab es keinen Beweis, denn solange keine Kamera auf ihn gerichtet war, schien er sich nicht weniger normal als andere Schauspieler zu verhalten. Seine Liebe zur Verkleidung ließ sich leichter nachweisen. Ich mußte nur daran denken, mit welcher Hingabe er den Glöckner von Notre Dame gespielt hatte. Er schaffte es, den Buckligen zu einem wahren Monster zu machen, denn er brachte in die Rolle etwas ein, was man normalerweise nur von Kamelen kennt. Er hatte nicht einen Höcker, sondern zwei – die zweite, unverlangte Ausbuchtung verursachte ein Bauch, den er nicht verbergen konnte. Er erkundigte sich bei einer Freundin, die gebeten hat, ihren Namen nicht zu nennen, was sie von seiner Darstellung des Quasimodo hielt. Sie sagte: »Ich habe nur zehn Minuten von dem Film gesehen und mußte die meiste Zeit die Augen schließen.« Laughton erwiderte: »Das ist das größte Kompliment, das du mir machen konntest. Ich habe auch nicht hinsehen können. Ganz sicher muß Victor Hugo auf Gott sehr böse gewesen sein, als er *Notre Dame de Paris* schrieb.« Nun ja, Gott muß sehr böse auf mich gewesen sein, als ich versuchte, *Ich, Claudius* zu verfilmen.

Gegen seine masochistische Neigung ließ sich etwas unternehmen. Das Drehbuch enthielt eine Szene, in der das römische Heer – wie auch ich – glaubte, man könne ihn beeinflussen. Die Menge *zwingt* ihn, sich an die Spitze des römischen Senats zu setzen. Um die Richtigkeit unserer Annahme zu überprüfen, gingen wir sofort daran, den Schauplatz vorzubereiten. Wir bauten einen langen Weg, den eine johlende Menge säumte, die Claudius verhöhnte und anspuckte, während er durch diesen menschlichen Korridor hinkt, um seine Rede vor dem Senat zu halten. Wir engagierten etwa tausend schreckliche Gesichter und beleuchteten die Szene so, daß man nur den Haß und die tierische Gier der Menge auf ein Lynchopfer sah. Ich sagte allen, sie sollten ihrer Wut und Verachtung freien Lauf lassen, die Wachen bedrängen, die den Weg schützten, damit Claudius den Kameras nicht entfliehen konnte. Wir waren zur Aufnahme bereit. Ich ließ alles im Dunkeln, was unseren Plan hätte gefährden können, nur die häßlichen Gesichter, auf die ich mich verlassen konnte, waren angestrahlt. Die Kameras liefen und waren auch darauf vorbereitet, daß Claudius unter Umständen rückwärts ausweichen würde. Wir begannen mit einer Probe – wie jeder glaubte. Meine Vermutung erwies sich als richtig. Alle Vorsichtsmaßnahmen waren überflüssig. Die Szene gelang, und Claudius war ausgezeichnet.

Auch die demütigenden Szenen im Senat liefen glatt, und ich schöpfte allmählich Hoffnung. Aber inzwischen waren zwei oder drei Wochen vergangen. Ich beschloß, Nägel mit Köpfen zu machen, und suchte im Drehbuch ähnliche Szenen, die uns ermutigen und den dunklen Schatten vertreiben würden, der wie ein Ungeheuer über den Dreharbeiten lauerte.

Wir bereiteten als nächstes eine Episode vor, die den Gipfel der Demütigung darstellte. Die Szene spielte im Brautgemach, wo Messalina auf den Bräutigam wartet. Caligula hat die Hochzeit von Claudius und Messalina als einen bösen Streich arrangiert, um eine schöne Dirne mit einem stotternden Schwachkopf zu verkuppeln. Claudius sollte von betrunkenen Höflingen in Messalinas Brautgemach gestoßen werden, auf den Boden fallen, den Kopf heben und stottern: »So habe ich nicht bei dir erscheinen wollen.«

Soweit das Drehbuch. Wir fingen um neun Uhr morgens an. Claudius hatte wie üblich die Abdankungsrede des Herzogs von Windsor gespielt, um sich in die richtige Stimmung zu versetzen. Nach klaren und wohlüberlegten Anweisungen war alles zur Aufnahme bereit. Messalina in einem hauchdünnen Gewand trommelt ungeduldig mit der Fußspitze auf den Boden und wartet auf Claudius. Laughton hatte uns gesagt, auch er sei bereit. Die Kameras und die Tonbänder liefen. Claudius torkelte ins Zimmer, fiel zu Boden und blieb wie tot liegen. Die Kameras hielten an, ich ging zu Claudius, kniete besorgt neben ihm nieder und sagte: »Ich glaube, du könntest die Szene verbessern, wenn es nicht so aussieht, als wärst du umgebracht worden. Heb den Kopf, sieh Miss Oberon an und sprich deinen Text.« Laughton lag noch immer wie bewußtlos auf dem Boden. Endlich sah er mich an und sagte: »Es würde mir helfen, wenn ich wirklich mit einem Tritt in das Zimmer befördert würde.« Mein Assistent stellte sich dazu sofort zur Verfügung, und wir machten uns noch einmal zur Aufnahme bereit.

Claudius flog diesmal sehr überzeugend durch die Tür, fiel richtig zu Boden, hob den Kopf und fragte mich dann, was er hätte sagen sollen. So ging es stundenlang weiter. Nichts half. Mein Assistent war nicht so geduldig wie ich und trat Laughton fester und fester. Ein tödliches Schweigen senkte sich über die Bühne.

Als es Mittagszeit war, verschwand Laughton zum Essen, als sei nichts geschehen. Wir fanden uns wieder am Schauplatz des Geschehens ein, und jeder ging an seinen Platz. Miss Oberon kämpfte mit einem Krampf in den Zehen und trommelte dann wieder mit der Fußspitze auf den Boden. Ich fragte: »Sollen wir es noch einmal probieren, Charles?« Mein Assistent gab Laughton wieder einen Tritt. Aber das Mittagessen hatte nicht geholfen. Laughton mußte inzwischen einen blauschwarzen Hintern haben. Sein Verhalten ließ sich mit meiner Masochismus-Theorie nicht mehr erklären. Ich weiß nicht, ob ein Arzt diese absolute Unzugänglichkeit für alle Appelle als temporäre katatonische Erstarrung diagnostiziert hätte. Laughton hat danach noch viele Filme gedreht, und rückblickend frage ich mich, ob sein damaliges Verhalten nicht eine meisterhafte Verstellung war. Dem war ich nicht mehr gewachsen. Ich war mit meinen Zaubertricks – wenn es Zauberei war – am Ende.

Ich ließ Alexander Korda holen. Er kam sofort, setzte sich neben mich und sah zu. Ein paarmal ging er zu Laughton hinüber und erklärte ihm die Szene wie einem dreijährigen Kind. Messalina wartete, inzwischen mit versteinertem Gesicht, auf ihren Bräutigam. Ich wartete, machte mir inzwischen aber nur noch Gedanken um den Geisteszustand der vielen Menschen, die Zeugen dieser Prüfung waren. Korda wartete. Was er dachte, weiß ich nicht. Claudius flog immer wieder durch die Tür, fiel mit einem dumpfen Knall auf den Boden, hob den Kopf, machte ein Gesicht wie jemand, der nur wissen will, wo das nächste Postamt ist, und fragte: »Was soll ich jetzt tun?« Um fünf Uhr machten wir Schluß und verließen die Bühne.

Merle Oberon hatte an diesem Abend einen Autounfall und erlitt eine schwere Gehirnerschütterung. Es würde Wochen dauern, bis sie wieder auf der Bühne stehen konnte. Es war unmöglich, die anderen Schauspieler auf unbestimmte Zeit zu vertrösten und warten zu lassen, bis sie wieder gesund war. Die Szenen nachzudrehen, war ebenso unmöglich. Die Götter hatten einen Schlußstrich gezogen. Der Film wurde begraben. Eine unglückliche Versicherungsgesellschaft zahlte nach genauer Untersuchung die entstandenen Kosten.

Ich begegnete dem Mann, den ich nicht inszenieren konnte, nach unserer Zusammenarbeit (wenn man es so nennen kann) noch einmal. Wir standen auf einer Fußgängerinsel am Piccadilly Circus. Er sagte: »Hallo, wie geht es dir?« Ich antwortete: »Gut.« Wir schüttelten uns die Hände, und jeder ging in eine andere Richtung weiter.

Dieses Zwischenspiel hatte meine Reise um die Welt unterbrochen. Jetzt war ich frei und konnte sie fortsetzen. Mein staunender Blick hat sich auf vieles gerichtet. Ich liebte die Welt – und alles Liebenswerte in ihr.

Achtes Kapitel

»[...] setsuin de yarin wo tsukau yo.«*

Altes japanisches Sprichwort

Ich möchte jetzt über eine Frau sprechen, die nicht schwer zu inszenieren war. Aber ehe ich die Analyse eines weiteren Mitglieds der Schauspielergilde fortsetze, sollte ich die Geschichte der unmethodischen Schritte wenigstens skizzieren, die mich in die unangenehme Lage gebracht haben, das Wesen unserer Kunst zu untersuchen.

Bis auf wenige Ausnahmen ist die Entstehung eines Films ein kollektives Unternehmen, an dessen Spitze ein Mensch steht, der über das endgültige Produkt nur wenig mehr wissen muß, als daß er unerschütterlich davon überzeugt ist, sein Glaube werde mit Ruhm und Reichtum belohnt. Es entmutigt ihn im allgemeinen nicht, daß er sich meist irrt. Der Regisseur ist Herr über eine große Zahl ausgewählter Spezialisten, die sich redlich abmühen, und keiner wagt, das Territorium des anderen zu betreten. Niemand übernimmt die Verantwortung für das, was geschieht – am allerwenigsten der Mann mit der unerschütterlichen Überzeugung. Es ist nämlich viel zu verlockend, es nicht zu tun, und ratsamer, andere für die eigenen Fehler verantwortlich zu machen.

Viele in der Filmindustrie haben jahrelang lukrative Posten in einem Unternehmen, weil sie klug vermieden haben, etwas zu tun. Deshalb kann man sie auch nie für etwas Mißlungenes verantwortlich machen. Kein anderes Produkt auf Erden zeigt so wenig von der Arbeit der vielen wie ein Film. Ein guter Vergleich wäre etwa der Versuch, eine Sardine mit einer kilometerlangen Angelschnur zu fangen, an der unzählige Haken hängen. Um den Fisch zu fangen, braucht man einen Mann mit einer Kamera und wenige, sehr wenige Menschen, die bereit sind, aufmerksam zuzuhören.

---

* wörtlich: »[...] als würde man mit einem Speer in der Toilette stochern.«; sinngemäß: mit Kanonen auf Spatzen schießen. Anm. d. Red.

Das ist wiederholt unter Beweis gestellt worden, aber es bleibt eher die Ausnahme als die Regel.

Ich durfte meinen ersten Film ohne die Erschwernis einer kilometerlangen Angelschnur mit unzähligen Haken machen. Ich arbeitete zuerst einen Kostenvoranschlag aus. Der amerikanische Dollar war damals etwas mehr wert als heute, aber trotzdem entstand dieser Etat in einer Zeit, als die durchschnittlichen Kosten für einen Film zwischen einer halben und einer Million Dollar lagen. Hier meine Berechnung:

Regisseur (Stoff, Drehbuch und Schnitt)	500
Filmmaterial	1.500
Kameramann	200
Standphotograph	100
Assistent und Mann für alles	50
Studiomiete	100
Kulissen und Requisiten	150
Beleuchter und Scheinwerfer	300
Bühnenarbeiter und Requisiteur	100
Schauspieler	1.005
Miete für Drehorte und Polizeischutz	100
Material für Standphotos	45
Verschiedenes, Essen und Autos	75
Rechnungsprüfer	30
Summe	$ 4.255

Ich habe diesen Etat um 645 Dollar überschritten infolge von Umständen, die sich meiner Kontrolle entzogen. Der Film wurde zum ersten Mal in San Francisco öffentlich gezeigt. Die Ausgaben für Werbung und Vertrieb betrugen ein Vielfaches der Produktionskosten.

Die Diskussionen damals um den Film (*The Salvation Hunters*, 1924) machten viel Aufhebens um diese Leistung. Aber die wahre Geschichte seiner Entstehung ist sehr viel interessanter als die abenteuerlichen Berichte, die damals im Umlauf waren. Ich wachte eines morgens auf und stellte fest, daß ich einen Zelluloid-Heiligenschein trug. Dieser unhandliche und irritierende Kopfschmuck wurde öfter entfernt, um in den unterschiedlichsten und verwegensten Arrangements wieder angebracht zu werden. Im Verlauf dieser Manipulationen saß er mir oft wie eine Schlinge um den Hals.

Den Dokumenten, die zu dem Heiligenschein gehörten, kann man entnehmen, daß ein fanatisches Individuum mit einer Kamera auf dem Rücken aus dem Nichts auftauchte und wenige Tage später die Welt des Films zwang, ihn zur Kenntnis zu nehmen. Es gibt außerdem eine Reihe Anmerkungen, die sich mit dem mysteriösen Hintergrund und gewissen unaussprechlichen Härten beschäftigen. Ich bin nie fanatisch gewesen – höchstens wenn es um meinen Seelenfrieden ging, und die Sache mit dem »mysteriösen Hintergrund« stimmt nicht.

In dem bewußten Jahr hatte ich für eine vergleichsweise hohe Gage in einem der größeren Studios als Regieassistent gearbeitet. Ich wollte einhundertfünfzig Dollar in der Woche, aber der Studiochef behauptete – vielleicht zurecht –, kein Regisseur sei soviel Geld wert und sein Assistent erst recht nicht. Er bot mir einhundert Dollar, womit ich mich einverstanden erklärte. Nach der ersten Woche stellte er fest, daß er durch einige meiner Vorschläge mehrere tausend Dollar sparte, und er bezahlte mir von da an die geforderte Summe. Ich kann deshalb wie Mozart sagen, als er vom österreichischen Hof eine kleine Summe erhielt: »Ich habe für eine Summe gearbeitet, die zu groß war für das, was ich tat, und zu klein, für das, was ich tun könnte.«

In der Mitte der dritten Woche (die Dreharbeiten sollten viereinhalb Wochen dauern) bot man mir an, den Regisseur zu ersetzen. Man sagte, der Regisseur habe den Studiochef beleidigt, und in unserer Branche werden böse Worte nur geduldet, wenn der Betreffende nicht ersetzt werden kann. Damit hatte ich meine Chance, ein Regisseur zu werden. Aber zum Erstaunen des Studiochefs lehnte ich das großzügige Angebot ab. Er versicherte mir, ich müsse keine Loyalität walten lassen, denn der Regisseur habe nicht nur ihn beleidigt, sondern auch mich und behauptet, ich tauge nichts. Ich erwiderte, meine Ablehnung beruhe nicht auf Loyalität gegenüber meinem Regisseur, sondern ich halte das Material nicht für gut genug, um es zu inszenieren. Der Studiochef war verständlicherweise empört, und sein Zorn richtete sich nun gegen mich. Er erklärte, ich hätte kein Recht, mir anzumaßen, ich könne Regie führen.

Während ich das schreibe, sehe ich jetzt ein, daß mein Vorgesetzter durchaus berechtigt war, mir den Kopf zu waschen. Im Rückblick scheint sein wütender Zweifel an meinen Regiefähigkeiten nur vernünftig. Mit welchem Recht konnte ich behaupten, ein Regisseur zu sein? Es sind zwar beinahe alle meiner Assistenten Regisseure geworden, aber die Stellung eines Regieassistenten hat nichts mit der Arbeit eines Regisseurs zu tun. Eine Assistenz sollte auch nicht als die richtige Qualifikation angesehen werden. Bei einem sehr fähigen und wichtigen Regisseur kann die Assistenz ein wenig helfen – aber nicht viel. Ich habe bei sechs Regisseuren assistiert, von denen keiner als hervorragend galt.

Abgesehen von meinem ersten Regisseur waren fünf dieser Männer, denen ich assistierte, nicht nur nicht herausragend; sie wußten auch sehr wenig über das Wesen ihres Berufs. (Ich möchte damit nicht behaupten, daß mangelndes Wissen ein Hindernis dafür ist, ständig engagiert zu werden – und das in einem Bereich, wo Wissen unerläßlich ist.) Ein Regisseur war Maler von Wandbildern gewesen. Er betrachtete die Filmarbeit als eine unfeine Methode, sein Einkommen aufzubessern; ein anderer war ein großspuriger Gentleman, der nichts anderes konnte als durch ein geschwärztes Glas in die Sonne zu blicken, um zu sehen, aus welcher Richtung das Licht kam; ein dritter war Theaterregisseur und wußte wenig über Auftritte und Abgänge, der vierte war ein genialer Erzähler, der morgens erst mit der Arbeit anfing, nachdem er ein halbes Dutzend Flaschen Bier getrunken hatte; und den fünften sollte ich ersetzen. Sie waren alle höflich, freundlich und charmant.

Mir fehlten sogar die Fähigkeiten, die ein Regieassistent besitzen muß, denn es gehört zu seinen Pflichten, der Studioleitung weit mehr zu helfen als dem Regisseur. Und er sollte beiden Instanzen gegenüber unkritisch sein. Ich besaß nur in der technischen Seite der Produktion eine gewisse Ausbildung.

Wie ich bereits erwähnt habe, begann meine Filmlaufbahn damit, daß ich Filme schleppte und die gerissene Perforation reparierte. Seit diesen bescheidenen Anfängen hatte ich gewisse Fortschritte gemacht. Es vergingen zehn Jahre, bis ich meinen ersten Film drehte. Und in dieser Zeit hatte ich nie den Ehrgeiz, Regisseur zu werden. Das war mein Schicksal, und jeder Schritt, so seltsam es auch scheinen mag, ist ein wesentlicher Teil dieser Geschichte.

Bald nach meiner Ausbildung an dem Tisch, wo ich Filme reparierte, wurde ich zum Leiter der Versandabteilung in einem Filmlabor ernannt.

Meine Aufgabe war es, dafür zu sorgen, daß die Kinos die gewünschten Kopien erhielten. Da die Filme selten rechtzeitig fertig waren, bedeutete das, ich mußte mich nicht nur darum kümmern, daß die Filme aus den Entwicklungsbädern kamen und auf riesigen Trommeln getrocknet wurden, um dann so schnell wie möglich auf die Metallspulen gewickelt zu werden; ich mußte sie auch in einen alten klapprigen Ford laden und auf der sturmgepeitschten Küstenstraße zu einem Expreßdienst in Hoboken fahren, um sicher zu sein, daß die Filme rechtzeitig ihren Bestimmungsort erreichten. Meine Bilanz als Leiter dieser Abteilung war beinahe makellos. Nur eine Sendung konnte nicht rechtzeitig zugestellt werden, weil ich in der Eile das leicht brennbare Material aufwickelte, indem ich einen Bleistift durch die Öffnung in der Mitte der Rolle steckte. Bei dem schnellen Drehen fing der Film durch die Reibungshitze plötzlich Feuer. Es war nicht leicht, die Flammen in einem Raum zu löschen, der mit brennbarem Zelluloid vollgestopft war. Seit dieser Zeit habe ich großen Respekt vor dem Material, wenn auch nicht vor dem, was auf dessen Oberfläche verewigt ist.

Eines schönen Tages ereignete sich etwas, das verhinderte, daß ich für den Rest meines Lebens in der Versandabteilung blieb. Zu dem Studio in Fort Lee, New Jersey, gehörte auch ein Vorführsaal. Dort betrachteten die Regisseure ihre Filme während des Schnitts. Die Gesellschaft, bei der ich arbeitete (die World Film Corporation) produzierte jährlich fünfzig Spielfilme. Der Saal war Tag und Nacht belegt und erfüllt von Stöhnen und Ängsten. Hin und wieder fand ich mich auch dort ein, um mich von der Qualität des Labors zu überzeugen. Normalerweise ließ mich alles, was über die Leinwand flimmerte, völlig kalt. Aber an diesem Tag sollte sich das ändern, denn ein Regisseur mit dem Namen Harley Knowles fragte mich, was ich von seinem Film halte. Ich wußte nicht, was ich sagen sollte, denn mich hatte noch nie jemand um meine Meinung gefragt. Außerdem hatte ich nicht auf die Handlung geachtet. In meiner Verlegenheit wollte ich etwas Vernünftiges sagen. Aber anstatt den Film zu loben, wie man es von mir erwartete, bemerkte ich nur: »Mir gefällt das Wort 'Adirondacks' in einem der Untertitel nicht.«

Der Regisseur sah mich überrascht an und fragte mit seinem gelassenen Bariton, was mir daran nicht gefalle. Ich erwiderte: »Warum verwenden Sie nicht das Wort 'Berge'? Wer weiß schon, wo die Adirondacks sind?« Der

Regisseur war Engländer und kannte die amerikanische Geographie vermutlich ebensowenig wie ich. Er sagte, er werde über meinen Vorschlag nachdenken. Ich schluckte und machte mich, so schnell ich konnte, aus dem Staub.

Ungefähr eine Woche später setzte sich ein – nach dem mit Zigarettenasche befleckten Anzug zu urteilen – zweifelhaftes Individuum auf meinen Schreibtisch und erklärte, er sei William A. Brady. »Sind Sie der junge Mann, dem das Wort 'Adirondacks' nicht gefallen hat?« Ich rechnete natürlich damit, entlassen zu werden, denn Mr. Brady war der Boß der Gesellschaft. Er war nicht nur das, er inszenierte auch seine Stücke in einem eigenen Theater; Grace George war seine Frau, und der große Filmstar jener Zeit war Alice Brady, seine Tochter.

Ich nahm meinen ganzen Mut zusammen und bekannte mich zu der Kritik. Aber anstatt mich zu feuern, sagte der mächtige Mann: »Ich mache Ihnen einen Vorschlag. Meine Regisseure vergeuden Wochen, in denen sie Filme drehen sollten. Übernehmen Sie den Schnitt und überprüfen Sie die Untertitel. Wenn Sie das schaffen, können Sie bei mir soviel Geld verdienen, wie Sie wollen.«

Es stellte sich heraus, daß ich fünf Dollar mehr, das heißt fünfunddreißig Dollar die Woche bekam. Aber ich nahm das Angebot an und bearbeitete jede Woche Spielfilme. Auf diese Weise lernte ich zahllose Regisseure, Schriftsteller, Schauspieler und den außergewöhnlichen William A. Brady kennen, der mit meiner Arbeit sehr zufrieden war. Während dieser Zeit sagte die Drehbuchautorin Frances Marion – sie schrieb damals die besten Drehbücher – einmal zu Mr. Brady, ich wäre vermutlich ein guter Regisseur. Er sah mich durchdringend an und erwiderte: »Ich könnte Ihnen in weniger als drei Monaten das Inszenieren beibringen.« Ich kannte ihn inzwischen sehr gut und erwiderte lachend: »Es würde sehr viel länger dauern, wenn ich Ihnen das Inszenieren beibringen sollte.«

Wie daraus ersichtlich, war der junge Mann, den ich beschreibe, nicht mit übermäßiger Bescheidenheit geschlagen. Aber seinen »Hintergrund« kann man kaum als »mysteriös« bezeichnen.

Der erste Krieg gegen Deutschland begann, und man forderte mich zur Mitarbeit bei der Herstellung von Filmen auf, die unseren Soldaten den Gebrauch von Bajonetten, Gewehren sowie elementare Infanterieprobleme veranschaulichen sollten und neben anderen technischen Themen auch

Flugtheorien. Bei dieser Arbeit standen wir manchmal vor interessanten Problemen. Die Filme waren gut, aber die Soldaten schliefen auf der Stelle ein, wenn es im Saal dunkel wurde. Ich sorgte dafür, daß sie wach blieben, indem ich vor jedem Lehrbeispiel eine Szene brachte, die sie davon abhielt, die Augen zu schließen. Vor der Anleitung, wie man ein Bajonett benutzt, zeigte ich etwa, wie ein amerikanischer Soldat von einem deutschen Bajonett durchbohrt wird.

Da Mr. Brady darauf bestand, daß ich auch weiterhin seine Filme bearbeitete, machte die Regierung kurzen Prozeß. Ich wurde in die Armee der Vereinigten Staaten einberufen und landete im Army War College in Washington. Nach Kriegsende entließ man mich viele Monate nicht aus dem Dienst, bis ich Mr. Brady schrieb, er möge seinen Einfluß geltend machen und meine Entlassung beschleunigen. Kurz darauf rief man mich in das Weiße Haus, und kein anderer als der Präsident der Vereinigten Staaten machte mich wieder zum Zivilisten.

Nach einem kurzen Zwischenspiel, in dem ich den Film eines gefeierten Zauberers* bearbeitete, der irrtümlicherweise glaubte, er könne mit seinen Kunststücken einen erfolgreichen Film machen, wurde ich Regieassistent. Von dem Zauberer-Regisseur lernte ich nichts Wichtiges, sondern nur, wie man einen Apfel viertelt, ohne die Schale zu ritzen.

Der Überblick über meinen »mysteriösen Hintergrund« bringt uns zu dem Zeitpunkt, an dem der Studiochef mir sagte, ich hätte kein Recht, mir anzumaßen, ich könne Regie führen. Da es mein letzter Film als Regieassistent war, gehört das in diese Chronik, um zu zeigen, wie mir der Übergang zum Regisseur gelang.

Mein Regisseur beendete den Film, den zu übernehmen ich mich geweigert hatte, weil er nicht gut genug war. Da Regisseure, deren Filme kein Aufsehen erregen, nie Schwierigkeiten mit neuen Engagements haben, arbeitete er anschließend bei einer anderen Gesellschaft an einem anderen Film mit einem anderen Regieassistenten.

Zwei Szenen des angeblich fertigen Films waren vergessen worden, weil der Regisseur sie nicht für wichtig hielt. Der Studiochef bat mich, diese beiden kurzen Szenen zu inszenieren, denn er hatte sich mit dem Regisseur zerstritten und konnte ihn nicht dazu überreden. Es handelte sich um die

* Howard Thurston, Autor von *My Life of Magic*

kurze Liebesszene eines jungen Pärchens im Park und um die Operation einer Frau, die sich auf diese Weise verjüngen wollte – ein Thema, das damals die Gemüter erregte. Ich willigte ein, die Szenen zu drehen, aber nicht nur, weil der Regisseur nicht zur Verfügung stand, sondern weil der Studiochef an meinen Fähigkeiten gezweifelt hatte.

Die Liebesszene war schnell abgedreht. Jeder Amateur hätte das gekonnt, denn es gehört nicht viel dazu, wenn zwei Verliebte sich seelenvoll in die Augen blicken und dabei Händchen halten sollen. Dann beschäftigte ich mich mit der Krankenhausszene. Ich ließ einen Operationssaal in der Art einer Arena bauen, denn ich wollte, daß Medizinstudenten die Operation mit dem Fernglas beobachteten und gelegentlich ironisch grinsten. Ich kannte Serge Voronoff* und hatte eine vage Vorstellung von seiner Affen-drüsen-Theorie. Wer von irgendetwas eine vage Vorstellung hatte, war in Hollywood sofort die größte Autorität. Auch diese Szene brachte mich nicht in Verlegenheit.

Als der Film in einer Voraufführung lief, bestürmte man den Studiochef mit Fragen nach den Szenen, die ich inszeniert hatte, und er bot mir groß-zügig eine Regie in seiner Gesellschaft an. Er wollte mich mit der Aussicht ködern, einen ganzen Film für ihn drehen zu dürfen.

Das war ein großes Kompliment für jemanden, an dessen Regiefähigkei-ten er noch vor kurzem gezweifelt hatte. Aber ich lehnte ab, denn mir hat-te sich unerwartet eine Gelegenheit aufgetan, meinen ersten Film ohne fremde Einmischung zu machen.

Der Geldgeber des Films war ein Schauspieler, der mit einer in der Film-geschichte einmaligen Methode das Kapital aufbrachte, um einen abendfül-lenden Spielfilm zu produzieren. Er hatte ein leeres Sparbuch und wies sich darin ein angebliches Guthaben von sechstausend Dollar aus. Mit diesem eindrucksvollen Dokument kam er zu mir. Er registrierte meine Unerfahren-heit und wählte mich zum Ziel seiner Ambitionen. Er war ein junger Eng-länder – man nannte ihn wegen einer Rolle in einem H.G.-Wells-Film »Kipps«**. Er war einer von vielen, die sich in Hollywood herumtrieben.

Kipps erklärte, er habe mich bei der Arbeit beobachtet und halte mich für talentiert genug, um seine Pläne zu verwirklichen. Als ich mich nach

---

* Serge Voronoff (1866–1951), in den USA tätiger Physiologe, der durch seine Verjüngungsversuche mittels Verpflanzung von Affenhoden von sich reden machte.
** George K. Arthur. Anm. d. Red.

diesen Plänen erkundigte, sagte Kipps, er habe eine Geschichte geschrieben (wer hat das nicht?) mit dem Titel »Just Plain Bugs«, und ich sollte ihm ein Drehbuch daraus machen. Das bedeutete, ich würde seine Geschichte in Szenen mit Totale, Halbtotale und Nahaufnahmen umsetzen und in den Rahmen entsprechender Kulissen. Man hielt das – und hält es noch immer – für die Grundlage, um einen Film zu drehen. Aber es ist überhaupt keine Grundlage, sondern nur die traditionelle Methode, den Text allen verständlich zu machen, die Filme machen. Für diesen Dienst sollte ich von ihm fünfhundert Dollar bekommen.

Als ich seinen Text las, wußte ich, daß es keine Geschichte war, aber ich ahnte nicht, daß der Autor nicht genug Geld hatte, um eine Tasse Kaffee zu bezahlen. Ich gab Kipps das Manuskript zurück und riet ihm, es zu vernichten, ehe es jemandem in die Hände fiel. Dann bot ich ihm an, eine Geschichte für fünfhundert Dollar zu schreiben und zu inszenieren. Er nahm mein Angebot mit feuchten Augen sofort an und flüsterte, ich würde es nie bereuen. Dann fügte er mit belegter Stimme die erstaunliche Nachricht hinzu, kein anderer als Charles Spencer Chaplin habe die sechstausend Dollar zur Verfügung gestellt, die nur darauf warteten, in Zelluloid verwandelt zu werden.

Ich muß sehr leichtgläubig gewesen sein, denn ich wußte, daß Chaplin viele Jahre und Millionen Dollar für seine Filme ansetzte, aber mir fiel nicht auf, daß zwischen der Summe, die er für seine Filme ausgab, und dem Betrag, den er uns zur Verfügung stellte, eine gewisse Diskrepanz bestand.

Aber ich hatte mein Angebot gemacht, und man hatte es angenommen. Jetzt stand ich vor meiner Aufgabe, vor meinem ersten Film, in den mir niemand hineinreden sollte. Ich dachte über eine Geschichte nach, die sich für nicht mehr und nicht weniger als sechstausend Dollar in einen Film verwandeln ließ. Damals reichte das kaum, um zwei Arbeitsstunden unter normalen Hollywood-Bedingungen zu finanzieren. Kipps sollte mein Hauptdarsteller sein. Er würde keine Gage bekommen. Ich auch nicht. Aber wir brauchten einen Kameramann und eine Kamera, ein Aufnahmestudio und Scheinwerfer, Schauspieler, Beleuchter und vor allem Negativ- und Positivfilmmaterial. Ich konnte zwar auf die üblichen Assistenten und die vielen anderen verzichten, die dem Regisseur den Stuhl tragen und ihm die Zigaretten anzünden, aber ich brauchte einen gewissen finanziellen

Spielraum, denn es konnte durchaus jemand während der Dreharbeiten krank werden und damit die Fertigstellung des Films verzögern.

Ich fuhr also mit meinem Auto durch die Gegend und suchte einen billigen Schauplatz für den Kern der Handlung, die auf meine beengten finanziellen Verhältnisse zugeschnitten werden sollte. Wasser und Häfen haben mich schon immer fasziniert. Im Hafen von San Pedro entdeckte ich einen riesigen Schwimmbagger, der eine Fahrrinne ausbaggern sollte. Mir fiel auf, daß jedesmal, wenn die riesigen Greifer ins Wasser fielen und Schlamm zutagefördern, die entsprechende Menge Erde am anderen Ufer in die Fluten sank. Die Arbeit des Baggers schien vergeblich zu sein. Ich dachte nicht daran, daß der Bagger weggeschleppt werden könnte, wenn ich drehen wollte. Man entfernte ihn tatsächlich, aber erst an dem Tag, als ich alle Szenen mit dem Bagger abgedreht hatte. Die Gottheit, die für Filme zuständig ist, stand auf meiner Seite.

Ich ruderte mit einem Boot zu dem Schwimmbagger und erkundigte mich bei dem Besitzer, ob er mir erlauben würde, in zwei oder drei Wochen mit ein paar Schauspielern zu erscheinen, um Szenen für einen Film zu drehen. Der Mann hatte keine Einwände, solange meine Arbeit ihn bei seiner Arbeit nicht behindern würde. Außerdem machte er mich darauf aufmerksam, daß der riesige Bagger mit den schweren Greifarmen gefährlich sei und ich eine entsprechende Versicherung abschließen müsse. Ich wies ihn nicht darauf hin, daß ich die beste Versicherung der Welt besaß: Glauben und Vertrauen.

Ich machte mich sofort daran, eine Geschichte zu schreiben, in deren Mittelpunkt diese riesige Maschine stand. Ich setzte dafür zwei Wochen an, in denen ich auch Schauspieler und Aufnahmestab engagieren wollte. Als nächsten Schritt mußte ich auf Kredit Studioraum und Aufnahmegeräte mieten. Ich entdeckte eine verfallene Bühne* in einer Gegend von Hollywood, die Gower Gulch und Poverty Row heißt. Es standen ein paar vergessene Kulissen herum, halb zerbrochene Möbel, darunter eine Schneiderpuppe und ein Schild mit der Aufschrift *Der Herrgott segne dieses Haus.* Mitten im alten Chinatown sah ich ein paar Steinhäuschen, die einmal Prostituierten als Absteige gedient haben mußten, wie das Gekritzel an den Türen und Fenstern verriet. Ich hatte vor, die Kamera in einem Gestell auf

---

* Jetzt befindet sich dort Columbia Pictures; damals war es das Grand-Asher Studio.

Rädern zu verbergen, damit ich unbemerkt damit auf den Straßen von Los Angeles filmen konnte. Im San Fernando Valley sah ich ein Stück Land mit der Werbetafel einer Immobilienfirma. Darauf stand: *Hier werden Ihre Träume Wirklichkeit* – damit war meine Geschichte komplett.

Der geniale Schauspieler-Finanzier, der sich 6.000 Dollar in ein leeres Sparbuch gutgeschrieben hatte, war inzwischen nicht untätig. Er begann sofort, Anteile für unser Projekt zu verkaufen, um das Geld aufzutreiben, das der große Mr. Chaplin angeblich zur Verfügung gestellt hatte. Ich erfuhr erst davon, als es zu spät war, ihn daran zu hindern. Mit beispielloser Schlauheit wandte er sich als erstes an den Studioboß, der mir die Regie an einem Film angeboten hatte. Er überredete ihn, zweihundertfünfzig Dollar für ein sechzehntel Anteil an dem geplanten Film zu investieren. Nach diesem erfolgreichen Start gelang es ihm, das zweite Sechzehntel jemandem zu verkaufen, der eine Inderin kannte, der ein Ölbohrloch in Oklahoma gehörte. Anderthalb dieser Aktien kaufte eine Gruppe von Damen, die ihre Ersparnisse in einem gemeinsamen Fond verwalteten. Eine der Damen hätte mißtrauisch werden müssen, denn sie war mit Kipps verwandt. Ich bin sicher, er hätte ohne weiteres alle sechzehn Anteile verkauft, wenn er es unterlassen hätte zu sagen, daß er in dem Film mitspielte. Für mich wäre das vielleicht eine Katastrophe gewesen. Er konnte reden wie ein Wasserfall, und wenn er sein Ziel erreicht hätte, wäre für mich kein Geld dabei herausgesprungen, denn mein Vertrag sah vor, daß ich erst nach Ablieferung und Verkauf des Films bezahlt wurde. Er hatte beinahe eintausend Dollar für das Projekt zusammen, und wir konnten anfangen. Ich ahnte natürlich nicht, was hinter meinem Rücken geschehen war.

Trotz aller Belastungen bei meinem ersten selbständigen Unternehmen hatte ich einen großen Vorteil, der alles aufwog. Mein Drehbuch brauchte nur von mir genehmigt zu werden. Bei allen späteren Filmen mußten meine Drehbücher anderen zur Prüfung vorgelegt werden. Es ist wirklich ein Wunder, wenn ein Skript, nach dem ein Film gedreht werden soll, erfolgreich feindselige Kritik und ebenso fatalen gutgemeinten Rat übersteht.

Ich verschwendete die ersten vierzig Dollar für eine Anzeige in einer lokalen Zeitung, um darauf hinzuweisen, daß ich mit den Dreharbeiten zu meinem ersten Film begann – normalerweise hält man so etwas geheim. Zweieinhalb Wochen waren vergangen, seit mich die Beredsamkeit meines »Entdeckers« in die Falle gelockt hatte, als ich bereits die ersten Aufnahmen machte. Jede Idee, die ich verwirklichen wollte, stand im Gegensatz zu den Filmen, die damals in Mode waren. Es war die Zeit der »größeren und schlechteren Filme«, wie Will Rogers es Sam Goldwyn zusammenfassend bescheinigte. Der gescheite Kommentator fügte hinzu, es sei zwar möglich, noch größere Filme zu machen, aber keine schlechteren. Ich wollte weder einen besseren noch einen schlechteren Film machen, sondern einen, der sich von allen anderen Filmen unterschied.

Anstelle der üblichen Elinor-Glyn-Handlungen schwebte mir ein visuelles Gedicht vor. Anstelle von flacher Ausleuchtung wollte ich Schatten, anstelle von leeren Masken plastische Gesichter mit lebendigen Augen, anstelle einer nichtssagenden Kulisse einen mit Gefühlen befrachteten Hintergrund, der sich in den Vordergrund schob, anstelle der zuckersüßen Gestalten sachliche Figuren, die sich im Rhythmus des Films bewegten; anstelle von Stars hatte ich Statisten engagiert, und anstelle von Statisten wollte ich in ein oder zwei Szenen einen Star einsetzen. Das beherrschende Element des Films war eine eindrucksvolle Maschine – der Held in diesem Film sollte ein Bagger sein.

Ich stellte sehr schnell fest, daß die Erwartungen zu hoch geschraubt waren. Ich konnte keine Szene zweimal aufnehmen. Das Filmmaterial mußte aus Kostengründen rationiert werden. Ich mußte alles bis ins kleinste Detail durchdenken. Noch vor Tagesanbruch saß ich im Auto, um rechtzeitig am Hafen zu sein. Es galt, dem riesigen Bagger nicht in die Quere zu kommen, ich half, die schwere Ausrüstung zu schleppen, ich zeigte unerfahrenen Schauspielern, wie sie nach meinen Vorstellungen agieren sollten – das alles war kein Kinderspiel. Spät abends gelang es mir kaum noch, mich vom Wagen ins Bett zu schleppen, so müde war ich. Der Star, den ich als Statisten einsetzte, verlangte einhundert Dollar am Tag – bar auf die Hand. Ich hatte ihn für zwei Tage haben wollen. Ich gab ihm hundert Silberlinge und sagte ihm, er könne zu Hause bleiben. Ich ersetzte ihn mit meinem Schatten, der nichts kostete.

Aber einen wichtigen Faktor hatte ich nicht bedacht. Die Schecks, die mein schlauer Hauptdarsteller ausstellte, kamen mit dem brutalen, aufgestempelten Vermerk zurück: »Kein Guthaben«. Eines späten Abends – ich rasierte mich gerade – erschien Kipps in meinem Badezimmer, setzte sich auf den Toilettendeckel und erkundigte sich nach meinen Plänen für den nächsten Tag. Ich gab ihm einen seiner von der Bank zurückgewiesenen

Schecks, den mir mein Beleuchter überreicht hatte, weil er bezahlt werden wollte. Mein Geldgeber brach zusammen und gestand schluchzend, daß *er* die Summe von sechstausend Dollar in das Sparbuch eingetragen hatte. Ich sagte ihm, er möge die Sache vergessen. Ich würde den Film mit meinen Ersparnissen zu Ende drehen. Aber das war noch nicht alles. Er gestand auch seine Finanzierungskünste und berichtete von den Anteilen, die er verkauft hatte. Er war mein Hauptdarsteller. Ich brauchte seinen Körper und sein Gesicht, um die Arbeit zu beenden. Ich war nicht wütend auf ihn. Im Nachhinein kann ich sagen, daß ich seiner Gerissenheit meinen Start als Regisseur verdanke. Ich rasierte mich weiter, und am nächsten Morgen drehte ich weiter, als sei nichts geschehen. Wie bereits erwähnt, dauerten die Dreharbeiten dreieinhalb Wochen.

Ich machte schnell den Schnitt und schrieb die sogenannten Untertitel. In meiner Eile und im Zustand der Übermüdung schrieb ich Texte, bei denen ich noch heute zusammenzucke, zum Beispiel: »Eine anständige Frau raucht nicht.«

Alles in allem und gemessen an meinen Absichten, hielt ich den Film, für gelungen. Bei der Premiere erklärte ich, es sei mein erster Film, und widmete ihn »den Gescheiterten dieser Welt«. Ich tat noch etwas. Ich wollte mich bei dem Studiochef erkenntlich zeigen, der mir eine Regie angeboten und einen Anteil an diesem Projekt gekauft hatte. Ich nannte seinen Namen zusammen mit dem Titel und ließ ihm die Ehre, der Produzent dieses Films zu sein.

Dann brachte ich den Film in seinen Vorführraum und bat ihn, sich als erster meine Arbeit anzusehen. Er sah noch seinen Namen auf der Leinwand, dann schlief er tief und fest ein. Danach schnitt ich seinen Namen wieder heraus. Ich habe bereits an anderer Stelle berichtet, daß der Film bei der Premiere Empörung unter den Zuschauern auslöste. Bis zum heutigen Tag ist es für mich eine Qual, einen meiner Filme zusammen mit dem Publikum zu sehen. Am nächsten Abend ließ ich diese Tortur noch einmal über mich ergehen. Diesmal gab es keinen Aufruhr. Ich kehrte in mein Zimmer zurück, schlief gut und spazierte am nächsten Morgen über den Hollywood Boulevard. Ich wollte in einem Restaurant in aller Ruhe frühstücken.

Der Gedanke erschien mir beglückend, daß der vor mir liegende Tag keine schwierigen Probleme bringen würde. Meine Karriere als Regisseur war beendet, und ich hatte mit der Welt Frieden geschlossen. Ich hatte mich schnell mit dem Mißerfolg abgefunden. Die Regie eines Films verlangte einen zu großen Einsatz. Bei jedem Schritt trat man auf einen Menschen oder wurde selbst überrannt.

Aber es war die Ruhe vor dem Sturm, denn dann ereignete sich eine Reihe unglaublicher Dinge. Ich hatte etwa die Hälfte meiner Grapefruit gegessen, als lächelnd ein schlanker Herr um Erlaubnis bat, sich an meinen Tisch setzen zu dürfen. Er stellte sich als Charles Chaplin vor und berichtete, er habe gestern am späten Abend in seinem Haus meinen Film gesehen. Er fügte hinzu, er glaube, es gebe nur einen Regisseur, der sich mit mir messen könne – und das sei er. Im ersten Augenblick hielt ich das Ganze für einen schlechten Witz. Woher kannte er mich? Wie konnte mein Film gestern nacht in seinem Haus gelaufen sein? Ich wußte, der Mann an meinem Tisch war Charles Spencer Chaplin, denn sein Photo war überall zu sehen, aber von mir gab es keine Bilder.

Noch ehe ich ihm Fragen stellen konnte, erschien ein Kellner, der mich nun wirklich nicht kannte, sprach mich mit Namen an und erklärte, ich werde am Telefon verlangt. Verwirrt ging ich zum Telefon. Wie konnte jemand wissen, wer ich war und wo ich war? Wie konnte man mich in einem Restaurant ausfindig machen, in dem ich ein völliger Fremder war?

Nebenbei gesagt, es dauerte nicht sehr lange, bis ich wußte, wie so etwas geschah. Wenn eine Schnecke Hollywood einen wertvollen Beitrag liefern könnte, würde man sie auf der Stelle ausfindig machen – auch im Schutt eines verlassenen Hauses.

Am anderen Ende der Leitung meldete sich eine freundliche, forsche Stimme als Douglas Fairbanks. Mr. Fairbanks sagte, Mary Pickford und Mr. Joe Schenck hätten kurz nach Mitternacht meinen Film in seinem Haus gesehen. Diese Gruppe von Leuten vertrete die United Artists Corporation und würde den Film gerne in den Verleih nehmen. Miss Pickford wolle mich außerdem dazu überreden, ihren nächsten Film zu inszenieren. Und sie alle drei wären stolz, alles an dem Film zu kaufen, was ich zu welchem Preis auch immer verkaufen möchte. Wir verabredeten uns etwas später am Vormittag, um die Einzelheiten zu besprechen. Wir wollten uns außerdem mit den Anwälten und den Chefs der United Artists Corporation treffen, die bis jetzt nur Filme von D. W. Griffith, Mary Pickford, Douglas Fairbanks und Charles Chaplin im Verleih hatten, von denen keiner weniger als eine Million Dollar gekostet hatte. Ich ging zu meinem Tisch zurück, um das Gespräch mit Mr. Chaplin fortzusetzen, aß schnell mein Frühstück und verhielt mich fortan so, als sei das unvermeidliche Ergebnis der schweren Arbeit nur ein gerechter Lohn. Ich hatte mich als Unbekannter zum Frühstück gesetzt, aber als ich die erste Tasse Kaffee trank, machte mein Name bereits Schlagzeilen.

Später erfuhr ich, was sich in der Nacht zuvor ereignet hatte. Mein genialer Hauptdarsteller und angeblicher Geldgeber war auf höchst außergewöhnliche Weise tätig gewesen. Ich hatte ihn beauftragt, die Filmkopie in den Schneideraum zurückzubringen, aber er war damit zu Chaplins Haus gefahren. Dort bestach er den japanischen Butler und überredete ihn, den Film seinem Herrn vorzuführen (Chaplin hatte eigene Vorführräume und sah sich beinahe jeden Abend Filme an). Sollte man ihn zur Rede stellen, würde der Butler sagen, er begreife nicht, wie dieser Mist unter die für diesen Abend vorgesehenen Filme geraten sei. Er sollte nach der ersten Rolle die Vorführung unterbrechen und sich bei Chaplin entschuldigen. Aber Mr. Chaplin wollte auf der Stelle den ganzen Film sehen. Glücklicherweise waren auch alle Rollen im Vorführraum.

Mr. Chaplin rief dann Douglas Fairbanks an und ließ ihm den Film um Mitternacht bringen. Dann wurde er noch einmal für die anderen vorgeführt, und Chaplin sah ihn zum zweiten Mal. Bis zum heutigen Tag ist mir ein Rätsel, woher mein Hauptdarsteller die fünf Dollar hatte, um Chaplins Butler zu bestechen. Für ihn war es eine große, für einen Dienstboten jedoch eine kleine Summe, der damit seine Entlassung riskierte. Die Summe erscheint im Licht der Ereignisse, die viele Jahre später stattfanden, noch kleiner, denn damals – es war die Zeit von Pearl Harbor, als der Butler verschwand – kursierten Gerüchte, er sei Admiral der japanischen Marine.*

Ich war jetzt Mary Pickfords Regisseur. Das war ein Kuriosum, denn diese charmante Dame war die Hauptvertreterin des ganzen Spektrums an Kitsch, den der populäre Film zu bieten hatte, und gerade den hatte ich mir geschworen, zu ändern. Locken und Getue, wie reizend auch immer, waren für mich ein rotes Tuch. Mit einem Satz befand ich mich im inneren Kreis, dicht am Kern der Elite. Dort gab es keine Trennungslinie zwischen

---

* Er verschaffte mir einen japanischen Butler und überredete mich außerdem, eine junge Dame einzustellen, die Tochter eines Mannes, der in der Marinewerft in Seattle arbeitete. Mein Butler wurde bei Ausbruch des Krieges interniert. Die junge Dame wurde die Frau eines Ölmillionärs.

Größe und Pathos, dem Erhabenen und dem Lächerlichen. Ich hatte mich in eine Kampfarena begeben. Aber ich fand mich nicht in einer Arena wieder, sondern saß bequem in einer der Plüschlogen.

Die Zeitungen verkündeten, etwas Neues und Großes sei am Filmhorizont aufgetaucht. Meine Statisten wurden Stars. Artikel über mich begannen mit den Worten: »Hut ab!« Obwohl ich seit Jahren in der Filmindustrie arbeitete und man meinen Werdegang ohne weiteres hätte verfolgen können, taten alle so, als sei ich von einem fernen Stern auf die Erde gefallen. Die Presse drängte sich um mich wie ein Heuschreckenschwarm, verschmähte meine Version meines Lebens und erfand eigene Versionen. Hier ein bezeichnendes Beispiel:

»Beim Sprechen lehnte er sich zurück – besser gesagt, er rekelte sich lässig, denn nur Frauen lehnen sich zurück – in einem akrikosenfarbenen Sessel, streckte die Beine aus und legte die Füße auf einen aprikosenfarbenen Schemel. Er rekelte sich nicht träge, er rekelte sich nicht arrogant. Er rekelte sich auch nicht in verwerflicher Unterwürfigkeit. Josef von Sternberg rekelte sich einfach natürlich, bequem und völlig entspannt.«*

Die Presse hörte nur auf Leute, die nie in meine Nähe gekommen waren, und schmückte meine Persönlichkeit mit Eigenschaften, die überzeugend genug waren, um sich nie mehr abschütteln zu lassen. Ich war nicht nur ein Exzentriker, der im Winter einen Strohhut trug und einen Pelz im Sommer, sondern ich trug bei den Dreharbeiten auch Ohrenschützer, damit ich das gequälte Stöhnen der Schauspieler nicht hörte.

Die Männer, die Filme verkaufen, hatten inzwischen ein neues Wort für den kleinen Film geprägt, der mich berühmt machte. Sie priesen ihn als *dramasterpiece* und versetzen so das ganze Land in Angst und Schrecken. Trotz guter Kritiken von Männern wie Carl Sandburg und Robert Sherwood blieb der Film dem durchschnittlichen Kinobesitzer als ein Kukkucksei in Erinnerung, der die üblichen Zuschauer vertrieb und neue Gesichter ins Kino führte, die er dort noch nie gesehen hatte und sehr wahrscheinlich auch nie wiedersehen würde.

Aber jetzt, in den Kreis der Mächtigen aufgenommen, war ich der Regisseur von »Amerikas Liebling«. Ich reiste überstürzt nach Pittsburg, um zwei Wochen später mit einer Geschichte zurückzukommen, die ich

---

* Mark Larkin in *Movie Classic*.

schnell als Vorlage für unseren ersten Film geschrieben hatte. Ich nannte sie *Backwash*. Es ging darin um eine blinde junge Frau und einen Taubstummen, der durch die Augen eines Mädchen gesehen wurde, die nie etwas gesehen hatten. Ich wollte eine Geschichte in Bildern erzählen, die der Vorstellung einer blinden Frau entsprachen. Ich wollte die junge Frau jedoch nicht als ein hilfloses Wesen zeigen, dem die normalen Freuden des Lebens versagt waren. Ich begab mich für eine Woche als Blinder in ein Blindenheim, um meine Vorstellungen zu überprüfen. In der Geschichte gab es auch eine Szene, in dem meine vom Leben benachteiligten Helden eine Chaplin-Komödie besuchen sollten. Chaplin hatte sich zu ein paar Clownerien bereiterklärt.

Mary Pickford und ihre Partner lasen die Geschichte mit Begeisterung. Ihr Eifer, das Projekt zu verwirklichen, wurde jedoch durch die Erkenntnis gedämpft, daß die Bilder zu dem Film nur in meinem Kopf existierten. Meinem Star widerstrebte verständlicherweise ein Abenteuer auf unbekanntem Terrain, und sie bat mich, zehn Wochen zu warten, bis sie sich an den Gedanken gewöhnt hatte. Inzwischen wollte sie einen »normalen« Film mit einem »normalen« Regisseur machen. Ich war mit diesem Aufschub nicht einverstanden. Und da die großen Filmgesellschaften Schlange standen, um mich zu engagieren, entschied ich mich für die größte, nachdem man dort versprach, mir alle vorhandenen Mittel zur Verfügung zu stellen.

Also zog ich aus, um mit der Culver City-Windmühle zu kämpfen. Man kennt dieses Unternehmen als MGM, und mit all ihren »Mitteln« machte ich einen Film (*The Exquisite Sinner*, 1926).*

Abgesehen von ein paar wenigen erstaunlich urteilsfähigen Freunden fand niemand den Film besonders gut. Und da die Gesellschaft Drehbuch und Schauspieler in dieses Projekt eingebracht hatte, gab es keinen Zweifel daran, daß ich der Versager war. Mit noch nie dagewesener Freundlichkeit wollte man zeigen, wo ich versagt hatte. Deshalb beschloß diese große Gesellschaft, in der so viele Talente über sich selbst stolperten, eine Neuverfilmung, um an einem praktischen Beispiel zu demonstrieren, wie ich den Film hätte inszenieren sollen. Das führte zu zwei erfolglosen Filmen. Ich machte mich zum Abgang bereit, als der Boß mich in sein Büro rufen

---

* In der offiziellen Ankündigung lobte der National Board of Review ihn als ein »außergewöhnliches Filmdrama«.

ließ und mir eine zweite Regie anbot. Ich teilte ihm voll Bedauern mit, daß günstige Bedingungen für mich ungünstig seien, und ich hätte keine Lust, sie noch einmal auf mich herabzubeschwören. Aber er ließ nicht locker, bis ich der Sache dadurch ein Ende bereiten wollte, daß ich erklärte, ich könnte unter so günstigen Bedingungen nur einen neuen Versuch wagen, wenn meine Gage verdoppelt werde. Das erwies sich als kein Hindernis. Der Boß versicherte mir außerdem, er werde sich diesmal um alle Details höchst persönlich kümmern und mir die beste Geschichte und die besten Schauspieler der Welt zur Verfügung stellen. Von mir erwarte er nur ein paar wenige Bemerkungen bei den Dreharbeiten. Ich nahm an. Warum nicht? Ich war mir meiner Fähigkeiten keineswegs sicher. Meine Theorien mochten falsch sein. Warum sollte ich darauf bestehen, recht zu haben?

Außerdem mochte ich meinen Boß (Louis B. Mayer). Seine Überredungskünste waren beeindruckend – kein Wunder, denn er war der höchstbezahlte Mensch auf Erden. Zumindest nach außen hin war er charmant, schlicht und aufrichtig. Wenn seine Augen in Tränen schwammen, konnte er einen Elefanten davon überzeugen, ein Känguruh zu sein. Er behandelte mich zuvorkommend, unterhielt sich oft mit mir und folgte sogar meinem Rat, Mauritz Stiller nach Hollywood zu rufen und ihn zu bitten, Greta Garbo mitzubringen. Er war zwar der alleinige Herrscher in diesem Filmparadies, aber er delegierte alle Nebensächlichkeiten (Filme machen war eine davon) der hydraköpfigen Ansammlung von Produzenten und Supervisors, deren Zahl ständig wuchs, weil jeder Kopf, der fiel, durch zwei neue ersetzt wurde. Seine Hilfskräfte wurden alle sorgfältig nach ihren Verdiensten ausgewählt. Und gemessen wurden diese Verdienste an ihrer Fähigkeit zu Aufrichtigkeit.

Dort wie überall in Hollywood (und ebenso in vielen anderen Kulturzentren) entwickelte sich die Aufrichtigkeit von einer kleineren Tugend zu einer wesentlichen Voraussetzung für Genialität. Viel zu spät lernte ich jemanden kennen, der mir den Vorteil erläuterte, diese seltsame Einschätzung der Aufrichtigkeit nicht anzuzweifeln. Es ist nicht übertrieben, wenn ich erwähne, daß alle Feinde der Künste und der Menschheit vom Skorpion der Aufrichtigkeit gestochen worden sind. Es ist ratsam, sich leicht vor der Aufrichtigkeit zu verbeugen, wenn man ihr begegnet. Niemand muß natürlich soweit gehen, einem aufrichtigen Menschen den Mantelsaum zu küssen, aber die japanische Methode erweist sich immer als sehr nützlich: Man werfe sich auf die Knie und berühre mit dem Kopf den Boden, um jedem die angemessene Achtung zu erweisen, der sich an die Brust schlägt und seine Aufrichtigkeit verkündet.

Es wurden also aufrichtig gemeinte Anweisungen erteilt, mich bei der Regie meines nächsten Films zu unterstützen. Ein Begeisterungssturm erhob sich in jeder Abteilung, die bislang respektvolle Distanz gewahrt hatte, weil ich wünschte, so einfach wie möglich zu arbeiten. Alle wertvollen Dinge müssen erst flüstern, ehe sie brüllen können. Aber viel zu viel beginnt in unserer Kunst mit lauten Geschrei und endet mit Flüstern. Das Lektorat fand nach einer hektische Suche das geeignete Vehikel für mich. Es war niet- und nagelfest. Nichts konnte schiefgehen. Und auch der Titel war bombensicher: *The Masked Bride*. Kugelsicher war auch die Besetzung. Sie rief die fähigsten Schauspieler auf den Plan: Mae Murray, Francis X. Bushman, Roy D'Arcy und Basil Rathbone. Letzteren hatte ich in England im zweiten Teil von Shakespeares *Heinrich IV.* in einer ausgezeichneten Aufführung gesehen. Man wies mich darauf hin, auch die anderen Darsteller seien so glänzend wie jedes auf Hochglanz polierte Möbelstück in meinen Kulissen. Das war ein grandioser Start!

Nach zwei Wochen in dieser eleganten Welt richtete ich die Kamera nach oben, um die Balken der Studiodecke zu filmen. Ich wollte mich nicht unklar ausdrücken und erklärte den sprachlosen Studiomanagern, daß ich etwas Interessanteres suchte als das, was sich in dem perfekten Material zeigte, das sich auf dem glänzenden Boden bewegte. Man rief einen anderen Regisseur, einen »aufrichtigen«, um die Maskerade zu übernehmen. Ich wurde liquidiert. Als ich an jenem Nachmittag das Studio verließ, begleiteten mich drei weitere Regisseure, die sich ebenfalls als untüchtig erwiesen hatten und zum Gehen aufgefordert worden waren. Der eine war Frank Capra. Er drehte als nächsten Film *It happened one Night*. Der andere war William A. Wellman; sein nächster Film war *Wings*, ein großer Erfolg! Und der dritte Regisseur war Frank Borzage, der als nächsten wunderschönen Film *Seventh Heaven* drehte. Mauritz Stiller, Victor Sjöström und Erich von Stroheim mußten wie viele andere fähige Regisseure MGM verlassen. In einem Buch (*The Lion's Share*) singt Bosley Crowter ein Loblied auf diese Gesellschaft. Er war ein wahrhaft herausragender Kritiker der feineren Aspekte eines Films, und er stellt das unter Beweis, indem er andeutet, man sei uns im Zuge von Ausbesserungen im sanitären Bereich losgeworden und sagt sehr witzig, man habe uns »weg-gespült«.

So verließ ich diese freundliche Umgebung nicht übermäßig besorgt und ohne zu ahnen, welche Strafe auf meinen anschaulichen Protest folgen sollte.

Ich zitiere noch einmal die Japaner. Sie sagen, was zweimal geschieht, wird dreimal geschehen. Die »Drei« ist natürlich nur eine poetische Um-schreibung für ein immer wiederkehrendes Ereignis.

Mein erster Fehltritt hatte darin bestanden, den Schutz von Mary Pick-ford aufzugeben; der zweite, einen Film zu machen, der keinem gefiel, und der dritte, die Kamera auf die Studiodecke zu richten. Was würde jetzt fol-gen? Es folgte etwas Klassisches. Nach einer kurzen Zeit der Reue, in der ich mich in Sack und Asche hüllte, um über das Bibelwort nachzusinnen: »Niemand kann zwei Herren dienen« (im Film dient man mehr als zwei-en), erhielt ich den Auftrag, einen Film für einen Freund und Bewunderer mit dem Namen Charles Spencer Chaplin zu inszenieren.

Er ließ mir jede erdenkliche Freiheit, bis auf eine: Ich konnte den Film nicht zeigen, den ich gemacht hatte. Die Auszeichnung, der einzige Regis-seur zu sein, den Mr. Chaplin engagierte, brachte mir keinerlei Vorteile.

Der bekannte Reporter Walter Winchell spitzte den Bleistift und schrieb: »Der Anrufer wollte wissen, wo er arbeitet [...]. ʻIch glaube, er ar-beitet nichtʼ, war die Antwort, ʻich glaube, er spielt wieder einmal nur das Genie.ʼ« Hollywood freute sich. Der Rebell in ihren Reihen beunruhigte sie nicht länger, und man konnte ungestört weitermachen. Die Revolution war niedergeschlagen. Der selbstgeschaffene und hochgelobte Riese war zu einem Zwerg erklärt worden. Ich wurde zum Witz und zur Zielscheibe geistreicher Bemerkungen. Die führenden Herrschaften der Zelluloidge-sellschaft rieben sich die Hände. Jemand, der Filme mit nichts und für nichts machte, hatte ihre Existenz bedroht.

Die Geldgeber, die eine radikale Reform eines Systems gefordert hatten, das vor meinem Auftauchen nicht ohne Verschwendung auskam, ver-stummten. Die Studiogewaltigen konnten wieder höflich, aber furchtlos mit den Geldgebern verhandeln. Es gibt eine hübsche Geschichte über ein solches Treffen. Ein paar wichtige Finanziers kommen am Bahnhof an und werden von einer Gruppe bescheidener Vertreter der einzelnen Filmgesell-schaften abgeholt. Einer der Herren blickt auf die höflich geneigten Köpfe und fragt dann seine Mitreisenden: »Meine Herren, wollen wir uns zuerst die Studios ansehen, oder gehen wir gleich in ein Bordell?«

Aber da ich immer noch frei herumlief, stellte ich eine Gefahr dar. Wer konnte garantieren, daß ich mein erstes Abenteuer nicht wiederholte? Wie wäre es, so fragte man sich deshalb, wenn man mich an den richtigen Platz stellen und wieder als Regieassistenten beschäftigen würde? Kaum gesagt, schon getan. Eine große Filmgesellschaft, diesmal mit dem Namen Paramount, machte mir das großzügige Angebot, bei einem Regisseur für Western Regieassistent zu werden. Es gab für mich nur eine Möglichkeit, auf die beabsichtigte Beleidigung zu reagieren: Ich mußte das Angebot sofort annehmen. Man überließ mich einem Regisseur, der von mir verlangte, mit ihm die Runde zu machen, damit er mich zur Schau stellen konnte wie ein römischer Kaiser einen wertvollen nubischen Sklaven. Mein Sinn für schwarzen Humor hatte mir eine Knechtschaft eingebracht, die nur schwer zu ertragen war. Ich mußte einen Vertrag unterschreiben, in dem ich mich auf unbestimmte Zeit als Assistent verpflichtete. Der Geschäftsführer, der mir den Füllhalter zur Unterschrift reichte, fügte unaufgefordert hinzu, seiner Meinung nach sei ich auch als Assistent nicht zu gebrauchen.

Nachdem ich eine Woche meinem Regisseur die Zigaretten angezündet und ihm das Drehbuch getragen hatte (er warf keinen einzigen Blick hinein), rief man mich in das Büro des Allgewaltigen und forderte mich auf, Platz zu nehmen. »Was hielten Sie von einer anderen Arbeit?« Ich erwiderte, mein Vertrag verpflichte mich dazu, Anweisungen zu gehorchen. Er erklärte, ich solle den Vertrag vergessen. Er schäme sich, bei meiner Demütigung mitgewirkt zu haben. Dann bat er mich, ihm bei einem Problem zu helfen. Seine Bitte machte mich keineswegs glücklich, denn beim Filmemachen verließ man sich immer wieder auf den Rat von Hausmeistern und Stiefelputzern.

Ich sollte mir einen gerade abgedrehten Film vornehmen und versuchen, ihn zu retten. Der Boß betonte, er halte mich für einen erstklassigen Schreiber von Untertiteln – so nannte man die Texte in Stummfilmen. Es sei zwar zweifelsfrei erwiesen, daß ich nicht inszenieren könne, aber mit meinem ersten Film hätte ich gezeigt, daß ich die schlimmsten Fehler durch geschickte Kommentare vertuschen konnte.

Wie befohlen, sah ich mir den Film an. Er hatte den Titel *Children of Divorce* und stammte von dem bekannten Regisseur Frank Lloyd, der im allgemeinen Kassenerfolge ablieferte. Der Film war ein Trauerspiel mit Pseudogags von Gary Cooper und Clara Bow, dem damaligen Star der Paramount. Ich berichtete meinem Boß, der diese Produktion mit einer Million Dollar finanziert hatte, meine Künste könnten dem Film kein Leben einhauchen, indem ich den Darstellern Text in den Mund legte. Ich schlug vor, die Hälfte des Films neu zu drehen.

Das war nicht ungewöhnlich. Es war in Hollywood die konventionelle Methode, Filme zu machen. Das System sah vor, daß zwanzig Leute einen Film machten, und zwanzig weitere ihn umarbeiteten. Auf diesem Weg begegnete man manchmal auch jemandem, der wußte, was er tat. Man erklärte mir auf der Stelle, es sei nicht möglich, noch einmal fünf Wochen in eine unsichere Verbesserung zu investieren. Darauf erwiderte ich sorglos, ich könne den halben Film in drei Tagen drehen und dann eine erfolgreiche Fassung liefern.

Der Boß B. P. Schulberg sah mich an. Er liebte Wetten und rechnete sich schnell die Chancen aus: drei Tage oder ein völliger Reinfall. Er mochte seine Position verlieren, wenn das Ergebnis ein Fiasko wurde. Er verdiente damals siebentausend Dollar in der Woche. Er dachte laut: »Was ist mit den Bühnenbildern? Die Kulissen sind abgebaut, und die Studios sind belegt.« Ich schlug vor, ein Zelt zu errichten und die Kulissen aus den Magazinen zu holen. Um alles andere brauche er sich keine Gedanken zu machen. Seine Augen funkelten. »Also gut«, sagte er, »Sie haben zwei Tage für die Vorbereitungen und drei Tage für die neuen Szenen.«

Das Zelt wurde aufgebaut, und die Umwandlung begann. Ein Unwetter kam, und es regnete drei Tage und drei Nächte. Wir wateten im Wasser durch die neuen Szenen. Hin und wieder platschte ein Schwall Wasser durch die Leinwand. Der Stab und die armen Schauspieler, die ich unbarmherzig durch die neuen Szenen peitschte, brauchten einen längeren Erholungsurlaub, als ich sie entließ. Um das vorhandene Material benutzen zu können, mußte ich den Stil des anderen Regisseurs beibehalten. Ich führte meinen Auftrag pünktlich durch, schnitt die alten Szenen und ersetzte sie durch die neuen. Dann zeigte ich den staunenden leitenden Herren des Studios den Film. Eine bereits verloren geglaubte Million war gerettet.

Man belohnte mich – aber nicht mit Geld. Ich hatte noch nicht unter Beweis gestellt, daß ich einen ganzen Film inszenieren konnte, sondern nur gezeigt, daß ich einen halben Film bewältigte.

In einem Anfall von Großzügigkeit beschloß die Filmgesellschaft, mein mögliches Können auf die Probe zu stellen. Die Studiogewaltigen ließen sich wieder auf ein Spiel ein und beauftragten mich, einen ganzen Film zu machen. Natürlich sollte es kein wichtiger Film sein, sondern nur ein kleiner, sozusagen ein Füller – ein Film, bei dem es nicht weiter auffiel, wenn er nicht in die Kinos kam.

Es ist nicht ganz richtig, wenn ich meinen schwankenden Aufstieg auf der unsicheren Filmleiter in der ersten Person beschreibe. Dies ist ein Rückblick, und der Mensch, der ihn schreibt, hat wenig mit dem von damals gemein. In jener Zeit, die ich versuche zu rekonstruieren, war ich schwierig. Wenn es keine Probleme gab, provozierte ich sie. Natürlich mag dieser Text zeigen, daß ich diese Neigung meiner Anfangszeit immer noch nicht unter Kontrolle gebracht habe. Es gibt für einen Menschen zwei deutlich voneinander verschiedene Lebensweisen, wenn er wählen kann: eine schwierige und eine leichte. Damals war mir nicht bewußt, daß ich die Wahl hatte.

Aber kehren wir zu meiner Geschichte zurück. Man kann viel zugunsten jener sagen, die mich schief ansahen. Sie waren ehrgeizig und von ihrer eigenen Bedeutung erfüllt. Ich dagegen hatte mir einen Panzer der Gleichgültigkeit zugelegt. Für mich stand wenig auf dem Spiel, und deshalb stand fest: Entweder man erlaubte mir zu tun, was ich für richtig hielt, oder ich arbeitete nicht. Die Filme anderer kritisierte ich, und meine eigenen gefielen mir nicht. Und so wurde ich eine leichte Zielscheibe. Eine der Größen im damaligen Hollywood machte einen albernen Film, *Romeo and Juliet*, den die gesamte Branche mit den üblichen Fanfarentönen bejubelte. Ich hingegen kritisierte ihn öffentlich. Die Tageszeitungen überschlugen sich vor Begeisterung und ließen sich lang und breit darüber aus, daß ich ihn als einziger für schlecht halte. Mir war bewußt, daß ich in der Schußlinie stand, und ich hätte es unterlassen sollen, andere herauszufordern. Ich schreibe das nicht, um anderen die Schuld für meine Fehler in die Schuhe zu schieben.

Nach drei verregneten Drehtagen war ich als Regisseur wieder anerkannt. Man gab mir ein paar Seiten eines Manuskripts von Ben Hecht,[*]

---

[*] In seiner Autobiographie *A Child of the Century* sagt er: »Es war achtzehn Seiten lang und voll schwermütiger Carl Sandburg-Sätze.«

von ihm ein erster Versuch, seine Verachtung für das »Kino« zum Ausdruck zu bringen. Die Geschichte hatte einen guten Titel und handelte von den Eskapaden eines Gangsters. Es war Neuland, denn über diese ergiebige Seite unserer Kultur hatte man noch keine Filme gedreht. Ich hielt Hecht für einen fähigen Autor und hatte *Erik Dorn* und *Count Burga* gelesen, aber er hielt mich nicht für einen fähigen Regisseur. Als er erfuhr, daß ich sein Manuskript verfilmen sollte, tat er mich mit der Bemerkung ab: »Es gibt Tausende wie ihn, die auf der Avenue A Schach spielen.«

Das geplante Experiment versetzte Groß und Klein in Alarm. Ich durfte wieder hinter einer Kamera stehen und hatte keine Ahnung vom Verhalten von Gangstern – und jeder andere in Hollywood schien auf diesem Gebiet ein Experte zu sein. Ich bekam die Frau eines Studiogewaltigen als Hauptdarstellerin und einige andere unbedeutende Schauspieler. Man wollte auf keinen Fall eine wichtige Persönlichkeit in dieses Abenteuer verwickeln.

Abgesehen von ein paar wenig freundlichen Kommentaren ließ man mich in Ruhe, denn man hielt die zweite Probe meiner Fähigkeiten für belanglos. Die Chancen standen zehn zu eins, daß ich die erste Woche nicht durchhalten, und hundert zu eins, daß ich den Film nie abliefern würde. Geld war nicht im Spiel, denn niemand wollte bei der Sache den Kürzeren ziehen.

Ich hatte den Film in vier Wochen fertig. Daraufhin schickte man eine Kopie an die Hauptverwaltung. Als erstes meldete sich der Autor der ursprünglichen Idee, Mr. Hecht, zu Wort. Er telegrafierte: »Ihr armseligen Amateure, laßt meinen Namen aus dem Spiel!« Ein anderes Telegramm kam vom Leiter des Vertriebs. Diese Nachricht war an meinen Boß Mr. Ben Schulberg gerichtet, der das gewaltige Risiko auf sich genommen hatte, mir einen bedeutungslosen Film anzuvertrauen. Der Vertrieb war einstimmig der Meinung, der Film sei unverkäuflich und müsse auf Eis gelegt werden.

Der Film hieß in den USA *Underworld*, *Les Nuits de Chicago* in Frankreich und wurde im guten alten England, wo man sich viele Freiheiten mit meinen Filmen erlaubte, moralisierend zensiert und auf *Paying the Penalty* umgetauft. Der Film wurde nicht auf Eis gelegt, denn dazu war er zu wertvoll. Man ließ ihn ohne Werbung, ohne Vorankündigung im größten Kino von New York laufen.

Ich hatte mit vielen Zutaten gearbeitet, die das Publikum zufriedenstellen sollten, und auch die verstaubten Themen Liebe und Opfer nicht vergessen. Menschliche Gefühle wurden unter Beweis gestellt, indem ein Mörder ein hungriges Kätzchen füttert. Ich verglich Bull Weed (George Bancroft) mit Attila, dem Hunnen – die meisten Zuschauer mußte das verwirren, aber als Ausgleich zeigte ich, wie der Held einen Silberdollar mit der bloßen Hand zerdrückt. Trotz aller Konzessionen an den Geschmack des Publikums hatte ich weder den Autor noch den Vertrieb täuschen können. Sie entdeckten sofort eine ernste künstlerische Absicht und wußten, was der Film war – ein Experiment in gefilmter Gewalt und Montage.

Ohne die Unterstützung der Werbetrommeln, die normalerweise jeden neuen Film als das größte Filmereignis aller Zeiten preisen, lief mein Film um zehn Uhr vormittags, denn man wollte die Presse umgehen. Kein Kritiker ist so früh auf den Beinen, geschweige denn in einem Kino. Niemand weiß, warum und wieso, aber drei Stunden später belagerte eine riesige Menschenmenge den Times Square. Alle wollten ins Kino. Die Menge wurde im Verlauf des Tages nicht kleiner und zwang den Kinobesitzer zu einer Nachtvorstellung nach der anderen. Daran änderte sich während der langen Laufzeit nichts. Und so begann die Ära der Gangsterfilme und der Kinos, die rund um die Uhr geöffnet waren.

Diesen Erfolg konnte man nicht übersehen. Die verblüfften Herren im Vertrieb, die den Film für unverkäuflich gehalten hatten, wurden von Kinobesitzern bestürmt, denen die Zuschauer das Haus einliefen. Die Studiogewaltigen rieben sich die Hände. Sie hatten einen Film mit nichts und für nichts gemacht und hatten jetzt drei neue Starschauspieler und einen Regisseur. Die Academy of Motion Picture Arts and Sciences verlieh mit ihrem Scharfblick einem gewissen Ben Hecht eine ihrer goldenen Statuetten für den besten Film des Jahres. Er muß von dieser Ehre so überwältigt gewesen sein, daß er vergaß zu erwähnen, daß er gefordert hatte, seinen Namen in Zusammenhang mit dem Film nicht zu nennen. Er zeigte auch nicht die geringste Verlegenheit, obwohl er zu einem früheren Zeitpunkt vor der Presse erklärt hatte, er habe geglaubt, sich übergeben zu müssen, als er den Film sah. Seine Worte wurden sogar gedruckt: »Ich muß sofort nach Hause. Ich glaube, ich bin seekrank.«* Wenn man die Bemerkungen über mich in seinen veröffentlichten Werken während der drei Jahrzehnte liest, die der Vergewaltigung seines »Originals« folgten,

---

* In *The Motion Picture World*, 28. August, 1927.

dann scheint sich sein Magen von dem Schock nicht mehr erholt zu haben.

Wie auch immer, ich hatte noch einmal mein Gesellenstück abgeliefert und wurde wieder in den inneren Kreis aufgenommen. Meine Kollegen erklärten mich zu einem der begabtesten Regisseure, und alle waren zufrieden – mit Ausnahme von mir.

Ich arbeitete schwer, rieb mich an den Widerständen, hin und wieder sprühten die Funken, und einer wurde zu einem neuen Stern am Filmhimmel. Ich drehte in relativ schneller Folge vier Filme. Das Filmemachen war damals nicht allzu aufwendig. Es waren Stummfilme, Lärm herrschte nur auf den Bühnen. Man sagte den Schauspielern genau, was sie tun und wie sie sich und ihre Lippen bewegen sollten. Nach dem Drehen wurde es verhältnismäßig ruhig, und man gestaltete den Dialog. Die Schauspieler wußten nicht, was der Untertitel ihnen in den Mund legte. Auf der Bühne hatte ein Schauspieler etwa gesagt: »Na los, Kleine, zier dich nicht«, aber wenn er später den Film sah, verriet der Untertitel, daß er geflüstert hatte: »Liebling, ohne dich hat das Leben keinen Sinn. Ich flehe dich an, verlaß mich nicht!« Ohne Rücksicht auf Tonaufnahmen nehmen zu müssen, die heute dafür sorgen, daß auf der Bühne Ruhe herrscht und die Filme laut sind, konnte der Regisseur den Schauspielern seine Anweisungen mit einem handlichen Megaphon zurufen. »Das ist genug, George, beug dich vor und küß die Dame, jetzt schnell aufstehen, nach rechts, nach links, an die Mütze greifen, nicht zwinkern, Mund auf, sprechen, CUT.«

Aber die Zeit des Stummfilms neigte sich dem Ende zu. Eine hochentwickelte internationale Sprache verschwand. Der Turm von Babel sollte zum zweiten Mal gebaut werden. Das Zeitalter der Superlative erschien am Horizont. Worte sollten die Bilder nicht nur unterstützen, sondern ersetzen. Als Kind hatte ich meinen ersten Film mit Ton gesehen. Caruso bewegte die Lippen zu einer Aufnahme von *I Pagliacci*. Das war wenig überzeugend gewesen, denn die Stimme schien nicht von ihm zu kommen, und ich fand, ich mußte ihn nicht singen sehen *und* hören.

Plötzlich war eine seltsame Diskrepanz vorhanden, und mit Ausnahme einiger weniger beachtete das niemand. Der Kamera war es möglich gewesen, durch Gesichtsfeld, Aufnahmewinkel, Objektiv und Licht dem Bild einen Blickpunkt aufzuzwingen. Die vom Mikrophon aufgenommene Stimme hatte keinen Standort. Die Macht des Films beruhte darauf, daß man etwas sehen konnte; jetzt konnte man es auch noch hören. Das war ein Problem, dem ich mich stellen wollte. Der geistreiche W.C. Fields sagte in einem seiner Filme: »Der doppelte Superlativ! Kann man das bewältigen?«

Auf der Stelle wurde die Bühne schalldicht gemacht. Ein Heer von Schreinern in Socken überprüfte Tag und Nacht die Böden nach knarrenden Brettern. Mit einem Schlag wurde der Toningenieur mit seinen Kopfhörern die höchste Autorität im Film. Man mußte jedes Wort klar und deutlich hören. Darin bestand die Chance, berühmt zu werden. Es war die lang ersehnte Stunde für alle Anhänger der Theorien von Mrs. General, die in *Klein Dorrit** sagt: »Vater klingt vulgär. Das Wort Papa macht die Lippen hübsch. Papa, Papagei, Prisma, Prophet. Das sind alles gute Worte für die Lippen – besonders Prophet und Prisma.«

Jetzt konnte man nicht mehr nach den Dreharbeiten schreiben, was ein Schauspieler sagen sollte; die Worte mußten in der endgültigen Fassung im Drehbuch stehen, damit die Schauspieler ihren Text rechtzeitig auswendig lernen konnten. Das versetzte nicht nur die Bosse der Filmindustrie in Angst und Schrecken – die Herren, die, wie es heißt, wissen, was sie wollen, aber nicht wußten, wie sie buchstabieren sollten –, sondern auch die verwöhnten Stummfilmstars. Ihre Stimmen stimmten nicht mit den Persönlichkeiten überein, die ihnen andere untergeschoben hatten. Sie erstarrten bei dem Gedanken, mehr als fünf Worte auswendig können zu müssen und gleichzeitig zu spielen.

Eine Kakophonie von Liedern und Dialogen wurde auf die Zuschauer losgelassen, die den Ton im Film begeistert aufnahmen. Meiner Meinung nach war der Grund für die große Aufregung eine unschuldige Lerche. In einer der ersten Wochenschauen, mit denen man die Reaktion der Zuschauer auf den Ton testete, begann der Vogel plötzlich außerhalb des Bildausschnitts zu singen. Man sah ihn nicht, vergaß ihn aber nicht; und diese Lerche hatte eine erstaunliche Wirkung auf alle, die sie singen hörten.

Ich möchte auf diesen Punkt etwas genauer eingehen: Man sah den Vogel nicht – man hörte ihn. Das Nichtsehen war ein Plus und kein Minus. Er trug in das Sichtbare eine andere Welt hinein, eine Welt, die die Phantasie über das von der Kamera Gezeigte hinaus anregte. Richtig und

* Charles Dickens, *Little Dorrit*, 1857. Anm. d. Red.

wirkungsvoll eingesetzt, kann der Ton dem Bild eine andere Qualität verleihen als das Objektiv – eine Qualität, die außerhalb des Rahmens eines Bildes liegt. Der Ton mußte das Bild verdichten oder ergänzen, ihm etwas hinzufügen – und nichts nehmen. Wie gesagt, die Kamera hatte ihren Standort gefunden: Man konnte sie bewegen, mit ihr auf einen Gegenstand hinabblicken, ihn einfangen, heranholen und wegschieben. Die Kamera konnte nach Belieben verhüllen und offenbaren, ein Tempo vorgeben und im endlosen und unbegrenzten Spiel mit Licht und Dunkelheit zahllose Varianten hinzufügen. Der Ton wurde eine marktschreierische Ergänzung, ein Bonbon, ein plumper Schnörkel, wenn er nicht so geschmeidig war wie das Bild. Der Ton war realistisch, die Kamera war es nicht.

Mit all diesen Gedanken machte ich meinen ersten Tonfilm (*Thunderbolt*, 1929). An den Zuschauerzahlen gemessen, war es ein Achtungserfolg, aber mit einer einzigen Ausnahme registrierte niemand meinen Versuch, den Ton in ein richtiges Verhältnis zum Bild zu bringen.

Die Ausnahme war ein anderer Regisseur, der gebildete und sensible Ludwig Berger. Er schickte mir ein Telegramm mit den Worten: »Habe Ihren *Blitzstrahl* gesehen. Gratuliere von ganzem Herzen. Es ist der erste gute und künstlerisch vollendete Tonfilm. Bravo!«

Aber anderen, denen das gesprochene Wort zur Religion geworden war, entging nicht, daß ich wenig oder keinen Wert auf die Dialoge gelegt hatte. Ich zitiere:

»Die Überraschung des Abends war der Autor Donald Ogden Stewart – besonders mit seiner Geschichte über Josef von Sternberg. Er bemerkte, als Drehbuchautor in der Stummfilmzeit habe er bei Dialogen nur schreiben müssen: 'Sagt sie, sagt er'.« – »Jetzt«, fügte er hinzu, »muß man überhaupt nichts mehr schreiben, wenn von Sternberg Regie führt.«[*]

Wie man sich inzwischen vielleicht vorstellen kann, war in Hollywood damals die Hölle los. Aber Hollywood unterschied sich meines Wissens nicht allzusehr von anderen Filmzentren. Ich lernte dort zwar viele der besten Menschen kennen, aber manchmal machte dieses Hollywood dem Künstler das Leben wirklich sehr schwer.

Mein zweiter Tonfilm war *Der Blaue Engel*. Mit dieser Arbeit setzte ich meine Untersuchung der Elemente des Tonfilms fort. Der Film entstand in

---

[*] *Los Angeles Times*, 21. Januar 1935.

Berlin. Dort hatte ein Kamelschrei dieselbe Aufregung verursacht wie bei uns die Lerche. Das primitive, unausgereifte Tonaufnahme-Verfahren zwang uns, wie bereits erwähnt, die Kameras in unförmigen schalldichten Kabinen unterzubringen. Das erschwerte den richtigen Einsatz von Ton und Kamera noch mehr als bei meinem ersten Tonfilm. *Der Blaue Engel* wurde gleichzeitig in Deutsch und in Englisch gedreht. Der Dialog war so umgangssprachlich wie möglich und durfte nicht die Last der Handlung tragen. Der Film sollte außerdem international in der deutschen Version gezeigt werden.

Die deutschsprachige Version dieses Films lief in einem Pariser Kino vier Jahre ohne Unterbrechung. Das zeigt, daß das internationale Film-Rezept nicht aufgegeben werden mußte. Das erkannten auch andere sofort mit großem Scharfsinn; zum Beispiel der *London Observer*, der folgenden Stein warf: »Da gibt es nichts, um Anhänger zu gewinnen, um Begeisterung aufkommen zu lassen... *Der Blaue Engel* kommt über sein eigenes kleines Problem nicht hinaus.«

Klein oder nicht klein, dieses Problem bestand darin, die Bildwerte beizubehalten, ohne sie zu vernachlässigen, und gleichzeitig zu versuchen, den Wert des Tons hinzuzufügen. Es ist nicht ungewöhnlich, einer gutaussehenden Frau einen optischen Wert zuzuschreiben. Ich wählte die beste, die ich finden konnte, denn ich vergaß nicht, daß die Zuschauer möglicherweise meine filmischen Experimente ablehnen würden, wenn ich ihnen nicht etwas gab, worüber sie reden konnten. Es war nicht leicht, eine Schauspielerin zu finden, der man diese Last aufbürden konnte, da die geforderten Attribute sich nicht auf äußere Schönheit beschränkten. Reine Schönheit bei einer Frau kann so langweilig sein wie der langweiligste Film, und der ist die Quintessenz von Langeweile.

Ich möchte als Gegengewicht zu der möglicherweise einseitigen Schilderung des Regisseurs des *Blauen Engel* eine Stelle aus einem Buch des großen George Grosz zitieren. Er hinterließ mit seinen Zeichnungen nicht nur eine lebendige und bissige Dokumentation über das Berlin jener Zeit, sondern bedachte auch mich mit ein paar Tropfen seines Gifts.

Der deutsche Kunsthändler Alfred Flechtheim, der bekanntermaßen das Schlagwort geprägt hatte: »Für Deutsche nur deutsche van Goghs«, um den Handel mit Fälschungen einzudämmen, lud mich während der Dreharbeiten zum *Blauen Engel* zum Essen ein. In einem Kapitel mit der Überschrift »Svengali Joe« beschäftigt sich Grosz mit seinem Leben in der Kunst und geht fünfundzwanzig Jahre nach dem Essen, zu dem er ebenfalls geladen war, ausführlicher darauf ein. Ich überspringe mehrere Seiten des vernichtenden Berichts, die meiner äußeren Erscheinung gewidmet sind, und auf denen er behauptet, mich an diesem Abend zum ersten Mal gesehen zu haben.

Er erwähnt nicht, daß er einmal Rudolf Belling bei einem Besuch in seinem Atelier bei der Arbeit an einer Plastik beobachtet hatte. Er muß mich dort gesehen haben, denn wir wurden nicht nur miteinander bekannt gemacht, sondern mein Kopf war das Modell der Plastik. Belling wollte schnell mein Gesicht herausarbeiten, denn er glaubte nicht, daß ich bis zum Abschluß der Dreharbeiten durchhalten würde. Hier also die Erinnerungen von George Grosz:

*Sein Deutsch war besser als mein Englisch [...]. Ich wußte leider wenig von seinen filmischen Leistungen, aber ich hatte mich vorsichtshalber bei einem Freunde, der alle in Berlin aufgeführten Sternbergschen Filme kannte, vorher danach erkundigt [...]. Wir sagten uns beide Komplimente und faßten sofort Zuneigung zueinander, ich, weil er mein »Ecce Homo« kannte. Unter Beteuerungen gegenseitiger Bewunderung setzten wir uns zu Tisch [...]. Der Wein tat bald seine Schuldigkeit und brachte eine lebhafte Unterhaltung in Gang. Nur unser Freund Sternberg saß etwas verloren zwischen seinen zwei Tischdamen, die offenbar keine Ahnung von seiner Bedeutung hatten, zumal er, exzentrisch und eigenwillig wie immer, in einem saloppen Anzug erschienen war und sie den Gast mit dem losen Künstlerkragen und melancholisch hängenden Bärtchen auf der Oberlippe sicherlich für einen tiefsinnigen jungen Maler oder vielleicht Musiker hielten [...]. Nach einiger Zeit stockte momentan das Gespräch. Sternberg beugte sich über den Tisch – sein Gegenüber war der fischköpfige, als geldgierig bekannte Bildhauer Rudolf Belling, der ihn sicher etwas Finanzielles gefragt hatte – und sagte mit erhobener Stimme, so daß es auch keinem der Tafelrunde entging: »Ich, dear Rudolf? Nein, ich verdiene gar nicht so sehr viel. Höchstens vielleicht dreimal soviel wie der Präsident der Vereinigten Staaten« [...]. Wir sahen Joe, der mit seinem Dessertteller beschäftigt war, überrascht und beeindruckt an [...]. Ja, Svengali Joe war auf einmal interessant geworden.** Außerdem erwähnt Grosz seinen Besuch im Studio, wo er

---

* *Ein kleines Ja und ein großes Nein* von George Grosz, S. 191–193 (Rowohlt Verlag, Hamburg, 1955).

mich bei der Arbeit beobachtet hat, und beschreibt meinen Umgang mit einem Assistenten. Er sagt, ein Professor, der die Theorie der Reinkarnation vertrat, habe ihn begleitet und erklärt, mein Assistent sei in einem anderen Leben ein Kanarienvogel gewesen, und daß sowohl er als auch ich Baskenmütze und Schal trugen, was bei mir auf ein ähnliches Vorleben schließen lasse. Das ist zwar alles aus dem Kontext gerissen (mein Bild würde nicht vorteilhafter, wenn ich ihn vollständig zitierte), aber er spricht von mir ständig als Svengali und macht ein paar Anmerkungen zu einer gewissen »Trilby«, nachdem er behauptet hat, er könne es nicht rechtfertigen, sie Beatrice zu nennen, da dies Dante gegenüber ausgesprochen unfair wäre. In seinem Kapitel geht er nicht weiter auf die Frau ein, die er unbestimmt Trilby nennt; das zeigt nur soviel, daß er die Augen nicht offen hatte, als er bei meinen Dreharbeiten war.

Aber wir sind jetzt soweit, uns mit »Trilby« zu beschäftigen.

Neuntes Kapitel

Wenn extreme Gefühle sich tief im Innern eines Menschen
mischen, wenn sie hervorbrechen und wenn das ganze
Bewußtsein wie Lava aus einem Vulkan fließt – dann
haben nicht die kalten Berechnungen des Verstandes
diesen Ausbruch gelenkt; und wer weiß, wann und wo
das Werk begann?

Paul Gauguin

Die fälschlich als »Entdeckung« bezeichnete Dame sagte bei einer Retrospektive »ihrer« Filme im New York Museum of Modern Art auf der Bühne, ihr sei es lieber, als Liza Doolittle eines Professor Higgins namens Josef
von Sternberg zu gelten, als die Trilby eines Svengali oder die Galatea eines
Pygmalion dieses Namens. Tribute an meine Leistung sind bereits ausführlich veröffentlicht worden und sind in allen Programmheften zu finden,
die vor ihren Auftritten verkauft werden. Und wenn sie mit ihrem Charme
und ihrer unendlichen Bescheidenheit wieder einmal jeden Anteil an der
Wirkung ihrer Person bestreitet, dann ruft das immer zusätzlichen Beifall
der faszinierten Zuschauer hervor.

Marlene Dietrich ist keine gewöhnliche Frau. Sie besitzt eine bemerkenswerte Fähigkeit, die Jury unserer Kollegen in Begeisterung zu versetzen. In Israel wurde sie umjubelt, als sie in deutscher Sprache sang – bis zu
diesem Zeitpunkt ein Tabu auf der Bühne. Sei es nun dort oder in Argenti-
nien, in Las Vegas, Wiesbaden, in Paris, wo sie auch sein mag, sie schwingt
das Banner ihrer Dankesschuld, bezieht mich in ihren Auftritt ein, und da
nur sehr wenige Menschen mit den elementarsten Funktionen eines Filmregisseurs vertraut sind, ist es ihr beinahe gelungen, mich zu einem ergän-
zenden Requisit zu machen. Ihr ständiges Lob gilt als eine ihrer bewun-
dernswerten Tugenden – bei anderen, nicht bei mir. Sie hat nie aufgehört
zu verkünden, ich hätte ihr alles beigebracht. Zu den vielen Dingen, die
ich ihr nicht beigebracht habe, gehört, mich ständig im Mund zu führen.

Ein Schiff mit den Namen *Marlene* fährt jetzt über die Meere; zahllose
Kinder wachsen mit diesem Namen heran, den die Welt erst seit kurzem

kennt. »Marlene« setzt sich aus »Maria Magdalena« zusammen – zwei Namen, die man nur selten in einer Person findet. Sie bat mich, ihren Namen zu ändern, ehe sie sich damit abfand, als Marlene Dietrich bekannt zu werden, weil angeblich kein Nicht-Deutscher ihn richtig aussprechen kann. Ich ging auf ihre Bitte nicht ein und sagte ihr, richtig ausgesprochen oder nicht, der Name werde bald sehr bekannt sein. Als ich sie kennenlernte, legte sie darauf keinen Wert. Soweit ich es beurteilen konnte, legte sie scheinbar auf nichts Wert außer auf ihre kleine Tochter, eine singende Säge und ein paar Aufnahmen eines Sängers mit dem Namen Whispering Jack Smith. Sie spottete über sich und andere, war aber Freunden gegenüber sehr loyal (von denen sich viele ihr gegenüber nicht immer loyal verhielten), hatte schnell Mitleid mit anderen, die ihr mit Eigenschaften schmeichelten, die nicht immer schmeichelhaft waren, und half ihnen. Sie war so offen und ehrlich, daß manche sie vielleicht als taktlos bezeichnet hätten. Sie war eine Frau von höchst mondänem Raffinement und beinahe kindlicher Einfachheit.

Als ich sie besser kennenlernte, bekam ich Einblick in die Umstände, unter denen sie aufgewachsen war, Einblick in ihre Familie und den Kreis, der sie umgab. Sie muß eine unglaubliche Kraft besessen haben, um zu überleben und aus ihrer Umwelt herauszuwachsen. Sie litt unter schweren Depressionen, die ein Gegengewicht in Phasen unglaublicher Vitalität fanden. Es war nicht möglich, sie zur Erschöpfung zu bringen. Sie erschöpfte die anderen, und das mit einer Begeisterung, die kaum jemand teilen konnte. Mit ihren seltsam abergläubischen Vorstellungen wirkte sie manchmal provokativ, aber das glich sie durch ein ungewöhnliches Maß an gesundem Menschenverstand, der beinahe akademisches Denken verriet, wieder aus. Das Theater steckte ihr im Blut, und sie kannte alle Schmarotzer dort. Sie las Hamsun, Lagerlöf, Hofmannsthal und Hölderlin. Sie verehrte Rilke und kannte Gedichte von Erich Kästner auswendig. Von Kästner schenkte sie mir einen Gedichtband, in dem sie ein Gedicht dick unterstrichen hatte.

> *Die Trauer kommt und geht ganz ohne Grund.*
> *Und angefüllt ist man mit nichts als Leere.*
> *Man ist nicht krank. Und ist auch nicht gesund.*
> *Es ist, als ob die Seele unwohl wäre.*

Vielleicht hat man sich das Gemüt verrenkt?
Die Sterne ähneln plötzlich Sommersprossen.
Man ist nicht krank. Man fühlt sich nur gekränkt.
Und hält, was es auch sei, für ausgeschlossen.

Man möchte fort und findet kein Versteck.
Es wäre denn, man ließe sich begraben.
Wohin man blickt, entsteht ein dunkler Fleck.
Man möchte tot sein. Oder Gründe haben.*

Trotz ihrer Melancholie war sie gut gekleidet und hielt sich für schön. Aber bevor ich sie radikal veränderte, sah sie auf Bildern aus wie jemand, der eine Frau sein will. Es gibt viele wenig schmeichelhafte Photos aus der Zeit vor dem *Blauen Engel*. Man sieht darauf ein gehemmtes Wesen, das sich eher verstecken als zeigen möchte. Sie hat diese Bilder an allen und jeden verteilt, als seien es Geschenke von unschätzbarem Wert. Ich habe eines in meinen Unterlagen. Darauf steht: »Ich bin nichts ohne Dich«. Ich habe diese Auszeichnung damals zurückgewiesen und tue es auch jetzt, obwohl ich eine gewisse Verantwortung für ihr Aussehen in meinen Filmen übernehmen muß. Ich hatte noch nie zuvor eine so schöne Frau kennengelernt, die so wenig beachtet und so unterschätzt wurde.

Einige ihrer Verehrer, die sie später fand, beklagten sich bitter bei mir, daß sie in ihr vergeblich die Frau auf der Leinwand gesucht hatten. Erstaunlicherweise ging ein berühmter Schriftsteller, der es eigentlich hätte besser wissen müssen, so weit zu behaupten, ich hätte ihm sehr geschadet, indem ich ihr eine Persönlichkeit gab, die sie nicht besaß. Ich gab ihr keine Persönlichkeit, die sie nicht besaß; man sieht immer das, was man sehen möchte. Und ich gab ihr nichts, was sie nicht schon besaß. Ich dramatisierte ihre Eigenschaften und machte sie für alle sichtbar. Aber da es vielleicht zu viele waren, verschleierte ich einige. Niemand hat Grund, sich zu beklagen, denn was die meisten Männer bei einer Frauen suchen, ist nicht schwer zu finden. Hätte ich den Titel *Der Blaue Engel* mit *Caveat emptor***

---

* Drei der sieben Strophen von »Traurigkeit, die jeder kennt« aus: *Doktor Erich Kästners Lyrische Hausapotheke* (Wien, Mähr.-Ostrau, Atrium-Verlag A.G. Basel, 1936)
** wörtlich: Der Käufer möge sich hüten; im Amerikanischen juristischer Terminus für »ohne Gewähr«, »ohne Haftung« u.ä. Anm. d. Red.

ergänzt, hätte ohnehin niemand darauf geachtet, und deshalb konnte ich es mir sparen.

Vor etwa hundert Jahren entdeckte man im dampfenden kambodschanischen Dschungel die Ruinen eines gewaltigen Tempels. Die Gläubigen müssen damals zu den falschen Göttern gebetet haben, denn die Rasse verschwand, und alles, was von Angkor Vat noch übrig ist, muß ebenfalls zerfallen. Als ich dort war, umschlangen die gigantischen Wurzeln riesiger Bäume die Ruinen, als wollten sie auch die letzten Überreste zermalmen. Ein Heer von Bildhauern hatte eine Legende in die Tempelmauer gemeißelt. Man sieht Vishnu auf schäumenden Wogen mit einer Legion Dämonen auf der einen Seite und Hanuman mit unzähligen Affen auf der anderen Seite. Dem Mythos nach stürmte es tausend Jahre lang auf dem Meer, um eine Frau an die Oberfläche zu bringen, die die Welt bezaubern sollte. Mir standen für eine ähnliche Aufgabe nur ein paar Wochen zur Verfügung und nur wenige halfen mir, obwohl ich mich auf einem sehr turbulenten Meer befand.

Mein Meer war Berlin im Herbst 1929. Der Krieg, seit elf Jahren zu Ende, hatte die Hauptstadt des einst so stolzen Deutschland äußerlich nicht zerstört. Anderes hatte sich ereignet, das sich als zerstörerischer erwies, als wenn die Stadt in Schutt und Asche gefallen wäre – das sollte dem nächsten Krieg vorbehalten sein. Als ich dort eintraf, hatte sich Berlin kaum von den Umbrüchen erholt, an die sich seine Einwohner hätten erinnern sollen. Nach der Niederlage des Kaiserreichs rebellierte die Flotte. Die Reste des Heers verkrochen sich; Offizieren wurden von der Menge die Epauletten von den Uniformen gerissen, und der Kaiser war geflohen. All das war das Vorspiel zu einem politischen Chaos, zu Verwirrung und Hunger und einer Inflation, die an Wahnsinn grenzte. Briefmarkensammler können in ihren Alben sehen, daß die Gebühr für einen Brief in weniger als einem Jahr auf eine Summe anstieg, die jede Vorstellung übersteigt: achtzig Billionen Mark! Auch die sozialen Werte brachen zusammen, und Moral wurde eine Kuriosität. Mit Papiergeld, das am Vortag noch Reichtum bedeutete, konnte man am nächsten Morgen keinen Laib Brot mehr kaufen. Ein ehemals starkes und stolzes Volk war auf die Ebene von Tieren gesunken, die Lebensmittel stahlen. Alle normalen Maßstäbe waren abhanden gekommen.

Wenn nichts mehr da ist, das man verlieren könnte, werden bisher unberührte Kraftquellen freigesetzt – Kräfte, die nicht leicht unter Kontrolle zu halten sind. Die Sieger hatten den stolzen Feind in die Knie gezwungen, aber sie hatten noch nicht gelernt, daß zuviel nicht zu vielen widerfahren darf. Die Jahre nach der Katastrophe schufen nicht nur Massen von Bettlern, Betrügern, Verbrechern, Huren, Drogensüchtigen und Entarteten, nicht nur Künstler, die oft aufblühen, wenn andere untergehen, sondern auch Demagogen und eifrige Zuhörer und schließlich, wie wir zu unserem Kummer feststellten, einen gefährlichen Diktator, der die ganze Welt aus den Angeln hob.

Dieses Meer brodelte, als man mich rief, um es zu erforschen. Ich wohnte in einem ruhigen Hotel an der Spree – es war ein Ruhepunkt inmitten des Malstroms; wenn ich es verließ, kam ich mir vor wie bei der Fahrt durch Stromschnellen. Wenn ich abends zum Essen ausging, war es nicht ungewöhnlich, daß ein Wesen neben mir saß, das wie eine Frau gekleidet war und sich die Nase mit einem großen Puff betupfte, der eben noch die Brust zu sein schien. Untertrieben ausgedrückt, es war verwirrend, zwischen den Geschlechtern unterscheiden zu wollen. Männer verkleideten sich als Frauen, trugen falsche Wimpern, Schönheitspflästerchen, Rouge und Schleier, aber im Wald wimmelte es von Frauen, die wie Männer aussahen und sich wie Männer benahmen. Eine dritte Gattung verzichtete auf jede Definition und paßte sich den Umständen an. Eine gehobene Augenbraue bei all dem brandmarkte einen als Provinzler. Ich zitiere ein bekanntes Gedicht von Erich Kästner. Es begann mit der vernichtenden Aussage: »An der Stelle, wo andre moralisch sind, da ist bei ihr ein Loch [...].«*

Berlin wollte Unterhaltung, und alle, die dazu beitrugen, forderten ihren Anteil. In Cabarets, Theatern und Night Clubs drängten sich Schauspieler und Schauspielerinnen. Sie erschienen nie zweimal mit dem/derselben Begleiter/in. Sie wurden Tag und Nacht mit Reizen überflutet und stimuliert; sie verschwanden in ihren Schlupfwinkeln und tauchten wieder auf wie Aale. Es wäre falsch zu glauben, daß die ganze Stadt nur auf der Suche nach fragwürdigen Werten war, aber man sah genug dieser Art, um den Eindruck entstehen zu lassen. Zum öffentlichen Bild gehörten Frauen in Stiefeln mit Peitschen in der Hand, die auf ihre Freier warteten. Andere liefen mit Pferdeschwänzen und Schulbüchern herum, um jene anzulocken,

---

* Aus dem Gedicht: »Moralische Anatomie«, erschienen in: Erich Kästner: *Bei Durchsicht meiner Bücher*, Cecilie Dressler Verlag, Berlin

die ihnen mit verbissenen Gesichtern und geballten Fäusten entgegeneilten. Berlin 1929 war ein Gebilde, das Goya, Beardsley, der Marquis de Bayros, Zille, Baudelaire und Huysmans beschworen hatten.

Die Filmgesellschaft, deren Ruf ich gefolgt war, wurde von Alfred Hugenberg finanziert. Er war ein Produkt der alten preußischen Herrschaft, Direktor bei Krupp und einer der mächtigsten Männer im damaligen Deutschland. Er finanzierte auch den Aufstieg von Adolf Hitler. Ich traf Hugenberg erst drei Jahre später, als ich die Stadt noch einmal besuchte, und wurde von ihm zum Essen eingeladen. Nach dem Essen gestand er, gegen den *Blauen Engel* gewesen zu sein, aber jetzt war er froh, daß er sich hatte überreden lassen. Und in einem unvorsichtigen Moment vertraute er mir an, er habe Hitler unterstützt, und das bedaure er jetzt. Man wußte, der Roman, auf den mein Film sich streckenweise stützte, stand seit Jahren auf Hugenbergs schwarzer Liste. In dem Kapitel über Jannings habe ich bereits berichtet, wie es zur Auswahl des Stoffes kam. Hugenberg hatte offenbar Schwierigkeiten, seine politischen Überzeugungen mit seiner Art des Geldverdienens in Einklang zu bringen – schließlich verlor er sowohl das eine als auch das andere.

In den drei Jahre seit der Verfilmung des *Blauen Engel* hatte sich die Stadt nicht verändert. Am Morgen nach dem Essen mit Hugenberg gab es ein Signal für die kommenden Ereignisse. Das Taxi, das mich am 27. Februar 1933 zum Flughafen brachte, mußte vor dem brennenden Reichstag warten. Der Taxifahrer erklärte mir ungefragt, die Nazis hätten das Parlamentsgebäude in Flammen gesetzt, um damit die öffentliche Meinung gegen die Kommunisten aufzubringen. Ich sah Berlin erst 1960 wieder. Es hatte sich vieles dort verändert – einiges zum Besseren, anderes zum Schlechteren.

Das Berlin von 1929 war die Kulisse »der Frau, die die Welt bezaubern sollte«. Heinrich Manns Roman enthielt die glänzende Geschichte einer unmoralischen Frau, deren sinnlicher Körper den Sturz eines Professors an einem Gymnasium herbeiführt. Meine Mitarbeiter berichteten mir, die Gestalt der verführerischen Dirne beruhe auf persönlichen Erfahrungen des Autors. Eine stattliche und würdevolle ältere Dame hielt sich jedenfalls für das Original und war mir bereits als mögliche Darstellerin der Hauptfigur vorgestellt worden. Aber wie viele andere, die man mir brachte, hätte sie die Circe höchstens bei einem Blinden spielen können. Während ich das Drehbuch diktierte, führte jeder seine Geliebte in mein Büro, und jede enthüllte Reize, die, in einer Person vereinigt, mehr als begehrenswert gewesen wären. Die eine hatte die richtigen Augen, die andere eine anmutige Haltung, die nächste X-Beine, und dann kam eine mit einer Stimme, die unwiderstehlich war. Aber ich wußte nicht, wie ein halbes Dutzend Frauen eine Rolle spielen sollten.*

Alle anderen Schauspieler waren engagiert. Ein fähiger Stab stand mir zur Verfügung. Es fehlte nur noch Lola, die ich, inspiriert von Wedekinds Lulu, so nannte. Ich hatte mich bei der Besetzung zu elefantenähnlichen Charakterschauspielern entschlossen, weil ich hoffte, unter lauter Dicken würde die gewaltige Fülle meines Hauptdarstellers nicht so auffallen, der Tag für Tag an Umfang zunahm, weil er glaubte, er müsse sich für die vor ihm liegende anstrengende Arbeit stärken. Berlin platzte aus den Nähten mit üppigen Schauspielerinnen, aber keine schien dort üppig zu sein, wo man es vielleicht gerne gesehen hätte.

Ich hatte eine bestimmte Figur im Kopf, die meiner Vorstellung von Lola entsprach. Und so lehnte ich eine Schauspielerin nach der anderen ab, nur weil sie sich von meinem Vorstellungsbild unterschied. Félicien Rops hatte die richtige gezeichnet, und auch wenn sein Modell in einem anderen Jahrhundert und in einem anderen Land gelebt hatte, mußte sich doch ein Duplikat in Berlin finden lassen.

Als der Drehbeginn näherrückte, machte sich ein spürbares Unbehagen breit. Das Gerücht kursierte, die Frau, die ich suche, sei nicht von dieser Welt. Als ich in einem Schauspielerkatalog mit Bildern aller deutschen Schauspielerinnen blätterte, betrachtete ich nachdenklich das ausdruckslose und uninteressante Photo eines Fräulein Dietrich. Ich fragte meinen Assistenten nach ihr, wie ich mich auch nach vielen anderen erkundigt hatte. Er hob die Schultern und sagte: »Der Popo ist nicht schlecht, aber brauchen wir nicht auch ein Gesicht?« Sie wurde also mit den anderen verworfen und vergessen, bis ich zufällig ein Stück von Georg Kaiser mit dem Titel *Zwei Krawatten* besuchte, in dem von mir engagierte Schauspieler mitspielten.**

In dieser Aufführung sah ich Fräulein Dietrich in Fleisch und Blut, wenn man das sagen kann, denn sie hatte sich so vermummt, als versuche

* Sehr viel später sah ich das in Europa – ich glaube, in Nikita Balieffs *Chauve-Souris* – es war eine Opernsatire, bei der man die Darsteller auswechselte, wenn ein anderes Talent verlangt war.
** Hans Albers und Rosa Valetti

sie, jeden Teil ihres Körpers zu verbergen. Sie hatte kaum etwas auf der Bühne zu tun, und man sah wenig von ihr. Ich erinnere mich nur an einen einzigen Satz, den sie sprechen mußte. Aber es war das Gesicht, das ich suchte, und soweit ich erkennen konnte, stand ihre Figur dem in nichts nach. Außerdem besaß sie etwas, was ich nicht erwartet hatte, und das verriet mir: die Suche war beendet. Sie lehnte sich mit kalter Verachtung für die grotesken Possen an die Kulissen. Das stand in deutlichem Gegensatz zu dem Übereifer der anderen, denen man gesagt hatte, sie müßten mir ein Beispiel der großen Schauspielkunst auf deutschen Bühnen liefern. Sie wußte auch, daß ich mich unter den Zuschauern befand, aber das schien sie nicht zu berühren, und meine Anwesenheit war ihr gleichgültig.

Sie trug eine eindrucksvolle Gelassenheit zur Schau (das war nicht natürlich, denn wie sich herausstellte, neigte sie zu Überschwenglichkeit, wenn man sie nicht bremste). Ich wußte deshalb, sie würde dem Sturm, den die Frau in meinem Film auslöste, klassisches Format geben. Sie war nicht nur eine Gestalt von Rops, auch Toulouse-Lautrec würde alles darum gegeben haben, sie zu sehen. Ihr Aussehen war ideal. Was sie damit tat, war eine andere Sache. Das war meine Aufgabe.

Man kann das Filmemachen nicht mit einer anderen kreativen Arbeit vergleichen. Es gibt dabei zu viele Faktoren, zu viele Unbestimmtheiten. Und jede einzelne, die man nicht richtig in den Griff bekommt, kann das ganze Projekt ruinieren. Mein Instinkt ist nicht immer wach, aber diesmal war er stark genug gewesen, um nicht einzulenken, bis ich die wichtigste Komponente des Films gefunden hatte. Ohne das Elektrisierende einer neuen und erregenden Frau wäre der Film kaum mehr als eine Studie über die Torheit eines Schultyrannen geworden. Am nächsten Morgen wollte ich von meinen Assistenten wissen, warum man mir die Schauspielerin, die am Abend zuvor so eindrucksvoll die Bühne geziert hatte, bisher nicht vorgeschlagen habe. Mein Vorwurf wurde unter stürmischem Protest zurückgewiesen: »Diese Schauspielerin ist keine Schauspielerin!« Ich hatte nicht die Absicht, über verschwommene Definitionen von Schauspielkunst zu diskutieren, und erklärte nur, daß man den ersten Schritt zur Schauspielerin früher oder später einmal machen müsse. Im Chor riefen alle, in diesem Fall sei der erste Schritt nicht einmal, sondern bereits ein dutzendmal gemacht worden. Als ich darauf bestand, der Sache etwas mehr Aufmerksamkeit zu schenken, meinte Herr Jannings, die damit verschwendete Zeit sei besser genutzt, wenn ich mit ihm ausgehe und ihn zu einem zweiten Frühstück einlade. Wie immer bekam er schrecklichen Hunger, wenn er über Schauspieler in einem Film nachdenken sollte, in dem er der Star war. Es war viertel nach neun, und ich bot ihm an, er könne auf meine Kosten in Berlin jede Wurst essen, der er habhaft wurde. Das erlaubte ihm, uns in bester Stimmung zu verlassen. Ich verlangte unterdessen von meinen Leuten, die fragliche Dame so schnell wie möglich in mein Büro zu bringen.

Als Fräulein Dietrich am späten Nachmittag vor mir saß, tat sie nicht das geringste, um mein Interesse zu wecken. Sie saß in einer Ecke des Sofas gegenüber meinem Schreibtisch, schlug die Augen nieder und war die verkörperte Gleichgültigkeit. Ich hatte die komprimierte Weiblichkeit vor mir, die für meinen Film von allergrößter Bedeutung war, und sie versuchte, sich in Nichts aufzulösen. Sie trug ein heliotropfarbenes Winterkostüm mit passendem Hut und Handschuhen und einen Pelz. Es wirkte, als besuche sie mich, um eine lange notwendige Ruhepause zu haben. Ich wollte sie aus ihrer Lethargie reißen und fragte, weshalb sie einen so fragwürdigen Ruf als Schauspielerin habe. Sie betrachtete einen Augenblick ihre behandschuhten Hände und verbarg sie schnell hinter dem Rücken, als habe sie bereits zuviel gezeigt. Diese undurchdringliche Dame würde es mir nicht leicht machen, sie in einen Tiger zu verwandeln.

Noch während ich versuchte, das Bild, das sie mir bot, mit dem in Einklang zu bringen, was ich in Gedanken vor mir sah, betrat Erich Pommer mit einem jovialen Jannings das Büro. Mit bewundernswerter Direktheit bat er Fräulein Dietrich, ihren Hut abzunehmen und im Zimmer auf und ab zu gehen. Das war die übliche Zeremonie, um sich ein Bild von einer Schauspielerin zu machen; man konnte sofort sehen, ob sie eine Glatze hatte oder hinkte. Sie kam der Aufforderung nach und ging lethargisch durch den kleinen Raum. Sie schien nicht zu sehen, wohin sie trat, und ich befürchtete, sie werde jeden Moment mit einem Sessel zusammenstoßen. Ihre Augen waren verschleiert. Die beiden Experten wechselten vielsagende Blicke. Der eine räusperte sich, während der andere sich langsam am Ohr kratzte. Dann verließen sie das Büro nach einem kühlen Händedruck, mit dem sie mir ihre Meinung klarmachen wollten. Später sagte mir Jannings, eine Kuh habe nur beim Kalben verschleierte Augen. Ich sollte nicht nur diese vernichtende Bemerkung über Fräulein Dietrich zu hören bekommen, denn am selben Abend eilten meine erschrockenen Helfer in das

Theater, um mein Urteilsvermögen zu überprüfen. Nach ihrer Rückkehr erklärten sie mir, sie hätten nichts gesehen, was sehenswert sei. Dann gaben sie mir den freundlichen Rat, meine Augen untersuchen zu lassen.

Fräulein Dietrich blieb stehen, nachdem der Produzent und der Star ihr stummes Urteil verkündet hatten. Sie hatte zweifellos nichts anderes erwartet, aber sie warf einen verächtlichen Blick auf die Tür, die sich hinter ihnen geschlossen hatte, den sie dann auf mich richtete, als sei ich allein für die unnötige Demütigung verantwortlich. Ich forderte sie auf, wieder Platz zu nehmen, und sah sie mir genau an. Sie besaß eindeutig sehr viel Vitalität, aber da sie nicht wußte, was sie damit anfangen sollte, verbarg sie ihre Kraft. Ich gab ihr einen groben Überblick über das, was ihr bevorstand. Das brachte sie immerhin dazu, mit kindlicher Stimme zu sagen, sie hätte den Eindruck gehabt, man wolle sie für eine Nebenrolle engagieren und nicht für die Hauptrolle. Ich wiederholte, es sei die Hauptrolle, und sie sei ideal für das, was mir vorschwebe. Das schien sie nur zu ärgern, als hätte ich sie beleidigt. Sie ging weit genug aus sich heraus, um mir mitzuteilen, sie könne nicht spielen. Niemand sei in der Lage, sie richtig zu photographieren, und die Presse habe sie schlecht behandelt. Dann erklärte sie zu meiner Überraschung, sie habe in drei Filmen gespielt, in denen sie nicht gut gewesen sei. Für mich war das eine neue Erfahrung, denn niemand, dem ich bis dahin eine Rolle angeboten hatte, versuchte, mich über seine Mißerfolge zu informieren.

Ich stellte später fest, daß sie nicht nur in drei, sondern in neun Filmen wenig Erfolg gehabt hatte. Sie war in Musicals aufgetreten, nicht nur im Chor von Hits wie *Broadway*, sondern in wichtigen Rollen, für die viele talentierte Männer sie eingesetzt hatten. Offenbar hatte sie jeder in Berlin schon lange vor mir »entdeckt«.

Ihre Vergangenheit war mir nicht wichtig. Das sagte ich ihr auch. Die Dame bemerkte, daß ich nicht so leicht zu entmutigen war, und erklärte, sie habe einige meiner Filme gesehen. Sie räumte zögernd ein, ich könne mit Männern umgehen, aber sie bezweifelte, daß ich bei Frauen auch so gut sei. Da ich jetzt einer Kritikerin gegenübersaß, bot ich ihr Probeaufnahmen als Beweis dafür an, daß sie richtig photographiert werden könne, und daß ich genug Talent besaß, um nicht unsicher zu werden, wenn ich einer Frau wie ihr begegnete. Ehe sie zustimmte, machte sie zur Bedingung, daß ich mir ihre drei letzten Filme ansah.

266

Der nächste Tag wurde eine Qual. Hätte ich zuerst ihre Filme und dann sie auf der Bühne gesehen, wäre meine Reaktion wie die aller anderen gewesen. Auf der Leinwand war sie eine linkische, unattraktive Frau, die man sich selbst überlassen hatte. Sie bot das peinliche Bild einer albernen Gans. Für mich war das eine eiskalte Dusche. Außerdem hielt ich nichts von Probeaufnahmen. Ich hatte bisher nur zwei gemacht. Ein Regisseur, der eine Probeaufnahme macht, gibt sich entweder mit dem zufrieden, was vor der Kamera geschieht und läßt zu, daß die Kamera ihren Tribut fordert, oder er benutzt die Aufnahme, um zu zeigen, daß der Mensch vor der Kamera von ihm inszeniert werden kann, d. h. ob der Schauspieler wie eine Flamme aufleuchtet oder erlischt. Meine Art Brennstoff hat oft einen Schauspieler entzündet – das lag weniger daran, daß er etwas davon abbekam, sondern weil man glaubte, ich gehe zu leichtsinnig damit um und verschwende ihn auf alles in meiner Reichweite. Nur wenige sind sich bewußt, welchen Beitrag das scheinbar Unsichtbare zum Sichtbaren liefert. Wenn man jemanden richtig photographieren will, muß alles in seiner Umgebung dazu beitragen, oder es bewirkt nur das Gegenteil.

Ich habe immer versucht, den wenigen Brennstoff, den ich besaß, zu verteilen und aufzusparen für den Zeitpunkt, an dem er vonnöten war. Ich wollte ihn nicht für Probeaufnahmen verschwenden, die nichts bedeuteten. Eine der beiden Probeaufnahmen hatte ich mit Ruth Chatterton gemacht, und sie wurde ihr Sprungbrett zum Star. Bei der anderen ließ ich den Dingen ihren Lauf. Es war die Probeaufnahme einer berühmten Schauspielertruppe. Man kannte sie unter dem Namen *Habima Players*. Sie besuchten Hollywood, und man erwartete von mir nicht, sie in irgendeiner Form zu inszenieren, sondern ihnen nur zu ermöglichen, sich darzustellen, denn sie waren so begabt, daß niemand dem etwas hinzufügen konnte. Ich sollte nur darauf achten, daß ihre schauspielerischen Künste von der Kamera aufgezeichnet wurden. Der Kameramann warf mir einen verzweifelten Blick zu, und ich setzte mich hinter das bewegliche Stativ, um zu verhindern, daß die Darsteller außer Reichweite des Objektivs gerieten. Das erwies sich als keine leichte Aufgabe. Sie waren so sprunghaft wie Kaninchen. Es gelang mir mühsam, mit der Kamera einem riesigen Sprung zu folgen, als eine Schauspielerin, die durch die Luft fliegen sollte, von einem flinken Kollegen an den Boden gefesselt wurde, der sie am Hals packte und brüllte: »*Prostitute!*« Dann griffen die anderen ein und rissen ihn in einem Hexensabbath akrobatischer Theatralik von der Dame los. Die Aufnahmen sollten als eine höfliche Geste von MGM der Gruppe zum Geschenk gemacht werden, aber es wäre höflicher gewesen, diesen Wahnsinn nicht zu dokumentieren.

Im Fall von Fräulein Dietrich lag das Problem weniger darin, ihren wilden Bewegungen nicht folgen zu können, sondern sie zu überreden, daß sie sich überhaupt bewegte. (Außerdem war sie kein Fräulein, sondern eine verheiratete Frau.*)

Ich brachte mich zuerst in Schwung, indem ich mit der Favoritin der Filmgesellschaft für die Rolle Probeaufnahmen machte. Es war die charmante und schlagfertige Lucie Mannheim, die mit einem talentierten Musiker erschien, der sie am Klavier begleitete. Sie beeindruckten mich beide, aber ich engagierte nur den Musiker Friedrich Hollaender, der die Musik und die Lieder für den Film schrieb.

Danach hatte Frau Dietrich ihren Auftritt. Sie kam völlig unvorbereitet, denn sie hielt das ganze für reine Zeitverschwendung. Ich teilte ihre Ansicht, denn ich wollte ihr die Rolle geben, obwohl sie das nicht wußte. Nach ihrer bescheidenen Version, die inzwischen fester Bestandteil der Legende ist, behauptete sie, Schülerin im Max-Reinhardt-Seminar gewesen zu sein, als ich sie entdeckte.**

Und in einigen Interviews hat sie erklärt, ich hätte sie aufgefordert, für die Probeaufnahme ein unanständiges Lied zu singen. Obwohl man von ihr dann, wie sie bei ihren Auftritten immer sagt, nur verlangte, ein »freches« Lied zu singen. Es ist durchaus möglich, daß sie die Schauspielschule besucht hat, aber ich habe nie jemanden aufgefordert, unanständig zu sein. Und es läßt sich auch nicht behaupten, ich hätte sie für die Probeaufnahme aufgefordert, ein »freches« Lied zu singen. Da sie sich nicht vorbereitet und keinen Pianisten mitgebracht hatte, konnte sie nur singen, was sie einstudiert hatte – und das war sehr wenig. Ich schickte sie in die Garderobe, damit sie ihre Straßenkleidung mit etwas Glänzenderem vertauschte. Sie erschien daraufhin in einem Kleid, das groß genug war, um ein Nilpferd darin zu verstecken. Ich steckte ihr das Kleid so ab, daß es besser paßte, und bat sie, zuerst ein deutsches und dann wenn möglich ein englisches Lied zu singen, das sie kannte.

---

* Mit bürgerlichem Namen hieß sie Sieber.
** Ich war dabei, als sie später Max Reinhardt sagte, sie habe seine Schule besucht. Es dauerte etwa zwanzig Minuten, bis seine Augenbrauen wieder die normale Stellung gefunden hatten.

Dann warf ich sie in das Feuer meiner Konzeption und verschmolz ihr Bild mit meinem. Ich tauchte sie in Licht, bis die Alchemie gelungen war, und dann machte ich die Probeaufnahmen. Sie erwachte zum Leben und reagierte auf meine Anweisungen mit einer Leichtigkeit, wie ich es bislang noch nie erlebt hatte. Sie schien an all der Mühe, die ich mir mit ihr gab, Gefallen zu finden. Aber die Aufnahmen hat sie nie gesehen, auch nie den Wunsch geäußert, sie zu sehen. Ihre ungewöhnliche Vitalität war kanalisiert worden.

Im überfüllten Vorführungsraum zeigte man am nächsten Morgen die beiden Probeaufnahmen. Einstimmig entschied man sich gegen die Frau meiner Wahl und für Lucie Mannheim. Ich glaubte meinen Ohren nicht zu trauen, denn auf der Leinwand hatten wir unverkennbar eine einzigartige Persönlichkeit gesehen. Alle, die etwas mit dem Film zu tun hatten, waren anwesend, und wie üblich hatten sich auch andere eingefunden, die nicht wußten, worum es überhaupt ging. Alle stimmten gegen mich. Schließlich erhob sich der berühmte Regiekollege Hans Schwarz und erklärte, es sei lächerlich, von einer Qual der Wahl zu sprechen, denn jeder, der Augen im Kopf habe, müsse sehen, daß Lucie Mannheim sehr viel besser sei. Ich dankte ihm dafür, daß er mein Urteil bestätigte. Als es nach meiner sarkastischen Bemerkung still wurde, entschied Erich Pommer die Angelegenheit ganz ruhig mit der Feststellung, meine Aufgabe sei die Wahl der Schauspieler, und seine Aufgabe sei es, mich zu unterstützen. Das war natürlich das letzte Wort. Man hörte nur noch Emil Jannings, der mit einer dumpfen Stimme, die Kassandra zur Ehre gereicht hätte, murmelte, ich würde den Tag noch bereuen.

Meine Besetzung war jetzt vollständig, und die Dreharbeiten begannen. Man engagierte meine Hauptdarstellerin für eine relativ kleine Summe, obwohl die fünftausend Dollar, die ihr vertragsmäßig zustanden, hundertmal mehr waren als die lächerliche Gage im Theater, wo sie während der gesamten Dreharbeiten Abend für Abend auf der Bühne stehen mußte. Um vorzugreifen, in kurzer Zeit waren ihren Gagen phänomenal. Aber während sie in meinem Film arbeitete, war an die Zukunft noch nicht zu denken. Sie mußte jeden Morgen pünktlich um sieben im Studio sein und meistens bis zum letzten Moment bleiben, um gerade noch rechtzeitig zur Abendvorstellung im Theater zu erscheinen. Danach, so erzählte man mir, aß sie mit ihren Freunden um Mitternacht und unterhielt sie mit einem anschaulichen und ausführlichen Bericht über das, was sie auf meiner Bühne alles ertragen mußte. Normalerweise wäre es dieses angebliche Gerede nicht wert, überhaupt erwähnt zu werden, aber es steht in einem erstaunlichen Kontrast zu der Verherrlichung, zu der sie sich später entschloß. Während der Dreharbeiten beklagte sie sich, ich verlange Dinge von ihr, nach denen sie nie mehr wagen könnte, ihr Gesicht zu zeigen. Das wiederholte sie sogar noch, nachdem sie den fertigen Film gesehen hatte. Sie erzählte ihren Freunden, die Folter, der ich sie unterzog, sei nicht nur wegen der Verrenkungen ihres Körpers so schrecklich, sondern auch deshalb, weil jedes ihrer Worte der Zensur des Regisseurs unterlag. Dieser Ausländer, der mit eiserner Hand auf der Bühne herrschte, verlangte von ihr nicht nur, ein Englisch mit unglaublichen Vokalen und Konsonanten zu sprechen, sondern besaß sogar die Kühnheit, sich ein Urteil über ihre Muttersprache anzumaßen. Es sei schon schlimm genug für sie, mit Jannings als Partner zu arbeiten, der wegen seiner Wutausbrüche berüchtigt war, obwohl der Regisseur sich hauptsächlich um ihn bemühte. Aber am schlimmsten sei es doch, daß sie diesem anspruchsvollen Menschen nie etwas recht machen könne. Und wenn sie ihr Geld auf die Weise verdienen müsse, würde sie gerne darauf verzichten.

Einiges an dieser mehr oder weniger normalen Litanei mag ja durchaus berechtigt sein. Es war nicht leicht, als Partnerin von Jannings zu arbeiten. Er war keineswegs blind für das, was andere Schauspieler leisteten, aber er beobachtete mit ungewöhnlicher Genugtuung, wie Fräulein Dietrich auf mich reagierte. Nach einer Szene verhüllte er zwar seine Augen hinter dem Schleier der Geringschätzung, und er versuchte, sich in ihre Darstellung einzumischen. Aber sonst hatte ich keine Anzeichen dafür, daß ihr das Ganze nicht großen Spaß machte. Bei den Dreharbeiten war sie wunderbar. Ihre Aufmerksamkeit richtete sich nur auf mich. Kein Requisiteur hätte aufmerksamer sein können. Sie verhielt sich, als sei sie mein Dienstmädchen; es entging ihr nie, wenn mir ein Bleistift fehlte; sie brachte mir einen Stuhl, wenn ich mich setzen wollte. Sie wehrte sich nicht im geringsten, wenn ich ihre Lola gestaltete. Ich mußte selten eine Szene mit ihr wiederholen. Vielleicht lobte ich sie nicht und war meiner Art entsprechend etwas zu kritisch, aber sie sah wie alle anderen im Vorführraum die Ergebnisse des Tages. Es ist natürlich möglich, daß sich wenige Menschen die Wirkung des fertigen Films vorstellen können, wenn sie nur kleine Ausschnitte sehen.

Ich sollte hier vielleicht erklären, weshalb ich mit dem Lob so zurückhaltend bin, das ihr und den anderen ihre Aufgabe möglicherweise erleichtert hätte. Es liegt im Wesen unserer Arbeit, daß jeder Schritt unter dem Gesichtspunkt der damit verbundenen Kosten erwogen werden muß. Es gibt keinen Etat im Filmbudget für das Denken und Überdenken des Regisseurs. Meine Arbeit kann mir nur selten gefallen, denn sie besteht aus einer Reihe von Zugeständnissen, die ich mir und anderen mache. Wenn eine gedrehte Szene nicht meiner Vorstellung entspricht, dann bleibt mir kaum Zeit, etwas zu ändern. Ich kann die mögliche Wirkung des Geplanten erst einschätzen, wenn es mir gelungen ist, die Schauspieler dazu zu bringen, die von mir festgelegten Voraussetzungen zu erfüllen. Ein Film entsteht unter Bedingungen, die von der Prämisse ausgehen, daß der Regisseur in jedem Augenblick weiß, was für alle Beteiligten das beste ist. Das ist absurd. Kein Mensch kann nur richtig handeln. Tag für Tag werden kleine Abschnitte eines Films gedreht, die oft keine Verbindung miteinander haben. Der Zusammenhang, der Fluß und das Wichtigste, die abstrakten Werte, werden erst sichtbar, wenn die einzelnen Teile der Manipulation mit Schere und Leim unterzogen worden sind. Nichts geschieht automatisch oder geordnet. Über jeder Bewegung schwebt das Gespenst des Publikums, das gefesselt werden muß, weil es sonst dafür sorgen kann, daß man niemals wieder einen Film macht. Der Mongole, der von seinem staubigen Kamel steigt und für fünfzig *mung* den Film sieht, fällt vielleicht das endgültige Urteil. Das ist keine Übertreibung – sein Gegenstück sitzt in jedem Kino.

Ein Film ist kein Auto, obwohl er möglicherweise aus ebenso vielen Teilen besteht. Man schafft einen Rahmen für den Darsteller. Man läßt einen Hintergrund entstehen, jeder Lichtstrahl hilft oder lenkt ab, der Vordergrund schiebt sich dazwischen, die Luft trägt zur Wirkung bei. Der Schauspieler muß in sein Bewußtsein hinabtauchen und etwas Kostbares und Unverbrauchtes an die Oberfläche bringen. Vielleicht muß das verworfen werden, was auftaucht. Und das, was auf der Bühne geschieht, ist nicht der ausschlaggebende Faktor. Die Suche nach Werten ist nicht begrenzt auf das, was für das Objektiv sichtbar ist. Das Material muß entwickelt werden, Bilder und Töne müssen sich zu einem Muster verbinden, für das es kein Vorbild gibt. Von Anfang bis Ende ist alles Improvisation. Das Ergebnis wird bearbeitet, nachdem die Dreharbeiten schon längst abgeschlossen sind. Das Material wird zu einer Kadenz komprimiert und gedehnt, die nur undeutlich erkennbar ist. Wie soll man da Beifall klatschen und den Schauspieler nach jedem Atemzug loben? Oft genug besteht mein Kommentar nach einer Szene nur aus den wenigen Worten: »Also gut, versuchen wir die nächste Einstellung.« Man hilft einem Erwachsenen nicht, wenn man ihn wie ein Kind behandelt.

Nun ja, die Todesqualen, die diese Frau, die berühmt werden sollte, nach ihrer Aussage erdulden mußte, dauerten sechs Wochen. Man kann die Dauer von Todesqualen, wenn sie das waren, auf zweierlei Weise messen: zum einen nach der Dauer des Ruhms, der darauf folgt, zum anderen nach dem Wissen, daß sechs Wochen Todesqualen eine Ewigkeit sein können. Es gab auch eine Wartezeit vor den Dreharbeiten, und viele Wochen des angespannten Wartens danach, in denen ich in einem Raum gebückt über einer klappernden Maschine saß, durch die das endlose Zelluloid lief, in das unsere Arbeit geflossen war. Das Filmemachen ist ein langsamer Vorgang. Viele haben versucht, ihn zu beschleunigen. Das erinnert mich an die treffende Geschichte über den ungeduldigen Chirurgen, der mit der Operation anfangen möchte und sich über die methodischen Vorbereitungen seines Anästhesisten ärgert. »Machen Sie das nicht extrem langsam?« fragt er schließlich. Der Mann, der sich seine Zeit nimmt, erwidert: »Man kann es so machen oder noch langsamer.«

Die Kreation eines neuen Filmstars, ein zufälliges Nebenprodukt des *Blauen Engel,* geschah nicht langsam. Niemand und bestimmt nicht das »zufällige Nebenprodukt« war sich der rasanten und dramatischen Umwandlung von einer vergleichsweise unbekannten Frau in eine internationale Berühmtheit bewußt. Selbst die Verantwortlichen der Ufa erkannten es nicht, als sie den fertigen Film sahen, denn sie machten keinen Gebrauch von der Option, sich die Dienste von Frau Dietrich auch weiterhin zu sichern, obwohl diese Option vorsichtigerweise in den Vertrag aufgenommen worden war. Das war eindeutig ein großer Fehler, denn eine Filmgesellschaft kann nur überleben, wenn sie berühmte Schauspieler langfristig unter Vertrag hat. Fairerweise sei gesagt, die Geschäftsleitung dieser inzwischen relativ unwichtigen Gesellschaft und der fähige und weitsichtige Erich Pommer hatten in dieser Phase ihrer Arbeit andere Probleme. Ihnen bereitete es Kopfzerbrechen, daß ein deutscher Film von einem Nicht-Deutschen gemacht worden war, und daß ihnen dieser Film nicht deutsch genug zu sein schien. Details, die sich durch den ganzen Film zogen, standen in keiner Beziehung zu dem strengen deutschen Schulsystem; und die Vorstellung, daß ein deutscher Professor Anstand und Sitte vergißt und sich einer Hure an den Hals wirft, war mehr als anstößig. Das zur Schau getragene Bild von deutschem Stolz und deutscher Moral war angekratzt worden, und man rechnete mit einem Sturm der Empörung seitens der Öffentlichkeit und der Behörden.

Trotz der vielleicht begründeten Befürchtungen erklärten später einige kluge Schriftsteller, der Film liefere ein wahres Bild der Zeit, in der er entstand. Siegfried Kracauer bezeichnet ihn in seinem Buch *From Caligari to Hitler* (1947) als eine »sadistische Studie« und hält ihn für eine »beachtliche Aussage zur psychologischen Situation der Zeit«. Er holt weit aus und sagt, die Schüler, die ich zeige, seien die »geborene Hitlerjugend« und die Idee des Krähens ein bescheidener Beitrag zu einer Reihe ähnlicher, wenn nicht noch einfallsreicherer Erfindungen, die die Nazis in den Konzentrationslagern praktizierten. Man möge mir verzeihen, wenn ich noch einmal feststelle, daß der größte Teil der Handlung und alle Einzelheiten meiner Vorstellung entstammten. Ich wußte vor den Dreharbeiten sehr wenig über Deutschland; mir war noch kein Mensch begegnet, der auch nur annähernd einem Nazi glich. Der Anstoß für den Film ging allein von einem Roman aus, den Heinrich Mann in der guten alten Zeit vor 1905 geschrieben hatte.

In Cannes fragte mich der Pascha von Marrakesch einmal, weshalb ich ihn nicht besucht hätte, als ich in seinem Land war. Ich erwiderte, ich hätte ihm gerne meine Hochachtung erwiesen, wenn ich je in Marokko gewesen wäre. Daraufhin erklärte er, er habe einen meiner Filme gesehen und Straßen darin wiedererkannt. Er lächelte, als ich ihm versicherte, die Ähnlichkeit sei rein zufällig und habe ihren Grund in meinem mangelnden Talent, solche Zufälle zu vermeiden. Noch ein Beispiel: bei einem Film mit einem russischen Schauplatz, fragte ich einen Russen, ob seine Landsleute sich so verhielten wie in dem Film. »Nein«, antwortete er, »das nicht. Aber sie sollten es.«

Der Mangel an Ähnlichkeit mit der Realität machte der Schauspielerin Sorgen, der mein Bild von ihr »aufgezwungen« worden war. Sie stellte eine Frau dar, die es nur auf der Leinwand gab. Das bekümmerte meinen werdenden Star. Sie hatte sich noch nicht verändert. Es gab jedoch ein paar kleine Hinweise darauf, daß sie nicht mehr dieselbe Schauspielerin war, die ich vor knapp zwei Monaten auf der Bühne gesehen hatte. Während ich noch daran arbeitete, die Einzelteile zu dem zusammenzufügen, was – wie sich herausstellen sollte – für sie ein Denkmal auf Zelluloid wurde, beschwerte sie sich darüber, daß die Werbung für den Film sich auf mich und den großen Emil konzentrierte, sie jedoch kaum erwähnte. Sie begann die Qualität einer schauspielerischen Leistung mit der Größe des gedruckten Namens zu verwechseln. Obwohl sie davon überzeugt war, der gerade im Schnitt befindliche Film werde sie für alle Zeiten ruinieren, wollte sie, daß der Ruin an die große Glocke gehängt werde. Ich hatte darauf keinen Einfluß, denn das war nicht meine Aufgabe. Ich versicherte ihr jedoch, ihr Name werde bald bekannter sein als die Namen aller anderen in dem Film.

Es folgte sehr bald ein weiterer Hinweis darauf, daß sie sich inzwischen anders einschätzte. Ich hatte die Probeaufnahme mit ihr Ben Schulberg gezeigt, als er in Berlin war. Er folgte meinem Rat und machte ihr telegraphisch ein sehr großzügiges Angebot für Hollywood. Sie hielt die angebotene Gage für absurd, obwohl das keineswegs der Fall war. Ich weiß noch, daß ich mich über ihre Reaktion ärgerte. Ich kann mich auch unklar daran erinnern, daß ich ihr meine Uhr mit dem Hinweis zeigte, ich lasse ihr fünf Minuten Zeit, um zu entscheiden, ob sie noch einen Film mit mir machen wollte oder nicht – und zwar in Hollywood.

Sie hat es später bestritten, aber ich kann mich auch schwach daran erinnern, daß sie mir die Uhr aus der Hand riß und wegwarf. Mein Verhalten war natürlich falsch. Fünf Minuten sind zu wenig, um zu bedenken, ob man alle Bindungen zu dem Land, der Familie, den Freunden und der Sprache aufgeben soll. Früh am nächsten Morgen brachte mir mein Star einen Strauß Mimosen in den Schneideraum. Bald darauf verließ ich Deutschland und kehrte in meine kalifornische Heimat zurück. Ich rechnete nicht damit, sie noch einmal zu sehen. Ich hatte ein Meer aufgewühlt und ihm entstieg eine Frau, die die Welt bezaubern sollte.

————————

Jede Geschichte hat nicht nur zwei, sondern annähernd tausend Seiten. Und möglicherweise sind sie alle nicht ganz glaubwürdig. Die eine Seite der Geschichte meiner Beziehung zu Frau Dietrich ist schon vor langer Zeit mit der Kamera in sieben Filmen erzählt worden. Es würde mich nicht überraschen, wenn sie die unglaubwürdigste wäre. Ich beabsichtige nicht, eine neue Version zu erzählen, sondern möchte die Werkzeuge unserer Kunst untersuchen und ihre flexiblen und schwer faßbaren Merkmale deutlich machen. Die Werkzeuge sind Menschen. Auch der Handwerker, der mit ihnen umgeht, ist ein Mensch. Ein Film ist nur ein hoch entwickeltes Schattenspiel, und man beschwört Probleme herauf, wenn man Menschen manipuliert, als seien sie Marionetten aus Büffelleder.

Als die *Bremen* ablegte, betrachtete ich das zurückweichende deutsche Ufer und sagte zu meinem Assistenten: »Ich bin froh, daß es vorbei ist. Hoffentlich folgt mir niemand.« Das ist meine deutlichste Erinnerung an diese Zeit, obwohl die Erinnerung sich auf Dinge beschränkt, an die wir uns erinnern wollen.

Am Abend des 1. April 1930 hatte *Der Blaue Engel* seine Uraufführung in Berlin. Erich Pommer ließ den Film für sich sprechen und änderte kein einziges Bild.*

Zufall oder nicht, an diesem Abend sollte auch Frau Dietrich nach Hollywood abreisen, denn sie hatte sich entschlossen, den Vertrag mit Paramount zu unterschreiben. Der Gloria Palast, das Uraufführungskino, befand sich in der Nähe des Bahnhofs, und der Zug, der sie zum Schiff brachte, fuhr erst um Mitternacht. Man überredete sie, sich nach der Vorführung auf der Bühne zu verneigen. Sie glaubte, der Film würde für sie das Ende und die Vergessenheit bedeuten. Es ist erfreulich festzuhalten, daß sie nicht erschien, als müsse sie möglicherweise unauffällig durch den Hinterausgang verschwinden und zum wartenden Zug eilen, sondern in einer eleganten und glanzvollen Robe, wie es einem Star entsprach. Sie wurde mit donnerndem Beifall bedacht. Der Start der Reise in die Stratosphäre des Ruhms war gut gewählt.

Telegramme meiner Mitarbeiter informierten mich über die Aufnahme des Films bei Presse und Publikum. Ein Telegramm kam von einem Schiff

---

* Ich weise noch einmal auf den seltenen Respekt eines Produzenten vor der Arbeit eines Regisseurs hin, denn das Eingreifen der Produzenten gehört zu den schlimmsten Mißständen unserer Branche.

und enthielt nur die Frage: »Wer soll mein Partner sein?« Ich antwortete, Gary Cooper sei dazu ausersehen, obwohl ich versucht war, etwas anderes zu telegraphieren. Neben allen anderen Schwierigkeiten war in wenigen turbulenten Wochen die Karriere einer Schauspielerin gemacht worden. Der neue Star sollte jetzt eine Rolle spielen, die ihm nicht auf den Leib geschrieben war. Im Alten Testament steht: *Und wer für einen Fremden bürgt, soll dafür büßen.*

Sie war eine Fremde, denn außerhalb von Deutschland hatte niemand den *Blauen Engel* gesehen. Der Film kam erst in die Vereinigten Staaten, als sie sich zum zweiten Mal unter der »Folter« meiner Regie als Star erwiesen hatte. Diese Prüfung nach abgeschlossener Lehrzeit lief unter dem Titel *Morocco* (1930). Frau Dietrich hatte mit der Wahl des zweiten Vehikels sehr viel mehr zu tun, als nur die Anweisungen ihres Lehrers zu befolgen, denn als ich Berlin verließ und noch nicht wußte, ob sie mir folgen würde, ließ sie mir einen Proviantkorb zum Schiff bringen. Darin lag auch ein Roman von Benno Vigny. Er hatte den Titel *Amy Jolly* und handelte von der Fremdenlegion. Als ich ihn las, wurde mir bewußt, daß es sozusagen eine Fremdenlegion der Frauen gab, die ihre Wunden ebenfalls hinter einem Incognito verbergen.

Als ich meinen Star darüber informierte, dieses Buch werde die Vorlage für den nächsten Film sein, telegraphierte sie zurück, ich möge lieber eine geeignetere Geschichte für sie aussuchen, und fügte hinzu, *Amy Jolly* sei »schwache Limonade«. Ihr Urteil stimmte, soweit es das Thema betraf, denn sie konnte natürlich nicht wissen, aus welchem Grund ich mich dafür entschieden hatte. Ich wollte bewußt ein visuelles Thema und nichts, was mit einer Kaskade von Worten verbunden war. Ich wußte, wie wichtig die internationale Macht des Mediums und seine Wirkung auf fremde Völker war, deren Vokabular in vielen Fällen kaum fünfhundert Worte überstieg; und ich hatte auch sehr praktische Gründe.

Mir schauderte beim Gedanken an die Laute, die aus dem Mund meiner Aphrodite kommen würden, wenn es soweit war, den tödlichen Kampf mit einer fremden Sprache aufzunehmen. Sie sprach tadellos Deutsch und Französisch, aber damals nur sehr wenig Englisch, und ohne sehr behutsame Regie war das nicht mit dem Zauber ihrer Erscheinung in Einklang zu bringen. Weber und Fields* mitsamt ihren vielen Nachfolgern hatten die

* Joe Weber und W. C. Fields, amerikanische Komiker, inbes. der Stummfilmzeit. Anm. d. Red.

Zuschauer mit Parodien von Anfänger-Englisch aus deutschem Mund zum Johlen gebracht. Ein Idol hat keinen Akzent – weder einen deutschen noch einen anderen –, und deshalb durfte sie keine gutturale Aussprache mit rollendem *R*, einem *V* anstelle von *W*, *Ch* anstelle von *J*, *B* anstelle von *P* und *Z* anstelle von *S* haben. Meine Ängste beruhten nicht auf Phantasie, denn wir hatten gleichzeitig mit der deutschen Version die englische gedreht, und ich hatte das verzerrte Gesicht und die verdrehten Zungen bei den elementarsten Worten erlebt, die über ihre Lippen kamen. Kurz gesagt, man mußte Miss Dietrich von allen Menschen fernhalten, bis diese Hürde genommen war, obwohl sie in einem Film nicht unsichtbar sein konnte, in dem sie die Hauptrolle spielte.

Bei ihrer Ankunft in Hollywood erwies es sich als unmöglich, Miss Dietrich vor der Presse zu verstecken, besonders vor dem weiblichen Teil, der unbedingt begutachten wollte, was da importiert worden war. Ich beschwor meinen Schützling, ihr Englisch nicht vor der Presse zu erproben, war aber nicht klug genug, das ebenfalls zu tun. Bei einem Mittagessen, mit dem Frau Dietrich den Journalisten der Hollywood-Zeitschriften vorgestellt werden sollte, ließ ich mich zu einer dummen Bemerkung hinreißen, die alle anwesenden Frauen reizte. Als hätte ich in ein Hornissennest gegriffen, stürzten sich die Damen mit ihrer Tinte auf mich. Ein Zitat: »'Und außerdem', erklärte er abschließend, 'besitzt sie etwas, das bei Frauen selten ist – Verstand.'« Diese Bemerkung sorgte für Aufregung. Ich durfte mir eine solche Äußerung nicht erlauben, denn ich kannte nur wenige Frauen und wußte sehr wenig über diesen Teil der weiblichen Anatomie.

Die Empörung über die schweigende Dietrich bekam ich zu spüren. Sie war die bescheidene kleine deutsche Hausfrau und ich der Unmensch, der ihr nicht erlaubte, etwas zu sagen oder in der Öffentlichkeit zu erscheinen. Aber da man sie noch nicht auf der Leinwand kannte, legte sich das Interesse bald, und ich konnte mich an die Vorbereitungen für den Film machen, mit dem die Unbekannte ihr Debüt geben würde.

Die Bühne war bereit; wir fanden die Sanddünen der Sahara in Kalifornien. Wir überdachten ein paar staubige Straßen in der Nähe von San Fernando Valley mit Holzgittern und Palmblättern. An einer stellten wir für den Auftritt einer Kompanie Fremdenlegionäre Pfähle mit Totenköpfen auf. Dann kamen die Uniformen und die Kostüme der Hauptdarstellerin an die Reihe.

Ich hatte die »bescheidene kleine Hausfrau«, deren Ruhm wir vorbereiteten, auf einer Berliner Fête in Frack und Zylinder gesehen. In einer der Café-Sequenzen wollte ich sie wie einen Mann kleiden. Sie hatte ein französisches Lied zu singen, sollte zwischen den Gästen herumgehen und einer anderen Frau einen Kuß geben. Frack und Zylinder verliehen ihr einen besonderen Charme. Ich wollte ihr nicht nur einen lesbischen Touch geben (keine meiner Szenen mit sexuellen Anspielungen wurde je von der Zensur beanstandet), sondern auch beweisen, daß ihr sinnlicher Reiz nicht nur auf den klassischen Beinen beruhte. Wenn ich sie eine Hose tragen ließ, wollte ich damit keine Mode kreieren. Aber kaum war der Film angelaufen, wurden die Frauen mutiger und gaben ihre Röcke zugunsten der weniger malerischen Männerhosen auf.

In einem Werbespot für die Publicity des potentiellen Stars erschien sie in einer kurzen Szene mit weißer Schleife und im Frack. Das löste sofort einen Proteststurm aus. Die Studiogewaltigen schworen bei allem, was ihnen heilig war, daß ihre Frauen nur Röcke trugen. Einer argumentierte sogar, eine Hose könne man nicht wie einen Rock heben. Stundenlange Diskussionen folgten und raubten mir und ihnen die Kräfte. Aber sie konnten sich erholen, während ich den Film drehte. Sie schienen der Meinung zu sein, daß ein Regisseur für seine Arbeit keine Kraft braucht. Als ich durchsetzte, daß ich allein bestimmte, was meine Schauspieler trugen, wurde die Wahl der Schauspieler zum Zankapfel. Man hielt Gary Cooper für harmlos genug, um dem Film nicht zu schaden. Aber Adolphe Menjou wurde als ein zu großes Risiko abgelehnt. Ich wies die Herren schließlich darauf hin, das sei alles nicht wichtig, denn Erfolg oder Untergang des Films beruhten ausschließlich auf der Wirkung einer unbekannten Frau. Nebenbei sei erwähnt, daß Adolph Zukor mir kaum ein Jahr später gestand, ohne den Erfolg dieses Films wäre die Paramount bankrott gewesen.

Schließlich wurde mir auch der liebenswürdige Menjou genehmigt. Und so hatte dieser Gentleman die Ehre, in der ersten Szene von *Morocco* mitzuwirken. Ich hoffte wiederholen zu können, was schon einmal gelungen war – meinen Schützling in einen Star zu verwandeln.

Der Anfang der Dreharbeiten stand unter einem schlechten Stern. Laut Drehbuch beginnt der Film an Deck eines kleinen Dampfers, der sich der nordafrikanischen Küste nähert. Eine geheimnisvolle Frau steht an der Reling und starrt in die neblige Nacht, die das Ziel ihrer Reise verhüllt. Ein

Lichtstrahl, den einer meiner Beleuchter auf sie gerichtet hat, erhellt ihr verloren wirkendes Gesicht. Normalerweise liegen die Beleuchter auf dem Arbeitsgerüst neben ihren Scheinwerfern, lesen Comics oder dösen vor sich hin. Sie kümmern sich so gut wie nicht um das, was unter ihnen geschieht. Aber diesmal war das anders. Sie blickten aufmerksam auf die Unbekannte, die sie neugierig machte, weil der Regisseur sich unendliche Mühe mir ihr zu geben schien. Filter und Abdeckungen lassen die Lichtstrahlen auf ihrer Haut spielen. Der Regisseur verlangt sogar eine *Cucaracha* (ein durchsichtiger, gelochter Scheinwerferaufsatz aus Plastik), um hier und da ein paar Glanzlichter zu setzen. Während die Beleuchtung in den meisten Fällen an Statisten ausprobiert wird, wartet diese Dame ohne jede Ungeduld, bis der Regisseur das Zeichen gibt, mit dem Drehen anzufangen.

Der Regisseur nimmt seinen Platz hinter der Kamera ein, und ein Assistent ruft: »Szene eins, Klappe eins.« Heiter schlendert Mr. Menjou als ein Mann von Welt an Arabern und Levantinern vorbei, die an Deck liegen, und nähert sich der unergründlichen Frau, die unverwandt in die Dunkelheit blickt. Ihre Augen sind auf die Tafel gerichtet, auf der mit Kreide geschrieben »Nordafrika« steht. Der Herr zieht den Hut, erklärt höflich, daß er das Land, das vor ihnen liegt, kennt, und erkundigt sich, ob er ihr irgendwie behilflich sein könne. Soweit, so gut – alles läuft glatt. Dann verlangt die Szene, daß die Frau ihn als verführerische Sphinx von Kopf bis Fuß mustert, während ein Nebelhorn ertönt. Sie lehnt das freundliche Angebot ab und sagt, sie brauche keine Hilfe. Aber sie sollte das so sagen, als warte eine ungewisse Zukunft auf sie.

Ihr Text lautete: *I don't need any help* (»Ich brauche keine Hilfe«). Das hatte sie auswendig gelernt, aber das kam nicht über ihre Lippen. Mein Star, der mit den ersten Worten die Zuschauer in Bann schlagen sollte, entstellte eines der fünf Worte. Alle waren überrascht, sogar Mr. Menjou, dessen Haltung immer tadellos war. Der Toningenieur war mehr als erstaunt. Er warf mir einen verzweifelten Blick zu, wie eine sterbende Forelle, die verzweifelt nach Luft schnappt. Das Wort *help* klang plötzlich wie *hellubh*.

Ungerührt verließ ich meinen Platz hinter der Kamera und erklärte der Dame, der die allgemeine Aufregung über ihre Aussprache entgangen war, es sei nicht ungewöhnlich, daß die erste Klappe nicht sonderlich zufriedenstellend ausfalle. Ich wies sie darauf hin, daß die Szene sehr viel wirkungsvoller werde, wenn sie auf die zusätzlichen Silben verzichten könnte. Ich machte sie behutsam auf den Umstand aufmerksam, daß das Wort *help* nur vier Buchstaben hatte und ohne Zusätze sehr viel verständlicher sei. Sie hörte mir wie immer aufmerksam zu und gab zu bedenken, es werde ihr vielleicht nie gelingen, akzentfrei zu sprechen. Ich stimmte ihr zu, erinnerte sie jedoch daran, daß der Akzent für mich akzeptabel sein mußte.

Nach mehreren Versuchen ihrerseits, ein einfaches Wort mit Lauten auszuschmücken, die uns beide der Lächerlichkeit preisgegeben hätten, schlug ich vor, das problematische Wort durch *assistance* zu ersetzen. Sie versuchte ein paarmal, *assistance* über die Lippen zu bringen, und lehnte den Vorschlag mit der Begründung ab, das andere Wort sei besser. Auf der Bühne herrschte inzwischen helle Aufregung. Mehrere Zuschauer verschwanden, Boten eilten in alle Abteilungen der Filmstudios und verbreiteten die Nachricht, es stehe nicht alles zum besten.

Wir versuchten es noch ein paarmal. An dem Ergebnis änderte sich nichts. Durch die Anspannung kamen nur noch mehr zusätzliche Silben zutage. Ihre scharfen Ohren hatten vor dem *L* einen fremden Laut wahrgenommen. Sie gab diesen, vom Zungenschlag geformten Laut so gut wie möglich wieder. Mein hilfreicher Stab machte praktische Vorschläge. Man könne doch die Szene durchgehen lassen und das Wort zu einem späteren Zeitpunkt, wenn Miss Dietrich es richtig aussprechen konnte, aufnehmen und in die Tonspur mischen. Das wäre eine ganz normale Prozedur gewesen, aber in diesem Fall kam das nicht in Frage, denn wenn die Studiogewaltigen das gedrehte Material wie üblich am nächsten Tag begutachteten, dann hätte man die deutsche Verführerin sofort aus diesem Projekt herausgenommen. Nein, das war der Härtetest!

Es ging nicht darum, etwas Perfektes zu erreichen, auch nicht darum, einen durchaus brauchbaren Satz richtig aufzunehmen, denn ich konnte im kritischen Augenblick immer das Nebelhorn ertönen lassen, damit niemand die Aussprache hörte, die ihrem Zauber den Todesstoß versetzte. Es ging um die Frage, ob ich sie inzenieren konnte oder nicht. Als Erscheinung war sie äußerst attraktiv, und sie wollte sich auch meiner Führung anvertrauen. Ihre Haltung verriet nicht die leiseste Ungeduld, aber wie sollte sie spielen, wenn jedesmal ein Nebelhorn ertönte, sobald sie den Mund aufmachte?

Ich gab den Versuch nicht auf, ihr beizubringen, wie man das fatale Wort aussprach. Inzwischen waren alle Gesichter, die auf der Bühne ausharrten, blaß geworden, aber das beunruhigte sie nicht. Sie wußte, daß etwas nicht stimmte, und das hatte sie während der Dreharbeiten des ersten Films mit mir auch schon erlebt. Auch damals hatte ich bei ihr und den anderen Aussprache und Tonfall korrigiert – sowohl im Deutschen wie im Englischen. Da die Möglichkeit bestand, daß ich das Wort ebenfalls falsch aussprach, bat ich Menjou, es ihr mehrmals vorzusprechen. Als das nichts half, durfte sie das fatale Wort aus dem Mund anderer hören. Aber jedesmal, wenn sie *help* sagte, ertönten Vokale, Konsonanten und hin und wieder ein Diphthong, von dem sich niemand bezaubert fühlte. Nur die Ausdauer der Schauspieler setzt meiner Geduld Grenzen. Eine Stunde nach der anderen verging. Da ich deutsch sprechen mußte, wurde alles noch schlimmer, denn niemand verstand, was geschah, um die Lage zu verbessern. Menjou, der ein paar Brocken deutsch sprach, entschuldigte sich mit Kopfschmerzen und verschwand.

Plötzlich hatte ich eine Idee. Ich bat die junge Frau, die alles, ohne mit der Wimper zu zucken, über sich ergehen ließ, die Buchstaben *h-e-l-p* deutsch auszusprechen und zu vergessen, daß es ein englisches Wort war. Sofort sprach sie das Wort fehlerlos aus. Die Szene wurde ohne einen weiteren Zwischenfall gedreht, und das gute Schiff »Marlene« war vom Stapel gelaufen. An diesem bitteren Tag geriet mein Ruf, einer der schnellsten Filmregisseure zu sein, ins Wanken.

Ich kann den Standpunkt der Filmgesellschaft nicht außer acht lassen, die meine Arbeitsweise duldete. Ich war ein Angestellter. Ich konnte nicht tun und lassen, was ich wollte; ich konnte auch nicht willkürlich vorgehen. In den Augen anderer tanzte ich zwar vielleicht aus der Reihe, aber ich hielt eisern daran fest, daß ich allein für meine Arbeit verantwortlich bin. Die Filmgesellschaft bekam einen internationalen Star, den sie (nicht ich) unter Vertrag hatte – ein Aktivposten, durch den sie eine Weile zahlungsfähig blieb. Nichts hätte sie auf Dauer retten können, denn keine große Filmgesellschaft kann das System der Verschwendung überleben, nach dem sie arbeitet. Es gibt kein Fließband für Talente.

Der Chef dieser Filmgesellschaft saß bei der Uraufführung von *Morocco* neben mir und würdigte meinen Beitrag zu ihrem vorübergehenden Erfolg, indem er mich leicht mit dem Ellbogen anstieß und flüsterte: »Sieh dir an, wie sie es verschlingen. Sie glauben, sie sehen einen großen Film.« Bei den Dreharbeiten hatten seine »Stöße« ein anderes Kaliber. Während ich mich bemühte, bei fast fünfzig Grad im Schatten Immobilientafeln und Telegraphenmasten zu umgehen, die nicht gerade dazu beitrugen, eine nordafrikanische Landschaft zu suggerieren, erhielt ich von ihm eine Aktennotiz, in der er androhte, mich zu ersetzen, falls ich nicht schneller arbeitete. Ich rief ihn abends an und wollte wissen, wie schnell ich arbeiten sollte. Weil ich ihn beim Poker gestört hatte, antwortete er nur ungeduldig: »Ist mir egal wie schnell, aber es muß vorwärtsgehen.« Ich wies ihn darauf hin, daß mir für den Film knappe fünf Wochen zur Verfügung standen, und daß ich nicht im Rückstand sei. Er rief seinen Mitspielern etwas zu, die ihn ärgerlich an den Tisch zurückholen wollten, und brüllte: »Ich habe keine Zeit, ins Detail zu gehen. Arbeite schneller, oder wir besetzen die Regie um.«*

Es war eine gängige Drohung. Die meisten Bosse besaßen abgesehen von ihrer fragwürdigen Befugnis, zu engagieren und zu feuern, keine Macht und taten nichts als umbesetzen, was sich umbesetzen ließ, bis sie selbst abgelöst wurden – und nur selten von einem fähigeren Mann. Die Geschichte eines Filmstudios hat Ähnlichkeit mit der Kopf ab-Geschichte der Guillotine: Auf jeden Kopf, der rollt, folgt der Kopf, durch den er gerollt ist.

Es ist dieser Untersuchung dienlicher, sich dem Standpunkt der unmittelbaren Nutznießer meiner Arbeit zuzuwenden. Ich habe bereits festgestellt, daß Frauen sich gegen die völlige Manipulation scheinbar weniger heftig zur Wehr setzen als Männer. Aber der Fall der Frau, die durch *Morocco* ein Star wurde, hat ein paar seltsame Aspekte. Sie verzichtete nicht nur auf alle Unmutsäußerungen, wie andere es an ihrer Stelle vermutlich getan hätten, sondern sang ein Loblied auf den Regisseur, der sie zwang, sich seiner ständigen Führung und Beurteilung zu unterwerfen. Bei den Dreharbeiten des ersten Films mit mir in Berlin war sie unbedeutend, und niemand außerhalb ihres engsten Kreises beachtete sie. Es war daher leicht zu klagen, nichts auf der Welt sei diese unmenschliche Folter wert. Aber alle, die ihr damals so aufmerksam zuhörten, hatten vermutlich weniger mitfühlendes Verständnis für ihre Klagen, als sie den einzigartigen Erfolg erlebten, mit dem Marlene Dietrich für ihre Leiden entschädigt wurde. Ganz Europa lag ihr jetzt zu Füßen, und mit dem Erfolg von *Morocco* ver-

* Der schlagfertige Mr. Schulberg sagte einmal zu einer Gruppe von Schriftstellern: »Sie als Autoren haben einen schlechten Zeitpunkt für ihre Forderungen gewählt, wo die ganze Filmindustrie keine Mühe scheut, um von Sternberg jeden Stein aus dem Weg zu räumen.« – *New York Evening Journal*, 28. April 1932

breitete sich ihr Ruf weiter und ließ sich nicht mehr auf nur einen Kontinent begrenzen.

Die Kritiker überschlugen sich vor Begeisterung, und die gigantischen Postberge ihrer Fans hielten eine ganze Abteilung in Atem. Alle wollten Photos von ihr, Männer wollten Marlene ihren Reichtum zu Füßen legen, und die Prominenz fühlte sich geschmeichelt und geehrt, mit ihr gesehen und photographiert zu werden. Männer von Rang und Namen zollten ihr Tribut; die berühmtesten Schauspieler wollten sie als Partnerin; Produzenten und Regisseure konnten es kaum erwarten, mit ihr zu arbeiten; zu ihrem Freundeskreis gehörten die führenden Autoren und Künstler der Zeit. Herzöge, Generäle und sogar Staatsoberhäupter luden sie als Ehrengast an ihre Tafel. In einem der vielen Bücher über sie wird ein Journalist zitiert. Er schwärmte nicht nur von ihrer Schönheit, sondern »setzte ihren Verstand mit dem von Napoleon, Caesar, Mussolini und Lenin« gleich.*

Dieser Gipfel des Ruhms stand in krassem Gegensatz zu ihrer Position auf meiner Bühne. Hier gab es keinen Bewunderer, sondern nur einen Kritiker, der jede ihrer Bewegungen mit kühlem Blick verfolgte. Wenn überhaupt, dann beschränkten sich Schmeicheleien auf die Bemerkung: »In Ordnung, das reicht.« Meist hörte sie nur: »Dreh die Schulter zur anderen Seite und richte dich auf [...]. Sprich eine Oktave tiefer und bitte kein Lispeln [...] bis sechs zählen und auf die Lampe blicken, als könntest du ohne sie nicht mehr leben [...]. Rühr dich nicht von der Stelle, die Scheinwerfer müssen nachgerichtet werden.«

Wie soll ein Sterblicher verschwenderische Anbetung mit der scheinbar grausamen Unterjochung in Einklang bringen, die notwendig ist, um die Bewunderung zu erhalten? Die Quasi-Sklaverei ist kein Geheimnis, denn sie findet auf offener Bühne statt, und unzählige Zuschauer können sie bezeugen. Der Star mußte nur aus dem Licht der Scheinwerfer treten und wurde von der gierigen Presse enthusiastisch gefeiert. Es ist äußerst schwer, diesen unnatürlichen Gegensatz zu verkraften.

Sie verbreitete die Geschichten über ihre »Folter« nicht mehr in Form von Klagen, sondern schaffte es durch eine raffinierte Taktik, sie als herausragende Tugend zu verkaufen. Sie drehte den Spieß um und verwandelte

* Leslie Frewin schreibt in seinem Buch *Blonde Venus* (Macgibbon & Kee, London 1955) diese Aussage dem Journalisten C. H. Rand zu.

sich mit einem bewundernswert sicheren Instinkt in eine Märtyrerin, die das Loblied auf die göttliche Gnade singt, mit solchen Qualen gesegnet zu sein. Sie erzählte allen, die es hören wollten – und nur wenige wollten es nicht hören –, daß ich sie barfuß durch die glühend heiße Wüste laufen ließ und ihr nicht sagte, wann die Szene zu Ende war, weil das Sonnenlicht noch eine zweite Szene erlaubte, in der ich sie nicht brauchte. Als sie vor Erschöpfung in Ohnmacht sank und mir zu Füßen gelegt wurde, korrigierte ich ihr Englisch, nachdem sie sich soweit erholt hatte, daß sie mich fragen konnte, ob ich noch eine Nahaufnahme machen wolle. Sie sagte das nicht, um die Welt von ihrer Mißhandlung in Kenntnis zu setzen – oh nein! Sie tat es, um ihre Bewunderung für mich zu zeigen: »Ist er nicht wundervoll? Er korrigiert mein Englisch selbst dann, wenn ich noch halb ohnmächtig bin.«

Diese Mischung aus Selbsterniedrigung, durchsetzt mit meinem Lob, und demütiger Unterwerfung unter einen Mentor zeigte sofort Wirkung. Am Anfang griff sie vermutlich instinktiv zu diesem Verteidigungsmanöver, wenn nicht sogar echte Bescheidenheit dahinter lag. Aber sobald sie erkannte, daß ihr das noch mehr Bewunderung einbrachte, gab es für sie keinen Grund mehr, sich nicht zusätzlich Applaus zu verschaffen. Niemand konnte Anstoß daran nehmen, wenn sie einem anderen Tribut zollte. Eine glühendheiße, dampfende Dankesfontäne schoß ständig und zu jeder Stunde aus dem Vulkan hervor. Sie verbrühte mich – und ich konnte nichts dagegen tun.

Bald sah ich schon von weitem, wem sie eine ihrer Lobeshymnen vorgesungen hatte, denn dann durchbohrte mich ein vernichtender Blick. Sie klagte wie alle anderen über meine Regie, aber die Form ihrer Klagen unterschied sich von allen anderen sehr. Natürlich stöhnte auch sie, aber sie tat es verschleiert, und es war die alte Leier. »Was müssen wir doch um der Kirche willen leiden!« rief der Abt, als er sich die Finger an dem gebratenen Hähnchen verbrannte.

Die Leiden eines Schauspielers, um noch einmal auf dieses scheinbar unentrinnbare Schicksal zurückzukommen, sind selbstauferlegte Leiden und liegen ausschließlich im Wesen seiner fragwürdigen Dienste. Und wenn der Beitrag des Regisseurs zu groß ist, um übersehen zu werden – was hin und wieder vorkommt –, dann entzünden sich die vorhandenen Wunden, auch wenn der Regisseur so aseptisch wie möglich vorgegangen ist.

Offenbar heilen solche Wunden niemals, wie ein anderes merkwürdiges Beispiel zeigt. Durch seine gute Leistung als Partner von Marlene wurde Gary Cooper ebenfalls ein Star. Ein Vierteljahrhundert später erinnerte sich Mr. Cooper selbstzufrieden in einem Artikel, der 1956 in der *Saturday Evening Post* und in *Reader's Digest* erschien, an seinen Durchbruch zum Ruhm. Er ist einer der liebenswertesten Menschen, die ich kennengelernt habe, aber er erwähnt nicht, daß ihm die Arbeit an *Morocco* Spaß gemacht hat.

Er beschreibt mich als einen »großen deutschen Impresario« und erzählt, wie seine Ausbildung, seine Intelligenz, seine schwere Arbeit und sein Durchhaltevermögen durch meine Reaktion auf sein Gähnen auf die Probe gestellt wurden, weil ich daraufhin wütend die Bühne verließ. Ich möchte noch ein paar ausgewählte Bemerkungen zitieren, aus denen die Verachtung eines Schauspielers für den Regisseur spricht:

»Ein Schreiner, der es wagte zu hämmern, während von Sternberg denkt, konnte auf der Stelle entlassen werden,* und er hatte die Gewohnheit, alle Schauspieler zu zwingen, in andächtigem Schweigen um ihn herumzustehen, während er nachdachte.«

Er übergeht mich als Regisseur völlig und sagt, wie dankbar er Adolphe Menjou ist, der ihn bei diesem Film in der »Kunst des Spielens« unterwiesen hat. Er rühmt ihn als einen »Intellektuellen und als einen Mann, der sechs Sprachen beherrscht«. Mr. Cooper enthüllt das Ausmaß seines Traumas, vermischt aber Wahrheit und Phantasie, wenn er sagt: »Es war schlimm genug, daß ich nicht wußte, wovon er redete, aber ich wußte nicht einmal, was eigentlich vor sich ging [...] ich gähnte absichtlich, um die Aufmerksamkeit auf mich lenken. Zuerst explodierte er, aber dann bedachte er uns, das Fußvolk, sogar mit ein paar Worten Englisch, damit auch wir Bescheid wußten.«

Es ist durchaus möglich, daß er die Artikel nicht geschrieben hat, die unter seinem Namen erschienen sind, aber sie wurden überall verbreitet, und deshalb möchte ich die Sache richtigstellen. Ich sprach nur mit der Schauspielerin deutsch, die kein Englisch verstand. Das hätte ihn nicht weiter bekümmern müssen, da sie nur sehr selten eine Szene gemeinsam

---

* Man bemerke das Mitgefühl für die Bühnenarbeiter und die Verständnislosigkeit dafür, daß Hämmern jemanden beim Denken stören kann.

hatten. Im Film hat der Fremdenlegionär zwar eine enge Beziehung zu der Frau, die ihn liebt, und diese Beziehung erreicht ihren Höhepunkt, als die Frau alles aufgibt und ihrem Soldaten in die Wüste folgt. Aber die beiden Hauptdarsteller begegneten sich nur selten auf meiner Bühne. In diesen Fällen mußte ich Marlene Dietrich durch einen meiner Assistenten ersetzen, der Grimassen schnitt und Späße machte, um Cooper ein Lächeln zu entlocken und ihn soweit zu bringen, daß er seine Schüchternheit überwand. Er arbeitete nicht zum ersten Mal mit mir, denn wie ich bereits erwähnt habe, drehte ich mehr als die Hälfte von Frank Lloyds *Children of Divorce* neu. Coopers Partnerin damals war Clara Bow. Er war schüchtern wie die meisten Schauspieler. Beim ersten Kontakt mit mir trieb er das bis zum Äußersten und bekam die sogenannten »Scheinwerfer-Augen«, eine Entzündung, bei der man das Gefühl hat, brennenden Sand in den Augen zu haben. Bei ihm lag es daran, daß er nicht den Regisseur ansah, der ihm Anweisungen gab, sondern in die Scheinwerfer blickte. Und zum Gähnen sei gesagt, als wir zum zweiten Mal miteinander arbeiteten, »explodierte ich nicht«, sondern gähnte ebenfalls, als er mich beifallheischend ansah. Ich war nie unzufrieden mit ihm, und meines Wissens waren wir immer gute Freunde.

Auch der Fall des Berufsschauspielers Sam Jaffe, der unter meiner Regie angeblich zutiefst beleidigt wurde, ist veröffentlicht. »[...] und er verließ empört die Bühne. Er wehrte sich dagegen, von ihm in der Kunst des Schauspielens unterwiesen zu werden, und rief wütend mit einem Blick über die Schulter: 'Bei wem haben Sie Schauspielunterricht gehabt? Bei Hitler?'«* Und in einem anderen Buch ist folgende Anekdote zu lesen: »Mr. Jaffe hielt gewisse willkürliche Anweisungen für falsch und widersprach. 'Mr. Jaffe', schrie von Sternberg, 'ich habe zehntausend, die auf mich hören.' 'Sie Glücklicher', erwiderte Jaffe kalt, 'Jesus Christus hatte nur zwölf.'«** Noch eine hübsche Geschichte machte die Runde: James Thomas behauptete, er habe bei mir eine Szene fünfundzwanzigmal wiederholen müssen. Jaffe versicherte ihm, damit sei er glimpflich davongekommen. »Ich mußte 102 Klappen über mich ergehen lassen.« – »Das

---

* Aus *Screen Book*, Minneapolis, April 1934. »Josef von Sternberg kann vielleicht einer Marlene Dietrich sagen, wie sie spielen soll, aber nicht Sam Jaffe, dem berühmten Broadway-Schauspieler. Wie es heißt, verließ Sam empört die Bühne bei den Dreharbeiten zu *The Scarlet Empress*.«
** *Thesaurus of Anecdotes* von Edmund Fuller, S. 249 (New York, Crown Publishers, Inc., 1942)

kann ich mit 152 Klappen noch überbieten«, meldete sich ein anderer zu Wort.*

So stehe ich also zwischen Skylla und Charybdis**. Die eine Seite verdammt mich in Grund und Boden, die andere überschüttet mich mit destruktiver, leerer Schmeichelei. Während die bezaubernde Frau, die ich entdeckt hatte, mit immer lauterer Stimme das »Lob« ihres Regisseurs sang, wurde der Lärm der Verleumdung ohrenbetäubend. Und so blieb die Waage immer im Gleichgewicht. »Ich armes Kleines, ich hatte nichts damit zu tun, und seht doch nur, wie wundervoll diese Szene ist, auch wenn ich nicht darin spiele.« Das war nur der Zündfunke für die Geschosse, die sich auf mich richteten. Karikaturen und Filme schlugen Kapital aus der Mundpropaganda, es entstanden Stücke, die mein angebliches Verhalten aufs Korn nahmen, und ich konnte nichts gegen die Ammenmärchen tun, die meiner Arbeit folgten.

Da ja nur mein Ruf als besonnener Regisseur durch *Der Blaue Engel* und *Morocco* gelitten hatte, machte ich einen dritten Film mit der Dame meiner Wahl. Die Vorlage war eine Geschichte von mir mit dem Titel *X 27*, die von einer Wiener Spionin handelt. Die Filmgesellschaft beschloß, den Film *Dishonored* zu nennen, obwohl ich ihnen vorhielt, meine Spionin werde nicht entehrt, sondern hingerichtet. Wieder einmal wollte meine bezaubernde Verführerin, die inzwischen als Königin des Films herrschte, kein Lob für ihre Leistung in Anspruch nehmen. Und wieder einmal brachte ihr das noch mehr Lorbeeren ein, in die Beleidigungen des Regisseurs gestreut waren. Der Film enthielt einige interessante Bild- und Toneffekte. Sogar die Academy of Motion Picture Arts and Sciences nahm sie zur Kenntnis und verlieh einen Oscar dafür. Die Hinrichtung der Spionin durch ein Erschießungskommando wurde in einer Halle mit Echowirkung aufgenommen. Die Toningenieure hatten heftig gegen die improvisierte Bühne gewettert und jede Verantwortung für die von mir erzwungene Aufnahme abgelehnt.

Dann kehrte der Star von *Der Blaue Engel*, *Morocco* und *Dishonored* nach Europa zurück, um sich von der harten Arbeit zu erholen, während ich mit *An American Tragedy* eine kleine Fingerübung machen durfte.

Auch diesmal verbrannte ich mir die Finger. Nicht nur Schauspieler,

---

* *Los Angeles Times*, 8. April 1934
** In der *Odysee* ist Skylla ein in einer Felsklippe gegenüber dem gefährlichen Meeresstrudel namens Charybdis hausendes Ungeheuer, das die Vorüberfahrenden verschlingt. Anm. d. Red.

Produzenten und die Presse hatten das Kriegsbeil ausgegraben. Zu ihrer Verstärkung eilte der berühmteste Schriftsteller im Land herbei. Paramount hatte Theodore Dreiser 150 000 Dollar für die Filmrechte an seinem Buch bezahlt und ursprünglich Sergej Eisenstein engagiert, um diesen bemerkenswerten Roman in einen Film zu verwandeln. Aber da die Gesellschaft seinen Vorstellungen nicht zustimmte, war er wieder entlassen worden. Wenn es von Eisenstein ein Drehbuch gab, dann habe ich es nicht gesehen. Mr. Zukor bat mich, diese teuren heißen Kohlen für ihn aus dem Feuer zu holen, lange nachdem Eisenstein nach Mexiko gegangen war. Ich freute mich über diesen Auftrag, denn ich sehnte mich nach den letzten drei Filmen nach einem Gegengift.

Der Autor wurde sofort mißtrauisch, als man ihm sagte, ich werde sein Werk verfilmen, und erklärte sich damit nicht einverstanden. Er stand Filmen im allgemeinen mißtrauisch gegenüber und mir im besonderen. Er flog nach Hollywood und landete wie ein dicklicher Adler aus großer Höhe. Er stellte mich sofort zur Rede, und ich fragte ihn, weshalb er Einwände dagegen habe, daß ich seinen Roman verfilmte. Er zog eine Kopie des Drehbuchs aus der Tasche, das in Zusammenarbeit mit Samuel Hoffenstein geschrieben worden war, und deutete anklagend auf eine Stelle. Clyde steht wegen Mordes vor Gericht. Mit einem Blick auf den vollbesetzten Gerichtssaal sagt er zu seinem Anwalt: »Volles Haus, nicht wahr?« Ich wollte von Mr. Dreiser wissen, warum er daran Anstoß nahm. Er erwiderte, dieser Satz sei nicht im Sinne des Buchs. Ich zeigte ihm den Satz in seinem Roman. Er hatte noch mehr Einwände gegen Dinge, die wörtlich dem Buch entnommen waren, wie sich herausstellte. Dann wählte er eine andere Strategie und beanstandete, daß große Teile seines Romans übergangen worden seien. Das gestand ich ein und erinnerte ihn daran, daß Länge und Etat des Films von der Filmgesellschaft und nicht von mir festgelegt wurden, obwohl die Auswahl der zu verfilmenden Szenen bei mir liege. Ich fügte hinzu, daß sein Buch zu meinen Lieblingswerken gehöre, und beendete das Gespräch.

Geschwächt durch ein vorangegangenes Zusammentreffen mit Sinclair Lewis in einem berühmten Streit* (Lewis umarmte mich später und küßte

* Lewis beschuldigte Dreiser bei einem Festessen am 19. März 1931 in New York öffentlich, von seiner (Lewis') Frau »3000 Wörter« abgeschrieben zu haben; es kam zu einem Austausch von Ohrfeigen. Der Vorfall ging durch die Presse und erregte viel Aufsehen, zumal beide, Dreiser und Lewis, als Anwärter für den diesjährigen Nobelpreis für Literatur im Gespräch waren. Sinclair Lewis bekam ihn. Anm. d. Red.

mich, weil ich Dreiser die Stirn geboten hatte), reiste der große Dichter so überstürzt ab, wie er gekommen war. Er verfluchte alle Filme und bedachte auch mich mit ein paar Segenswünschen. Als er den fertigen Film sah, ging er vor Gericht, um die Aufführung zu verbieten, und behauptete, sein Roman sei verfälscht worden. Zur Erhärtung seiner Klage, der Film sei eine Entstellung seines Werks, zitierte er den Chef von General Motors, den Theaterautor Patrick Kearney, den Schriftsteller Ernest Boyd, den Maler Ralph Fabri, den Psychoanalytiker A.A. Brill, den Kunstsammler Dr. Harry Barnes, Carl Van Doren und einige andere.

Der Fall wurde dem Oberrichter Graham Witschief in White Plains, New York, überantwortet. Er entschied, der Film sei eine genaue Verfilmung des Romans. Dreisers Anwalt beging den Fehler, mich als Zeugen für Mr. Dreiser aussagen zu lassen, denn ich hätte dem Autor zugestimmt. Literatur kann nicht ohne den Verlust ihrer Werte auf die Leinwand gebracht werden. Die visuellen Elemente bedeuten eine völlige Umwertung des geschriebenen Worts. Wenn ich mir den Film wieder ansehe, dann kann ich sagen, das geschriebene Wort wurde mit bemerkenswerter Wirkung eingesetzt – besonders in dem Sinn, den die *Cleveland Press* kurz und bündig in folgendem Satz zum Ausdruck brachte: »Der Regisseur des Dreiser-Films, der bald in Cleveland zu sehen sein wird, ist ein Kenner, wenn es um Frauen geht.«

Die indirekt für diese Auszeichnung verantwortliche Dame kam nun wieder aus Deutschland zurück, wo ihr Ruhm legendäre Ausmaße angenommen hatte. Für mich war sie keine Legende mehr. Ich war entschlossen, die Lilie nicht noch mehr zu verschönern, und das sagte ich ihr auch. Aber ich hatte nicht mit ihrer Reaktion auf meine Absicht gerechnet, sie nicht mehr einzusetzen. Sie warf mir vor, ich sei entschlossen, aller Welt zu zeigen, daß sie nichts tauge, ich wolle mich selbst verherrlichen, indem ich sie zwang, auf eigenen Füßen zu stehen. Sie sei nichts und könne ohne mich nichts tun. Mit allem, was ich aus ihr gemacht hatte, wolle ich nur mein Genie demonstrieren.

Meinen Vorschlag wies sie zurück. Sie weigerte sich, unter einem anderen Regisseur zu spielen. Die Filmgesellschaft, die uns beide unter Vertrag hatte, meldete sich auch zu Wort und verlangte, daß ich einen weiteren Film mit ihr drehte. Der neue Boß, Emanuel Cohn, warf sich buchstäblich vor mir auf die Knie und bat mich, ihn nicht in Schwierigkeiten zu bringen, indem ich einen wertvollen Star im Stich ließ. Ich gab nach, denn ich wollte niemandem schaden – am wenigsten der Frau, für die ich mich verantwortlich fühlte.

In einer pedantischen Filmgeschichte der beiden gut informierten Franzosen Bardèche und Brasillach mit Kommentaren von Iris Barry (vermutlich aus Gründen der Alliteration dazu erwählt) wird mein Beitrag zur Filmkunst jener Zeit umfassend gewürdigt:

»Es folgte eine Reihe erbärmlicher Filme, einer prächtiger und dümmer als der andere, in der dieses wundervolle Geschöpf Marlene Dietrich mit Federn und Schmuck beladen zu einer Kleiderpuppe wird. Der Regisseur erschütterte mit seinen Flüchen und Auseinandersetzungen die Grundfesten von Himmel und Erde und schwor ständig, er wolle mit einer solchen Furie nichts mehr zu tun haben. Aber er kehrte immer und immer wieder zu ihr zurück und verlor dabei endgültig seine Fähigkeit, einen Film zu machen.«*

Natürlich wurde das geschrieben, bevor andere, deren Können so gut wie nie in Frage gestellt wurde, Filme mit meiner »Furie« machten. Viele dieser Filme sind vergessen, obwohl zu den begabten Regisseuren Ernst Lubitsch, Rouben Mamoulian, Frank Borzage, Richard Boleslawski, Jacques Feyder, George Marshall, Tay Garnett, René Clair, Raoul Walsh, Mitchell Leisen, Ray Enright, Lewis Seiler, Edward Sutherland, William Dieterle, Henry Koster, Frank Lloyd, Fritz Lang, Orson Welles, Alfred Hitchcock, Billy Wilder, Georges Lacombe, Michael Anderson, Samuel Taylor, Stanley Kramer und andere gehörten.

Die zitierte Aussage über meine Arbeit mit dieser außergewöhnlichen Frau ist nur eines der gemäßigten Beispiele, die im Überfluß in Lehrbüchern zu finden sind, die an Universitäten zur Vermittlung tiefer Einsichten in die Grundzüge des Filmemachens empfohlen werden. Obwohl man diese und meine anderen Filme immer wieder ausgräbt, um sie bei Retrospektiven in vielen Teilen der Welt zu zeigen, hält sich die Sekundärliteratur nicht mit ihrem Inhalt auf, sondern kreist in ihrer Weisheit um eine frei erfundene Lügengestalt, die identisch mit mir sein soll.

Ein Buch von Paul Rotha und Richard Griffith wird als »die Bibel für Filmstudenten« gefeiert und in allen Bildungsinstituten als »ein analytischer

* W. W. Norton & Co., Inc. und Museum of Modern Art, New York, 1938

Zugang zur Ästhetik des Films« gepriesen. Während ich dies schreibe, liegt es vor mir auf dem Tisch. Normalerweise verspüre ich nicht das Bedürfnis, mich mit der Ästhetik des Films zu beschäftigen. Aber Mr. Rotha hat mir dieses Buch mit einer persönlichen Widmung überreicht. Vermutlich wollte er, daß ich einen Blick auf die begeisterten Aussagen über meine Filme werfe. Er hat mit Tinte auf das Vorsatzblatt des dicken und umfassenden Werkes geschrieben: »In Hochachtung, und denken Sie bitte daran, als das geschrieben wurde, war ich ein arroganter junger Mann von 22.« Ich muß nicht hinzufügen, daß der nachfolgende Text keine Spur von Hochachtung erkennen läßt.

Aber noch amüsanter ist es, daß diese wissenschaftliche Arbeit eine von Mr. Rotha 1960 überarbeitete Version ist, als er kein »arroganter junger Mann von 22« mehr war. Der Co-Autor ist Filmkurator des Museum of Modern Art in New York. Diese hervorragende Institution erweist mir die Ehre, meine Filme Jahr für Jahr zu zeigen. In ihren Räumen befinden sich Bilder und Plastiken meiner Sammlung, die ich zusammengetragen habe, als andere noch viele Jahre lang die sogenannte Moderne für nicht gut genug hielten, um herausragende Werke dieser Richtung zu erwerben. Der Filmkurator macht zunächst einige beiläufige Bemerkungen im Text und tut dabei meine Filme als »lächerlich« und »überladen vulgär« ab. Dann geht er der Sache tiefer auf den Grund und stellt fest: »Das Problem Sternberg ist ein Problem des Geschmacks, nicht der Fähigkeiten. Er weidet sich voll Hingabe an Szenen und Ereignissen, die den normalen Zuschauer abstoßen.« In *Films in Review*, November 1950, sagt Richard Griffith von meinen Filmen, sie seien »als Kunst verkleideter Abfall«. 1959 war er so liebenswürdig, mich einen »brillanten schöpferischen Geist« zu nennen.

Nachdem ich *An American Tragedy* überlebt hatte, »weidete ich mich voll Hingabe« am nächsten Thema, das für den »normalen Zuschauer« abstoßend ist. Es ging dabei um eine Zugfahrt von Peking nach Schanghai. Wir bauten ein China aus Pappmaché und bevölkerten es mit schlitzäugigen Männern, Frauen und Kindern, denen es dort offenbar gefiel. Wir liehen uns von der Santa Fe-Bahn einen Zug, lackierten ihn weiß und hängten einen gepanzerten Wagen mit chinesischen Soldaten und aufgepflanzten Bajonetten an. Als Beispiel dafür, was bei der Vorbereitung eines Films alles zu bedenken ist, möchte ich erwähnen, daß wir eine trächtige Kuh beschaffen mußten, die neben Bahngeleisen untergebracht in dem dort herrschenden Lärm kalben mußte, damit sie später bei den Dreharbeiten vom durchdringenden Läuten und Pfeifen nicht aufschrecken würde, wenn mein Zug durch die bevölkerten Straßen fuhr und von einer Kuh gestoppt wurde, die ihr Kalb säugte.

Aber wie jedermann weiß, ist es einfacher, das Verhalten eines Tiers zu berechnen als das von Menschen. Meine Schanghai Lily durfte zwar weder ein Bein noch ein Fußgelenk zeigen, aber die scharfsinnige Filmkritik hatte inzwischen ihr Schema gefunden. *Vanity Fair*, damals das unangefochtene Sprachrohr der Intelligenz, fiel über mich her:

»Er vermarktet seinen bekannten Stil für Ausgefallenes in erster Linie mit den Beinen der Dietrich in seidenen Strümpfen und ihrem in Spitze gehüllten Popo. Er hat aus ihr eine Paramount-Dirne gemacht. Nach seinen eigenen Worten ist Sternberg sowohl ein Mann, der meditiert, als auch ein Mann der Tat. Aber er konzentriert sich nicht auf den Nabel von Buddha; seine Liebe gilt dem Nabel der Venus.«* Auch Genosse Eisenstein meldete sich zu Wort und bezeichnete meinen *Shanghai Express* als die »Kiddy-Kar«-Version eines russischen Films, den er gesehen hatte. Soweit die Klänge von Oboen und Bässen.

Es gab auch ein paar Flöten – aber je weniger man darüber spricht, desto besser. Ayn Rand sagte, selten habe ein Film sie so beeindruckt, und als ich sie fragte warum, nannte sie eine für sie unvergeßliche Szene: »Wie der Wind in den Pelz um Marlenes Schultern fährt, als sie auf der rückwärtigen Plattform des Zugs sitzt!« Auch William FitzGerald war ein genauer Beobachter. Er schrieb ein ganzes Buch über meine Arbeit und sagte folgendes: »Wenn von Sternberg nicht sein Objektiv auf die Beine des Stars richtet, dann fällt ihm auf, daß sie schöne Hände hat. Er nutzt dieses Wissen zu seinem Vorteil in der Szene, in der die Heldin allein in der Dunkelheit betet.«

Die Schauspieler konnten meine Anweisungen zwar nicht so schnell befolgen wie der Zug fuhr, in dem sie saßen, aber ich hielt mein chinesisches Gemälde, das meiner Phantasie entsprang, für sehr eindrucksvoll. Die Handlung basiert auf der einzigen Seite einer Geschichte, auf der Harry Hervey einen Überfall von Banditen beschreibt. Die Chinesen nahmen Anstoß an der Kritik ihrer nationalen Ordnung und verboten den Film, wann

---

* März 1932

immer es ihnen möglich war. Außerdem erklärte man mir, sollte ich je nach China reisen, würde man mich verhaften und für meinen Frevel bestrafen. Trotzdem gelang es mir einige Jahre später, dieses außergewöhnliche Land zu betreten, nachdem der Zug, der mich dorthin brachte, kurz hinter der Grenze zur Mandschurei von Banditen überfallen worden war.

Der wirkliche Schanghai Expreß, mit dem ich Peking verließ, war völlig anders als der Zug, den ich erfunden hatte, aber auch in diesem Zug fuhr zum Schutz der Fahrgäste bewaffnetes Militär mit. Ich war sehr zufrieden, daß ich mein China hatte entstehen lassen, bevor ich mit seiner unermeßlichen und mannigfaltigen Wirklichkeit konfrontiert wurde.* Es besteht ein großer Unterschied zwischen Phantasie und Tatsachen.

Ich neigte immer mehr zur Phantasie, als ich den fünften Film mit meiner schönen Dame in einem anderen Vehikel machte, das man ihrer überragenden Talente für unwürdig hielt. Ein Kritiker drückte es folgendermaßen aus: »Es war, als wäre das Orakel von Delphi vom Sockel herabgestiegen, um sich über das Wetter zu äußern.« Dieser Film, *Blonde Venus*, entstand ebenfalls nach einer Geschichte von mir, die ich schnell schrieb, um etwas anderes in der Hand zu haben als die Schnulzen, die man mir vorlegte. Es gibt wenig über den Film zu sagen, außer, daß ich noch vor Drehbeginn versuchte, die Filmgesellschaft zu verlassen. Aber auch Miss Dietrich verließ die Filmgesellschaft. Sie weigerte sich, mit einem anderen Regisseur zu arbeiten, und ich mußte zurückkehren, denn wir hatten beide einen Vertrag zu erfüllen. Ich erinnere mich an dieses Opus nur undeutlich, aber es fiel mir wieder ein, als ich etliche Jahre später mit einem liebenswürdigen Begleiter durch Frankreich fuhr. In einem vertraulichen Augenblick gestand er mir in Rouen bei Gänsebraten und Beaujolais: »Wissen Sie, ich habe fünf Jahre gebraucht, um zu verstehen, was Sie mir gesagt haben, als ich in Ihrem Film spielte.« Das war Cary Grant. Ich hatte ihn aus seinem Dasein als Anhängsel von Mae West gerettet und zum Star gemacht. Immerhin, fünf Jahre sind keine zu lange Zeit, um zu verstehen, was ein anderer mitzuteilen versucht.

Nach den Dreharbeiten des fünften Films gelang es mir, Marlene zu überreden, endlich einen Film mit einem anderen Regisseur zu versuchen.

---

* George Amberg, der an der University of Minnesota Vorlesungen über das absurde Theater hält, erzählte mir kürzlich, er habe eine Arbeit über den Fetisch der Authentizität geschrieben. Ich halte dies für eine bemerkenswerte Konzentration eines Themas in einem Titel.

Während ich Urlaub machte, nahm Rouben Mamoulian sie in die Hand und machte *Song of Songs*. Ich habe den Film nicht gesehen, aber die nackte Statue von ihr, die er in dem Film benutzte.

Ich begab mich wieder in die Tretmühle und machte die beiden letzten der sieben Filme mit ihr. In beiden benutzte ich meinen Paradiesvogel, um meine eigenartige Theorie zu beweisen, daß ein Film auch ein Medium der Kunst sein kann. Die Filme waren nicht schlecht, aber Zuschauer und Kritiker lehnten sie ab. Ich nahm das mit großem Bedauern zur Kenntnis. *Scarlet Empress*, der vorletzte Film, hätte nach allen damaligen und heutigen Maßstäben den Erfolg verdient. Aber bis auf wenige Ausnahmen hielten ihn alle für den Versuch, eine überragende Schauspielerin umzubringen. Der Film war natürlich ein kompromißloser Abstecher in die Domäne des Stils, der bei einem Kunstwerk zwar vorausgesetzt, in diesem Medium jedoch nicht verziehen wird. Ich ließ das Rußland von Katharina der Großen in seiner ganzen Pracht entstehen, aber nicht als Kopie, sondern als Neuschöpfung. Die Geschichte vom Aufstieg einer arglosen jungen Prinzessin zu einer spöttischen und skrupellosen Zarin konnte nicht langweilig sein, auch wenn sie einen Augenblick ins Stocken geriet, als das Medaillon ihres untreuen Liebhabers an einem winterlichen Baum von Ast zu Ast fällt und kurz an einem Zweig baumelt, ehe es im Schnee versinkt. Die erzürnten Herren Kritiker wiesen darauf hin, daß jede Szene meine Handschrift trug.

Mea culpa. Ich hatte den anderen wenig Arbeit überlassen und war sogar kühn genug, das Los Angeles Symphonieorchester für die Musikaufnahmen selbst zu dirigieren. Während einer Probe tanzte ein Cellist aus der Reihe, und als ich mich erkundigte, was auf seinen Noten stand, erwiderte er: »*Tacet*.« Ich erwiderte, er möge sich doch bitte an seine Noten halten. Die Presse jubelte!* Es war der eindeutige Beweis, daß dieser Mann von nichts eine Ahnung hatte. In einer eindrucksvollen Szene nähert sich ein Mönch der kaiserlichen Tafel, um Almosen zu erbetteln. Der Zar schlägt ihm ins Gesicht, und der Mann antwortet gelassen: »Das war für mich, und was gebt Ihr den Armen?« Dazu spielt eine Geige eine Komposition von mir. Mit einer einzigen Ausnahme stammten Bühnenbild, Requisiten,

---

* Der Artikel, in dem man mich verhöhnte, weil ich scheinbar die Bedeutung von *tacet* [= (es) schweigt; Angabe, daß ein Instrument für längere Zeit zu pausieren hat. Anm. d. Red.] nicht kannte, erschien in *The Hollywood Reporter*, 23. Juni 1934.

Bilder, Plastiken, Kostüme, Handlung, Kamera und jede Geste der Schauspieler bis in alle Einzelheiten von mir. Die Ausnahme ist eine kurze, kaum drei Meter lange Szene. Sie brachte das Faß zum Überlaufen – und mir von vielen Seiten vernichtende Kritik ein. In der kurzen Szene laufen zahllose Russen durch die Straßen und jubeln über die Geburt eines Thronerben. Die Massenszene stammte nicht von mir, sondern aus Ernst Lubitschs *The Patriot*. Ich fügte sie so geschickt ein, daß alle glaubten, ich hätte mir die unglaubliche Verschwendung geleistet, für eine so kurze Szene so viele Darsteller zu engagieren. Lubitsch erkannte sein Material nicht wieder und warf mir bewußte Verschwendung ohne Rücksicht auf die Kosten vor. Dieser Vorwurf löste ein Echo aus, das wider- und widerhallte, ohne je zu verstummen. Zur Verteidigung dieses begabten Regisseurs sei gesagt, daß ich mir den Spaß erlaubte, weder ihn noch andere über den wahren Sachverhalt aufzuklären. Lubitsch war damals Produktionsleiter der Filmgesellschaft, die mich unter Vertrag hatte, und er war für die Arbeiten der anderen Regisseure verantwortlich. Das trägt natürlich dazu bei, den Blick eines Mannes zu trüben.

Möglicherweise war ich zu verschwenderisch, aber nie mit dem Etat eines Films. Ich hatte meine Filmkarriere nicht nur mit dem billigsten Spielfilm begonnen, sondern war auch nie stolz auf Verschwendung, die ich nicht duldete. Ich schonte nur mich nicht. Ein Detail des Films entging den Kritikern. Es war das ohrenbetäubende, weithin hallende Geläut der gigantischen Kreml-Glocken, die die Zaren mit den Köpfen mißliebiger Untertanen schlagen ließen. Es kam durch den verlangsamten und verfremdeten Klang einer kleinen silbernen Tischglocke zustande und nicht etwa bei einem Ausflug des Aufnahmestabs samt der ganzen Tonausrüstung zur Westminster Abbey.

Während Produzenten und Regisseure Schlange standen und darauf warteten, daß ich ihnen endlich eine Schauspielerin überließ, weil sie zeigen wollten, was man wirklich mit ihr leisten konnte, blieb mir noch eine Gelegenheit, die vielen Freunde, die ich ihr gewonnen hatte, vor den Kopf zu stoßen.

Mein letzter und unpopulärster Film in dieser Reihe basierte auf einem Buch von Pierre Louys; John Dos Passos lag mit Maltafieber im Bett und versuchte, mir beim Drehbuch zu helfen. Es wurde mit falschen Würfeln gespielt, damit ich nicht gewinnen konnte, und so leistete ich der Frau, die ich auf einer Bühne in Berlin an die Kulissen gelehnt gesehen hatte, einen letzten Tribut. Gleichzeitig wollte ich auch Spanien und seinen Traditionen meine Huldigung erweisen. Wie ein Computer konstruierte ich Szene um Szene nach einem genauen Schema. Nichts entging meiner Aufmerksamkeit, außer das Publikum. Zusätzlich zu meinen normalen Pflichten übernahm ich noch die Kamera. Ich wollte den Film ursprünglich *Capriccio Espagnol* nennen. Lubitsch war dagegen und Leiter des Filmstudios. Er konnte sich zwar nicht in meine Produktion einmischen, aber er drückte mit dem veränderten Titel *The Devil Is a Woman* (1935) der Arbeit seinen Stempel auf. Dieser Akzent stammte nicht von mir. Lubitschs poetische Absicht, das Geschlecht des Teufels zu verändern, um den Kartenverkauf anzukurbeln, führte nicht zu dem gewünschten Erfolg.

Der Film wurde von der spanischen Regierung verboten, die dann wiederum von Generalissimo Franco verboten wurde. Aber zuvor protestierten spanische Diplomaten bei unserer Regierung erfolgreich gegen den Verleih des Films. Anstoß erregte, daß die *Guárdia Civil* sich als unfähig erweist, die Unruhen beim Karneval, der den Rahmen der Handlung bildet, in den Griff zu bekommen. Der Film lief nur im Museum of Modern Art in New York, danach erst 1959 auf dem Filmfestival in Venedig und kam 1961 in einen begrenzten Verleih. Seltsamerweise wurde in diesem Jahr wieder ein Film von der spanischen Regierung verboten. Diesmal handelte es sich um *Viridiana* von Luis Buñuel, einem der besten Regisseure. Ein Film, der Spanien, wo er entstand, Ehre machte.

Aber bevor meine Reverenz vor den Spaniern auf Eis gelegt wurde, fand mein Werk mehr oder weniger echte Anerkennung, wie dieses Zitat aus einer damaligen Zeitschrift beweist: »Ein Beleuchter hängte eine schwere Lampe über dem Bühnenbild um. Er löste dabei ein dickes Seil, das mit einem lauten Knall auf die Bühne fiel. Ein Statist sprang geistesgegenwärtig zur Seite und rief: 'He, passen Sie doch auf! Ich bin nicht von Sternberg!'« (*Modern Screen*, Februar 1935)

Es gibt einige kleine Details im Zusammenhang mit diesem Film, die den normalerweise so wachsamen Journalisten, die meine Schwächen aufs Korn nahmen, entgingen. Zu meinen Assistenten gehörte Rudolf Sieber. Er war einer der besten und der Ehemann der Hauptdarstellerin. Und dann hatte ich keinen Spazierstock mehr bei mir, der zu soviel Feindseligkeit Anlaß geboten hatte, sondern eine Sprühpistole und ein Luftgewehr. Mit der

Pistole besprühte ich alle grünen Flächen und dunklen Punkte mit Aluminiumfarbe. Damit sparte ich Zeit. Es ging schneller, Helligkeit aufzusprühen, als mit elektrischen Vorrichtungen dunkle Oberflächen zu filmen. Mit dem Luftgewehr brachte ich Luftballons zum Platzen, die wir nach jeder Szene aufsteigen ließen.

Jeder erkannte bald, daß die Aluminium-Spraydose die Ausleuchtungszeit um die Hälfte verkürzte, aber niemand kam dahinter, weshalb ich mit der linken Hand die Kamera bediente, während ich in der rechten ein Luftgewehr hielt und damit nach jeder Szene einen Luftballon abschoß.

Dieses mysteriöse Verhalten, das so überhaupt nicht mit der Tradition und dem Gehabe meines Berufs in Einklang stand, erregte vor allem den Zorn meiner Hauptdarstellerin. Die wenigen, die den Film gesehen haben, erinnern sich vielleicht daran, wie meine Concha, denn so hieß Marlene in dem Film, zum ersten Mal im Trubel des Karnevals auftritt. Luftballons verdecken ihr Gesicht. Sie steht in einer Kutsche, die sich ihren Weg durch die maskierten und ausgelassenen Menschen bahnt. Die Szene zeigt, wie einer der Maskierten, der ihre Aufmerksamkeit auf sich lenken möchte, dazu eine Schleuder benutzt.

Als Marlene auf der Bühne erschien, und ich ihr den Ablauf der Szene erklärte, begriff sie plötzlich, weshalb ich mir diese unverständliche Spielerei ausgedacht hatte. Wir hätten niemand anderem erlaubt, mit einem Gewehr auf die tanzenden Luftballons zu schießen, die ihr Gesicht verdeckten. Als die Szene begann, zielte ich und ließ die Luftballons platzen. Dahinter kam das furchtloseste und bezauberndste Gesicht der Filmgeschichte zum Vorschein. Die Kamera registrierte kein Wimpernzucken, nicht die leiseste Veränderung des strahlenden Lächelns, wo jede andere, nur nicht diese außergewöhnliche Frau, vor Angst gezittert hätte.

Nach dem letzten Film forderte man auf dem ganzen Globus, daß dieses Wesen, das ich ruiniert hatte, meinem eisernen Griff entrissen werde. Mein Griff war alles andere als eisern. Und ich hatte sie wohl kaum »ruiniert«. Als wir uns kennenlernten, verdiente sie weniger als ein Maurer. Und wäre sie in Berlin geblieben, hätte auch sie das Schicksal Deutschlands unter Hitler ertragen müssen.

Man berichtete mir, daß sie nach dem »Fiasko« mit mir während der vielen Filme, die sie später drehte, oft nach einer Szene ins Mikrophon flüsterte: »Wo bist du, Jo?« Nun ja, ich bin hier, und wenn sie wieder einmal zornig wird, wenn sie das liest, dann möge sie sich daran erinnern, daß sie oft grundlos auf mich zornig war.

Nach der Fertigstellung des Films flog ich nach Havanna. Dort fand zwar gerade eine der vielen Revolutionen statt, aber das hatte wenig mit mir zu tun. Es tat mir gut, allein spazierenzugehen. Für mich war eine Phase der Knechtschaft zu Ende, die niemanden außer mich in Verruf gebracht hatte.

Zehntes Kapitel

Ich erlaube niemandem, über mich zu herrschen, ich bin frei.
Wer frei ist, kann tun, was ihm gefällt; wer tun kann, was ihm
gefällt, kann Freude finden, und wer Freude finden kann – hat
keine Wünsche mehr.

Don Quijote (Miguel de Cervantes)

Ungefähr sieben Jahre hatte ich so gearbeitet, wie ich arbeiten wollte. Ich hatte alle Einmischungen ausgeschaltet – jedenfalls die meisten. Dafür war ich bezahlt worden, und das ist nicht üblich; und ich hatte dafür bezahlt, und das ist üblicher. Aber es fiel mir nicht leicht, sofort eine Pause zu machen. Ich hatte zuviel gearbeitet und mußte zunächst einmal das Tempo drosseln, wie ein Läufer, der nach dem Rennen noch eine Weile die Beine bewegen muß.

In dieser Zwischenzeit entstanden zwei Filme nach der Methode: Man spanne den Wagen vor das Pferd. Der eine war eine Verfilmung von Dostojewskijs *Schuld und Sühne*. Der Film konnte nicht besser sein als die Besetzung, die man mir vorschrieb. Bei einem Film müssen alle Werte von Anfang an festgelegt werden. Wenn ein Regisseur beauftragt wird, eine Geschichte zu verfilmen und Darsteller zu inszenieren, die nicht seine Wahl sind, dann kann er nur eine Routinearbeit liefern. Der Wagen vor dem Pferd kann in Bewegung gesetzt werden. Aber ihn zu lenken, ist ein Problem, das nicht so leicht zu bewältigen ist.

Der andere Film (*The King Steps Out*, 1936) basierte auf einer Operette von Fritz Kreisler und entstand mit Grace Moore in der Hauptrolle unter denselben Vorzeichen. An diesem Film ist nur bemerkenswert, daß Bild und Ton während der Dreharbeiten simultan aufgezeichnet wurden. Bei allen anderen Filmen dieser Art wurden und werden die Sänger zuerst aufgenommen und bringen die Lippenbewegungen mit den Tönen in Einklang, wenn sie weniger mit ihrem Auftritt beschäftigt sind. In ihrer angeblichen Autobiographie beklagt sich die Primadonna, ich hätte nicht gewußt, was ich eigentlich wollte. Man kennt das zur Genüge. Es war die übliche Litanei und die alte Leier. Alle wissen, was sie tun, nur der Regisseur nicht!

Es ist nicht Aufgabe des Regisseurs, mit Werten zu arbeiten, die andere vorgegeben haben. Er muß diese Werte selbst erschaffen, sie auswählen, die einzelnen Elemente unter Kontrolle haben – ganz besonders alles, was Inhalt und Darsteller betrifft, die dazu gebracht werden müssen, den Inhalt zu interpretieren. Die beiden Filme trugen also meinen Namen und wenig mehr. Niemand hatte mich gezwungen, sie zu machen; ich nahm mich dabei zurück, und die selbstverordnete Fessel spiegelte sich in der Arbeit wider. Ich hatte genug davon.

George Jean Nathan formuliert zutreffend und spöttisch, unter welchen Bedingungen die meisten Filme entstehen: »Hollywood scheint mir eine zehn Millionen Dollar teure, komplizierte und geniale Maschinerie, die kunstvoll Unsinn verpackt.« Ich glaube, das trifft nicht nur auf Hollywood zu; ich weiß auch nicht, ob er mich davon ausnimmt, obwohl sein Freund und Schüler Thomas Quinn Curtiss*, einer der intelligentesten Film- und Theaterkritiker, mir erzählte, Nathan beurteile mein Werk etwas respektvoller.

In dieser Phase, in der ich zweimal »Unsinn verpackte«, machte ich den ersten Schritt, um mich von der Filmwelt zu entfernen. Ich suchte mir dazu eine Wiese in einer einsamen, kahlen Landschaft und schuf einen Zufluchtsort für mich, meine Bücher und meine Sammlung moderner Kunst. Ich ließ ein Haus aus Stahl und Glas bauen, und während es entstand, pflanzte ich über tausend Bäume, die inzwischen zu einem Wald geworden sind; auch die Landschaft ist nicht mehr kahl.

Ich wählte einen (damals) relativ unbekannten Architekten, der meine Vorstellungen von dem Haus verwirklichen sollte. In meinen Unterlagen befindet sich ein liebenswürdiger Brief, in dem er sich für ein Bild bedankt, um das er gebeten und das ich ihm mit ein paar Worten geschickt hatte. Hier ein Auszug aus seinem Brief: »Ich freue mich über das Bild [...] die intensive Begegnung mit Ihnen war eine wichtige Erfahrung.« Der inzwischen bekannte Richard Neutra scheint seine »wichtige Erfahrung« jedenfalls schlecht verdaut zu haben, denn er hat jahrelang behauptet, ich hätte vier große Kanonen im Haus, um Besucher fernzuhalten (nach der

* Mr. Curtiss ist zur Zeit Kritiker der Pariser Ausgabe der *New York Times*.

300

Fertigstellung war er nicht ein einziges Mal dort), ich züchte schwarze Spinnen, die mit ihren Netzen die Fassade tarnen sollen, das Haus sei umgeben von einem Graben mit einer Zugbrücke, damit niemand ungebeten vor der Tür stehen könne, ich hätte einen riesigen Gummibaum ausgraben und von einer Stelle zur anderen transportieren lassen, bis er im richtigen Winkel vor einem fernen Berg stand, und er hätte das Haus zu einem Preis bauen müssen, der niedriger war als meine Wochengage.

Als sich vor zwei oder drei Jahren eine Begegnung nicht vermeiden ließ, fragte ich ihn, weshalb er solche Dinge verbreite. Er antwortete mit einem schiefen Lächeln: »Finden Sie nicht auch, daß es Sie interessant macht?« Es sollte noch erwähnt werden, daß er in den meisten Büchern über seine Arbeiten behauptet, er habe dieses Haus nicht für mich, sondern für die derzeitige Besitzerin gebaut, die bekannte Autorin von *The Fountainhead*,* obwohl sie damals, als ich das Haus aus Stahl und Glas bauen ließ, noch in der Kostümabteilung eines Filmstudios in Hollywood arbeitete.

Aber schon nach Fertigstellung des Hauses** wußte ich, es stand nicht weit genug von allem entfernt, was ich hinter mir lassen wollte. Ich sah mich nach einem anderen Ort um, wohin ich vor den bleichgesichtigen Ungeheuern flüchten konnte, die ich beschworen hatte. Vielleicht gab es irgendwo auf der Welt einen vollkommeneren Ort als den von mir gewählten. Aus einer Laune heraus nahm ich eine Karte von Indochina zur Hand, suchte einen Punkt darauf aus und bestieg ein Schiff, das in den Fernen Osten fuhr.

Irgendwo mitten im Pazifik auf dem hundertachtzigsten Längengrad geht ein Tag verloren, und mit diesem Tag schienen sich alle meine Probleme in Luft aufgelöst zu haben – Probleme, die keine Wirklichkeit besaßen und sich von neuem einstellen sollten, als ich noch nicht bereit war, sie mir wieder aufzuladen. Aber die Steine, die ich in den Teich Hollywood geworfen hatte, schlugen Wellen bis an ein fernes Ufer. Ich hatte meine Filme zwar vergessen, aber andere nicht. Und als ich Japan erreichte, begrüßte man mich dort wie einen alten Freund.

Ein junger Mann, der nur gebrochen Englisch sprach, machte mir das größte Kompliment, das man einem Filmregisseur machen kann. Das war

---

* Ayn Rand; dt.: *Der ewige Quell.*
** Ich verkaufte Haus und Gelände später zu einem Preis, den ich für die Anlage des Tennisplatzes bezahlt hatte. Ich hätte am liebsten jemandem noch Geld gegeben, damit er es mir abnahm. Das Haus war zu sehr mein Spiegelbild. Eine ideale Umgebung und Einsamkeit waren nichts für mich.

in Shimonoseki, wo mich der Zug vor der Weiterreise durch einen Taifun zum asiatischen Festland auf einem von Ratten verseuchten Schiff in einer Ecke Japans abgesetzt hatte, in der die Welt des Films so fern wie der Mond zu sein schien. Aber in diesem entlegenen Winkel erklärte der junge Japaner, er habe sein ganzes Leben lang auf mich gewartet. Und als er in der Zeitung von meiner Ankunft mit diesem Zug gelesen hatte, übernahm er schüchtern die Sorge für mein leibliches Wohl. Er führte uns zu einem Gasthaus auf einem hohen Felsen über blauem Wasser, auf dem kleine Boote schwammen. Unter uns breitete sich wie ein kostbarer Teppich ein Kieselstrand aus, wo Kinder zwischen den Fischernetzen spielten, hoch über uns schwebten die Wolken wie ein Baldachin, der die Landschaft zu einem Bild von vollkommener Schönheit machte. Sie sah aus wie ein Meisterwerk von Hiroshige, voller Majestät und Erhabenheit. Als ich meinem Gastgeber dafür dankte, daß er mich an einen so schönen Platz geführt hatte, sagte er: »Die Landschaft ist so schön, als sei sie von Ihnen inszeniert.«

Damals wußte ich es noch nicht, aber meine Reise führte mich durch ferne Zonen, die bald niemand mehr passieren konnte. Hinter mir schloß sich Grenze um Grenze. Die Kriegstrommeln schlugen, und ein Ort nach dem anderen beugte sich dem donnernden Getöse der Menschheit, die beweisen wollte, daß die eine Welt besser sei als die andere. Aber bevor dieser Donner so laut wurde, daß auch ich ihn nicht länger überhören konnte, wurde ich Opfer auf einem Schlachtfeld, das in keinem Atlas zu finden ist.

Ich war beinahe einmal rund um die Erde gereist, und meine Augen hatten sich an ihren Wundern erfreut, als ich in London in die *Claudius*-Falle ging und mich zu dem bereits geschilderten Filmabenteuer verlocken ließ. Es diente mir als Warnung, das wenige, das ich beitragen konnte, nicht weiter zu verschwenden, und es bestärkte mich in meinem Entschluß, mich nicht noch einmal von anderen ins Geschirr spannen zu lassen. Wieder einmal war der Wagen vor das Pferd gespannt worden, und ich hatte ihn nicht bewegen können. Es begann mit einem Fehler und hörte mit einem Fehler auf. Obwohl niemand voraussehen konnte, wie das unglückselige Abenteuer mit Korda und Laughton endete, hätte ich wissen müssen, daß es falsch war, ein Projekt anzufassen, bei dem man zuerst den geeigneten Stoff für einen Schauspieler und dann für beides den geeigneten Regisseur sucht. Das war die Umkehrung der natürlichen Ordnung und stand im Gegensatz zu den Methoden, mit denen die Filmindustrie die Welt erobert hatte.

Zuerst der Regisseur, dann die Geschichte und zum Schluß die Schauspieler. Das war das ABC. Ich war entschlossen, nie wieder einen Film zu
machen, ohne die völlige und uneingeschränkte Autorität zu besitzen. So
war mein erster Film entstanden, und es war nicht allzu schwer gewesen.
Nichts sollte mich daran hindern, nur noch so zu arbeiten – zumindest
dachte ich das.

Ich war der Regisseur; die erste Voraussetzung war vorhanden. Dann kam
die Geschichte und nach einigem Suchen entschied ich mich für Emile
Zolas *Germinal*. Es gab kein besseres und zeitgerechteres Thema. Der
Konflikt zwischen Arbeit und Kapital trieb einem Höhepunkt zu. Der
große Schriftsteller hatte mit bewundernswerter Voraussicht die Opponenten aufmarschieren lassen. Der 1885 entstandene Roman ergriff keinerlei Partei, ließ sich auf keine Prophezeiungen ein, sondern zeigte nur
den Kampf der Menschheit gegen die Dummheit.

Wieder einmal fuhr ich über die Grenzen Europas – sie waren noch
nicht geschlossen – und suchte die idealen Schauspieler, nachdem ich in
England Aufnahmestudios und den Verleih gefunden hatte. Mir standen
alle Türen offen, während ich die Elemente sammelte, die im Film sinnvoll
eingesetzt werden sollten. In Frankreich fand ich Barrault, eine ideale Besetzung für Etienne, und machte während der Arbeit am Drehbuch einen
kurzen Abstecher zu den Kohlengruben, um meinen Hintergrund kennenzulernen. Ich wiederhole, alle Türen standen mir offen. Es gab nur eine
Tür, die ich nicht öffnen wollte. Es war die Tür zum Hitler-Deutschland.
Zufällig stand sie offen, als ich nicht danach Ausschau hielt. Auf meiner
Suche nach unbekannten Schauspielern kam ich nach Österreich und sah
auf einer Wiener Bühne eine junge Jugoslawin: Hilde Krahl. Sie war ideal
als Zolas Cathérine.

Das war im Winter 1937. Der Zauber Wiens, wo ich als Kind gehungert
hatte, ließ sich nicht leicht abschütteln. Während ich mich dort etwas länger als nötig aufhielt, baten mich Vertreter der österreichischen Regierung, ihnen bei der Verwirklichung eines Plans zu helfen. Sie wollten die
Welt wissen lassen, daß die deutsche Sprache nicht nur exklusiver Besitz
der Deutschen sei und daß sie besser genutzt werden konnte, als Kriegsdrohungen auszustoßen. Auch in Österreich spricht man deutsch und

zwar mit einem Charme, wie man es sonst nirgends hört. Die Intelligenz der Republik sollte mir für einen Film zur Verfügung stehen, der mit Hilfe des ganzen Reichtums an Kunst und Künstlern das Stigma aufhob, mit dem eine große Sprache und eine große Kultur behaftet wurde.

An diesem Beispiel läßt sich zeigen, wie eine Folge unzusammenhängender Ereignisse ein Muster hervorbringen kann, das sehr viel vollkommener ist als jede Absicht es erreicht. In gewisser Hinsicht hatte ich mit dem *Blauen Engel*, dem bekanntesten deutschen Film, einer deutschen Frau zu Weltruhm verholfen. Und in einer Zeit, in der die Deutschen nicht sehr populär waren, trug das zumindest dazu bei, daß man sie wohlwollender betrachtete. Jetzt sollte ich zeigen, daß die Deutschen dem falschen Propheten folgten – und das wollte ich gerne tun. Wer war glücklicher als ich? Hier in Wien, »der Stadt meiner Träume«, sollte ich Hüter der Künste sein – seiner unerschöpflichen Künste, seiner Dichter, Tänzer, seiner Musik und seiner begabten Männer und Frauen – ich sollte sie führen und inspirieren. Niemand stellte meine Autorität in Frage. Alle waren dankbar, daß ich diese Aufgabe übernahm. Wie sollte ich ahnen, daß auch dies Teil einer diabolischen Kette von Ereignissen werden würde?

Im alten Hotel Imperial sagte ich den Vertretern der europäischen Presse, unser Projekt versuche, Österreich mit Kunst zu bewaffnen, während andere Nationen auf Stahl setzten. Die Vorbereitungen begannen. Das Thema war gewählt; Assistenten standen mir zur Seite; niemand wurde bezahlt, beziehungsweise nur mit der Münze, die nicht geprägt werden muß. (Einige, die an meine Seite eilten, wurden bezahlt – aber weder von mir noch von Österreich. Eine bezaubernde Frau tat sich besonders hervor. Die Franzosen haben sie später als eine der besten Spioninnen von Hitler hingerichtet.)

Ich arbeitete und schrieb Tag und Nacht. (Und kaum einen Monat später konnte ich weder schreiben noch lesen.) Ich habe einen Brief vom 12. Januar 1938 von Dr. Kuno Grohmann*. Er schreibt darin: »Auch unser Präsident ist von Ihrem Plan begeistert, die Freude des Lebens an unserem Dasein darzustellen, um der jetzt herrschenden Liebe für Österreich einen neuen, starken Impuls zu geben. Er beauftragt mich, Ihnen im

---

* vermutl. der 1898 geborene österreichische Großindustrielle, Kunstmäzen und Förderer der Wiener Werkstätten K. Grohmann. Anm. d. Red.

Namen Österreichs für Ihre sehr großzügige Absicht zu danken, die Aufgabe zu übernehmen. Und wir versprechen unsererseits, mit allen bescheidenen Mitteln, die uns zur Verfügung stehen, zur Verwirklichung Ihrer Gedanken beizutragen.«

Kurz darauf reiste ich nach London, um die Arbeit an *Germinal* zum Abschluß zu bringen. Ich ahnte nicht, daß alle meine Pläne, auch die für die Republik Österreich, sich wie eine lange Liste anderer Projekte in Rauch auflösen sollte, weil ich nicht den Daumen gedrückt hatte.

In London angekommen, erfaßte mich eine Welle der Kraft; ich glich einer Glühbirne, die zu hell leuchtet, bevor sie durchbrennt. Das Dienstmädchen kam eines Morgens in mein Zimmer und murmelte: »Ich möchte um alles in der Welt nicht mit Ihnen tauschen.« Ich erwiderte: »Was ist gegen Arbeit einzuwenden? Kann ein Mensch nicht ein wenig die Zeit einholen?« Aber die Macht der Zeit läßt sich nicht ungestraft mißachten. Und vergeudete Zeit und Talent sind vielleicht dann nicht mehr vorhanden, wenn man sie braucht. Seltsame Träume, die ich damals nicht verstand, machten sich in den wenigen Stunden Schlaf, die ich mir gönnte, bemerkbar, bis auch sie mich verließen und von fragmentarischen Echos meiner Filme ersetzt wurden – und das auch dann noch, als mein Körper das Bewußtsein verloren hatte.

Es ist nicht schwer zu erkennen, daß ich meine innere Feder zu fest aufgezogen hatte. An einem schönen Morgen, als Schneeflocken den Rasen im St. James Park bedeckten, blickte ich aus dem Fenster und dachte, es wäre keine schlechte Idee, ein wenig spazieren zu gehen; aber ich durfte keine Zeit verschwenden und kehrte zum Schreibtisch zurück. Wenige Minuten später hörte die Zeit auf, für mich zu existieren; in mir war etwas wie ein Gummiband gerissen, das zu sehr gespannt worden war. Während der nächsten Tage, in denen ein Arzt sich um mich bemühte, konnten meine Augen keine Windmühle mehr sehen. *Germinal* war verschwunden, Österreich besetzt; jetzt hatte ich zwar viel Zeit, aber all das beschäftigte mich nicht mehr.

Ich suchte ein Loch, um mich zu verkriechen, und kehrte nach Kalifornien zurück in das Haus aus Stahl und Glas. Einer meiner Besucher hatte einmal gesagt, es sei ein Mausoleum, und für eine kurze Zeit würde es das beinahe auch. Aber ein Mensch hat Kraftreserven, die tiefer sind als das tiefe Meer. Die Zeit verging, und ich begann, mich umzusehen, ob es außer mir noch etwas gab.

Tagore schrieb ein denkwürdiges Gedicht über einen Sturm, der eine Stadt verwüstet und auch ein Spielzeugboot in einer Pfütze umwirft, und von dem kleinen Jungen, der glaubt, der Sturm sei mit Absicht gekommen, um das kleine Stück Holz mit dem Papiersegel zum Kentern zu bringen. Als ich wieder Umschau halten konnte, glaubte ich im Gegensatz zu dem Kind nicht, daß der Sturm, der eine Welt zugrunde richtete, die ich liebte, mich zur Zielscheibe seines Zorns auserkoren hatte. In der Zeit der Genesung bot man mir an, noch ein paar Filme zu machen. Ich habe zwei gedreht, die meinen Namen tragen, obwohl sie nicht meine Gedanken widerspiegeln, von denen damals nur wenige um Filme kreisten.

Als erstes bat mich MGM, ein paar Ergänzungen zu *The Great Waltz* zu drehen. Duvivier, der ursprüngliche Regisseur, war, so schnell er konnte, nach Frankreich zurückgekehrt. Dann bot man mir an, in der sogenannten Funktion eines Regisseurs eine alberne Geschichte zu drehen, die Hedy Lamarr glorifizieren sollte. Dieser Film, an dem ich mehr als eine Woche arbeitete, wurde bis ins kleinste Detail von einem Dutzend anderer bestimmt. Es gibt Regisseure, die sich besser zu dieser Art Unsinn eignen, obwohl dieser Film bei weitem die Fähigkeiten der Mitwirkenden überstieg. Lillian Ross hat ein amüsantes Buch geschrieben mit dem Titel *Picture*. Es beschreibt, wie ein solcher Film entsteht, und ich empfehle es allen, die mehr Einblick in diese Art Zirkus haben wollen, obwohl die Dinge, über die sie nicht schreibt, noch sehr viel kurioser sind. Man schob mich also beiseite und übertrug mir ein noch schwachsinnigeres Projekt. Ich tat damit, was in meinen Kräften stand, obwohl auch das nicht reichte. Ein Regisseur mag noch so gut sein, aber er kann unmöglich die Anweisungen eines anderen ausführen, der ihm vorschreibt, wie und was er inszenieren soll. Alle waren jedoch zufrieden – bis auf mich, und ich ging. Der Ordnung halber sei erwähnt, daß das Opus den Titel *Sergeant Madden* (1939) trug und Wallace Beery die Hauptrolle spielte, und das war's im wesentlichen.

Als ich mich von diesem Test meiner Fähigkeiten erholt hatte, übernahm ich die Regie von *Shanghai Gesture*, obwohl ich noch nicht wieder im Vollbesitz meiner Kräfte war, um einem Freund den Einstieg in ein Land zu ermöglichen, in dem er ein Fremder war. Den größten Teil des Films habe ich im Liegen auf einem Feldbett inszeniert, obwohl man das nicht merkt. Trotz dieser Behinderung machte der Film Gene Tierney und

Victor Mature zu Stars. Außerdem wirkten so erstklassige Schauspieler wie Walter Huston, Albert Bassermann und Ona Munson mit.

Ich möchte diese Filme nicht verteidigen oder, anders ausgedrückt, ich möchte erklären, weshalb ich sie nicht ablehnte. Bald genug lehnte ich alle Angebote ab. Die beiden Filme entstanden in einer Zeit, in der sich die Welt in einem Totentanz drehte. Japan hatte China überrannt. Deutschland machte Warschau dem Erdboden gleich und plünderte die Tschechoslowakei. England und Frankreich hatten Deutschland den Krieg erklärt, und Italien reagierte darauf, indem es Deutschland zu Hilfe eilte, nachdem es selbst ein klein wenig annektiert hatte. Belgien und Holland waren von den Deutschen besetzt, Norwegen und Dänemark gefallen und Frankreich ebenfalls. Hitler spielte zum Tanz auf. Nordafrika war mit Leichen übersät, London wurde bombardiert. Die Russen fielen in Finnland ein, und dann standen die Deutschen vor Moskau. Japan versenkte unsere Flotte in Pearl Harbor, und innerhalb weniger Tage waren Manila, Rangun, Hong-Kong, Singapur und Batavia gefallen.

Es gab keine Stelle, an der ich noch vor kurzem friedlich spazieren gegangen war, die jetzt nicht von Kugeln durchlöchert wurde. Es war nicht die Zeit, Filme zu machen. In allen Teilen der Welt, die ich kannte, wurden meine Mitmenschen wie Seetang umhergeworfen oder wie Fliegen getötet.

Schon lange vor dieser Zeit war mir bewußt geworden, daß Filmemachen für mich nur ein Beruf und nicht meine Leidenschaft ist. Als die Atombombe die Genialität des menschlichen Vernichtungsapparats bereicherte, stand ich seit mehr als einem Vierteljahrhundert knietief in Zelluloid. Ich wollte zurück und nach vorne blicken. Ich verließ Hollywood, das immer noch damit beschäftigt war, Leichen einzubalsamieren, die man allzu oft aus ihren Gräbern geholt hatte. Ich baute mir noch einen Elfenbeinturm – diesmal mit Blick auf den Hudson und Manhattan.

Dort begann ich neben anderen Dingen, noch einmal, gegen Windmühlen zu kämpfen. Der Zweite Weltkrieg schien vergessen. Ich dachte, ich könne vielleicht mithelfen, Tendenzen zu zügeln, die das Fundament zu einer neuen Katastrophe legen konnten. Als Vorspiel zu einem geplanten Film schrieb ich ein Drehbuch mit dem Titel *The Seven Bad Years*. Es ging dabei um die Fixierung des Menschen auf eine infantile Ebene. Ich wollte zeigen, wie Erwachsene hartnäckig ein Verhaltensschema beibehalten, das ihnen als Kind in den ersten hilflosen sieben Jahren ihres Lebens aufgedrückt wurde, und das man überwinden konnte, wenn man erkannte, daß ein unverantwortliches Kind einen in Schwierigkeiten bringen kann. Dieser Teufelskreis ließ sich nur dann durchbrechen, wenn man sich die unausweichliche Wiederholung bewußt machte – die logisch emotionale, also instinktive Reaktion, die animalisch, aber für Menschen gefährlich ist. Das war mein Thema. Am Anfang steht immer die Angst, die durch Aggression vertrieben wird; dann folgen Schuldgefühle, die mit monotoner Regelmäßigkeit wieder der Angst weichen, wenn nicht Einsicht und Vernunft einsetzen. Da ich glaube, daß die Logik und die Macht der Bilder stärker sind als Worte, wollte ich diesen Mechanismus untersuchen. Ich wollte die physische Mixtur veranschaulichen, deren lähmende Wirkung auf das Gehirn zeigen, dem sich dann keine andere Lösung mehr bietet als Kampf oder Flucht.

Es war einfach, den Zusammenhang zwischen dem unverantwortlichen Verhalten eines Kindes und dem sogenannten verantwortungsbewußten Verhalten eines Erwachsenen bildhaft zu zeigen, obwohl ich mich keineswegs der Illusion überließ, Erwachsene würden diese Pille ohne weiteres schlucken. Auf der Leinwand konnte man jedoch den sichtbaren Beweis erbringen, indem man ein schreiendes Kind zeigte, das einem schreienden Diktator erstaunlich glich; ein Kind, das sein Spielzeug durcheinanderwirft und die Zerstörung einer Stadt, auch eine solche Sequenz würde eine einsichtige Parallele herstellen. Ich hatte nicht vor, Rezepte anzubieten. Wer kann das? Aber ich plante, ein Problem der Erwachsenen bis zu den Anfängen in einer kindlichen Situation zurückzuverfolgen, und das war einfach.

Ich wollte mit dem Film nicht alle Krankheiten heilen, sondern nur auf einige hinweisen. Ich wollte mich auch nicht mit Selbstmitleid beschäftigen, was damit hätte beginnen können, daß die Mutter eines Kindes über einen Gehweg schimpft, weil das Kleine stolpert. Ich hatte auch nicht vor, mangelnde Großzügigkeit eines Erwachsenen auf die Unterdrückung als Kind zurückzuführen. Ich wollte die Unzuverlässigkeit emotionaler Verzweigungen untersuchen, die auf ungelenkten Gefühlen beruhen. Der Film sollte den Zuschauer nur ermutigen, seine Abwehrmechanismen zu überprüfen – vorausgesetzt natürlich, er konnte dazu gebracht werden, sich bewußt zu machen, wogegen er sich verteidigte.

Ich hätte diese Dinge ebensogut auf Altgriechisch schreiben können, denn niemand reagierte darauf. Niemand zeigte auch nur das leiseste Interesse daran, mir bei der Verwirklichung dieses Projekts zu helfen. Zwei oder drei Leute waren der Meinung, mein Projekt werde Anklang finden, wenn ich heilsame religiöse Ansichten vertrete. Jemand schlug auch vor, den Titel des Drehbuchs in »And a Little Child Shall Lead Them« zu ändern, obwohl ich mir große Mühe gab zu beweisen, daß ein Kind die Menschheit von Anfang an auf Abwege gebracht hatte. Inzwischen erklärten mir Autoritäten zu dem Thema, daß die Abwehrmechanismen eines Menschen nicht abgebaut werden können. Vielleicht stellt er deshalb zu spät fest, daß sie nicht nur anderen, sondern auch ihm schaden. Darüber hinaus lehnt ein Mensch jede Belehrung ab, wenn er sie nicht selbst sucht. Ich bin nicht völlig davon überzeugt. Außerdem will kein Kind belehrt werden; meistens wird es dazu verurteilt.

Vielleicht wird eines Tages ein Film über dieses Thema zum Unterrichtsstoff der Schulen gehören. Ich beschäftigte mich zwei Jahre mit diesem Projekt, aber alle schienen mit dem Verhalten der Menschen zufrieden zu sein. Ich gab den Plan auf. Während ich diese Untersuchung über das Wesen meiner Arbeit schreibe, hat ein Mann gerade siebzehn Mal die Erde umkreist. Bei seiner Rückkehr aus dem Weltraum brachte er die überraschende Nachricht mit, daß der Platz, von dem er startete und zu dem zurückkehrte, der beste auf der Welt ist. Es wurde auch angedeutet, daß andere Plätze sich dessen lieber nicht rühmen sollten. Und diese Einschätzung beruhte sicher nicht auf einem biokosmischen Standpunkt.

Mein nächster Versuch zum Thema Menschheit wurde ein noch beklagenswerterer Mißerfolg. Wieder einmal nahm ich ein Angebot nach dem Schema an, man spannt den Wagen vor das Pferd, und kehrte in den Sumpf von Hollywood zurück. Scheinbar äußerst günstige Aussichten dämpften meine Befürchtungen. Man bot mir an, einen Film mit dem Titel *Jet Pilot* (1950) für einen Mann zu machen, vor dem ich große Achtung – als Flieger hatte*. Für die Produktion sollte ein Freund verantwortlich sein, der durch mich ein berühmter Drehbuchautor geworden war.

Noch vor dem eigentlichen Anfang zeigte sich ein kleiner Stolperstein. Man forderte mich zu Probeaufnahmen auf – diesmal nicht von einem Schauspieler oder einer Schauspielerin, nein, ich sollte damit unter Beweis

---

* Howard R. Hughes (1905-1976), amerikan. Unternehmer, Filmproduzent, Flieger (mehrere Weltrekorde 1935-38) und Flugzeugkonstrukteur. Anm. d. Red.

stellen, daß ich noch Regie führen konnte. Da ich den größten Teil dieses Buchs dem Problem Filmregie und Ätiologie* widme, muß ich nicht eigens betonen, daß ich als Autor die Zweifel an meinen Regiefähigkeiten nicht teile. Man verliert eine Fähigkeit nicht, die man erworben hat. Ich wollte mein Talent aber nicht zum Diskussionsthema machen und hielt es deshalb für ratsam, die seltsame Aufforderung eher als einen Test meiner Gelassenheit und weniger als Test meiner Fähigkeiten zu betrachten. Ich erhob also keine Einwände und machte mir nicht einmal die Mühe, darauf hinzuweisen, daß die Regie eines Films nicht dasselbe ist wie die Ersteigung eines hohen Turms. Die Hauptdarsteller standen bereits fest, also krempelte ich die Ärmel hoch, wollte nichts von Proben wissen und drehte in zwei Tagen ein Sechstel des ganzen Films. Das bewies den Skeptischen, daß ich keineswegs eingerostet war. Man hätte das Material in den Film übernehmen können, wenn die Probeaufnahmen in Farbe und nicht in Schwarzweiß gedreht worden wären. Der einzig vernünftige Grund für die Probeaufnahmen hätte ein Test meines Farbsinns sein können, denn meine Vorstellung vom richtigen Einsatz der Farbe wäre vermutlich revolutionär gewesen, hätte ich sie bei diesem Film verwirklichen dürfen.

Nach der bestandenen Prüfung, der niemand Beachtung schenkte, bis die Aufnahmen vorlagen, begannen die eigentlichen Dreharbeiten. Jetzt erschienen die bislang versteckt gehaltenen Wächter auf meiner Bühne, und das Drehbuch, von dem ich nur den ersten Teil kannte, war noch nicht fertig. Nachdem ich zweifelsfrei bewiesen hatte, daß ich inszenieren konnte, schrieb man mir Tag für Tag Schritt um Schritt, Bewegung um Bewegung, Wort für Wort genau vor und sagte mir, was ich inszenieren sollte.

Die gut geköderte Falle hatte sich geschlossen. Ich führte den Auftrag in einer Weise durch, die viele für die beste halten, um einen erfolgreichen Film zu machen. Wenn ich Einspruch erhob, erklärte man mir, vom Olymp sei der Befehl ergangen, ich solle mich auf die »Regie« beschränken. Ich arbeitete etwa sieben Wochen an dem Film – nicht mitgerechnet sind die vielen Wochen der Vorbereitung und des Schnitts, in den sich damals niemand einmischte. Es vergingen weitere sieben Jahre, bis »mein Film« auf der Leinwand zu sehen war. Im Vorspann werde ich als Regisseur genannt und andere Namen für Funktionen, die ebenso schattenhaft waren.

* Lehre von den Krankheitsursachen. Anm. d. Red.

Die Namen all jener, die in diesem Zelluloidbrei mit herumgerührt haben, werden gnädigerweise verschwiegen. John Wayne spielte die Hauptrolle, den Pilot, und Janet Leigh eine russische Pilotin. Der Clou war eine spielerische Affäre der beiden, die mit dem fröhlichen Akzent endet, daß ein Steak als Beweis dafür herhalten muß, daß unsere Lebensweise der russischen überlegen ist.

In diesem beschwerlichen Medium scheint es keinen Schutz vor Fehlern zu geben; das ist ein unnatürlicher Zustand, der großen Leistungen nicht gerade förderlich ist. Mit dieser Bemerkung am Rande möchte ich nicht andeuten, daß die einzigen Fehler notwendigerweise von jenen gemacht werden, die eine Funktion an sich reißen, obwohl das nicht ihre Aufgabe ist. Aber ich will damit sagen, daß ein Fehler auch unter den besten Bedingungen möglich ist.

Nach *Jet Pilot* machte ich noch einen Film, wie es der Vertrag verlangte, den ich törichterweise unterschrieben hatte. Diesmal waren sechs Leute dafür verantwortlich. Der Film hieß *Macao*. Es rührte niemand in dem Brei, aber ein halbes Dutzend Clowns suhlten sich darin herum. Ihre Namen erscheinen jedoch nicht im Vorspann.

Wenn man von den anonymen Aasgeiern absieht, die unweigerlich über einem Film hocken, dann sieht die grundsätzliche Zusammenstellung und die Reihenfolge so aus: Regie, Stoff, Schauspieler, Kamera und Schnitt. Der Einfluß dieser Komponenten aufeinander variiert, aber wenn sich in eines der Elemente ein Fehler schleicht, macht das unter Umständen den Wert aller anderen zunichte.

Zwei untergeordnete Faktoren sind ebenso ausschlaggebend für das Schicksal eines Films: einmal der richtige Vertrieb und zum anderen der Zeitpunkt, zu dem ein Film in die Kinos kommt. Es ist schlecht und manchmal noch schlimmer, der Zeit voraus zu sein als ihr hinterher zu hinken.

Ich glaube, nur dieser Faktor ist für das seltsame Schicksal eines meiner Filme verantwortlich, der unter nahezu idealen Bedingungen entstanden ist. Ich ging einen weiten Weg, um diese Bedingungen zu suchen, und glaubte, sie in Japan gefunden zu haben. Dort machte ich meinen besten

Film – und den erfolglosesten. Er ist unter verschiedenen Titel bekannt: *The Saga of Anatahan, Fever over Anatahan* und *The Only Woman on Earth* (1953). Ich will für alle, die sich mit der über das Sichtbare hinausgehenden Struktur eines Films beschäftigen wollen, eine mehr oder weniger genaue Analyse geben.

Schließt man den äußerst seltenen Fall aus, daß, wie bei meinem ersten Film, alle Elemente bis hin zur Organisation und Finanzierung von einer Person kontrolliert werden, dann sind verständnisvolle Partner eine Grundvoraussetzung. Bei diesem Projekt standen zwei begabte Männer an meiner Seite. Sie waren beide Japaner und so klug und hilfreich, wie man sich nur wünschen konnte. Der eine* hatte in Princeton sein Examen gemacht, der andere** in Peking und Heidelberg studiert. Sie besaßen beide Filmerfahrungen und waren auf diesem und anderen Gebieten erfolgreich.

Mir waren Japan, seine Kunst und seine Kultur nicht fremd. Die Japaner kannten meine Filme, und es wäre schwer gewesen, jemanden zu finden, der nicht davon beeindruckt war. Japanische Regisseure bekannten sich offen dazu, von mir beeinflußt zu sein, und Prinz Takamatsu, der Bruder des Kaisers, besuchte einen meiner Vorträge. Nichts wurde unterlassen, damit ich mich wie zu Hause fühlte und meine Frau und meine beiden kleinen Kinder glücklich und zufrieden waren.

Ich hatte den Stoff für den Film zwar vor meiner Ankunft gewählt, aber alle, die mit mir die Verantwortung trugen, hatten zugestimmt. Die Geschichte basierte auf dem tatsächlichen Geschehen auf einer Dschungelinsel. Eine Handvoll schiffbrüchiger japanischer Soldaten strandet auf einer einsamen Insel, wo nur ein Japaner mit seiner hübschen Frau lebt. Sie weigern sich sieben Jahre lang, sich zu ergeben, denn sie können nicht glauben, daß ihr Land, das den ganzen Pazifik erobert hat, geschlagen sein soll.

Ich beschäftigte mich ausführlich mit diesem Thema, sprach nicht nur mit einem der Beteiligten, der seine Erlebnisse in einem Buch geschildert hatte, sondern las auch die zahllosen Zeitungsberichte aus jener Zeit und die psychiatrischen Gutachten der Überlebenden dieser Katastrophe. Bereits während ich an meiner Version arbeitete, kamen mir die ersten Proteste zu Ohren. Offenbar gefiel den meisten Japanern der Gedanke nicht, daß ein

* Yoshio Osawa
** Nagamasa Kawakita

Ausländer über eine schmachvolle Episode ihrer nationalen Geschichte einen Film drehen wollte.

Im Kabuki Theater wird wenig anderes als Wollust, Bosheit, Zorn und heftige Leidenschaft dargestellt. Es geschieht mit dem theatralischen Glanz von traditionellem Prunk und Gebärdenspiel, mit stilisierten Masken und Kostümen. Und die Stücke sind in der japanischen Vergangenheit angesiedelt. Meine Handlung dagegen kreiste um ein Ereignis, das noch nicht lange zurücklag. Außerdem wollte ich die Japaner so zeigen, wie sie sind, und nicht, wie sie sich sehen. Ich wollte demonstrieren, daß sie sich von anderen Völkern nicht unterscheiden, obwohl sie sich für etwas anderes als den Rest der Menschheit halten.

An der Oberfläche war es eine traurige Geschichte, die den Zerfall der Disziplin erzählt, der durch eine attraktive Frau auf der Insel beschleunigt wird. Aber ich hatte mich bewußt für diesen leicht verständlichen Stoff entschieden, um ein schwer verständliches Experiment indirekter Massenanalyse durchzuführen. Anders ausgedrückt, ich wollte uns alle auf die Notwendigkeit aufmerksam machen, unsere Gefühle und die Zuverlässigkeit unserer Selbstkontrolle auch unter den ungünstigsten Bedingungen zu überprüfen.

In anderen Filmen hatte ich dieses Problem nur angetippt, und das hatte oft ein amüsantes Echo hervorgerufen. Ich möchte Lewis Jacobs zitieren, der Film unterrichtet: »Diese Filme setzen sich aus faszinierenden visuellen Effekten zusammen, sind mit Sinnlichkeit und zweideutigen Symbolen durchsetzt, spielen in einer makabren, unwirklichen Welt, die nur für die Sinne erschaffen wurde, und zeigen ein langsam versiegendes Talent [...] Es sind tonale Gemälde, zweidimensionale Phantasien, die nur wegen ihrer Details einen Wert haben.«* Wie sich herausstellte, hätte ich auf das Grollen hören sollen, anstatt zu versuchen, all jene zum Zuhören zu bringen, die das Grollen verursachten. Es ist vermutlich ein Irrtum zu glauben, Menschen zahlen Eintrittsgeld, um ihre eigenen Fehler zu sehen und nicht die Fehler anderer.

Ich hätte mich an das Schicksal des Atheners Phrynichos** erinnern sollen, der ein Theaterstück über den Sieg der Perser über eine ionische Stadt

---

* Aus *The Rise of the American Film* (Harcourt, Brace & Co, New York 1939). In einem neuen Buch schreibt er noch wissenschaftlicher und scharfsichtiger: »Das alles erinnert mich an die galvanischen Zuckungen einer Leiche.«
** Griech. Tragiker, 6./5. Jh. v. Chr., Vorläufer und Rivale von Aischylos. Anm. d. Red.

schrieb. Es hieß *Die Eroberung von Milet* und rührte die Griechen zu Tränen. Aber man verbot das Stück und bestrafte den Autor zur Zahlung von eintausend Drachmen, weil er gewagt hatte, über ein aktuelles Unglück zu schreiben.

Ich ging mit sehr viel größerer Umsicht daran, die Darsteller auszuwählen. Für die Rolle der einzigen Frau entdeckte ich eine unbekannte Tänzerin, nachdem man mir jede Geisha in Tokio vorgeführt hatte. Vor fünfzehn Jahren war ein Boot voller Geishas mit mir den Sumida hinuntergefahren. Auch sie brachte man mir wieder. Man hält keine Geisha jemals für zu alt oder zu jung. Drei Veteranen des Kabuki stießen ebenfalls zur Truppe. Den Rest der Männer fand ich in Tanzschulen, bis auf einen, der in einem Restaurant arbeitete. Die Japaner waren alle nicht mit der erforderlichen Art der Darstellungsweise vertraut. Deshalb richteten wir es so ein, daß sie beim Aufbau der Szenerie anwesend waren, damit sie wußten, was sie tun sollten und warum.

Ich sprach kein Japanisch, und nur meine Dolmetscher sprachen Englisch. Es war deshalb sehr günstig, daß alle Darsteller anwesend waren, als die Einzelheiten der Handlung ausgearbeitet wurden. Außerdem sollten damit lange Erklärungen beim Drehen vermieden werden. Trotzdem entwickelte sich das Experiment eher zu einer Schule für Semantik als zu einer Schule für Schauspieler. Die japanische Sprache scheint parenthetisch und nicht kurz und bündig zu sein. Mit wenigen Ausnahmen hat jedes gesprochene Wort viele Bedeutungen. Ein Wort löst demnach einen endlosen Strom von Erklärungen aus, um seine Bedeutung zu erhellen. Es waren zwei Dolmetscher notwendig. Der eine übersetzte meine Worte ins Japanische, und der andere übersetzte ins Englische, was der erste Dolmetscher sagte, damit ich überprüfen konnte, ob meine Gedanken richtig übersetzt worden waren. Eine Sprache ist zwar nicht immer der beste Weg, um eine Idee zu vermitteln, aber man kann sie bei diesem Vorgang nicht völlig ausschalten. Ich engagierte einen Künstler, der von jeder Szene Bilder zeichnete. Auf diese Weise wollte ich sichergehen, daß meine Ideen richtig vermittelt wurden. Ich stellte die Gefühlsregungen jedes Darstellers graphisch dar, damit alle auf einen Blick sahen, welches Gefühl verlangt und in welcher Intensität es eingesetzt werden sollte.

Wir beschäftigten uns mit komplizierten Ideen. Es ging dabei nicht um primitive Kommunikation, die schwierig genug zu sein schien. Wenn man

Bier haben wollte und nicht in einem Gasthaus saß, konnte der Eindruck entstehen, man rede von einem Tier, das schlechte Träume schluckt. Wenn man jemandem bedeutete, näherzutreten, hielt man das für eine Verabschiedung. Das Wort für den Vogel Strauß unterscheidet sich nicht von dem Wort für Bruchleiden; *kuchi* und *ana* bedeuten ein Loch, aber *ana* ist auch Ausdruck der Freude oder des Abscheus, während *kuchi* Mund oder eine Tür, etwas Verwesendes oder – durch Hinzufügen eines Lautes – eine giftige Schlange sein kann. Wies man mit dem Finger auf etwas, wurde der Finger eingehend betrachtet. »Nein« kann »ja« bedeuten. Man durfte ein Gericht nicht loben, indem man sich noch eine Portion geben ließ, denn die Gastgeberin mochte sonst glauben, sie habe ihren Gästen zu wenig zum Essen angeboten. Kurz gesagt, ein Ausländer mußte sehr auf der Hut sein.

Es war nicht mein erster Besuch in Japan und auch nicht mein erster Kontakt mit den empfindlichen Japanern. Mir waren die meisten Probleme bewußt, denen ich begegnen würde. Einige Eigenheiten hatte ich auf direkte Weise kennengelernt. Aber ich sollte besser von »Gewohnheiten« als von »Eigenheiten« sprechen, sonst könnte der Eindruck entstehen, daß unsere Gewohnheiten für andere nicht ebenfalls eigenartig sind. Eines Abends ging ich auf einer Straße in Osaka und trug in dem drückend heißen Wetter wie alle anderen eine *yukata*. Zu meiner Überraschung stellte ich fest, daß die Japaner über mich lachten und mich mit großen Augen anstarrten. Ich fragte meine Begleiter, die wie ich gekleidet waren, warum ich Aufsehen erregte. Hat ein Ausländer nicht das Recht, das gleiche wie alle anderen zu tragen? Es hatte einen anderen Grund, wie man mir erklärte. Ich trug meine *yukata* so, als beabsichtige ich, mich in meinen Sarg zu legen, denn ich hatte die rechte Seite über die linke geschlagen. Das geschieht nur, wenn man beerdigt wird.

Ich war immer äußerst wachsam, wenn meine Mitarbeiter im traditionellen japanischen Gewand erschienen. Aber auch wenn sie sich westlich kleideten, stimmten meine Gedanken nicht immer mit ihren überein. Geld wurde nur selten angefaßt und wenn, dann befand es sich in einem Briefumschlag. Soweit ich das beurteilen konnte, hatte niemand etwas dagegen, Geld zu bekommen, aber es galt als nicht ganz sauber – zwar nicht im Sinne von schmutzig –, weil eine Geldtransaktion als ein unethischer Vorgang gebrandmarkt ist.

Beim Engagement eines Schauspielers fanden nicht die üblichen Verhandlungen statt. In einem Fall glich das Engagement eines Kabuki-Spielers eher einem Ritual. Ich besuchte den Schauspieler in Begleitung meiner Dolmetscher und meines Produktionsleiters, der die Hohe Schule absolviert hatte. Der Kabuki-Spieler war in aller Form davon in Kenntnis gesetzt worden, daß er uns möglicherweise die Ehre erwies zu erlauben, seine Person unter Umständen für eine so niedrige Angelegenheit wie einen Film zur Verfügung zu stellen. Vor dem Betreten des Hauses zogen wir die Schuhe aus. Dann warf sich mein Produktionsleiter mit dem Kopf voran bäuchlings zu Boden und wäre dabei beinahe mit dem Schauspieler zusammengeprallt, der das gleiche getan hatte. Mit dem Gesäß nach oben und den Gesichtern zwischen den ausgebreiteten Händen auf der *tatami*-Matte verharrten die beiden in diesem demütigen Fußfall zwei bis drei Minuten lang; keiner wagte, sich zu bewegen oder den Kopf zu heben, bis der andere ein geheimnisvolles Zeichen gab, das ich nicht wahrnahm. Dann wurde Tee gekocht und wie ein rituelles Dankopfer serviert. Soweit ich es verstand, wurde das Gleichgewicht des Tages gewahrt, indem man es tunlichst vermied, über ein Thema zu sprechen, das zum Grund unseres Besuchs geführt hätte. Vor dem Abschied drängte ich meine Assistenten, zur Sache zu kommen. Daraufhin wurde der Anlaß unserer Visite so umständlich und umweghaft wie möglich angesprochen, worauf der Schauspieler die Luft anhielt. Die Aussicht, in einem Film mitzuspielen, löste bei ihm ein Zittern aus, das es höchst unwahrscheinlich machte, er könne etwas so Schreckliches ernsthaft in Erwägung ziehen. Die Angelegenheit der Bezahlung sollte später in Form eines Geldgeschenks geregelt werden, nach dessen Erhalt sich der Empfänger gnädig zu einem Gegengeschenk in Form seiner Mitwirkung bereit erklärte. Bis zur allerletzten Minute wies nichts daraufhin, daß es tatsächlich zu der Transaktion kommen werde.

Es dauerte nicht lange, und ich hatte ein Gefolge von etwa siebzig Japanern, die, auf ähnliche Weise engagiert, mir auf Schritt und Tritt folgten. Und jeder von ihnen war entschlossen, wenn notwendig für mich Hara-kiri zu begehen. Und noch schlimmer war, sie hielten mich nicht nur für ihren Mentor, sondern auch für ihren Vater. Sie schenkten mir infolgedessen ihre ganze Liebe, überließen mir alle Verantwortung und bedachten mich mit der ganzen Feindseligkeit, die zu dieser Auszeichnung gehört. Die Familie der Frau, die ich für die Rolle der jungen Lorelei ausgesucht hatte, machte mich persönlich für ihre Jungfräulichkeit verantwortlich, die sie sich als Tänzerin und davor in einer Schokoladenfabrik offenbar bewahrt hatte. Ein hervorragender Kabuki-Spieler, der doppelt so alt war wie ich, wurde mir nur überlassen, nachdem ich seiner weinenden Frau und seiner weinenden Tochter versprach, darauf zu achten, daß er immer seine dicke Unterwäsche trug, um sich keine Erkältung zu holen. Auch er adoptierte mich als Vater, wurde aber ein- oder zweimal in seiner Beziehung unsicher, denn er schwor mir, er lasse sich nur aus dem einen Grund nicht von seiner Frau scheiden und nehme mich an ihre Stelle, weil ich keine Frau sei. Mein Chauffeur beteuerte, er stehe mir lebenslang zu Diensten und machte mir auf diese Weise klar, daß ich ihm vor meiner Abreise aus Japan eine Dauerstelle besorgen mußte. Während der Dreharbeiten bekam seine Frau ein Kind, und obwohl ich daran keinen Anteil hatte, bedankte er sich überschwenglich bei mir. Die Hälfte meiner Mannschaft war als Kamikazeflieger ausgebildet und die andere Hälfte als Guerrillakämpfer auf den Philippinen. Das hatte sie jedoch nicht auf die Strapazen der Arbeit bei mir vorbereitet. Da aber kein Filmstudio zur Verfügung stand, mußten wir eine Ausstellungshalle in Kioto in einen geeigneten Arbeitsplatz verwandeln. Ich mußte die Scheinwerferbatterien, spezielle Hintergrundprojektoren und Kamerakräne entwickeln und für Heizgeräte sorgen, die uns tropische Bedingungen lieferten, außerdem Wind- und Regenmaschinen anfertigen lassen.

Es wurden gigantische Zedernwurzeln herbeigeschafft und umgedreht als ein Dschungel aufgestellt, den es nur in meiner Vorstellung gab. Hinzu kamen Blätter, Palmen und Pfahlhütten. Ich besprühte das Ganze mit Aluminiumfarbe. Nichts erwies sich als einfach; alles mußte praktisch von Grund auf gebaut werden; ich änderte selbst das primitive Tonsystem und die Kamera-Ausrüstung. Die Schauspieler mußten ihre Kostüme selbst anfertigen. Ein Spielzeug aus einem Kaufhaus wurde zum tödlichen Kampfflugzeug umfunktioniert, das ein Schiff versenkte. Das Schiff war mit Tinte und Bleistift auf ein kleines Blatt Papier gezeichnet, um dann in einem bislang noch nie erprobten Verfahren vergrößert zu werden. Auch die Insel Anatahan existierte nur als Zeichnung, desgleichen die Wolken, die fernen Berge und die feindlichen Schlachtschiffe. Wir mußten Kokosnüsse aus den Philippinen importieren, denn in Japan gab es keine einzige Kokosnuß.

Im Film sieht man von diesem Kulissenzauber nichts. Man sieht auch nicht die vielen Arbeitsstunden und die Hingabe all jener, die halfen, die letzte Bastion des kaiserlichen Japan wiederaufzubauen und zu zeigen, was mit der Menschlichkeit geschieht, wenn die Menschen wieder auf die Stufe von Höhlenbewohnern zurückkehren. Die Japaner, die ich zeigte, entsprachen nicht dem Bild einer falschen Folklore. Es waren einfache Menschen, die den üblichen Belastungen ausgesetzt sind, ohne die es kein Leben gibt.

Nur wenige Betrachter spürten, daß sie und nicht die relativ belanglosen Ereignisse auf der Leinwand auf's Korn genommen wurden. Es ist seltsam festzustellen, daß jeder seine Fehler mit Gefühlen rechtfertigt und nicht mit seinem Verstand. Auch ich ließ mich von Gefühlen und nicht vom Verstand leiten, als ich beschloß, diesen Film zu machen.

In Japan wurde *The Saga of Anatahan* einhellig abgelehnt. In Büchern, die diesen Versuch, meiner Arbeit eine vierte Dimension hinzuzufügen, erwähnen, wurde erklärt, ich hätte meine Fähigkeiten als Filmemacher schon vor Jahrzehnten eingebüßt – offenbar schon bevor ich sie erwarb. In Amerika lief der Film nur in ein paar Dutzend Kinos und ohne großen Erfolg. In England ersetzte man mich als Erzähler durch einen Erzähler vom Niveau eines japanischen Erstklässlers. Man drehte den Film durch die Mangel und änderte seine Bedeutung völlig, nicht aber meinen Namen, und so stand ich als Urheber dieses Schwachsinns da. In den meisten anderen Ländern lief der Film nicht. Aber in Paris wurde er gut aufgenommen. Zum Abschluß des Berichts meiner Aktivitäten möchte ich deshalb einen französischen Kritiker zu Wort kommen lassen, der diesen Film gesehen und sich dazu geäußert hat. Hier also ein Ausschnitt eines Artikels von Philippe de Monsablon, der im April 1956 in den *Cahiers du Cinéma* erschienen ist:

[...] ein reifes Kunstwerk. Hier wird der Regisseur in seinen Forderungen noch anspruchsvoller, und seine Absichten sind in ihrer ganzen Komplexität zum Ausdruck gebracht. Denn dieser Film hat zwei Facetten, die sich verzahnen: er ist erstens von einer Faszinationskraft, die an sich schon uneingeschränkte Bewunderung rechtfertigen würde, und zweitens ist er der höchst bewußte Ausdruck des Mannes, der diesen Film geschaffen hat [...]. Auf der Grundlage tatsächlicher Ereignisse unserer Zeit kreiert er ein Kunstwerk, das bewußt nicht realistisch ist [...] ein gutes Beispiel hierfür ist die Szene, in der ein Mann durch zwei Revolverschüsse in den nackten Rücken getötet wird; man hört die Schüsse nicht – der zweifache Knall ist in die Hintergrundmusik

einbezogen [...]. Unübersehbar ist das latent Provokante, der irgendwie aristo-
kratische Wunsch, zu mißfallen: Aber nur Dummköpfen wird dieser Film nicht
gefallen [...] der Urheber hat mit dem sklavischen Wahrscheinlichkeitsdenken
aufgeräumt und sich dadurch die größtmögliche Freiheit geschaffen, eine poeti-
sche Wahrheit auszudrücken [...]. Er schrieb den Text des Erzählers und spricht
zu uns eineinhalb Stunden lang mit seiner Stimme über die Bilder, nicht um
den Dialog zu erklären, sondern um das Geschehen zu erläutern. Auf diese
Weise schafft er eine Ebene, die zwischen dem Geschehen und der Reflexion
darüber liegt [...]. Es ist unmöglich, in diesem Film die Distanz eines Mora-
listen zu wahren oder einzunehmen, die meist nicht mehr als Gleichgültigkeit
ist. Die Szenen der Leidenschaft, die auf der Leinwand erscheinen, machen
diese Gleichgültigkeit unmöglich, und der Zuschauer, der von den Bildern und
dem Kommentar in zwei verschiedene Richtungen gezogen wird, muß unwei-
gerlich von dieser Dualität verwirrt werden [...]. Mir ist durchaus bewußt, daß
einige, die künstlerische Werke als Mittel der Unterhaltung beurteilen, heftig
dagegen protestieren werden, wenn ich mich über das Kunstwerk hinaus mit
dem Wesen des Menschen beschäftige, der es geschaffen hat. Aber ist der Mensch
als Phänomen nicht ungewöhnlich und erstaunlich genug, um unser Interesse
in allen Aspekten seines Tuns zu rechtfertigen? Und unter diesen Aspekten
scheint mir die künstlerische Schöpfung die ernsteste und waghalsigste aller Un-
ternehmungen zu sein [...]. Die Leinwand wird förmlich zerrissen und in
Flammen gesetzt von den Blitzen, die er aus den Tiefen seines Herzens heraus-
schleudert [...]. Ich sehe diesen Film als eine Verwirklichung des Kunstwerks,
das zu schaffen man für unmöglich hält, und das Poe mit den Worten be-
schrieb: »Mein Herz ist bloßgelegt.«

Ich weiß nicht, welchen Film ich als nächsten machen werde, oder ob
ich überhaupt noch Filme machen werde. Ich kann nicht in die Zukunft
blicken.

Elftes Kapitel

Bring mir eine Frucht von diesem Baum.
Hier ist eine, Herr.
Öffne sie.
Sie ist offen, Herr.
Was siehst du darin?
Kerne, beinahe unendlich viele.
Öffne einen dieser Kerne.
Das ist geschehen, Herr.
Was siehst du jetzt?
Nichts, Herr.
Mein Sohn, von dieser feinen Essenz, die du nicht wahr-
nimmst, von dieser Essenz lebt der große Nyagrodha-Baum.

Khandoga Upanishad*

Die Filmkamera war ein neues Instrument, um Ideen zu vermitteln, eine neue Technik, eine neue Sprache – nicht eine neue Kunst. Kunst kann weder neu noch alt sein. Kunst ist eine Wirkung, die erreicht wird, indem man der Darstellung ein zusätzliches Element hinzufügt – ein Element, das in der Substanz des Dargestellten nicht sichtbar ist. Im Kern aller Dinge liegt etwas Undefinierbares; es ist so geheimnisvoll, daß jeder Versuch, es in die Zwangsjacke der Worte zu pressen, unbeholfen wirkt. Die Wahrnehmung und die Einbeziehung dieser Zutat macht den Unterschied zwischen Darstellung und Kunst aus.

Worte wie »Harmonie«, »Rhythmus«, »Verfeinerung«, »Proportion«, »Vulgarität«, ganz zu schweigen von »Ästhetik«, sind nicht in der Lage, exakte Vorstellungen zu vermitteln. Sie sind nicht absolut, und sie repräsentieren nicht die üblichen Maßstäbe. Ihnen Qualitäten beizumessen, ist schwierig und oft unmöglich. Man schafft ein Arrangement im Raum und es wird zu einem Bild. Der Blinde kann den Wert des Bildes nicht ermessen. Ein Tonarrangement wird geschaffen, und der Gehörlose kann nicht davon gerührt werden.

---

* Upanishaden = altindische Texte und Lehrsprüche mit esoterischem, religiösem und philosophischem Inhalt. Anm. d. Red.

Die Wirkung eines Films hängt in erster Linie von einem bewegten Bild ab. Der Mensch hat seit Anbeginn der Zeiten Bilder geschaffen. Sie sind nicht neu. Die ersten wurden in Stein geritzt, in Holz geschnitzt oder an die Wände von Höhlen gemalt. Jeder technische Fortschritt führte zur Anwendung neuer Materialien. Die Photographie ist eine neue Entwicklung. Man benutzt sie in erster Linie, um schnell etwas zu zeigen, eine Ähnlichkeit, nicht zur Interpretation. Selten, wenn überhaupt, hat ein Photo den Wert eines Kunstwerks. Ein Photo kann »künstlerisch« sein, aber etwas »Künstlerisches« ist nicht notwendigerweise ein Kunstwerk.

Als das Element der Bewegung zur Photographie hinzukam, fand ein weiterer Zerfall statt. Jetzt war es noch schwieriger, »künstlerisch« zu sein, ganz zu schweigen davon, ein Kunstwerk zu machen. Die Aufzeichnung von Bewegung ist wiederum nur eine Darstellung, es sei denn, ein Künstler benutzt sie – nicht, um etwas Reales zu zeigen, sondern einzig und allein als unabhängiges Medium, das jene kostbare Essenz enthält, die den Unterschied zwischen Kunst und Reproduktion ausmacht.

Die Bewegung führte zu einer Multiplikation der Schwierigkeiten, die alle kreativen Bemühungen begleiten und behindern. Ich möchte das an einem krassen Beispiel erläutern: Da Vincis *Mona Lisa* wäre ebenso lächerlich, wenn sie eine Augenbraue heben und senken könnte, wie Michelangelos *Pietà*, wenn sie einen Mechanismus hätte, der ermöglicht, daß sich die Brust der Frau mit dem toten Sohn im Arm voll Kummer hebt und senkt.

Bilder in Bewegung haben es jedoch nicht unmöglich gemacht, ein Kunstwerk zu schaffen, sondern nur schwieriger. Das Wesentliche des Films sind visuelle Effekte. Auch ein Analphabet versteht die Bildersprache, obwohl sie sehr viel komplizierter ist als ein Text in Keilschrift. Der Tanz von Licht und Schatten umfaßt mehr Zeichen als die fünfzigtausend chinesischen Ideogramme. Sie ist folglich die ausdrucksvollste Sprache, die die Menschen erfunden haben, und wird doch normalerweise in der abgedroschensten Weise nur für Klischees benutzt.

So kurz wie die Geschichte der Bildsprache ist, so schnell wurde sie entwickelt. Von Anfang an besaß sie große Macht. Das Medium wuchs nicht allmählich, es hatte keine Übergangzeit, sondern war von Geburt an gigantisch. Der Berg kreißte und gebar einen Bandwurm, um den sich die jubelnden Massen versammelten. Gelegentliches Schweigen deutete darauf hin, daß ein Teilstück zum Vorschein gekommen war, das nur wenige lesen konnten.

Die erste *Peep Show* mit einem Objektiv verdankte ihre Popularität einem Zauberer – und das war vor ein paar hundert Jahren; seltsamerweise war einer der Geburtshelfer des Films ebenfalls ein Berufszauberer, ein Franzose namens Georges Méliès. Um die Jahrhundertwende produzierte er in vier kurzen Jahren etwa zweihundert Filme; der Höhepunkt war ein Film über »Aschenputtel«. In Amerika entstanden zur selben Zeit Filme über sehr viel handfestere Themen – einer trug den Titel *Making Love in A Hammock** und bediente sich dabei des Wortes »Liebe«, das bis zum heutigen Tag als Köder in Titeln benutzt wird.

Vom ersten Zelluloidstreifen an, der durch die Apparatur lief, besaß der Film dieselbe potentielle Kraft wie heute und wie er sie immer besitzen wird. Das Vokabular seiner Sprache war deutlich und lebendig, konnte aber nur das ausdrücken, was ihm zum Absorbieren gegeben worden war. Die Filmkamera erwies sich von Anfang an als ein boshaftes, nicht leicht zu beherrschendes Instrument. Die Kamera filterte Ideen und verwandelte sie in sich bewegende Bilder. Große Ideen, die ihr selten genug anvertraut wurden, hat sie schnell aussortiert. Die Objektive der Filmkamera können nicht so ohne weiteres mit ihnen umgehen und weisen sie deshalb zurück. Das Glasauge akzeptiert bereitwillig nur die alltäglichsten und wertlosesten Ideen, sonst klemmt der Verschluß. Es ist nicht leicht, die Filmkamera unter Kontrolle zu behalten; sie zu meistern, verlangt eine gründliche Kenntnis ihrer Launen, ständige Wachsamkeit und die Mißachtung ihres normalen Appetits.

Die Filmkamera ist der Schreibstift unserer Kunst. Sie schreibt nicht mühelos oder mit sichtbarer Tinte, und die Unterlage für den Text läßt sich nicht ohne weiteres in Stücke reißen und in den Papierkorb werfen. Selbst wenn ein Künstler diesen eigensinnigen Schreibstift meistert, können nicht viele das Geschriebene lesen; denn die Geschichte muß sofort gelesen werden; man kann sie nicht wie ein Buch mehrmals lesen und studieren, bis man sie versteht. Die Geschichte auf der Leinwand kennt kein Verweilen.

Je größer ein Kunstwerk, desto schwerer ist es, seine Qualitäten sofort zu erkennen. Es gibt einen einfachen Grund, warum die Filmkamera zu

---

* *hammock* = Hängematte. Anm. d. Red.

einem Werkzeug geworden ist, das nur dazu dient, sich mit den primitivsten Ideen abzugeben. Alles andere wird meist sofort verworfen. Es bedarf einiger Kenntnisse und Erfahrung, um gute Literatur würdigen zu können. Ein Urteil über Kunst verlangt, mit ihr vertraut zu sein. Es ist ein allgemeiner Grundsatz, daß man von einer Jury seiner Kollegen beurteilt wird; in der Kunst gilt dieses Prinzip nicht. »Es gefällt mir« oder »es gefällt mir nicht« – nach diesem Maßstab wird das endgültige Urteil gesprochen. Aus der Geschichte wissen wir, daß ein Künstler selten von seinen Kollegen beurteilt wurde; öfter hat sich eine selbsternannte Jury unqualifizierter Hohepriester des »Geschmacks« dazu aufgeschwungen.

Es muß viel Zeit vergehen, bis ein großer Künstler anerkannt wird, denn er kann nur sehr wenige Menschen schnell erreichen. Und oft erweisen sich die Fähigsten auch noch als Gegner. Ein Beweis dafür ist Gauguins Geringschätzung der Bilder seines Freundes van Gogh. Ein Kunstwerk, das nach geraumer Zeit von einem großen Kreis von Bewunderern verehrt wird, mag zunächst nur Hohn auszulösen.

Vor mehr als hundert Jahren schrieb William Hazlitt* diese unbequemen Sätze:

Die größten Bemühungen eines Genies, und das gilt auf jedem Gebiet der Kunst, können niemals von der Allgemeinheit verstanden werden. Es gibt zahllose Schönheiten und Wahrheiten, die ihr Verständnis weit übersteigen. Nur wenn Verfeinerung und Erhabenheit mit anderen, augenfälligeren und groberen Eigenschaften verschmolzen sind, werden sie von der Welt anerkannt [...] Man mag einwenden, daß der öffentliche Geschmack zu allmählicher Verbesserung fähig sei, denn am Ende weiß die Öffentlichkeit ein Werk von hohem Wert zu würdigen. Das ist ein Irrtum. Der endgültige Ruf, der sich meist sehr langsam mit den Werken eines Genies verbindet, wird ihm kraft einer Autorität verliehen und nicht auf Grund allgemeiner Überstimmung oder der Vernunft der Welt.

Nicht viele Menschen können so völlig in eine Landschaft von Cézanne hineingezogen werden, daß sie die Gedanken lesen, die er beim Malen hatte. Er hat gesagt: »Malen ist Meditation mit einem Pinsel.« Die Öffentlichkeit konnte sich mit ihm zu seinen Lebzeiten nicht anfreunden – sein Ruhm kam nach dem Tod. Nur sehr wenige wußten zu würdigen, was er

* vgl. Anmerkung S. 132.

tat, während er »meditierte«. Und auch heute sind es nicht viele, obwohl der Preis seiner Bilder ihm die Achtung eines großen Publikums eingebracht hat. Wenn ein Film mit den populären Bildern eines verliebten Paars spielt, fühlen sich sofort Millionen in die Landschaft dieser Bilder gehoben und können ohne Mühe jeden einzelnen Gedanken verstehen. Der Film sagt nichts, was auch nur einen einzigen Menschen verwirren würde. Eine Orgie der Gemeinplätze ist das Ergebnis.

Die Anfänge des Films liegen noch nicht so weit zurück, um sie nicht leicht aufzuspüren. Noch leben viele, die sich klar und deutlich an die ersten Filme erinnern. Auch ich erinnere mich daran, zum Beispiel an *The Great Train Robbery*, an die ersten Wochenschauen, die ersten Wildwestfilme, die Max-Linder-Komödien und die italienischen Mammutfilme wie *Cabiria* und *Quo vadis?*. Noch immer kann man die frühen, denkwürdigen Chaplin- und Mack Sennett-Streifen sehen. Die ersten Filme brauchten nur die allereinfachsten Ideen und meist überhaupt keine. Es genügte, daß jemand sich in einen dunklen Saal setzen konnte und sah, wie sich etwas auf der hellen Leinwand bewegte. Aber die Neuheit der Bewegung verlor bald ihren Reiz. Geschichten mußten erfunden werden für die sich bewegenden Gestalten. Man fand sie schnell.

Die kurze und wirre Filmgeschichte hat sich mehrerer hunderttausend Stoffe angenommen. Der Erzieher und der Industrielle schlichen sich ein. Die Kameramänner der Wochenschau filmten Ereignisse oft unter unglaublich schwierigen und abenteuerlichen Bedingungen. Der Wissenschaftler hat objektiv Operationen aufgezeichnet, die mit dem Tod des Patienten endeten. Die Geschichte wurde durchforstet, man reduzierte die großen historischen Gestalten auf die Schauspieler, die sie darstellten, aber die Pharaonen und Caesaren wurden bald einem großen Publikum ebenso vertraut wie die Figuren des Kasperltheaters. Forscher und Anthropologen brachten von ihren Reisen anschauliche Dokumente von fernen Orten und Völkern zurück, und allmählich ist etwas von allem, was auf unserer Erde lebt, über die Leinwand geflimmert. Man findet dort die ausdrucksvolle Haltung und die volltönende Stimme der Schwarzen; ob Hindu, Äthiopier, Eskimo, Araber oder Afghane – die Kamera hat sie mit ihrem Charme und ihren Gewohnheiten alle gefilmt. Die Kamera folgte dem Wal und der Krake, beobachtete die Paarung der Spinnen und die Entstehung eines Seidenkokons; Dinosaurier stapften wieder durch die Urwälder, Spirochäten wurden zur genauen Beobachtung unter das Objektiv gelegt, und alles in allem sind auf der Leinwand viele Gedanken geäußert worden.

Von Anfang an überließ sich der Film zahllosen Experimenten. Aber die meisten wurden sehr schnell verworfen, obwohl sie in der einen oder anderen Form immer wieder auftauchen, als wollten sie beweisen, daß es gerechtfertigt war, sie zu verschmähen. Wienes *Caligari* und Galeens *Golem* versuchten, den Hintergrund zu emotionalisieren; andere wollten den Film wieder zu einem Kaleidoskop machen oder zu rhythmischer Abstraktion. Ich nenne Richter und Eggeling, Ruttman und Fischinger. René Clair begann mit *Entr'acte*, Léger verließ die Malerei und machte *Ballet Méchanique*, und die Dadaisten und Surrealisten setzen ihre Phantasien in Bewegung um. Es gab Cocteau und den brutalen *Andalusischen Hund* von Buñuel, die Ergüsse von Dulac und Autant-Lara und auch die Huldigung an die Unterwasserfauna von Painlevé. Die Filmkamera stieg in Vulkane, und auch die Brüste und der Unterleib der Frauen entging nicht ihrer Aufmerksamkeit. *Die Odyssee, Parsifal, Johanna von Orleans* und Geschichten aus dem Alten und Neuen Testament sah man auf der Leinwand. Aus jedem Winkel des Globus kamen die beliebtesten Märchen, rein informative Dokumentarfilme und nationalistische Aufgeblasenheit, die an Hysterie grenzte.

Die wahren Filmemacher, die mit der Zeit vielleicht zum eigentlich Wertvollen durchgestoßen wären, arbeiteten bald in einem Vakuum. Die Mehrheit mußte nichts können und spezialisierte sich begeistert auf geistlose Inhalte; sie verzichtete auf alle Bedenken, ahmte andere nach und machte aus einem individuellen Unternehmen eine kollektive Fabrik. Bald schwelgte die ganze Welt in einer kathartischen Rekonstruktion des amerikanischen Films. Wie sich herausstellte, ließ er sich nicht so einfach imitieren, denn das Talent für nichtssagende Inhalte scheint ausschließlich in der Sonne von Hollywood zu gedeihen und zu blühen.

Es gab nie Mangel an Stoffen; man mußte nur in die nächste Bibliothek gehen und fand sie in Hülle und Fülle. Aber das Objektiv der Filmkamera schien alle Gedanken zurückzuweisen, die sich in Büchern und Theaterstücken finden; selten besaßen die Worte genug Kraft, um mit Bildern und Bewegung zu konkurrieren. Die Kamera brauchte *action* und hielt nichts von tiefsinnigen Überlegungen. Keine Zeile von Shakespeare kam der Wirkung eines Zuges gleich, der auf eine Frau zurast, die gefesselt auf den

Gleisen liegt. Scheinbar bestand das Problem der neuen Sprache nicht darin, wie sie etwas sagen sollte; sie beschränkte es vielmehr auf das, was man sagte und wie man das so einfach wie möglich tat. Es war noch nie Aufgabe des Künstlers, etwas einfach auszudrücken.

Die vom Film geschaffenen riesigen Zuschauermengen verlangten, daß eine hilfloses junges Mädchen in letzter Minute gerettet wurde – und das bot man ihnen. Als das Fernsehen erfunden wurde, um die Zirkulation der Filme dadurch zu vergrößern, daß man sie in jede Wohnung brachte, wuchs die Zahl der Zuschauer, und die erforderliche Intelligenz sank auf einen noch niedrigeren gemeinsamen Nenner. Ein niedriges Niveau noch senken, ist schwieriger als ein hohes Niveau heben. Aber das Gesetz von Angebot und Nachfrage arbeitet sehr wirkungsvoll. Die kleine Mattscheibe konzentrierte sich sofort darauf, die Bedürfnisse nach schwachsinnigen Inhalten zu befriedigen. Cowboys, Indianer, Gangster, Tarzan und veraltete Trickfilme, durchsetzt mit der Aufforderung an den Zuschauer, etwas für den Stuhlgang, den frischen Atem und auch gegen Pickel zu tun, waren das Ergebnis.

Man könnte sehr wohl untersuchen, ob der Mangel an Können und die Vorliebe für grobe und seichte Sensationen ewig weitergehen kann oder nicht; und man könnte einen Blick zurückwerfen auf das, was geschrieben wurde, bevor das Zeitalter dieses populären Mediums begann. Die Chinesen besaßen bereits vor dreitausendfünfhundert Jahren eine hochentwickelte Schriftsprache. Anwenden konnten diese Sprache bis vor kurzem nur wenige Gelehrte. In Indien gibt es seit über zweitausend Jahren ein enzyklopädisches Buch über jede Phase des Dramas, das ein gewisser Bharata geschrieben hat*. Aber kein Film, der in Indien entstanden ist, hat sich an diesem Buch orientiert. Am Anfang dieses monumentalen Epos wird das Drama als Spiegel des gesamten Universums und all seiner Wirkungsweisen bezeichnet, das jeder Kunst und jedem Wissenszweig Ausdruck verleiht.

Das Problem, was man sagen soll, und wie man es sagen soll, ist sehr alt. In prähistorischen Zeiten wurden Geschichten erzählt und auf diese Weise verbreitet. Das gibt es auch noch heute. Zahlreiche Völker und Stämme können weder lesen noch schreiben. Sie waren zu ihrer Unterhaltung auf Geschichtenerzähler angewiesen, bis der Film sie ersetzt hat. Die ersten

* Unter dem Titel *Natya Sastra.* Bharata gilt als der Begründer der indischen Schauspielkunst. Anm. d. Red.

Zeugnisse der Menschheitsgeschichte zeigen uns, daß Stein und Meißel als Alternative benutzt wurden. Es folgten Papyrus, Pergament und schließlich Papier, denn die Menschen wollten anderen ihre Gedanken aufdrängen. Die Freiheit zu schreiben, hatte natürlich Konsequenzen. Was auf diese Weise verbreitet wurde, fand nur deshalb Aufnahme, weil die Menschen bereits darauf warteten. Alles, was Angst und Aberglaube anregte, fiel auf fruchtbaren Boden. Die Dummheit grassierte ohnehin wie eine Seuche, und nun konnte sie damit gerechtfertigt werden, daß man sie gedruckt vor sich hatte. Riesige Menschenmassen gewöhnten sich an Gedanken, denen nicht widersprochen wurde. Die Welt war reif für den Film, als er auf der Leinwand erschien.

Am Anfang benutzte man die geschriebene Sprache zur Verbreitung von Gesetzen und Verordnungen. Dann wurden uralte Mythen, die um unzählige Gottheiten kreisten, verewigt. Propheten und Mystiker nutzten die Leichtgläubigkeit der Massen schamlos aus. Um jeden Preis mußte Popularität erzielt werden. Die geistig Verwirrten standen in täglicher Berührung mit den selbstgeschaffenen Geistern, und ihre Feder glitt schwungvoll dahin. Es war noch nie schwer, ein wohlwollendes Publikum zu finden, wenn man nur genug Unsinn von sich gab.

Oft genug gab es begabte Dichter und Männer, die jedes Wort überprüften und sich verantwortlich fühlten für einen Gedanken, den sie in die Welt setzten. Einige dieser Männer waren Sklaven, andere Kaiser, und wieder andere waren gequälte Menschen, die das alberne Geschwätz nicht ertragen konnten, das verbreitet wurde. Auch sie wurden gelesen, aber nicht von der Menge.

Ich bezweifle sehr, daß ein Thema, das sich mit dem Denken und Fühlen der Menschen beschäftigt, von Schriftstellern übersehen worden ist. Von Homer bis Pirandello ist alles nicht einmal, sondern millionenfach und in jeder erdenklichen Kombination der Umstände gesagt worden. Nicht nur den Klugen und Tapferen wurde Aufmerksamkeit geschenkt, auch die Schwachen und Dummen meldeten sich zu Wort. Carlyle sagt: »Es gibt den größten Dummkopf wie es für alles einen Superlativ gibt; und der dümmste Mensch auf Erden lebt und atmet zweifellos jetzt, und heute morgen oder gerade eben hat er gefrühstückt.«

In nur einer Generation hat die englische Sprache Tagores *Du willst ein Lächeln, Du willst alles, was ich habe* hervorgebracht und den »Niagarafall«

eines James Joyce mit seinem sechsundvierzig Seiten langen Satz. Tagtäglich berichten die Zeitungen eine Menge von Einzelheiten; auf der Seite, die berichtet, daß ein künstlich befruchtetes Kaninchen Junge geworfen hat, steht auch, daß ein frierender Bettler das Holzbein eines anderen gestohlen und verbrannt hat, um sich zu wärmen. Man liest über die Niederlage von Armeen und daß ein Wissenschaftler unter dem Mikroskop einen Anthrax-Bazillus beobachtet hat, der sich durch Selbstzeugung vermehrt. Kein Mensch kann sich einen Überblick über all das verschaffen, was geschrieben worden ist.

»Sollte ich mein Künstlerleben noch einmal von vorne beginnen, würde ich mich niemals mit einer neuen Geschichte beschäftigen. Ich würde immer die alten Geschichten mit neuen und lebendigen Inhalten versehen.« Das schrieb Goethe. Aber er hat sich nicht mit neuen Geschichten beschäftigt. Er hat nichts anderes getan, als die alten Geschichten durch seinen Verstand zu filtern. Sein unvergleichlicher *Faust* kreist um das uralte Thema eines Mannes, der eine Frau liebt, und der daraus entstehenden Schwierigkeiten. Die Nebenhandlung, in der ein Mann dem Teufel seine Seele verkauft, ist auch nicht neu.

Im wesentlichen enthalten die verschiedenen Mythen, die vor langer Zeit geschrieben wurden, in Überfülle alles Tun und alle Gefühle, die immer und immer wieder zutage treten und jedesmal als etwas Neues ausgegeben werden. Das Können, mit dem ein Mensch schreibt, macht ihn zum Meister, und nur selten das, worüber er schreibt. Aber es gibt nur wenige, die eine Sprache meistern, und da die Öffentlichkeit darauf besteht, daß ihre Gedanken mit ganzer Wucht niedergewalzt werden, steht nur wenig Material zur Auswahl, um die Menge zu füttern, die verlangt, das zu verstehen, wofür sie bezahlt. Nicht jedes Publikum will etwas Neues sehen. In China zum Beispiel sah man bis vor kurzem im Theater nur die vertrauten und wahren Klassiker. Die meisten Chinesen wußten auswendig, was die Darsteller sagen würden. In einem chinesischen Theater hatte ich den Eindruck, die Zuschauer verfolgten das Geschehen nur deshalb mit größter Aufmerksamkeit, weil sie wie gebannt auf die Fehler eines Schauspielers warteten. Ich habe oft erlebt, daß sie einen Schauspieler keines Blickes würdigten, bis er Schwierigkeiten mit seinem Text hatte.

Der Film war gezwungen, riesige Zuschauermengen zufriedenzustellen, und hat nichts außer acht gelassen, was ihm dazu verhilft – ganz bestimmt nicht die Stücke, die für das Theater geschrieben wurden, obwohl sie eine völlig andere Technik haben: der Film spricht das Auge an, das Theater das Ohr. In Griechenland hat man vor kurzem *Antigone* verfilmt, ein Stück, das um 440 v.Chr. geschrieben wurde. Man tat es, als sei noch nie ein Film gemacht worden. Man schenkte auch den zurückliegenden zweitausend-vierhundert Jahren keine Beachtung, nicht einmal der griechischen Bühne von damals. Im alten griechischen Theater benutzte man Masken, Musik, Tanz, aufwendige Bühnenbilder, und man hob und senkte Schauspieler mit Hilfe mechanischer Vorrichtungen, die auch Gegenstände auf der Bühne in Bewegung setzen konnten. Der Rückschritt ist ein bekanntes Phänomen; niemand scheint dort weiterzumachen, wo ein anderer aufgehört hat, sondern geht unter das erworbene Niveau. Man hat auf diese Weise nur die große Fülle erreicht. Die Stücke gewinnen nicht an Qualität, es gibt nur Quantität. Im Film wächst die Zahl der Schauspieler, die Größe der Leinwand, aber nicht die Fülle der Ideen und Gedanken.

Viele halten das Theater für den direkten Vorfahren des Films. Die Bühne hat einen Vorteil gegenüber dem Kino: das Publikum ist kleiner; aber es setzt sich aus derselben Gruppe zusammen, die ihre Gunst denen schenkt, die ihren Geschmack bedienen. Ein Theaterstück folgt auf das andere und alle beten Gefühle her, die schon vor Aischylos ausgeschöpft waren. Gewiß, es hat Verbesserungen in der Darstellung gegeben, aber oft genug sind sie mit dem gestorben, der sie ins Leben gerufen hat. Diaghilews Genie für Choreographie erfuhr durch seine Nachfolger keine Steigerung; sie verkleinerten es. Ich kannte Aufführungen von ihm und habe später noch viele Ballette gesehen, aber oft hatte ich den Eindruck, als hätte es sie nicht gegeben.

In zahllosen Versuchen wollte man die Substanz mit etwas Neuem ersetzen. Jean Jacques Bernard ließ seinen Helden nicht auftreten, und Pitoëff wollte die abgedroschene *Camille* bemänteln, indem er seine Bühne mit einem vergoldeten ovalen Rahmen umgab. Die Japaner brachten zusätzlich das *hanamichi* auf die Bühne – ein Podest inmitten der Zuschauer, auf dem die Darsteller sich bewegen und sprechen konnten. Die Javaner lieben ihre Miniaturbühne, die *wayang poerwa*; sie ist der wahre Vorfahre des Films unserer Zeit. Die Männer sitzen auf der einen Seite des Wandschirms und verfolgen das Spiel der Puppen, die Frauen auf der anderen Seite und betrachten das Schattenspiel. Im elisabethanischen England spielten junge

Männer die Frauenrollen. Sie brachten weniger Reize auf die Bühne, hatten dafür aber mehr Interesse an den Absichten des Autors. Wir wissen, daß im fernen Osten bis zum heutigen Tag Männer auf der Bühne Frauen darstellen. Es ist auch interessant zu beobachten, wie oft die Bühne sogar auf die mehr oder weniger direkte Andeutung von Sinnlichkeit verzichtete und in offene Konkurrenz zum Bordell trat. Vor etwa zweihundert Jahren war das im erotischen Theater in Frankreich der Fall, ebenso auf der blühenden Bühne im England der Stuarts. Damals trugen die Damen im Zuschauerraum Masken, um nicht zu zeigen, daß sie erröteten. Das schamloseste Stück der Restauration war *Sodom*. Es wird dem Earl von Rochester zugeschrieben und war explizit bis zum Extrem. Gleichzeitig hatten sich im fernen Japan Prostituierte das Kabuki-Theater erobert. Sie übten ihren Beruf während der Aufführung in aller Öffentlichkeit aus und etwas verborgener danach. Als die Zensur eingriff, kam das Kabuki der jungen Männer, die sich ein Beispiel an ihren Vorgängerinnen nahmen.

In Rußland wurde 1920 *Der Sturm auf den Winterpalast* im Freien aufgeführt. Man bezog nicht nur den Winterpalast in die Darbietung ein, sondern auch den nahegelegenen Fluß. Ein Kreuzer steuerte auf ein Stichwort den Geschützdonner bei. Reinhardt inszenierte *Das Mirakel* ohne Vorhang und benutzte als Kulisse seiner meisterhaften Aufführungen Kirchenfassaden und die Plätze von Venedig.

Der Wunsch der Menschen, unterhalten zu werden, zieht sich durch die Jahrhunderte und hat eine unglaubliche Vielfalt an Mitteln heraufbeschworen, sie zum Lachen und Weinen zu bringen, sie zu erregen und dafür zu sorgen, daß die Gefühle gehorsam durch einen Reifen springen. Die Menschheit hat nie gefordert, erhoben zu werden. Der Film besitzt die immanente Fähigkeit, die Reize seiner Puppen einzufangen und sie so zu vergrößern, daß sie von einem guten oder einem schlechten Platz aus gesehen werden. In Verbindung mit der Happy-End-Philosophie und dem niedrigen Niveau der Reize drohte er, das Theater zu verdrängen, so wie das Fernsehen mit seinem noch niedrigeren Niveau die Existenz des Kinos gefährdete, bis man es mit Sound, Farbe und neuen Projektionstechniken wiederbelebt hat. Auch das Theater mußte heftige Erschütterungen über sich ergehen lassen, als es Konkurrenz durch den Film bekam.

Die gegenseitige Befruchtung von Film und Theater ereignete sich in Europa, als der Siegeszug des Zelluloid begann. Aber die Ergebnisse waren alle steril. Bühnenbildner taten sich hervor, die versuchten, einen beweglichen Hintergrund wie im Film zu schaffen, und machten damit die Kulissen zur Attraktion. Es gab auch einen Meyerhold mit seiner Bühne und den akrobatischen Schauspielern, Jessner mit den Treppen, Piscator mit Schattenspielen, der Einbeziehung von Phonographen und Filmen und der wirkungsvollste von allen, Max Reinhardt. Sein Genie bediente sich aller erdenklichen Möglichkeiten, um die Zuschauer zu faszinieren. Thomas Herbert Dickinson beschreibt diese abenteuerliche Zeit folgendermaßen: »Die Menschen sprechen nicht mehr zusammenhängend. Sie sprechen wie Radiostationen in einem mysteriösen Telegrammstil und verbreiten Nachrichten in einem gleichgültigen Äther.«

Man konnte sogar in Japan die Schocktherapie beobachten, mit dem man die Zuschauer aus dem Kino locken wollte. Innerhalb eines Jahres schrieb man dort mehr als dreißig sehr eindeutige Theaterstücke über einen Sexualverbrecher, dessen Festnahme Schlagzeilen gemacht hatte. Und in diesem Land war es noch kurze Zeit davor verboten gewesen, auf der Bühne oder im Film einen Kuß zu zeigen. Aber im Deutschland der späten zwanziger Jahre flammte das verzuckende Licht der Bühne noch einmal auf. Arnolt Bronnen wandte sich dem Thema Inzest zu und »verbesserte« den *Oedipus Rex* des Sophokles durch Multiplikation. Bei ihm sind Vater und Sohn, Mann und Frau Rivalen und kämpfen um dieselbe Frau. Die sich hebende, senkende und drehende Bühne war weniger verwirrend als die Stoffe, derer sie sich annahm. Man setzte die Zuschauer auf die Bühne, Schauspieler riefen ihren Text von den Rängen in den Zuschauerraum; man benutzte wirklich alles, um zu überraschen; die Theaterzunge dieser Zeit kreischte und zuckte. MacClintock beschreibt in seinem Buch *Age of Pirandello* die fieberhafte Aktivität der Theaterautoren in Italien.

Dieses Ringen um Luft in Europa, als der Film das Theater zu erwürgen schien, fand mit Hitler und Mussolini schlagartig ein Ende. Die beiden Diktatoren waren nicht nur Schüler des Films, sondern besaßen große schauspielerische Fähigkeiten. Sie unternahmen sofort alles, um jede Konkurrenz auszuschalten und wirkungslos zu machen. Ihr Einfluß konnte nicht von Dauer sein, aber sie forderten ihren Tribut von den Künsten der Zeit. Die Bilanz ist eine eindrucksvolle Lektüre.

Man sagt immer wieder, die Zeit, die Umgebung und die Umstände üben erheblichen Druck auf die Künste aus. Aber ihre Wirkung auf den kreativen Prozeß scheint nur im Aufwirbeln zu liegen und in keiner Form zur Entwicklung oder zum Wachstum einer Richtung beizutragen. Bei der Suche nach einem Hinweis auf die Bedeutung der äußeren Faktoren im Hinblick auf den Inhalt eines Kunstwerks, wird man wohl kaum die Schlußfolgerung vermeiden können, daß Zeit und Umgebung wenig, wenn überhaupt etwas mit den eigentlichen Werten zu tun haben, die die Summe und die Substanz der ausdauernden Liebe des Menschen zur Kunst darstellen. Im Rückblick gesehen, gibt es keine Erklärung für den Zeitunterschied von fünfundzwanzig Jahrhunderten, wenn man die Philosophien von Heraklit und John Dewey vergleicht; der Sprung der Gedanken von dem einen zum anderen hätte sich ebensogut in fünfundzwanzig Tagen ereignen können. Es gibt keinen wahrnehmbaren Qualitätsunterschied zwischen einer Plastik von Praxiteles und Maillol; und auch das Hauptthema der *Lysistrata* unterscheidet sich wenig von der Handlung eines modernen Theaterstücks. Räumt man ein, daß sich vorzugsweise bei den Theaterschriftstellern alles um die Scheide der Frau dreht, dann sind zweitausendfünfhundert Jahre eine lange Zeit, um bei einem Thema zu verweilen. Es sollte demnach offensichtlich sein, daß sich gewisse Dinge nicht verbessern lassen, und daß in Zeit und Raum nichts allein existiert.

Mickey Maus ist ein direkter Nachkomme der Tiere in Aesops Fabeln, des mythologischen Zentauren, des Satyrs, der halb Mensch, halb Tier ist, und Jupiters vielen Verwandlungen bei der Eroberung einer Frau und der vielen Zwischenstufen, denen man auf den Gemälden von Piero die Cosimo, in Rostands *Chantecler* und Čapeks *Insekten* begegnet. Und wenn man noch tiefer graben würde, könnte man sehen, daß Aesops Geschichten auf Stoffen basieren, die tausend Jahre vor ihm in aller Munde waren.

Die Zeit hat ein Mischmasch und ein Ragout hervorgebracht, aber keine thematische Änderung; wenn es einen Fortschritt gibt, dann in der Technik. In einigen Kunstformen wich das Thema einer völlig abstrakten Bedeutung, die keine Geschichte mehr erzählt, wie in Malerei und Bildhauerei, wo Kalligraphie und Raum das eindeutiger Erkennbare ersetzt haben; in der Musik wird das noch deutlicher, denn sie erhält ihren Wert nicht dadurch, daß sie eine Geschichte erzählt.

Zur Zeit und vermutlich auch noch in der nächsten Zukunft bleibt der Film ein Kind aller Künste, die seiner Erfindung vorausgegangen sind. Es müßte zwar nicht so sein, aber er ist ein Bastard, eine Mischung aus den unterschiedlichsten Quellen. Er übersieht die eigene Kraft, die auf Bildern in Bewegung beruht, und schwächt sich, indem er unvereinbare Elemente aufnimmt. Er hat noch keine eigene Sprache, obwohl er so tut, als sei er in den Sprachen der anderen Künste bewandert.

Die völlige Kontrolle über das Material ist die erste Voraussetzung dafür, daß ein Kunstwerk entstehen kann. Dieser Zündfunke ist in unserer Kunstform selten vorhanden. Die Filmproduktion ist teuer. Ein Film gehört mit allem Drum und Dran dem Mann, der das Geld zur Verfügung stellt. Er tut damit, was er will. Auf den meisten anderen Gebieten entsteht die Arbeit eines Künstlers in Muße und nur unter dem Druck des eigenen inneren Antriebs. Das ist beim Filmemachen nicht so. Zwänge, Probleme und Hürden türmen sich auf, mit denen sich der Künstler in keinem anderen Bereich auseinandersetzen muß.

Zur Beschaffung der Gelder ist ein Drehbuch notwendig. Diese Grundlage für einen zu drehenden Film ist ein irreführendes Dokument. Der Film hat ein eigenes Vokabular, das keine Ähnlichkeit mit dem geschriebenen Wort besitzt. Worte können kein Bild beschreiben – erst recht nicht, wenn das Bild sich bewegt. Darüber hinaus ist die Vorstellung zweier Menschen niemals identisch oder auch nur annähernd gleich. Das führt zu endlosen Diskussionen und Änderungen, die jede Idee verfälschen, die ursprünglich vielleicht einmal wertvoll gewesen ist. Es sieht so aus, als könnten sich zwei Menschen nicht einmal im voraus über den Wert einer Filmidee einigen, es sei denn, sie taugt so wenig, daß alle sie für gut halten. Es werden Änderungen vorgenommen, neue Drehbücher geschrieben und umgeschrieben. Man diskutiert über das, was an früheren Erfolgen wirkungsvoll gewesen ist. Oft bleibt von der ursprünglichen Absicht nur noch der Titel. Auf Ideen wird herumgeprügelt, als seien sie Tiere, denen man die Peitsche geben kann. Wenn es am Anfang einen Autor gab, dann ist er bald vergessen. Konferenzen treten an die Stelle von Kreativität. Männer und Frauen bringen ihre Talente und ihre Launen ein, und ihre Zahl schwankt zwischen zwei und zwanzig. Müßte jeder, der an einer solchen Diskussion teilnimmt, seine Gedanken mit der Kamera vorführen, dann wäre die Konferenz schnell zu Ende.

Eine Konferenz über abstrakte Werte ist die Absurdität in Reinkultur. Die Erschaffung einer Geschichte, eines Films, eines Gemäldes, eines Gedichts, einer Plastik oder jede andere individuelle und einzigartige Leistung ist kein Gegenstand für eine Diskussion. Es handelt sich dabei nicht um eine mathematische Theorie oder um eine Krankheit. Es ist eine Sache, einen Rat anzunehmen, aber eine andere, dazu gezwungen zu sein.

Ich wiederhole, eine Entwicklung künstlerischer Maßstäbe kann nie von einem Publikum ausgehen oder von denen, die dazu ausgewählt sind, im Namen der Zuschauer zu sprechen. Hin und wieder gab es Persönlichkeiten, die für einen Augenblick stark genug waren, der Zeit und ihren Sprechern zu trotzen. Ibsen wehrte sich gegen die Reaktion auf *Peer Gynt* mit der Feststellung: »Mein Buch ist Dichtung, und wenn es das nicht ist, dann wird es Dichtung werden. Die norwegische Vorstellung von Dichtung muß sich meinem Buch anpassen.« Hokusai machte auf sein Talent aufmerksam, indem er mit Besen so große Bilder malte, daß man sie aus einer Entfernung von einem Kilometer sah. Dann machte er ein so kleines Bild, daß man es nur mit einer Lupe betrachten konnte. Es ist alles andere als einfach, die Menge und ihre Lehrer herauszufordern. Gelegentlich langweilt sich das Publikum über die endlose Wiederholung von Unsinn. Wenn der Herausforderer dann den Vorteil der kurzen Zäsur nutzt und auch mit Bonbons nicht geizt, wird er vielleicht mit einer kleinen Strafe davonkommen.

All das mag sich in der Zukunft vielleicht ändern. Aber sehr wahrscheinlich wird es noch schlimmer, bevor sich etwas – wenn überhaupt – bessern kann. Der Fehler liegt vielleicht nicht so sehr bei der Masse als in der Unfähigkeit all jener, die die Masse unterrichten und inspirieren. Vielleicht ist die Menschheit auch noch zu sehr mit den Problemen von Nahrung und Behausung beschäftigt, um sich mit so unerheblichen Dingen wie dem Nachdenken darüber abzugeben, was sie mit der freien Zeit tun soll. »Auch der Fuji ist nicht schön, wenn man Hunger hat und friert.«

Vor der Erfindung des Films bestand keine Notwendigkeit für einen gemeinsamen Nenner, um alle Menschen auf der Welt in einer Sprache anzusprechen, die sie verstehen. Aber da es den Film gibt, mußte man einen so niedrigen Maßstab anlegen, wie es ihn noch nie gegeben hat, um den Beifall dieses riesigen Publikums zu finden. Was man so vielen Menschen sagen soll, wird immer ein Problem sein.

In diesem Zusammenhang denke ich an eine amüsante Anekdote über Marcel Pagnol. Man brachte in sein Filmlabor in Marseille einen Negativfilm zum Entwickeln. Es stellte sich heraus, daß es ein Pornofilm war. Als der Kunde den Film abholen wollte, ließ Pagnol den Mann in sein Büro bringen und untersagte ihm, noch einmal über seine Schwelle zu treten. Geknickt stammelte der Filmemacher, es sei für ihn ein schwerer Schlag, in Zukunft auf die hohe technische Qualität von Pagnols Filmlabor verzichten zu müssen. Pagnol empfand Mitgefühl für den unglücklichen Mann. Er unterhielt sich mit ihm und erkundigte sich dann neugierig, ob es nicht äußerst schwierig sei, Darsteller für so einen Film zu finden. Der Mann seufzte tief und erwiderte: »Aber nein, Monsieur. Le sujet! Le sujet! Es ist nicht schwer, Schauspieler zu finden, sondern eine gute Geschichte.«

Zwölftes Kapitel

Er nahm seinen Hut vor mir ab und verneigte sich so tief, als
noch niemand vor mir getan hatte [...] und redete mich an
mit leiser, unsicherer Stimme, ungefähr im Ton eines Bet-
telnden [...] »Während der kurzen Zeit, wo ich das Glück
genoß, mich in Ihrer Nähe zu befinden, hab' ich den schönen
Schatten betrachten können, den Sie [...] in der Sonne [...]
werfen [...] Sollten Sie sich wohl nicht abgeneigt finden,
mir diesen Ihren Schatten zu überlassen?«

Peter Schlehmihl (Adalbert von Chamisso)

Goethes letzte Worten waren: »Mehr Licht.«

Er hatte tief über das Leben nachgedacht und hatte die Dinge besser
ausgedrückt als die meisten Menschen; aber als es dunkel vor seinen Augen
wurde, blieben ihm nur zwei Worte, um alles auszudrücken, was er dachte:
»Mehr Licht.« Die Geschichte des Lichts ist die Geschichte des Lebens; das
menschliche Auge war die erste Kamera. Das Auge ist in etwa wie ein Objektiv geformt; das Bild, das es sieht, wird wie in der Kamera auf den Kopf
gestellt und irgendwo im Gehirn wieder umgedreht.

Die Menschen brauchten Tausende von Jahren, um eine empfindliche
Oberfläche zu schaffen, die die Wirkung von Licht festhalten konnte, und
dann dauerte es noch ein paar Jahre, ein Bild an das andere zu hängen und
das Prinzip der Nachwirkung des empfangenen Lichteindrucks auf den
Film anzuwenden. Deshalb kann man sagen: Ohne Licht hat man einfach
nichts.

Vom Himmel kam das erste Licht; und es sei darauf hingewiesen, es
kam von oben und nicht von unten (das menschliche Gesicht wirkt grotesk, wenn man es von unten beleuchtet); die Intensität der Sonne blendet
das Auge, und das schwache und gespenstische Licht des Mondes soll angeblich Wahnsinn verursachen. Sonne und Mond haben die Phantasie der
Menschen geprägt. Die Sonne, der wir das Leben verdanken und ohne die
nichts wächst, wurde verehrt, und die Legende hat den Mond zum Sam-
melplatz für alles Verworfene gemacht. Alexander Pope überantwortet diesem kalten Planeten:

Das Lächeln der Dirnen, und die Ängste der Erben
Käfige für Mücken und Ketten für einen Floh,
Getrocknete Schmetterlinge und spitzfindige Bücher.

Der Mensch hat immer auf das Licht reagiert. Wenn die Sonne unterging und am Horizont verschwunden war, legte er sich schlafen, bis sie wieder aufging. Jedes Lebewesen reagiert auf Licht. Ein plötzlicher Lichtwechsel wie etwa der vorüberziehende Schatten einer Wolke auf einer Pfütze bewirkt, daß die Mückenlarven aufgeregt durcheinanderschwimmen. Der Mensch hat die Sonne verehrt, den Mond dazu benutzt, das Verstreichen der Zeit aufzuzeichnen, und die Sterne, um ihn zu führen. Am Anfang gab es nur wenige Lichtquellen: die Sonne, den Mond, die Sterne und die Glühwürmchen. In großen Teilen der Welt gibt es immer noch nicht viel mehr. Als ich zum letzten Mal in Kuba war, saß ich als Gast in einer Hütte, in der das einzige Licht aus einem durchsichtigen Beutel mit vielen Glühwürmchen kam.

Richtig benutztes Licht kann jeden Gegenstand verschönern und dramatisieren – und damit sind wir im Bereich des Künstlers. Es ist die Pflicht und die Funktion des Künstlers, weniger das festzuhalten, was er wahrnimmt, als das, was er durch sein Können und seine Vorstellungsgabe mit Kraft und Macht ausstattet; dabei ist es nicht wichtig, um welchen Gegenstand es sich handelt. Der Künstler, der mit dem Medium Film arbeitet, muß lernen, zu sehen und zu erschaffen – aber nicht mit der Kamera, sondern mit dem Auge.

Die Kamera ist nur ein Hilfsmittel für das menschliche Auge und dient in erster Linie dazu, den Rahmen abzustecken – das heißt, einzubeziehen und auszuschließen. Innerhalb des Rahmens versammelt der Künstler das, was er mit uns teilen möchte; außerhalb des Rahmens bleibt das, was er für seinen Gedanken als nicht notwendig erachtet. Es ist von großer Bedeutung, zu wissen, wie man die Kamera anwendet, denn sie verleiht dem Gesammelten eine neue und radikal andere Dimension; aber es ist weit wichtiger zu wissen, wie man das Auge benutzt. Wir können ohne Licht nicht sehen, und wir können ohne Licht nicht photographieren. Deshalb ist das Wissen um die Bedeutung des Lichts und seine Wirkung auf das, worauf es fällt, der erste Schritt in Richtung auf das, was Photographie bedeutet.

Jedes Licht hat einen Punkt, an dem es am hellsten ist, und einen Punkt, auf den es sich zubewegt, um sich zu verlieren. Das Licht muß festgehalten werden, um seine Mission zu erfüllen; in der Leere kann es nichts bewirken. Licht kann geradeaus fallen, eindringen und umkehren; es kann reflektiert und abgelenkt, gesammelt und gestreut werden. Eine Seifenblase kann es krümmen, es kann funkeln und blockiert sein. Wo Licht ist, gibt es keine Dunkelheit mehr; und wo es anfängt, ist der Kern seiner Helligkeit. Der Weg der Lichtstrahlen vom inneren Kern bis zu den Ausläufern der Dunkelheit ist das Abenteuer und das Drama des Lichts.

Die Lichtstärke kann gemessen werden; das Mondlicht hat zum Beispiel zwei Hundertstel einer Einheit, die man als Fußkerze bezeichnet. Die Erfindung des künstlichen Lichts ist vermutlich die größte Leistung der Menschheit. Für Tausende von Jahren gab es nichts als die Fackel, die schwache Kerzenflamme und der brennende Docht in einem ölgefüllten Tongefäß. Die Menschheit mußte lange warten, bis sie Blitze zu ihrem Nutzen einsetzen konnte. Foucault war der erste, der einen Lichtbogen für ein Photo benutzte. Er war auch so genial, das Gyroskop zu erfinden. Es beeindruckte aber nicht die, die rauchige Magnesiumblitze vorzogen. Sir Humphry Davy entdeckte 1801 den Lichtbogen. Er ist auch der Erfinder einer Sicherheitslampe für Bergleute. Er war ein äußerst begabter Mann, und Coleridge erklärt zu seinem Lob, wäre Davy nicht ein großer Chemiker gewesen, dann wäre er der herausragendste Poet seiner Zeit gewesen. Es dauerte lange, um die Elektrizität zu meistern, wenn man bedenkt, daß das einem südamerikanischen Fisch bereits vor einigen Millionen Jahren gelungen ist. Der Zitteraal hat negativ und positiv geladene Stellen am Schwanz. Mit dieser praktischen Batterie kann er die Beute töten, indem er mit Kopf und Schwanz die Haut eines anderen Lebewesens berührt.

Jedes Licht wirft einen Schatten. Wo Schatten ist, da muß auch Licht sein. Der Schatten ist geheimnisvoll, und das Licht ist Klarheit. Schatten verbirgt, Licht enthüllt. (Das ist die ganze Kunst – zu wissen, was man enthüllt, und was man verbirgt, in welchem Maß und wie man das tut.) Ein Schatten ist in der Photographie ebenso wichtig wie das Licht. Das eine kann nicht ohne das andere sein. Der große Alexander warf seinen Schatten über Diogenes, als er den Mann in der Tonne aufforderte, einen Wunsch zu äußern. »Geh mir aus der Sonne!« Man kann daran zweifeln, ob diese Antwort bedeutete, daß Diogenes sich nach der Sonne sehnte, weil er sich um die beneidenswerte Lage bemühte, nichts zu wollen. Sehr viel wahrscheinlicher irritierte ihn ein bedeutungsloser Schatten.

Von der Sonne kommt das hellste Licht, das wir kennen. Sie sendet unaufhörlich ihre Strahlen. Die stetige Bewegung der Sonne sorgt für Tag und Nacht, Morgen und Abend; Blumen öffnen und schließen sich je nach Stärke der Sonnenstrahlen; Insekten schwärmen und paaren sich nur, wenn das Licht richtig ist. Zwischen Erde und Sonne befindet sich die Luft. Die Luft ist der Schleier, die Streuung; und wenn die Luft zu dick ist, verliert die Sonne ihre Kraft. Dicke und vom Wind geballte Luft wird zu Wolken, und wenn sie sich vor die Sonne schieben, kann die Erde düster wirken. Ich möchte damit nicht betonen, was jedes Kind weiß, sondern die Aufmerksamkeit auf die Tatsache lenken, daß der Lichtwinkel und das, was das Licht durchdringen muß, das Aussehen jedes Gegenstands beeinflußt.

Licht muß eine Quelle haben, eine Richtung, aus der es kommt, ein Objekt, auf das es trifft, und einen entlegenen Platz, wo es sich verstecken und zum Schatten werden kann. Die Sonne kann man nicht bewegen, auch die Erde kann man nicht verschieben; der Photograph kann nur seinen Standort verändern und den kleinen schwarzen Kasten unter Kontrolle behalten, das gewölbte Glas des Objektivs und die Silberemulsion. Aber mit dem künstlichen Licht ist das Spektrum der dramatischen Kraft unbegrenzt – und ebenso unbegrenzt sind die Möglichkeiten zu Fehlern. Je mehr Lichtquellen benutzt werden, desto größere Fähigkeiten muß der Photograph haben. Scheinwerfer können freundlich zueinander sein oder sich bekämpfen oder – noch schlimmer – sich in ihrer Funktion verdoppeln. Dann bringen die Lichtstrahlen nicht mehr Schönheit hervor, sondern schaffen Verwirrung. Man lerne Photographieren mit einem Licht; wenn man das eine Licht gemeistert hat, dann kann man alle anderen auch meistern.

Der Film hat am Anfang nur ein Licht benutzt – das Sonnenlicht. Er folgte der Sonne nach Kalifornien, wo sie am hellsten schien, und wo Wolken selten waren – und dort wird die Sonne jetzt nur noch selten eingesetzt. Man baute die ersten Filmstudios aus Glas, damit die Sonne hineinschien. Aber Gott ließ sich nicht unter Vertrag nehmen, und kein Befehl konnte die Sonne dazu bringen, nicht zu wandern. Sie kümmerte sich nicht um den Menschen und seine Probleme; und Stück um Stück wurde das Glas schwarz gestrichen, und die Sonne aus den Studios verbannt. Man ersetzte sie durch Licht, das zuverlässig war und sich nicht bewegte. Batterien von Bogenlampen und Quecksilberdampflampen flimmerten, zuckten und warfen auf alles eine gespenstische Blässe. Die Fähigkeit des Kameramanns bestand in erster Linie darin, die Kurbel der Filmkamera gleichmäßig zu drehen. Ein konkaver Spiegel und ein besonders starker Lichtbogen öffneten den Weg zum Scheinwerfer und brachten die Sonne wieder in das Filmstudio. Der Photograph hatte alles, was er brauchte, nur eines nicht – das erforderliche Wissen, um zu benutzen, was er hatte. Aber selbst wenn er das Wissen gehabt hätte, es wäre nicht genug gewesen, denn er erfüllte eine untergeordnete Funktion. Er übte nicht die Kontrolle über das Material aus, mit dem seine Geräte arbeiteten. Es war seine Funktion, etwas aufzuzeichnen, was ein anderer sah.

Es ist notwendig, noch einmal darauf hinzuweisen: Der wichtigste Trumpf des Films sind Bilder in Bewegung. Das ist nicht so einfach, wie es zu sein scheint, denn Bewegung in diesem Medium beschränkt sich nicht auf einen Körper oder einen Gegenstand, sondern nimmt in jedem Augenblick eine andere Position im Raum ein. Man kann Bewegung auch dadurch erreichen, daß man die Position der Kamera verändert, durch technische Manipulation im Labor (Alain Resnais' *Letztes Jahr in Marienbad*), oder indem man in der Zeit vorwärts oder rückwärts springt (*Het huis*),* und in dynamischen Montagen wie zum Beispiel der schnellen Abfolge von Nahaufnahmen (*Underworld*, 1927), durch Überblendungen und Veränderung des Aufnahmewinkels.

Die weiße Leinwand, auf die die Bilder projiziert werden, ist eine zweidimensionale, glatte Oberfläche. Das ist keine große Neuerung. Der Maler hat sie seit vielen Jahrhundert benutzt; Tausende sind durch sie berühmt geworden, aber nicht, indem sie kopierten, was es zu sehen gab, sondern indem sie die eigene Persönlichkeit und den eigenen Standpunkt auf das Gesehene übertrugen und dabei benutzten, was ihnen gefiel und verwarfen, was sie nicht wollten. Als ich vor Jahren mit Erich Maria Remarque über dieses Kapitel sprach, sagte er treffend: »Wenn ich einen Maler in ei-

---

* Das ist ein äußerst intelligenter holländischer Kurzfilm. In meinen Unterlagen fehlt der Name des Regisseurs. George K. Arthur brachte den Film in unser Land. Er saß im dunklen Kino hinter mir und lenkte meine Aufmerksamkeit von der Leinwand ab, als er meine Frau flüsternd fragte: »Müssen seine Eier immer noch genau drei Minuten gekocht sein?«
In diesem Zusammenhang nehme ich mir die Freiheit, anzuregen, daß Spielfilmregisseure einige der überragenden Qualitäten aufgreifen sollten, die man in so vielen Kurzfilmen findet, die von vielen talentierten Experimentalfilmern auf der ganzen Welt gedreht werden.

ner schönen Landschaft an der Staffelei sehe, weiß ich, daß er nicht weiß, wie man malt.« Man sollte einem Maler nicht vorschreiben, wo er seine Staffelei aufstellen darf und wo nicht. Aber in diesem Gedanken kommt zum Ausdruck, daß der Maler nach anderen Kriterien beurteilt wird als nach der Auswahl dessen, was allgemein als schön gilt. Ich erwähne noch einmal Cézanne. Er liebte es, sehr früh am Morgen eine prosaische Landschaft zu malen, denn dann hatte das Licht den richtigen Einfallswinkel; am liebsten waren ihm jedoch eine Uhr, ein Apfel, ein Totenschädel oder ein Tuch – ein Gegenstand, der sich nicht bewegte und unter kontrolliertem Licht in aller Gründlichkeit betrachtet werden konnte. Als einer meiner Lieblingsmaler einmal einen Fisch malte, fragte man ihn, wo denn sein Modell sei. Er antwortete, er habe den Fisch zum Frühstück gegessen. Zweifellos ist das Thema für den Künstler von Bedeutung, aber sein wahres Interesse ist nicht ganz so offensichtlich. Bei einem Schachspiel mit Max Band erzählte er mir, Soutine habe in ganz Paris nach einer geeigneten alten Leinwand gesucht und schließlich nach wochenlanger verzweifelter Jagd ein Ölbild von Katharina der Großen gefunden, auf das er dann seine Vorstellung von einer hängenden geschlachteten Gans malte.

Die Macht des Malers über sein Thema ist unbegrenzt; seine Kontrolle der menschlichen Gestalt und des menschlichen Gesichts despotisch. Er ist nicht gezwungen, etwas zu bewegen wie in unserer Kunst. Er kann den Körper und den Gesichtsausdruck zu seiner völligen Zufriedenheit fixieren und auf jeder Leinwand seine Absicht oder seine Größe verwirklichen. Er drückt der Leinwand seine Handschrift mit dem Pinsel oder dem Spachtel auf, und sie wird zu einer Qualität, die seine Arbeit auszeichnet. Niemand fordert, daß der ungestüme Hogarth im Sinne des febrilen El Greco beurteilt wird, oder daß Siqueiros, Dubuffet, Miró, Klee und Burri dieselbe Technik benutzen. Rubens malte seine Aktmodelle so lange, bis er sie umarmen wollte; niemand hat Renoir zur Rede gestellt, weil er Körper malte, bis sie, wie er sagte, so verführerisch waren, daß er hineinbeißen wollte.

Ein auffälliger Unterschied zwischen dem Bild eines Malers und der Leinwand des Regisseurs ist die Länge der Zeit, in der das Bild sichtbar bleibt. Ein Stilleben von Cézanne kann in aller Muße betrachtet werden (in diesem Zusammenhang möchte ich erwähnen, daß Jerome Kern in meinem Haus stundenlang wie hypnotisiert vor einem Bild von Otto

342

Mueller saß und für alles andere keinen Blick mehr hatte); der Film ist die Folge beweglicher Bilder; jedes Bild ersetzt das letzte; durch die Summe kann die Wirkung so stark sein wie die eines Gemäldes – natürlich nur dann, wenn die sich verändernden Werte so kontrolliert sind, daß sie ein homogenes Ganzes bilden.

Der Künstler lobt oder verherrlicht; er erfindet, wenn er nichts findet, protestiert oder zerstört, was ihm im Weg ist; aber nie tut er etwas ohne sichtbare Überlegenheit über sein Thema. Sein Werk spiegelt seine Meinung wider – nur seine. Das ist zwar im Bereich der Künste allgemein anerkannt, erregt aber einen Sturm der Empörung in der Welt des Films. Paul Rotha bringt diese wunderliche Auffassung sehr anschaulich zum Ausdruck, wenn er in seinem monumentalen Filmbuch *The Film Till Now* über mich sagt: »Er wird vielleicht eines Tages einen wirklich interessanten Film machen, das heißt, wenn er vergißt, daß es sein Film ist.« Offenbar ist man der Meinung, daß der Film im Gegensatz zu allen anderen Kunstformen ein kollektives Unternehmen sei, eine gemeinsame Arbeit, die unzählige Meinungen in sich vereint und nicht nur eine. Selbstverständlich kann man diesen Maßstab nicht anlegen; es sei denn, man betrachtet den Film als eine mechanische Apparatur, und in den meisten Fällen trifft das auch zu.

Der Grund dafür ist – bis auf wenige Ausnahmen – der Regisseur; er ist die treibende Kraft des Films, aber kein Meister der Photographie, und sie ist das wichtigste Element bei der Übertragung seiner Vorstellung auf die Leinwand. Der Regisseur ist der Kamera auf Gnade und Ungnade ausgeliefert, denn sie schreibt ihre eigene Sprache und nimmt alles auf, was man ihr anbietet. Wenn der Regisseur nicht die Kontrolle über das beherrschende Instrument seiner Kunst hat, gibt er seine wichtigste Funktion auf. Nur wenige stimmen mir in diesem Punkt zu. »Wenn ein Regisseur stirbt – wird er ein Kameramann.« So sieht es der große John Grieson.

Meister der Photographie bedeutet Meister des Lichts. Wir sehen nach den Kriterien des Lichts; und unsere Arbeit wird nach den Kriterien des Lichts reproduziert und auf die Leinwand projiziert. Selbst der unbedarfteste Photograph ist sich des Lichts bewußt, obwohl er unter Umständen nicht weiß, wie er es anwenden soll. Vor einigen hundert Jahren, so erzählt ein altes deutsches Märchen, bauten die Schildbürger ein Rathaus und vergaßen die Fenster. Sie suchten einen Ausweg, bildeten eine Eimerkette, um das dunkle Gebäude mit Licht zu füllen, und als das nichts half, füllten sie Säcke mit Sonnenstrahlen. Sie zerschnitten die Strahlen mit Scheren und banden die Säcke zu. Dann trugen sie das kostbare Licht in das Rathaus und leerten sie dort aus. Diese Methode unterscheidet sich nicht sehr von den Bühnenbildern in unseren Studios, in denen keine vernünftige Lösung für das Lichtproblem vorgesehen ist, wenn sich nicht der Regisseur darum kümmert. Er kann es sich nicht wie die Schildbürger leisten, etwas zu vergessen.

Der Einfallswinkel des Lichts erklärt den Unterschied zwischen den Polargebieten und dem Äquator; Helsinki und Nairobi unterscheiden sich, weil die Schatten der Menschen auf den Straßen nicht dieselbe Länge haben. Das Licht in London und das Licht in Paris ist sehr unterschiedlich; die Wirkung des Himmels macht sich in jedem Raum bemerkbar. Jedes Wetter beeinflußt das Licht; Regen und Schnee streuen und brechen das Licht. Licht kommt nur dann zur Wirkung, wenn es auf einen Gegenstand trifft. Aber die Luft ist erfüllt von festen Teilchen; man sieht das, wenn sie sich zu Nebel ballt, und man kann erreichen, daß sie funkelt und schimmert.

Der Regisseur schreibt mit der Kamera, ob er das will oder nicht, ob die anderen es ihm erlauben oder nicht. Er beeinflußt und kontrolliert die Kamera so, als trage er sie in der Tasche, nehme sie abends mit nach Hause und lege sie neben die Uhr auf den Nachttisch. Regisseur und Kameramann müssen ein und derselbe sein; die Kamera ist eines seiner Werkzeuge – vielleicht das wichtigste. In *Tausendundeine Nacht* gewinnt der Bewerber eine Prinzessin zur Frau, wenn er ein bestimmtes geheimnisvolles Objekt identifizieren kann. Gelingt ihm das nicht, wird sein Kopf den vielen Köpfen der anderen auf der Mauer hinzugefügt, die nicht richtig geraten haben. Scheherazade erzählt, der Sieger warf einen kurzen Blick auf das Ding, wich voll Entsetzen zurück und rief: »Das ist die Haut einer Laus, die in Öl aufgedunsen ist!« Der fertige Film gleicht sehr diesem geheimnisvollen Ding. Und es könnte sich lohnen, seine aufgedunsene Haut genau zu betrachten, ehe man ein Urteil darüber fällt, weshalb sie so verwirrend zu sein scheint. Als Regieassistent habe ich auch einmal für Mr. Goldwyn gearbeitet. Eines schönen Tages sah er sich einen Film an, den er in Auftrag gegeben hatte. Das betretene Schweigen, das der Vorführung folgte, durchbrach seine schneidende Stimme: »Wer hat bei diesem Film

Regie geführt?« Windom stand auf. »Wer hat das Drehbuch geschrieben?«
Der Betreffende stand auf. »Wer war der Kameramann?« Ein dritter stand
auf. »Wer war der Assistent?« Ich stand auf. »Wer hat diesen Schwachsinn
geschnitten?« Ich deutete auf meine Brust. »Wer hat die Schauspieler besetzt?« Noch jemand stand auf. »Sie sind alle entlassen«, erklärte Mr.
Goldwyn angewidert und verließ den Raum. Wäre er so klug gewesen, wie
er zu sein glaubte, hätte er noch ein paar andere Männer entlassen – unter
anderem auch sich. Für diese Art von Fehldiagnose gibt es auch den um-
gekehrten Fall. Denn wenn ein Film ein Erfolg ist, möchte das konkurrierende Filmstudio am liebsten auch die Putzfrau einstellen, die nach jeder
Szene den Boden gefegt hat, um hinter das Erfolgsgeheimnis zu kommen.
Aber sollte man mich fragen, so würde ich sagen, eine gründliche Analyse
ergibt, das Insekt in dieser Haut kann nur der Regisseur sein. Gleichgültig, wie lange die Haut im Öl liegen muß, um so monströs zu werden, so
hat doch nur der Regisseur in dieser Haut gesteckt.

Es gibt ein paar Filmregisseure, zu denen ich gehöre, die ihren Film
selbst drehen können und es auch tun. Ich habe es oft vorgezogen, ohne einen zusätzlichen Vermittler meiner Ideen zu arbeiten. Und wenn ich es
nicht tat, dann suchte ich mir immer den besten, den es gab. Er setzte die
Scheinwerfer und die Kamera nach meinen präzisen Angaben ein und rea-
lisierte meine Vorstellungen – auch wenn er später von der Academy für
das geehrt wurde, was im Vorspann als eine gesonderte Funktion aufgeführt ist. Sind die Funktionen getrennt – und man hält das für normal –,
verschwenden Regisseur und Kameramann Zeit und Energie, um ihre
Ideen zu synchronisieren; wenn man die Abstimmung für überflüssig hält,
ist die Verschwendung noch größer. Der Regisseur sitzt dann in seinem
Stuhl und wartet, bis der Kameramann seine Arbeit getan hat; das ist erst
der Fall, wenn alles für jede mögliche Bewegung der Schauspieler ausge-
leuchtet ist; aber diese Bewegungen bestimmt nicht der Kameramann.

Sich selbst überlassen, ist die Kamera ein schneidendes, sezierendes und
häufig destruktives Instrument. Und die Männer hinter der Kamera haben
oft viel Zeit und Mühe darauf verwendet, das kleine Glasauge zu besänfti-
gen, durch das unsere Arbeit aufgenommen wird. Das Glasauge dramati-
siert immer, was es sieht, verkürzt und verzerrt, macht eine Menschenmenge zu einer Linie und hat sein eigenes Rezept für Schönheit. Und an dieser
Stelle ist man wieder mit einer immateriellen Zutat konfrontiert, die sich

der genauen Definition entzieht, denn das Wort »Schönheit« umschreibt die verschwommenste aller Zutaten.

Für ihre Schönheit haben Frauen sich die Gesichter tätowiert, Elfenbein durch die Lippen gesteckt, die Füße verkrüppelt, die Nase mit Ringen durchbohrt und ihre Körper mit Narben versehen. Die Wirkung der Schönheit ist in der Wahrnehmung begründet, nicht im Objekt. Die Macht der Schönheit liegt im Betrachter und sonst nirgends. Sie findet an merkwürdigen Stellen Resonanz, und sie wird durch Geographie und Bildung konditioniert. Vergrößerte Bakterien können unter dem Mikroskop schön sein. Der Briefmarkensammler findet ein kleines perforiertes und bedrucktes Stück Papier schön, das für Millionen andere bedeutungslos ist. Für einen Chinesen kann ein Reisfeld der Inbegriff der Schönheit sein, ein anderer findet sie am Ufer eines Sees, in dem keine Fische schwimmen, mit einer Angel, die keinen Haken hat. »Kein Auge ist jungfräulich [...]. In der Kunst wie in der Liebe haben die Menschen selten etwas dagegen einzuwenden, getäuscht zu werden.«* Schönheit kann zwar geschaffen werden, aber man kann sie nicht auf die Probe stellen oder einem Schiedsspruch unterwerfen; sie existiert nur in ihrer Wirkung auf die Sinne. Eisenstein erzählte mir, in Sowjetrußland habe man versuchsweise auch die Kunst abgeschafft, weil sie keinen Nutzen hatte. Natürlich läßt sich diese Theorie nicht so einfach in die Praxis umsetzen, denn die offensichtliche Nutzlosigkeit ist ihre größte Tugend. Es gab in Rußland wohl einen guten Grund für die Abschaffung der Kunst, denn Kunst stimuliert das Denken, verlangt Phantasie und schafft Unzufriedenheit mit dem, was man hat. René Fülöp-Miller** erzählte mir, Lenin habe keine Musik hören können. Als ich das bezweifelte, gab er mir das folgende Zitat.

Lenin zu Gorki: »Ich kenne nichts Besseres als die *Appassionata*, ich könnte sie jeden Tag hören. Eine erstaunliche, nicht mehr menschliche Musik. Ich denke immer voll Stolz, der vielleicht naiv ist: Was für Wunder können Menschen vollbringen!«

Und mit zusammengekniffenen Augen und einem kurzen Lachen fügte er nicht besonders fröhlich hinzu: »Doch kann ich die Musik nicht oft hören, sie greift die Nerven an, man möchte liebevolle Dummheiten sagen

---

* Seymour Slive, *Daedalus*, Sommer, 1962
** (1891–1963), in Rumänien geborener amerikan. Kultur- und Literaturhistoriker. Anm. d. Red.

und den Menschen die Köpfe streicheln, die in einer widerwärtigen Hölle leben und so etwas Schönes schaffen können. Aber heutzutage darf man niemandem den Kopf streicheln – die Hand wird einem abgebissen, man muß auf die Köpfe einschlagen, mitleidlos einschlagen, obwohl wir unserem Ideal nach gegen jede Gewaltanwendung gegenüber den Menschen sind. Hm, hm, ein teuflisch schweres Amt!«* Es ist offenbar leichter, zu töten als zu erschaffen. Zu nichts anderem braucht man so wenig Talent. Es hat immer eine Opposition gegen Kunst gegeben, auch wenn sie sich meist als Gleichgültigkeit äußert. Und nirgends kommt diese Gleichgültigkeit deutlicher zum Ausdruck als in der Filmkunst.

Der Film hat zwei Instrumente, um damit Kunst zu machen. Das eine ist die Kamera, das andere das Mikrophon. Beide sind äußerst schwierig einzusetzen. Jedes Instrument ist potentiell dem Menschen überlegen, der es bedient. Hin und wieder verschaffen uns Meister das Gefühl, die Vollendung der Macht sei erreicht. Die stumme Violine in der Hand, bevor sie an die Schulter gelegt wird, ist verheißungsvoller als alles, was sie an Tönen hervorbringt. Und weder die Kamera noch das Mikrophon haben bislang auch nur einen Bruchteil ihres Potentials offenbart. Auf unseren Bühnen werden diese beiden Instrumente mit Ehrerbietung betrachtet – ganz im Gegensatz zur Mißachtung der Menschen, die diese komplizierten Mechanismen bedienen. Sollte mit der Technik etwas nicht in Ordnung sein, warten alle geduldig und still wie in einer Kirche, bis der Fehler behoben ist. Ganz anders sieht es aus, wenn einem Menschen ein Fehler unterläuft. Der Mensch wird weniger geachtet als jede Maschine und so behandelt, als könne er nie Fehler machen.

Als das Mikrophon dem Instrumentarium unserer Kunst hinzugefügt wurde, war die Tyrannei der Kamera vorbei. Jolson sang, und die Garbo sprach. Die Zuschauer kamen ins Kino, um sie zu hören. Abgesehen von einigen wenigen achtete niemand mehr auf den wichtigen schwarzen Kasten mit dem Glasauge. Man hüllte ihn in eine Decke, um die lästigen Geräusche im Innern des Kastens zu dämpfen. Die Kamera war zum Feind geworden, denn das Mikrophon hörte ihr Geräusch. Alle atmeten auf, als man die Kamera in eine Art Hundehütte verbannt hatte. Von dort konnte

---

* Lenin und Gorki: »Eine Freundschaft in Dokumenten«, Aufbau-Verlag, Berlin und Weimar, 1974, S. 71.
  Anm. d. Red.

sie nur durch dicke Glasscheiben auf die Szene blicken. Man atmete auf, aber nicht zu laut. Räuspern, Husten, Niesen blieben nicht ohne Folgen. Ein Flugzeug in der Ferne terrorisierte die Dreharbeiten wie ein Luftangriff.

Alle Augen hingen jetzt am Mikrophon. Zuerst hielt jemand es in gebührendem Abstand in der Hand. Dann versteckte man es hinter eine Blumenvase und schließlich hing es wie ein Damoklesschwert an einer langen Stange über den Köpfen. Von heute auf morgen gehörten Regisseure und Kameramänner der Vergangenheit an. Der Toningenieur beherrschte jetzt die Szene. Seine Augen richteten sich nur auf eine Anzeige mit dem Fluß der Dezibels. Sein Kopfhörer machte ihn zum Meister, und mit einem Nicken gab er seinen Segen; auf sein Kopfschütteln hin wurde die Kamera angehalten. Keine zwei Stimmen gleichen sich in der Aussprache oder der Intelligenz. Aber darauf kam es nicht an, wenn man sie nur klar und deutlich hören konnte. In dieser ersten Phase der Addition von Ton zum Bild wurde der Kamera ihre Beweglichkeit genommen, und deshalb war sie vorübergehend nur ein reproduktives Instrument, wie es das Mikrophon bis zum heutigen Tag ist. Reproduzieren ist nicht Kreieren. Unabhängig von ihren Vorzügen widerspricht eine getreue Wiedergabe jedem künstlerischen Ansatz.

Die Stimme gibt oft einen Hinweis auf die Art eines Menschen, aber sie stimmt selten mit seinem Äußeren überein. Das Aussehen eines Menschen wird vom Licht bestimmt, vom Objektiv und dem Standpunkt der Kamera. Die Stimme dagegen erreicht ihre Wirkung, ohne derartiger Manipulation unterworfen zu sein. Im allgemeinen ist denen, die Kamera und Mikrophon benutzen, die natürliche Tendenz des Mikrophons nicht bewußt, im Widerspruch zur Kamera zu stehen. Als die Kamera allmählich wieder beweglich wurde, konnte man sie wie früher mit Geschick benutzen; das Mikrophon aber behielt den primitiven reproduktiven Status.*

Das Problem des Mikrophons hat natürlich die Aufmerksamkeit fähiger Filmemacher auf sich gelenkt. Das ungestüme Donnern eines Zugs wurde in Musik verwandelt; und in vielen Experimenten mit Toneffekten ist es oft gelungen, eine unerträgliche Stimme zu verschleiern. Im Grunde war es beinahe von Anfang an möglich, den Tonaufnahme-Mechanismus syn-

* »Der Ton wirft keine Schatten.« Ich fand diesen Satz bereits 1930 in Bela Balazs Buch *Der Geist des Films.*

chron mit der Wahrnehmung einzusetzen. Die gebräuchliche Methode des zur Zeit angewandten Systems, die Tonspuren zu mischen, wenn ein Film fertig ist, ermöglicht – wie kompliziert das auch immer sein mag – außergewöhnliche akustische Wirkungen. Ich habe das nie außer acht gelassen und in der letzten Phase der Filmherstellung die Tonmischung selbst gemacht. Ein Dutzend einzelner Tonspuren kann auf diese Weise zu einer Tonspur werden; man reduziert und verstärkt dabei nach Wunsch. Soweit es um das Problem der menschlichen Stimme geht, muß es auf der Bühne gelöst werden; durch Hinzufügung eines Kommentars können jedoch viele der Übertreibungen aus dem Mund eines Schauspielers entfernt werden.

So wichtig und wirkungsvoll der Ton auch ist, er wird für das Bild immer nur eine ergänzende Rolle spielen. Auch ohne den Zusatz der menschlichen Stimme ist das Bild stark genug, Schwachsinn zu entlarven. Man muß darauf hinweisen, daß der größte Schaden, den das Mikrophon ausgelöst hat, in der Beeinträchtigung der Wirkung einer ehemals internationalen Sprache liegt.

Die Handhabung des Tons in Filmen bedarf noch weiterer Experimente, das heißt wenn sie nicht schon durchgeführt wurden. Man darf dem Dialog nicht die Last von Handlung und Bewegung anvertrauen; auf diese Weise verarmt alles, was eine Handvoll Regisseure, dank deren Bemühungen der Film als eindrucksvolle Kunstform gilt, bisher erreicht hat. Im Gegensatz zur Photographie ist wenig Erfahrung erforderlich, um den Ton zu manipulieren; ein neues Konzept für den Einsatz des Tons müßte entwickelt werden, damit er den Sprachfluß stummer Bilder nicht behindert. Der Stummfilm hatte die beneidenswerte Macht erlangt, seine Inhalte Menschen aller Rassen und Nationen zu vermitteln – auch denen, die nicht schreiben und lesen können.

Es gibt keine Abkürzung auf dem Weg zu photographischem Können; die Meisterschaft erfordert nicht nur Theorie, sondern auch intensive Praxis. Objektiv, Licht, Filmmaterial, Komposition, Aufnahmewinkel und die Art der Bewegung stellen dem Unvorsichtigen tausendundeine Falle. Der fähigste Maler, der seine Leinwand genau kennt, ist hilflos, wenn er die sich ständig verändernde, bewegliche Leinwand des Films unter Kontrolle bringen will.

In Japan zeigte mir der talentierte Foujita einen Film, den er gedreht hatte. Es war das Werk eines Anfängers. Auch der erfahrenste Photograph, der viele Stunden arbeitet, um einen einzigen Ausdruck auf den Film zu bannen, ist ohne gründliche Ausbildung in unserem Beruf nicht als Kameramann geeignet. Die Photographie hat gegenüber dem Film einen sehr großen Vorteil, den sie eines Tages allerdings verlieren wird: Die Aufnahme des Photographen kann bei der Entwicklung, den Positivabzügen und durch die Vergrößerung beeinflußt werden. Es ist nur eine Frage der Zeit, bis diese Art Manipulation auch in unsere Arbeit integriert sein wird. (In Experimenten ist das bereits geschehen.)

Der Film hat den Menschen in den Blickpunkt gerückt und hat nicht ganz unberechtigt behauptet, ein Medium für alles Wertvolle zu sein. Man hat die Kamera benutzt, um die menschliche Gestalt zu erforschen, und man hat sich auf das Gesicht als das Kostbarste konzentriert. Wenn es nicht entstellt wird, ist das Gesicht eine inspirierende Maske. Unsere Herkunft und unsere Geschichte haben Spuren von einer solchen unendlichen Vielfalt in unseren Gesichtern hinterlassen, daß nicht zwei Gesichter sich gleichen, so wie sich jeder Fingerabdruck von allen anderen unterscheidet.

Der Photograph kann die Verantwortung für seine Version des Gesichts übernehmen – und so gesehen für alles Menschliche. Und wenn es ihm nicht gelingt, die natürliche Würde zum Ausdruck zu bringen, dann sollte er zumindest das Oberflächliche und Dumme verschleiern. Es ist natürlich durchaus möglich, daß nichts Menschliches dumm oder oberflächlich ist, sondern nur so wirkt, weil es noch nicht den Winkel auf der Erde gefunden hat, in dem es sich wohl fühlt. Baal Shem Tov*, ein Gelehrter des achtzehnten Jahrhunderts, hat gesagt, alle Dinge, auch die niedrigsten Handlungen, besitzen Würde.

Das menschliche Gesicht, das auf der Leinwand ungeheuer vergrößert wird, sollte wie eine Landschaft behandelt werden. Man sollte es betrachten, als seien die Augen Seen, die Nase ein Hügel, die Wangen breite Wiesen, der Mund ein Blumenbeet, die Stirn der Himmel und die Haare Wolken. Wie bei einer richtigen Landschaft müssen sich die Wertigkeiten durch Licht und Schatten verschieben; man kontrolliert diesen Vorgang mit Gaze- und abgestuften Filtern und durch die bewußte Anordnung all dessen, was das Gesicht umgibt. So wie ich Bäume mit Aluminium besprühe, um das absorbierende Grün lebendig zu machen, so wie der Himmel

---

* Baal Shem Tov (1699–1760), in der Ukraine lehrender Mystiker und Begründer des Chassidismus. Anm. d. Red.

gefiltert wird, um die Helligkeit zu dämpfen, so wie die Kamera auf ein Spiegelbild in einem See gerichtet wird, so muß auch das Gesicht und alles, was es umrahmt, objektiv betrachtet werden, als sei es eine unbelebte Oberfläche. Die Haut sollte das Licht reflektieren und nicht aufsaugen. Man muß das Licht für Zärtlichkeiten nutzen; es darf nicht verflachen und wieder auslöschen, was es an Faszination hervorbringt.

Sollte es nicht möglich sein, die Qualität des Gesichts auf andere Weise zu verbessern, dann müssen tiefe Schatten um die Augen ihm Intelligenz verleihen; und ist auch das nicht genug, dann hüllt man es in gnädige Dunkelheit und setzt es als aktiven Bestandteil des photographischen Ganzen ein. Ehe das Licht auf ein Gesicht fallen darf, beleuchte ich den Hintergrund, damit der Ausschnitt mit Lichtwerten gefüllt ist, denn die photographische Wirkung entsteht durch alles, was im Ausschnitt zu sehen ist. Das Prinzip, alle Werte in ein Wertsystem einzuordnen, gilt auch für den menschlichen Körper. Seine Bewegung im Raum soll eine dramatische Begegnung mit dem Licht sein. Aber sei es nun ein Gesicht, ein Körper, ein Brief, ein Luftballon, eine Straße, das Problem ist immer dasselbe: Es muß dafür gesorgt werden, daß leblose Oberflächen auf das Licht reagieren; stark glänzende und strahlende Flächen müssen soweit gedämpft werden, daß sie sich einordnen; Schatten sollen sich nicht verdoppeln und die Anordnung muß sich auf das Wesentliche konzentrieren.

Wenn man in Schwarzweiß arbeitet, sollten Farben möglichst vermieden werden, denn das Objektiv registriert nicht die Empfindlichkeit der Farbe auf Licht. Ich achte darauf, daß meine Bühnenbilder und Kostüme farblos sind, damit keine Zeit damit verschwendet wird, ihren photographischen Wert zu ermitteln. Der überragende Vorteil der Schwarzweiß-Photographie liegt darin, daß alle Farben automatisch in eine einheitliche Skala eingereiht werden.

Die Farbphotographie hat höchstens als Neuheit einen gewissen Wert, aber auch dann nur, wenn der Künstler keine unrealistischen und unnatürlichen Farben benutzt. Farbfilme sind zur Zeit nicht viel besser als bunte Ansichtskarten, die der Tourist an jeder Straßenecke sieht. Ich weiß nicht, wieviel Zeit ein Henri Matisse benötigte, um die Farben zu bestimmen, die er für ein Gemälde benutzt hat. Aber bei ihm muß dieser Vorgang erheblich länger gedauert haben als bei denen, die entschlossen sind, das Auge zu vergewaltigen, und eimerweise Farbe in die Filme schütten. Natürlich haben die meisten Filme auch ohne Farbe einen höchst zweifelhaften Wert.

Ein weißer Lichtstrahl, richtig eingesetzt, kann sehr viel wirkungsvoller sein als alle wahllos benutzten Farben auf dieser Welt. Das wahrhaft große Spektrum von Schwarz und Weiß mit seinen zahllosen Nuancen vermag jedes gewünschte visuelle Drama entstehen zu lassen. Die größte Kunst der Filmphotographie liegt allerdings darin, den toten Raum zwischen Objektiv und Gegenstand mit Leben zu erfüllen. Rauch, Regen, Nebel, Staub und Dampf können diese Leere emotionalisieren. Das kann auch die Bewegung der Filmkamera, indem sie vorrückt, sich zurückzieht, sich mit dem oder gegen das Geschehen dreht, das sie filmt. Sie kann eine fließende Komposition aus allen sich ändernden Bildern entstehen lassen und jede Bewegung zu einem Teil des Ganzen machen. Hätte ich die Aufgabe, andere im Gebrauch der Filmkamera zu unterrichten, dann würde ich als erstes den Film entweder umgedreht vorführen oder ihn so oft zeigen, bis Schauspieler und Handlung vergessen sind und das Interesse sich nur noch auf die Werte richtet, die die Kamera hervorgebracht hat. Die Kamera sammelt alle Stärken und Schwächen, aber sie ist nicht für alle verantwortlich.

Man muß sich mit der unglaublichen Geschwindigkeit beschäftigen, mit der das Auge visuelle Informationen aufnimmt. Zeitlupe kann das Interesse wecken und deshalb schnell wirken, und schnelle Bewegungen können ausgesprochen langweilig sein. In den Händen eines Meisters kennt die Kamera keine Grenzen, wenn es darum geht, ihre Kraft und Macht unter Beweis zu stellen. Die Grenzen, wenn es welche gibt, sind die Grenzen des menschlichen Auges.

Ihr größter und einzigartiger Trumpf ist die Bewegung – nicht nur die immer sichtbare Bewegung, sondern auch die Bewegung, die sich auf den Puls des Zuschauers überträgt. Um die Gesetze der Bewegung zu meistern, muß man das Gespür eines Dichters für Rhythmus und Pausen haben. Es gibt Dinge, die man nicht lernen kann, aber man kann sie studieren. Dazu gehören die Gesetze der Kunst – und ihre Gesetzlosigkeit.

Ich zitiere noch einmal Goethe: »Das schönste Glück des denkenden Menschen ist, das Erforschliche erforscht zu haben und das Unerforschliche ruhig zu verehren.«

Dreizehntes Kapitel

Philosophie braucht weder den Schutz, die Aufmerksamkeit
noch die Sympathie der Massen. Sie behält ihren Charakter
völliger Zweckfreiheit und befreit sich dadurch von aller
Dienstbarkeit gegenüber dem durchschnittlichen Menschen.
Sie sieht sich wesensmäßig problematisch und akzeptiert froh
wie ein Vogel in der Luft ihre freie Bestimmung, ohne jemanden aufzufordern, sie zu bedenken, ohne sich zu empfehlen
oder zu verteidigen. Wenn sie sich für jemanden als Vorteil
herausstellt, dann freut sie das aus rein menschlichem Mitgefühl; aber sie lebt nicht vom Gewinn, den sie anderen verschafft – sie erwartet ihn weder noch hofft sie darauf.

José Ortega y Gasset

1962 lud mich eine »Kunstgruppe« ein, einen Einführungsvortrag über
den *Blauen Engel* zu halten – zweiunddreißig Jahre nach seiner Entstehung. Als ich den Zuschauersaal betrat, überreichte man mir einen ver-
vielfältigten Text, den man den zahlreichen Zuschauern gegeben hatte,
um sie über den Inhalt des Films zu informieren. In dem Programm wurde auch der Autor einer bekannten Universitätszeitschrift zitiert, der erklärte, der Film sei »ein geschmackloses magnum opus und für niemanden
von Interesse, den man in der Diktion des 18. Jahrhunderts als einen
Menschen von gesundem Wesen bezeichnen würde.« Nach vielen unver-
schämten Äußerungen über meine Schauspieler wie etwa: »Mit ihrem*
kaum vorhandenen dramatischen Talent und dem Fehlen jeglicher Wand-
lungsfähigkeit hat das Publikum sie in eine voyeuristische Nische außerhalb aller Qualifikationen gestellt, die eine kritische Intelligenz besitzt.
Ihre Karriere verdankte sie ausschließlich ihrer suggestiven Fähigkeit, Obszönitäten zu verherrlichen« –, beschäftigte sich der Text mit dem Regisseur: »[...] als Josef oder Johann Stern geboren, machte er nach diesem
Film zunehmend nichtssagendere und kitschigere Filme.« In Anbetracht
der Tatsache, daß man mich eingeladen hatte, vor dieser »Kunstgruppe«
zu sprechen, und daß sie außerdem meinen Namen als einen der Sponso-

* Marlene Dietrichs

ren auf dem Briefkopf führte, ist dieser »Programmtext« nicht uninteressant.*

Obszönitäten verherrlichen! Vielleicht könnte man einen Grund für dieses überhebliche Resümee darin sehen, daß mein Film in Pasadena, Kalifornien, gezeigt wurde. Aber im Programmheft war vermerkt, daß der Kritiker in Stockholm lebte. Ich habe diesen Film in Bogotá auf einem weißen Leinentuch unter einem Kruzifix vorgeführt; die Zuschauer waren Nonnen und Priester einer katholischen Universität. Dieses Publikum war der Ansicht, *Der Blaue Engel* sei eine Lektion in Moral. Möglicherweise spielt die Geographie eine Rolle bei der Einordnung kultureller Werte.

Vor einiger Zeit war ich ein unbeteiligter Dritter bei einer klassischen Diskussion über Kunst zwischen einem Musiker und einem angesehenen Dermatologen. Der Arzt redete sich in Begeisterung und berichtete von erregenden Erfahrungen, die er Kunstwerken verdanke. Er sprach wortgewaltig über Rembrandt und geriet ins Schwärmen, als er berichtete, wie sehr ihn der Anblick eines seiner Gemälde berührt hatte: »Ein Stück gespannter Leinwand und Schlamm als Farbe«, verschwommen, anatomisch falsch, aber mit der Macht, dem Betrachter Schönheit zu vermitteln. Das Gesicht des Begeisterten leuchtete bei diesem Lobgesang, aber er wurde noch entschiedener, als er zum Angriff auf die neuere Malerei überging, der er nichts abgewinnen konnte. Er forderte, Kunst müsse die Gefühle ansprechen und den Betrachter nicht zwingen, seine Zeit mit dem Nachdenken darüber zu verschwenden. Ich wartete, bis sein rhetorischer Redefluß verebbte und erlaubte mir die Bemerkung, Kunst sei keine Hautkrankheit und nicht unbedingt leicht zu diagnostizieren. Er hielt diesen Einwurf für absurd, wurde in seinem Angriff auf alles, was sich dem unmittelbaren Verständnis entzog, noch heftiger und ließ sich zum nächsten Lobgesang hinreißen, diesmal auf die *Sixtinische Madonna*. Schließlich legte er seine Karten auf den Tisch und erklärte, sogar der Unwissende könne sich dieser Schönheit nicht entziehen.

Das konnte der Musiker nicht unwidersprochen hinnehmen. Empört rief er, er lehne es ab, Musik nach solchen Kriterien zu beurteilen. Er mißtraue einem Kunstverständnis, das um Bilder kreise, die in Reiseführern mit einem Stern »unbedingt ansehen« versehen sind. Rembrandt, so fuhr

---

* Der Text stammte von Vernon Young, einem Autor von *Film Quaterly* und *Hudson Review*

er fort, sei zu Lebzeiten verhöhnt worden. Die Männer, die er mit der *Nachtwache* unsterblich gemacht habe, seien über seine Art der Darstellung höchst ungehalten gewesen, und Rembrandt sei ohne Anerkennung als Bettler gestorben. Als die beiden immer heftiger aufeinander einredeten – der Musiker wies nachdrücklich darauf hin, daß van Gogh zu seinen Lebzeiten kein einziges Bild verkauft hatte, worauf der Arzt lauthals konterte, Raffael und Tizian hätten zu ihrer Zeit keine derartigen Schwierigkeiten gehabt –, ging ich an die frische Luft.

Die Kunstauffassung des Arztes weist einige Irrtümer auf – von denen der kleinste der ist, daß nur anerkannte Kunst Kunst sei. Das hatte ihm der Musiker auch vorgeworfen. Wer nur das als große Kunst verehrt, was berühmt geworden ist und nicht mehr angezweifelt werden kann, darf eigentlich nur mit einem Kind über Kunst diskutieren. Der Arzt behauptete, es sei Aufgabe der Kunst, auch die Unwissenden anzusprechen; wenn das nicht der Fall sei, dann handle es sich nicht um Kunst. Diesen Anspruch kann man an einen Zirkus erheben oder an Leberwurst, nicht aber an etwas so Vielschichtiges wie Kunst. Schließlich würde der Arzt, ein hervorragender Spezialist in seinem Fach, jede Aussage über die menschliche Haut zurückweisen, wenn der Betreffende nicht wie er ein gründliches Spezialstudium vorweisen könnte. Der größte Irrtum ist jedoch die Annahme, es sei das unveränderliche Ziel der Kunst, Schönheit zu vermitteln, oder Schönheit sei ein allen gemeinsames und vertrautes Konzept. Schönheit und Mode sind oft dasselbe. Man muß sich nicht extra das Gehirn zermartern, um etwas zu finden, das für den einen schön ist und den anderen abstößt. Um mit Emerson zu sprechen: »Alle Gedanken einer Schildkröte sind Schildkröten und eines Kaninchens Kaninchen.«

Die Kunst ist ein weites Feld – ebenso weit wie das Reich der Gedanken und Gefühle; und dazu gehört notwendigerweise nicht nur das Edle und Erhebende. Kunst umschließt wie die Haut, auf die sich unser Arzt spezialisiert hat, eine Vielzahl von Sünden. Sie ist nicht immer kreativ und dient jenen, die sich vor Verantwortung drücken, oft nur als Vorwand für ihre Trägheit. Bestenfalls ist sie ein Vermächtnis der kulturellen Leistungen von Menschen, auch wenn alle anderen Zeichen einer Kultur verschwunden sind; schlimmstenfalls ist sie wertlose Stimulanz für falsche Exstase. Man kann sie dazu benutzen, alle Werte zu verfälschen, oder sie kann dazu dienen, die Menschen daran zu erinnern, daß sie keine Wilden mehr sind.

Kunst ist nicht Wissenschaft; und niemand kann beweisen, daß sie richtig oder absolut ist. Sie ist ganz sicher nicht auf irgendein Thema beschränkt, und kein Maßstab, keine Waage und kein Reagenzglas kann bei ihrer Analyse helfen.

In einem berühmten Buch über die Kunst versucht Tolstoi, sie als Mittel zur emotionalen Vereinigung zu definieren, die »gut« oder »böse« sein kann. Er schließt damit, daß er »religiöse Kunst« als die höchste Kunstform bezeichnet. Aber dieser Standpunkt ist veraltet. Kunst hat keine Mission, und man sollte sie nicht mit etwas verwechseln, das sich an die flüchtigen Gefühle wendet. Das Werk eines Künstlers vermittelt den Wert seiner Gedanken, nicht den Wert seiner Gefühle – obwohl die Gefühle nicht stören, wenn sie unter Kontrolle sind.

Wir wollen den Maler vor seiner Staffelei lassen, den Bildhauer in seinem Atelier, den Komponisten an seinem Klavier und den Schriftsteller an seinem Schreibtisch, um uns an einen merkwürdigen Arbeitsplatz zu begeben, den sich ein anderer aus der Bruderschaft der Künstler gewählt hat.

Es handelt sich nicht um eine stille Dachstube, die man nach einem leisen Klopfen an der Tür betritt. Hier sitzt keine einsame Gestalt gebückt über ihrem Werk. Nein, wir stehen in einem vollgestopften Raum, der sich ständig verändert und wo Lärm und Durcheinander herrschen. Überall begegnet man geschäftigen Menschen, und nur wenn man ihn gezeigt bekommt, wird man den Mann sehen, der das Chaos im Griff behalten muß. Ein Dschungel von Geräten, Vorrichtungen, komplizierten Instrumenten, schweren Maschinen und Apparaten verstellt die Sicht. Man hat den Eindruck, als werde alles ständig von einer Seite zur anderen geschleppt, von oben nach unten bewegt.

Wir befinden uns jetzt in der Werkstatt, in der Filme entstehen. Einige Augenblicke richten sich starke Scheinwerfer auf das Zentrum der Aufmerksamkeit; ein baumelndes Mikrophon nimmt einen unzusammenhängenden Text auf, und dann löst sich alles wieder in Wohlgefallen auf. Wer dieses Chaos lange genug beobachtet, wird sich fragen, wie es möglich ist, daß aus dem Durcheinander von Apparaten und Menschen etwas Zusammenhängendes entstehen kann. Irgendwo inmitten der Unordnung steht ein Klappstuhl, auf dessen Rückenlehne in großen Buchstaben »Regisseur« steht. Das Wort beschreibt nichts Erkennbares, denn bei allem, was geschieht, gibt es keinen Hinweis darauf, was der Regisseur eigentlich tut.

Man muß nicht betonen, daß diese neue Gestalt in den Künsten nicht die entfernteste Beziehung zu, sagen wir, dem Dirigenten eines Orchesters hat, denn das Drehbuch, in das er vielleicht einen Blick wirft, ist keine Partitur eines Meisters, die oft aufgeführt und erprobt worden ist. Und die Instrumente haben keine Ähnlichkeit mit denen, die man im Konzertsaal sieht; hier sind sie die Körper und das Bewußtsein von Menschen, die man nicht auf eine gemeinsame Tonart einstimmen oder zwingen kann, richtig zu reagieren. Es gibt keinen sichtbaren Taktstock, obwohl Tempo, Pause, Pianissimo und Crescendo ebenso wichtig sind wie in jeder anderen Komposition. Wenn hier mit Ausdauer daran gearbeitet wird, so etwas wie ein homogenes Schema zu erreichen, dann ist das mit Sicherheit nicht erkennbar. Hier wird die Puderquaste geschwungen, und das einzig Auffallende ist ein Nebel menschlichen Widerstands. Man kann einen Menschen mehr oder weniger zu allem zwingen nur nicht dazu, auf ein Stichwort hin zu denken. Im Filmstudio setzt man diese Unmöglichkeit als Routine voraus.

Es scheint mir angebracht, die vergleichweise einfachen Probleme des Dirigenten eines Orchesters zu beschreiben. Ich zitiere deshalb einen Zeitungsartikel von Stefan Zweig, mit dem ich eine Orchesterprobe von Toscanini in Wien besucht habe. Das war im Herbst 1937.

Nur ein Schwung jetzt, und das Element ist entfesselt, rhythmisch folgen die Instrumente seinem klar und männlich gegebenen Takt. Weiter, weiter, weiter, schon fühlt, schon atmet man mit. Da plötzlich – es tut förmlich weh, dieses jähe Aufhören, wie unter einem Hieb schrickt man zusammen – ein hartes, trockenes Klopfen mit dem Stab auf das Pult, die Musiker setzen ab in dem vollkommenen – für uns schon vollkommenen – Spiel. Es wird still, eine Leere steht erschreckt um ihn, und in dieser Stille hört man nun Toscaninis Stimme, ein müdes, ein ärgerliches «Ma no! Ma no!» Wie ein Seufzer der Enttäuschung klingt dieses Nein, dieser schmerzliche Vorwurf. Irgend etwas hat ihn erweckt, enttäuscht in seiner Vision, der lebendige Klang, der von den Instrumenten allvernehmbar hinschwang, war nicht derselbe, den er, Toscanini, mit dem inneren Ohre gewollt. Noch ganz ruhig, sachlich, höflich versucht Toscanini nun seine Auffassung den Musikern verständlich zu machen. Dann hebt er den Taktstock, man beginnt von neuem an der brüchigen Stelle, schon rückt die Ausführung näher an sein erträumtes Klangbild heran, aber noch immer ist die letzte Übereinstimmung nicht erreicht, noch immer deckt sich nicht restlos Rand zu Rand die orchestrale Ausführung mit der inneren Vi-

sion. *Nochmals klopft Toscanini ab, erregter, leidenschaftlicher, ungeduldiger wird schon seine Erklärung; weil er Deutlichkeit will, wird er deutsamer. Allmählich entfalten sich aus ihm alle Kräfte der Überredung, und die gestikulative Begabung des Italieners wird in seinem prachtvoll ausdrucksvollen Körper geradezu zum Genie. Selbst der Unmusikalischste muß aus seinen Gesten jetzt schon fühlen, was er eigentlich will und fordert, wenn er den Rhythmus vortaktiert, wenn er beschwörend die Arme entbreitet oder wieder glühend ans Herz preßt, um die geforderte stärkere Empfindung zu akzentuieren, wenn er, mit dem ganzen Körper plastisch arbeitend, das ideale Tonbild gleichsam visuell herausmodelliert. Leidenschaftlich und immer leidenschaftlicher setzt er alle Überredungskräfte ein, er bittet, beschwört, bettelt, fordert, gestikuliert, er zählt, er singt vor, er verwandelt sich in jedes einzelne Instrument, sobald er es aneifern will, allsichtbar fahren ihm die Bewegungen des Geigenden, des Blasenden, des Paukenden in die Hände, und ein Bildhauer, der menschliche Bitte und Ungeduld, Sehnsucht, Anspannung und inbrünstiges Drängen symbolisch darstellen wollte, fände kein wundervolleres Modell als diese tonbildnerischen Gesten Toscaninis. Wenn aber trotzdem diese Anfeuerungen, trotz diesen nervösen Versichtlichungen das Orchester seine individuelle Vision immer noch nicht begreift und erreicht, wird dies Leiden an dem Nochnichterreichten, an der irdischen Unzulänglichkeit bei Toscanini geradezu zum Schmerz. Er stöhnt auf wie ein Verwundeter in seiner verletzten Feinhörigkeit, er gerät völlig außer sich, weil er so völlig in seiner Arbeit verharrt. Er vergißt alle Hemmungen der Höflichkeit, weil er nur die Hemmungen im Werk spürt, ein Zorn gegen den dumpfen Widerstand der Materie fährt ihm ins unbeherrschte Wort, er schreit, er tobt, er schimpft und beschimpft, und man versteht, warum er nur vertrautesten Freunden den Zugang zu diesen Proben gestattet, wo er sich jedesmal als den Besiegten weiß seiner ungeheuren und unersättlichen Leidenschaft zur Vollkommenheit. Erschütternder und erschütternder wird das Schauspiel dieses Ringens, je gewaltsamer Toscanini die letzte, die äußerste Form, seine geträumte, seine so sphärisch gehörte Form des Werkes den Musikern entreißen will. Sein Körper bebt allmählich vor Erregung wie der eines Ringers während des Kampfes, die Stimme wird heiser von den unablässigen Anfeuerungen, der Schweiß strömt ihm von der Stirn, erschöpft, gealtert erscheint er immer nach diesen unermeßlichen Stunden unermeßlicher Arbeit; aber nicht einen Zoll vor der Vollendung, vor seiner erträumten Vollendung gibt er nach. Mit immer neu anspringender Energie treibt er vorwärts und vorwärts, bis endlich die Masse der Musiker restlos sein Wille geworden ist und seine Vision makellos zum Werk.**

Das ist in den Worten eines großen Schriftstellers ein Bild von den Problemen eines großen Dirigenten, aber auch ein Hinweis darauf, was es bedeutet, die Bemühungen von vielen auf einen kreativen Ausdruck zu lenken, den man manchmal irrtümlich als Zusammenarbeit bezeichnet. Die Beschreibung von Toscaninis Mühen bezieht sich auf die Partitur eines Meisters, die er schon oft dirigiert hatte.

Kehren wir jetzt zu dem »Dirigenten« unseres »Orchesters« zurück und zu einer »Partitur«, die nie zuvor aufgeführt worden ist. Anstelle von exakten Noten besteht sie aus eilig geschriebenen, irreführenden Worten. Er hat keine geordnete Gruppe vor sich. Er steht auf keinem Podium, von dem aus er herrscht. Er befindet sich in einem Strudel von Menschen, durch die er sich den Weg bahnen muß.

Dieser Schauplatz gleicht auch nicht der traditionellen Bühne, die seit Jahrhunderten im Theater erprobt ist. Dort kann das ängstliche Festhalten an den Worten eines meisterhaften Dramatikers zum Anlaß werden, die endgültige Wirkung wenn nötig hundertmal zu proben. Die Aufführung, die der Zuschauer erlebt, kann lange, ehe der Vorhang sich hebt, betrachtet und korrigiert werden. Aber auch hier gilt, was Aesop schon vor langer Zeit festgestellt hat: »Die Menschen applaudieren der Nachahmung und zischen das Wahre aus.« Auch hier kann es unter nicht immer wünschenswerten Bedingungen zum Chaos kommen – doch bleibt alles in einem feststehenden Rahmen und ist jedem sichtbar. Hier allerdings endet die Ähnlichkeit, denn kein Instrument, das mit dem Aufnahmevermögen von Augen und Ohren zu vergleichen ist, zeichnet die Bemühungen um ein zusammenhängendes Ganzes auf.

Die Filmtechnik entstand vor mehr als zweitausend Jahren, nachdem das Theater von einem Aischylos mit Stücken beschenkt worden war, und erst einige Jahrhunderte, nachdem ein Shakespeare seinen Beitrag geleistet hatte. Der Film hatte keinen so glanzvollen Anfang. Seine Vorfahren waren

---

* Stefan Zweigs Artikel erschien im Oktober 1937 in *Die Neue Freie Presse*. Nach Hitlers Einmarsch gab es diese Zeitung nicht mehr. Dr. Fred Hacker, ein Freund, der oft Vorträge in Wien hält, erzählt mir, der Nachfolger dieser Zeitung ist *Die Presse*, Pressehaus, Wien XIX. Sie gehört Dr. Fritz Molden. Er ist der Sohn des Verlegers der Vor-Hitler-Publikationen.
Zitiert nach: Stefan Zweig: »Arturo Toscanini – Ein Bildnis« in: Stefan Zweig: *Gesammelte Werke in Einzelbänden*, Bd.: »Das Geheimnis des künstlerischen Schaffens – Essays«, S. 322-324, S. Fischer Verlag, Frankfurt/Main, 1984.

der Guckkasten und die Laterna Magica. Wie bei der Drehorgel und dem Grammophon lag die Attraktion der ersten Filme darin, daß sie etwas Neues waren. Sie lockten sofort eine ungebildete Menge an, die wie immer auf die Unterhaltung durch ein neues Medium reagierte, das noch weniger Denken erforderte als das Bestaunen einer Parade. Filme vermehrten sich wie Pilze auf dem Mist. Schauspieler hüpften wie Flöhe herum, und die Zuschauer brüllten vor Lachen, wenn sie sich zum Narren machten. Die dunklen Hallen, in denen man diese Skurrilitäten sah, nannte man *Nickleodeons*. Die Eintrittskarte kostete nicht mehr als eine Fahrt mit der Pferdebahn.

Von Anfang an waren alle Zutaten vorhanden: die weiße Leinwand für die Bilder, die moderne Laterna Magica, die ihr Licht durch die Dunkelheit warf, der schlaue Impresario, der jeden Abend einen Sack Münzen davontrug, die Autogramme verteilenden Schauspieler, die sich eitel herausstaffierten, der Kameramann, der den Mützenschirm in den Nacken schob, um sein Auge an den schwarzen Kasten drücken zu können, der Hansdampf in allen Gassen, der ein Ei oder ein Krokodil herbeizaubern konnte, wenn das Drehbuch es verlangte, und ein eigenartiges Individuum, das Wickelgamaschen trug, um Krampfadern zu vermeiden; man nannte ihn den »Regisseur«.

Der Grundgedanke hinter all diesem Humbug, der bis zum heutigen Tag überlebt hat, ist nicht Qualität, sondern Quantität; und wenn in der Entwicklung dieses munteren Neulings Fortschritte gemacht wurden, dann nicht, weil die Eintrittskartenverkäufer klagten, sie seien zu reich geworden. Man hatte einen gigantischen Spielautomaten erfunden, der es nun tausend und mehr Zuschauern erlaubte, gleichzeitig die »galoppierenden Daguerreotypien« zu sehen. Als die Neuheit zu einer billigen Gewohnheit wurde, grub man die kindischsten Vorlagen aus, damit kein populärer Reiz der Menge vorenthalten wurde. Am leichtesten war es, die Leute zum Lachen zu bringen: Jemand bekam einen Tritt in den Hintern und flog durch ein Fenster; eine Hose mit einem Knopf, der riß, sank auf die Knöchel, und ein Streit wurde mit einer bereitstehenden Torte beendet. Es brachte noch mehr ein, die Zuschauer zum Weinen zu bringen. Bald wankten zerlumpte Gestalten durch Schneestürme und drückten frierende Säuglinge fest an die Brust, und wenn der quälende Hunger sie plagte und meilenweit alle Lebensmittelläden verbrannt waren, dann schluchzte die Menge herzerweichend. Einfältige Heldinnen in eng geschnürten Korsetts ließen sich von Schurken mit kühnen Schnurrbärten verführen. Und nur der glattrasierte Held konnte sie vor einem Schicksal retten, das schlimmer war als der Tod; der Kavalier erschien natürlich immer in allerletzter Minute, aber jedesmal rechtzeitig; der Säufer schlug seine Frau und die Kinder in einem verpfändeten Haus; der Feigling half dem Starken, und kein Zug erreichte sein Ziel, ohne nicht wenigstens einmal halten zu müssen, um ein unschuldiges Opfer zu retten, das gefesselt auf den Gleisen lag. Der Film begann mit einem Regenbogen und endete mit einem Regenbogen, und dazwischen gab es den abgestandenen und melodramatischen Aufguß von *Aschenputtel*, *Der letzte Mohikaner*, *Bertha, die Näherin*, *Onkel Toms Hütte* und *Zehn Nächte in einer Bar*. Hin und wieder wurde auch ein »gefährlicher« Chinese bemüht. Pandora hatte den Deckel von einem Plastikgefäß genommen, und alle bösen Geister, die den Menschen bis zu diesem Zeitpunkt unbekannt waren, sprangen heraus und verbreiteten sich über die ganze Erde.

Man mußte diese *Mélange* garnieren, damit sie genießbar blieb; deshalb verlegte man die Szenerie in den Himalaya, in ein mexikanisches Dorf, in die Großstädte London und Rom, auf die Insel Samoa und in das Land der Pharaonen. Man hob und senkte die Kamera, schwenkte sie, lief mit ihr durch die Menge, befestigte sie an Flugzeugen, an Schiffen oder hielt sie an Mikroskope. Menschen und Gegenstände verschwanden und tauchten unversehens wieder auf, die Technik ermöglichte es, daß ein Schauspieler sich selbst die Hand schüttelte, Heuschreckenschwärme füllten den Himmel, riesige Elefanten knieten gehorsam in einer Kinderhand; man folgte sogar U-Booten auf den Meeresgrund, und Raketen flogen bis zum Mond. Ein Schauspieler mit einem Schwert in der Hand, vor schwarzem Samt aufgenommen, erweckte den Eindruck, mitten im Schlachtgetümmel zu kämpfen; ein anderer gelangte an Deck eines vollbesetzten Ozeandampfers über eine Gangway, die zu einem prosaischen Gerüst führte. Er konnte vereiste Gletscher aus künstlich glitzerndem Sperrholz besteigen und am Amazonas den gefährlichen Dschungel erforschen, der aus dem Gewächshaus stammte. Ohne schwimmen zu können, sprang er in gefährlich gurgelnde Gewässer – und im nächsten Moment wieder heraus. Nichts war zu albern, um nicht wirkungsvoll zu sein; keine Mühe wurde gescheut, um Extreme zu erreichen. 1961 wurde ein Film in Ägypten gedreht; die Regie führte ein

Mann*, der durch das Wagenrennen in der letzten *Ben Hur*-Verfilmung berühmt geworden war. Diesmal sah man, wie einem Mann der Kopf abgeschlagen wurde und einen Meter weit rollte. Mit Hilfe von Ketchup bot sich den Zuschauern ein schauriger Anblick. Aber der Film (*Wa Islamah*) sollte gleich zeigen, welcher Fortschritt in sechs Jahrzehnten gemacht worden war, denn ein bekümmerter Schauspieler erschien mit einem ein Meter achtzig langen Tuch, um das Opfer ehrfurchtsvoll damit zu bedecken. Ich führte den Vorsitz einer Jury bei einem Filmfestival, zu dem die Vereinigte Arabische Republik diesen Film geschickt hatte. Ich fand es nun sehr interessant, wie der Regisseur das Problem lösen würde, eine Leiche, die jetzt ungefähr drei Meter lang war, mit einem ein Meter achtzig langen Tuch zu verhüllen. Wie sich herausstellte, war die Lösung sehr einfach: Nur der Kopf wurde verhüllt; der leeren Stelle (leer bis auf das Ketchup) zwischen Kopf und kopflosem Körper wurde auf diese Weise eine noch nie dagewesene Achtung vor den Toten zuteil.

Der in sechzig Jahren gemachte Fortschritt läßt sich nur als Umfang und Unsinn messen. Das gute Aussehen eitler Puppen mit ausgestopften Busen und Schultern erwies sich als eine größere Attraktion als die Fähigkeiten der besten Schauspieler. Eine Ente, eine Maus, ein Kaninchen oder die Märchenprinzessin, die Trickfilmzeichner nach dem Vorbild der Comics mit ruckhaften Bewegungen zum Trickfilmleben erweckten, wurden als große Kunst bejubelt – sogar von den schärfsten Kritikern. In der Wüste eines neuen Mediums hatte eine gut durchdachte Figur keine Chance gegen einen Cowboy, und Geschwätz wurde zum Maßstab literarischer Beredsamkeit. Damen mit Locken, die kein Sturm zerzausen konnte, Frauen in hautengem schwarzen Satin, akrobatische Clowns, Fechter, die von hohen Balkons springen konnten, ohne sich zu verletzen, Revolverhelden mit wirbelnden Colts, die trafen, ohne zu zielen, kleine Mädchen, die immer brav sind, Revuegirls, Sänger, Monster und wohlgeformte Körper wurden über Nacht berühmt. Man brauchte nicht viel Scharfsinn, um zu begreifen, in welche Richtung die Gans, die goldene Eier legte, mit dem Unterleib zielte.

Trotz der Hektik, mit der das neue Medium sein ganzes Können auf die Kapriolen eines aufwendigen Kasperletheaters verwandte, gingen ernsthafte

* Andrew Marton. Anm. d. Red.

Künstler auf vielen Gebieten daran, über die potentiellen Möglichkeiten eines neuen und einmaligen Materials nachzudenken. Nie zuvor in der langen Geschichte der Erde war es möglich gewesen, Bewegungen von Licht und Schatten auf einen hochempfindlichen Bildträger zu bannen. Hier gab es ein neues Instrument, um einen flüchtigen Moment einzufangen, Bilder aufzuzeichnen und visuelle Akzente zu setzen, die anstiegen, abflauten und nach Wunsch geändert werden konnten. Eine neue Kunstform war geboren.

Niemand erhob dagegen Einspruch, daß dieses neue Medium als eine Kunstform bezeichnet wurde. Der Verleiher von Klamotten bekam einen neuen Status und wurde zum Schutzherrn der Kunst. Seine neue Würde änderte nichts am alten System. Nun wurde Kunst am Fließband produziert. Die erfolgreichsten Schriftsteller wurden berufen, die fähigsten Schauspieler engagiert, der beste Kameramann stieß zu dem Team, und es ließ sich auch nicht vermeiden, daß man einen ausgebildeten Regisseur einbezog. Das Ergebnis war ein Eintopf. Etwas war schiefgegangen. Wie war es möglich, daß zwei und zwei null anstatt der erwarteten vier ergab? Die Strategie, Kunst auf die Ebene populärer Verkaufstechnik zu bringen, funktionierte nicht. Niemand hatte den Experten der Automatenschule gesagt, daß ein Kunstwerk ein individueller Schöpfungsakt ist und kein kollektives Unternehmen. Es fiel ihnen schwer zu verstehen, daß ein Film ein Kunstwerk sein konnte, aber nicht dadurch, daß man beliebige Extrakte mischte, auch wenn jeder für sich genommen äußerst wirkungsvoll war. Dieses Rätsel war zu schwer für die Filmindustrie. Sie ließ sich nicht dadurch verunsichern, daß sie sich von ihrer Herkunft als Promenadenmischung lossagte.

Der neue »Schirmherr der Künste«, der Nachfolger der Medici, ist spezialisiert auf den öffentlichen Geschmack, und das Zufallsprinzip ist Tradition geworden. Man könnte viel sagen über die Stümper, die in der großen Welt der Unterhaltung herrschen. Sie haben ihre Finger am Puls der Zuschauer und legen sie an den alten Sack voll Geld. Wenn die Diagnose falsch ist, treten andere an ihre Stelle, die noch tiefer gesteckte Ziele haben. Sie werden ein Wunderkind mit Gold überschütten oder alles tun, was die Menge ins Kino lockt. Der Künstler ist inzwischen tabu, denn er läßt sich nicht beherrschen. Ihm nachgeben würde bedeuten, die Kontrolle zu verlieren. Und darauf werden sie sich nie einlassen, denn dann wären sie nicht mehr vonnöten. Außerdem hat noch kein Künstler den Beweis erbracht, daß er fünfzig Millionen Menschen ansprechen kann. Die Position und die Autorität der Stümper ist nicht in Gefahr, denn kein Geldgeber würde im Traum daran denken, jemandem Geld zu geben, der alles tut, um populäre Leichtgläubigkeit zu vermeiden. Ein erfolgreicher Film wird von zahllosen Menschen in vielen Ländern der Erde gesehen. Es ist nicht möglich, ein bunt zusammengewürfeltes und weit verstreutes Publikum zu verlocken, freiwillig Schlange vor den Kinos zu stehen, ohne an seine niedrigsten Instinkte zu appellieren. Die Maschine, die auf diese Weise der Menge dient, läuft erst eine kurze Zeit; die Instinkte gibt es schon sehr lange.

Zweifellos ist die Maschine schwerfällig. Der Obermechaniker, der Autor und Manipulator des komplizierten Materials, das dieser riesigen Maschine das Futter liefert, ist der Filmregisseur. Sein Wert hängt wie der eines jeden Arbeiters von seiner Kontrolle ab – und davon, was er damit macht. Der einfachsten Idee folgt eine Woge von Hindernissen und unqualifizierten Ratschlägen, mit denen er sich auseinandersetzen muß. Kein erfahrener Lehrer steht ihm zur Verfügung. Es gibt auch keine akademische Institution, die ihn zu dem macht, was er ist. Er muß durch bittere Erfahrung lernen, die unbegrenzte und desillusionierende Sprache der Kamera anzuwenden. Er kann seine Ideen nicht überprüfen, aber er ist der einzige, der eine gewisse Vorstellung von dem hat, was sich möglicherweise als Endergebnis einstellen wird. Darüber hinaus werden die Segmente, die durch seine Hände gegangen sind, täglich von anderen begutachtet, als könnten solche Ausschnitte die Kraft des gesamten Films sichtbar machen. Der Aktionsradius des Regisseurs wird kontrolliert und eingeengt von anonymen Leuten, die sich zu selbsternannten Richtern über eine Arbeit aufgeschwungen haben, die man erst nach ihrer Fertigstellung beurteilen kann.

Auswählen, beeinflussen, inspirieren oder das eigene Drehbuch einbringen (wenn er nicht ohnehin dazu verpflichtet ist), übermüdet von notwendiger und geheimgehaltener Arbeit, auf Schritt und Tritt in Frage gestellt, im Versuch, über einen Zeitraum von Monaten die innere Vision nicht aus dem Auge zu verlieren, von seinem Material gezwungen, anzugleichen, zu ändern und ständig die sich verschiebenden Werte auszubalancieren (so veränderlich sie auch sein müssen, es kostet doch sehr viel Zeit, sie einzufangen), sich unvermeidlich Freunde zu Feinden machen und gezwungen sein, sich mit Feinden anzufreunden, während der Arbeit unübersehbar, nach getaner Arbeit unsichtbar – der Filmregisseur ist gewiß nicht zu beneiden.

Er versucht verzweifelt, unvereinbare Faktoren miteinander zu verbinden und hat keine Möglichkeit, die eigenen Fehler zu verbessern. Er wird auf jede erdenkliche Weise behindert und vor sichtbare und gut getarnte Hindernisse gestellt. Jeder Schritt kann so qualvoll sein, als würde er durch einen Sumpf waten. Hinter jedem Scheinwerfer steht ein Mensch; hinter der Kamera stehen meist viele; Maßbänder, Klappen und ein Kunterbunt an Vorrichtungen nehmen ihm die Sicht; und wenn er einen Schritt wagt, dann muß er einem Kran ausweichen und Kamerawagen und Galgen mit Mikrophonen. Er arbeitet sich mühsam durch Assistenten, Bühnenarbeiter, Requisiteure, Maskenbildner, Garderobieren, Friseure und Doubles hindurch, die Schauspieler ersetzen, unter deren Würde es ist, bei der Einrichtung der Scheinwerfer persönlich zu Verfügung zu stehen; Dienstmädchen, Boten, Chauffeure, Kulissenschieber, Sanitäter, Bühnenmaler, Gewerkschaftsvertreter, Agenten, Scriptgirls und andere scheinen nur dazu da, sich ihm in den Weg zu stellen und ihm die Sicht zu versperren. Vor ihm wartet die träge Masse der Schauspieler, gute und schlechte, Veteranen und Anfänger, Stars und Statisten, die mit Energie aufgeladen werden müssen, damit das menschliche Element in dieser unmenschlichen Aufgabe Höhepunkte erreicht; hinter ihm sitzen gelangweilte Zuschauer, Besucher und Vertreter der internationalen Presse und greifen jede Kleinigkeit auf, die ihnen Stoff für die spitze Feder liefert – so geht der Regisseur ruhig seiner Arbeit nach und verfolgt sein Ziel, wenn er überhaupt den Weg findet, der zu diesem Ziel führt.

Die Orientalen glauben, die Luft sei wie eine Höhle voller Fledermäuse, von unzähligen Dämonen und bösen Geistern erfüllt, die sich auf die Menschen stürzen und sie quälen. Komplizierte Theorien und Methoden beschäftigen sich damit, eine Art geistigen Regenschirm zu öffnen, um sie sich vom Leib zu halten.

Bislang gibt es noch keinen Kult und keine Lehre, um dem Filmregisseur einen ähnlichen Dienst zu erweisen. Er ändert den Ton und seine Sprachebene, um für jeden verständlich zu sein, dem er Anweisungen geben muß; er schmeichelt, und man schmeichelt ihm; er erklärt schlicht und einfach abstrakte Ideen, die nur mit wissenschaftlichen Begriffen in Worte zu fassen sind; er ist gezwungen, die eigentliche Absicht zu verhüllen, um Verwirrung zu vermeiden; er beginnt Tag für Tag seine Arbeit pünktlich um acht Uhr morgens und hört um acht Uhr abends auf; er ist für alle ein Freund oder guter Ratgeber, die aufrichtig und gutwillig sind oder auch nicht; man darf ihn jederzeit unterbrechen und ihm auf die Schulter klopfen, während um ihn herum ein Höllenlärm herrscht – Hämmern, Sägen, Pfeifen, Telefonieren, Rufen, Lachen und das schlimmste von allem – Flüstern.

Er feuert seine Schauspieler an, die manchmal in die Hunderte gehen, oder er bremst sie; und er bremst sein Team von Assistenten, Technikern und Bühnenarbeitern – immer zu viele und doch nicht genug – und er spornt sie an, nicht so sehr zu Höchstleistungen (zu denen alle und jeder ständig bereit sind), sondern zur Disziplin, die für die Stabilität und den Zusammenhalt der getrennten Abschnitte notwendig ist, die keinen Wert haben, bis sie von dem Mann (und nicht von den anderen) zusammengefügt werden, der den Wert des Ganzen entstehen läßt; Studiopolizei, Feuerwehrleute, Touristen und Laufburschen starren ihn an, ebenso Kolumnisten, Kaffee- und Eisverkäufer; er ist die Zielscheibe für die Neugierigen; er stolpert über Kabel und weiß, es kostet ein Vermögen, auch nur zehn Minuten lang nachzudenken; schon warten nervöse Zeichner, Dekorateure und Schauspieler und wollen von ihm wissen, wer am nächsten Tag zur Stelle sein muß; ständig will man mit ihm konferieren, um Probleme von morgen vorwegzunehmen; Buchhalter, Studioleiter, Parasiten und andere dubiose Elemente hängen an ihm wie ein nasses Hemd; vom Lärm taub und vom Licht geblendet, kann er viele Wochen keine Entspannung finden, denn ein Nachlassen der Spannung würde sich im Tempo des Finale spiegeln – das ist der Dirigent unseres Orchesters.

Und wenn es dem Regisseur neben dem Jonglieren mit den tausend Problemen und Ideen, die ihn wie ein wütender Bienenschwarm überfallen, nicht gelingt, ein herzliches und liebenswürdiges Lächeln zu bewahren, dann muß er damit rechnen, daß man ihm vorwirft, ein höchst unfreundlicher Mensch zu sein, ein Leuteschinder, der kein Mitgefühl für seine Mitarbeiter hat.

Und wenn durch einen unerklärlichen Mangel an Wachsamkeit auf Seiten derer, die sich immer hüten, in eine so unangenehme Lage zu geraten, der Versuch unternommen wird, Ordnung in dieses Inferno zu bringen, und wenn es gelingt, das wogende Material nach einem Maßstab der Kunst durch das Glasauge des schwarzen Kastens zu filtern, dann hat sich der Abenteurer und Handwerker, den man »Regisseur« nennt, eine gewaltige Aufgabe zugemutet. Er sollte sich darauf vorbereiten, indem er am Titica-casee vorbei zu Fuß die Anden überquert, in Begleitung eines störrischen Lamas mit seinem Proviant, der nur aus dem unbelichteten Filmmaterial besteht, das er zu benutzen gedenkt.

Aus Josef von Sternbergs Photoalbum

32 Kurz vor seiner ersten Regieassistenz bei Emile Chautard. Josef von Sterberg ist etwa 26 Jahre alt.
Aufnahme ca. 1920 in New York.

33 Josef von Sternberg 1924 inmitten seiner Schauspieler im Set seines ersten Films *The Salvation Hunters*.
Von links: George K. Arthur, Josef von Sternberg, Bruce Guerin und Georgia Hale. Der Film macht Sternberg
buchstäblich über Nacht in Hollywood berühmt und führt am nächsten Morgen zu einer Begegnung der besonderen
Art: *Er stellte sich als Charles Chaplin vor und berichtete, er habe gestern am späten Abend in seinem Haus meinen Film
gesehen. Er fügte hinzu, er glaube, es gebe nur einen Regisseur, der sich mit mir messen könnte – und das sei er.* Der Film
wird auf Chaplins Empfehlung von United Artists, dem 1919 von Mary Pickford, Douglas Fairbanks und
D. W. Griffith gegründeten Verleih, angekauft. Auch George K. Arthur und Georgia Hale reüssieren: er bekommt
einen Siebenjahresvertrag bei MGM und sie die Hauptrolle in Charlie Chaplins Film *Goldrausch.* Ein hellsichtiger
Kritiker schreibt begeistert: »Der Film ist Weltliteratur und in seiner Wirkung so überwältigend wie eine griechische
Tragödie.« Ein gänzlich unerwarteter Erfolg, bedenkt man, daß Josef von Sternberg bei der Premiere den Film
vorsichtigerweise »den Gescheiterten dieser Welt« gewidmet hatte.

34 In der surrealen Kulisse seines MGM-Films *The Exquisite Sinner*, 1925. Der Stock, Symbol der Autorität, sollte
Josef von Sternberg zukünftig bei allen Dreharbeiten begleiten und sein vielgeschmähtes Markenzeichen werden.

35 Am Drehort von *The Exquisite Sinner* in Malibu Beach, 1925. Von links: Robert Florey (hier der Regie-assistent), Max Fabian (der Kameramann), Nick Grindel, Paulette Duval, Josef von Sternberg und die die Dreharbeiten begleitenden Mood-Musiker.

36 Während der Dreharbeiten zu *The Exquisite Sinner,* 1925. Im Regiestuhl Josef von Sternberg mit Stock,
rechts neben ihm George K. Arthur, im Hintergrund Robert Florey.

37 Josef von Sternberg mit Mary Pickford, 1925. Die gemeinsamen Pläne zerschlagen sich bald an der Unvereinbarkeit der Grundpositionen: *Diese charmante Dame war die Hauptvertreterin des ganzen Spektrums an Kitsch, den der populäre Film zu bieten hatte, und gerade den hatte ich mir geschworen, zu ändern.*

38 Edna Purviance und Josef von Sternberg bei den Dreharbeiten des von Charlie Chaplin in Auftrag gegebenen und dann vernichteten Films *The Sea Gull*. Der letzte Untertitel lautete: »Und das Meer – entstanden aus all den nutzlosen Tränen, die auf dieser Welt vergossen wurden – nimmt weder ab noch zu.«

39 Während der Dreharbeiten zu *The Sea Gull,* 1926 in Monterey. Von links: der Photograph Rizick,
Edna Purviance, Paul Ivano, Alice White (damals noch Scriptgirl), Josef von Sternberg (auf dem Stein sitzend),
Eve Southern (mit Zöpfen) und Guy Gillman. Photo: Max Constant.

40 Josef von Sternberg mit Megaphon im Kreise seiner Mitarbeiter auf dem Kameraturm bei der Regie von *The Drag Net*, 1928.

41 Josef von Sternberg mit Marlene Dietrich auf einem Ball in Berlin 1929, während oder kurz vor den Dreharbeiten zu *Der Blaue Engel*. Photographie von Alfred Eisenstaedt.

42 Werbephoto der Ufa des bald weltberühmten Duos aus dem Jahr 1929. Es demonstriert, was
Josef von Sternberg meint, wenn er sagt: *Aber bevor ich sie radikal veränderte, sah sie auf Bildern aus
wie jemand, der eine Frau sein will.*

43 Emil Jannings in seiner Garderobe bei den Dreharbeiten zu *Der Blaue Engel*, 1929. *In seinem Allerheiligsten, in dem er sich von allen Seiten im Spiegel sah, fanden die besten Vorstellungen statt.* Und: *Wie alle Schauspieler war er extrem scheu. Aber im Gegensatz zu den meisten scheute er sich sogar, vor die Kamera zu treten. In gewisser Weise verhalf ihm das zum Ruhm, denn er war dafür berühmt, Gefühle mit dem Rücken zur Kamera auszudrücken. Und sein Rücken war ausdrucksvoller als die Mimik der meisten Schauspieler.*

44 Josef von Sternberg überwacht das Make-up von Emil Jannings bei den Dreharbeiten zu *Der Blaue Engel.*
Trotz aller Schwierigkeiten sieht der Regisseur das Phänomen seines Hauptdarstellers realistisch:
Eine Obstfliege kann in etwa siebenundzwanzig Generationen mutieren. Jannings war dazu
in nur einem Bruchteil einer Sekunde fähig. Berlin 1929.

45 Josef von Sternberg gibt Regieanweisungen bei der Inszenierung des Hochzeitsessens in *Der Blaue Engel.*
Links im Hintergrund stehend: Kurt Gerron. Berlin 1929.

46 *Ich hatte ein Meer aufgewühlt und ihm entstieg eine Frau, die diese Welt bezaubern sollte.*
Mit Marlene Dietrich während der Dreharbeiten zu *Der Blaue Engel*, Berlin 1929.

47 Mit Jannings in der Kulisse von *Der Blaue Engel*, Berlin 1929.

48 Regieanweisung bei einer der Kabarettszenen zu *Der Blaue Engel*, Berlin 1929.

49 Marlene Dietrich-Photo mit persönlicher Widmung: »... Ich liege in Dankbarkeit auf den Knien vor Dir und sage Dir wieder, daß ich nichts bin ohne Dich. Deine Marlene, am letzten Tag von › Marocco ‹.« Aufnahme von Eugene Robert Richee, Hollywood 1930.

50 Portrait Josef von Sternberg in Berlin 1929. *Ja, Svengali Joe war auf einmal interessant geworden.*

51 Hoher Besuch aus Ost und West bei den Dreharbeiten zu *Der Blaue Engel* in Berlin 1929. Von links: Josef von Sternberg, Emil Jannings, George Bancroft und Sergej Eisenstein.

52 Besuch mit Marlene Dietrich bei Dreharbeiten von Charlie Chaplin. Hollywood, ca. 1931.

53 Marlene Dietrich-Photo mit persönlicher Widmung: »Meinem Schöpfer von seinem Geschöpf Marlene,
Mai 1931.« Sternbergs Anweisung, wie ein Gesicht zu photographieren sei, liest sich wie die Paraphrase
eines Psalms: *Man sollte es betrachten, als seien die Augen Seen, die Nase ein Hügel, die Wangen breite Wiesen,
der Mund ein Blumenbeet, die Stirn der Himmel und die Haare Wolken.*

54 Josef von Sternberg begleitet Marlene Dietrich in Los Angeles zum Bahnhof, 1930. Nach den Dreharbeiten von *Dishonored* reist der Star nach Deutschland, um Weihnachten im Kreis der Familie zu verbringen.

To Dad
from
Jo
1894 – 1933 so far

55 Eine Portraitaufnahme vom Bordphotographen des Dampfers »Europa«, die Josef von Sternberg seinem Vater lakonisch widmete: »To Dad from Jo, 1894–1933, so far.«

56 Bei den Dreharbeiten zu *The Devil is a Woman*, Hollywood 1935. *Zu meinen Assistenten gehörte Rudolph Sieber. Er war einer der besten und der Ehemann der Hauptdarstellerin.*

57 Marlene Dietrich im Set von *The Scarlet Empress*, Hollywood 1933. *Ich benutzte meinen Paradiesvogel,*
um meine eigenartige Theorie zu beweisen, daß ein Film auch ein Medium der Kunst sein kann...
Wie ein Computer konstruierte ich Szene um Szene nach einem genauen Schema. Nichts entging
meiner Aufmerksamkeit, außer das Publikum.

58 Marlene Dietrich-Photo mit der Widmung: »Du Gott, Du. Marlene.« Der so Vergötterte gibt resigniert seine
Wehrlosigkeit zu Protokoll: *Eine glühendheiße Dankesfontäne schoß ständig und zu jeder Stunde aus dem
Vulkan hervor. Sie verbrühte mich – und ich konnte nichts dagegen tun.*

59 Das von Richard Neutra nach den Vorstellungen Josef von Sternbergs errichtete Privathaus vor den Toren von
Los Angeles – eine Ritterburg des Modernismus aus Glas und Stahl, mit Wassergraben und Tennisplatz, die sich
für Josef von Sternberg bald als unbewohnbar erwies. *Ich verkaufte Haus und Gelände später zu einem Preis, den ich*

für die Anlage des Tennisplatzes bezahlt hatte. Ich hätte am liebsten jemandem noch Geld gegeben, damit er es mir abnahm. Das Haus war zu sehr mein Spiegelbild. Eine ideale Umgebung und Einsamkeit waren nichts für mich.
Aufnahme wahrscheinlich von Josef von Sternberg, ca. 1935.

60 Zwei Selbstinszenierungen des Regisseurs in elegantem Hausanzug vor seinen Kunstschätzen. Das Sammeln von zeitgenössischer Kunst und Büchern war eine große Leidenschaft Josef von Sternbergs. Beide Aufnahmen sind wahrscheinlich Selbstportraits aus der Zeit zwischen 1935 und 1942, in der er in dem von Richard Neutra erbauten Haus lebte. Oben: Auf dem Sims Skulpturen von Ernst Barlach, Rudolf Belling und Georg Kolbe, vor dem Bücherregal zwei Max Pechstein-Gemälde.

61 *Kein Mensch ist so groß, daß er sich klein machen müßte,* lautet das Motto, mit dem Josef von Sternberg
sein Buch beginnt. – Das Gemälde von Schmidt-Rotluff, das hier auf dem Bücherregal steht, wurde später dem
Los Angeles County Museum geschenkt.

JOSEF von STERNBERG
COLLECTION OF MODERN
PAINTINGS · DRAWINGS
MODERN · AFRICAN · ASIATIC
SCULPTURES

PUBLIC   NOVEMBER
AUCTION SALE   22 AT 8 P.M

PARKE—BERNET GALLERIES·INC
980 MADISON AVENUE · NEW YORK · 1949

62 Nachdem er Hollywood 1948 den Rücken gekehrt und nach New York übergesiedelt war, ließ Josef von Sternberg große Teile seiner umfangreichen Kunstsammlung bei Parke-Bernet versteigern. Der Katalog ist ein eindrucksvolles Dokument seiner bemerkenswerten Sammlung.

63 Mit dem deutschen Bildhauer Rudolf Belling verband Josef von Sternberg
eine lebenslange Freundschaft. Für diese Portraitbüste stand der Regisseur dem Künstler 1929
in Berlin Modell. Er erwarb sie für seine Sammlung.

64 Ein Blick in den ersten Ausstellungssaal im Los Angeles County Museum, das 1935 die private Kunstsammlung Josef von Sternbergs zeigte. Vorn in der Mitte die Sternberg-Portraitbüste von Rudolf Belling. Dahinter die René Sintenis-Skulptur *Daphne.* In der Ecke links die Skulptur *Torso eines jungen Mannes I* von Constantin Brancusi.

In der rechten Ecke Bellings Skulptur *Madonna*. Auf der Stirnwand im Zentrum Picassos *La Gaumeuse* von 1901. Daneben Gemälde von Utrillo, Vlaminck und Modigliani.

65 Josef von Sternberg mit Peter Lorre und Edward Arnold während der Dreharbeiten von *Crime and Punishment* für die Columbia. Hollywood, 1935.

66 Mit Max Reinhard und Marlene Dietrich, ca. 1936 in Hollywood. *Ich war dabei, als sie später Max Reinhardt sagte, sie habe seine Schule besucht. Es dauerte etwa zwanzig Minuten, bis seine Augenbrauen wieder die normale Stellung gefunden hatten.*

67 Während der Dreharbeiten zu *I Claudius*, 1936 in London.

68 Josef von Sternberg mit den Hauptdarstellern von *I Claudius,* Merle Oberon und Charles Laughton, London 1936. Auch der Regisseur kam zu den Dreharbeiten im passenden Kostüm. Die schwere Jacke war nach eigenen Entwürfen geschneidert worden, Reithose, Reitstiefel und ein javanischer Turban ergänzen das Ensemble, das eher das Kostüm eines Expeditionsleiters zu sein scheint als das eines Filmregisseurs. Augenzeugen berichten immer wieder staunend von der elementaren Verwandlung des sensiblen, bescheidenen und zurückhaltenden Gentleman in einen autokratischen Tatmenschen, die sich bei Beginn von Dreharbeiten vollzog.

69 Mit Marlene Dietrich 1938 in Wien. Die österreichische Regierung wollte seine Pläne
zur Verfilmung von Zolas *Germinal* unterstützen und ihn zum Filmbeauftragten des Landes
machen. Josef von Sternberg hätte das Angebot, in Wien, *der Stadt meiner Träume,* zu arbeiten,
gerne angenommen. Hitlers Anschluß machte alle Pläne zunichte.

70 Bei den Dreharbeiten von *Shanghai Gesture* mit Ona Munson, 1941.

71 Besuch des japanischen Co-Produzenten von *The Saga of Anatahan,* Yoshio Osawa, und dessen Frau während der Dreharbeiten zu *Macao* in den RKO-Studios 1952 in Hollywood. Rechts neben Josef von Sternberg der Star des Films, Jane Russell.

72 Portraitstudie aus der Zeit der Dreharbeiten von *Macao,* 1952, Hollywood.

73 Cary Grant und Betsy Blair besuchen die Dreharbeiten von *The Saga of Anatahan* in Japan. Der Regisseur und seine Schauspieler sitzen zum gemeinsamen Gruppenportrait. Kioto, 1953.

74 Beim Schnitt von *The Saga of Anatahan*, Tokio 1953.

75 Familienbild in Japan: Catherine, Nicholas, Meri und Josef von Sternberg im Garten ihres Hotels in Tokio, 1952.

76 Selbstportrait im Trachtenanzug 1965 in seinem Haus in Westwood/Los Angeles.

77 Josef von Sternberg im Wiertz-Museum, Brüssel, kurz vor seinem Tod 1969.
Im Hintergrund das Gemälde *Die schöne Rosine* von Antoine Wiertz.

Biographie und Werklauf

Die nachfolgende Biographie, die in tabellarischer Form die Lebensdaten Josef von Sternbergs zusammenträgt, ist in erster Linie aus dem vorliegenden Text Josef von Sternbergs, *Das Blau des Engels*, destilliert. Alle der Autobiographie entnommenen Zitate sind im folgenden kursiv wiedergegeben. Als weitere Quellen wurden hinzugezogen:
Curtis Harrington, *An Index to the Films of Josef von Sternberg*, hrsg. von Herman
    G. Weinberg, in: *Sight and Sound*, Special Supplement, Februar 1949, London;
John Baxter, *The Cinema of Josef von Sternberg*, London 1971;
Dictionary of American Biography, hrsg. von John A. Garati und Mark C. Kahns,
    Supplement 8, 1866–1970, New York/London.
Meri von Sternberg danken wir für weitere Hinweise zur Biographie.

1894	Am 29. Mai wird Josef von Sternberg als Jonas Sternberg, Sohn von Moses Sternberg, Geschäftsmann, und Serafina Sternberg geb. Singer, in der Blumauergasse 25 in Wien geboren.
1897	Der Vater wandert nach Amerika aus und läßt seine Familie zunächst in Wien zurück. Über die schwierigen Familienverhältnisse bemerkt Josef von Sternberg: *Mein Vater hatte sich über alle Einwände seiner Eltern hinweggesetzt, als er meine Mutter heiratete, und war deshalb enterbt worden. Ich war das älteste Kind und noch nicht drei, als mein Vater nach Amerika fuhr. Ein Kind war nach mir geboren worden und ein anderes war unterwegs.*
1900	Als Sechsjähriger wird Josef von Sternberg in Wien eingeschult. Er lernt Hebräisch lesen und schreiben. *Der Lehrer verbreitete nacktes Entsetzen. Dieser Lehrer, der uns die Liebe zu einer alten Kultur einimpfte, hieß Antcherl, obwohl er in einem meiner Filme ('Der Blaue Engel') unter einem anderen Namen auftauchte.*
1901	Erste Auswanderung nach Amerika, als der Vater die Familie nachholt. *Ich wurde zum Führer der Expedition ernannt, die meine Mutter, meinen Bruder und mein Schwesterchen umfaßte.* Drei Jahre besucht er eine Schule in Yorkville.
1904	Josef von Sternberg ist zehn Jahre alt, als der Vater mit seiner Familie nach Wien zurückkehrt. Über seinen Vater bemerkt er: *Mein Vater war ein sehr*

starker Mann, der seine Kraft oft an mir ausließ. Aber auch: *Er sah gut aus, war intelligent – als junger Mann hat er ein Buch über Mathematik geschrieben – und unschlagbar, wenn es um mechanische Dinge ging. Mein Vater gönnte sich keine ruhige Minute, fand mühelos Freunde, und lange, bevor es zu spät war, wußten wir beide, wieviel wir uns gegenseitig bedeuteten.* Und über die Motive der Rückkehr nach Wien: *Vermutlich konnte mein Vater die ständigen Enttäuschungen nicht mehr verkraften. Aber nicht lange darauf verließ er uns und kehrte [...] in das gelobte Land zurück, um noch einmal sein Glück zu versuchen – wieder ohne Erfolg. Inzwischen waren wir fünf Kinder. Ich hatte noch eine Schwester und einen Bruder bekommen.*

1908   Der zweite Aufbruch der Familie nach Amerika. *Meine Tage in Wien endeten als Vierzehnjähriger.*

1909   Er verläßt vorzeitig das Gymnasium und begibt sich auf Job-Suche. *Ich verkroch mich in einer High School auf Long Island, bis ich fünfzehn war und tat nichts, außer mit der englischen Sprache zu kämpfen. Dann mußte ich mir Arbeit suchen, denn zu Hause gab es kaum etwas zu essen.* Bis zu seinem siebzehnten Lebensjahr versucht er sich in den verschiedensten Berufen: als Gehilfe in einem Putzmachergeschäft, als Lagerist in einer Spitzenhandlung oder als Tür-zu-Tür-Verkäufer von Straßschmuck.

1910   *Ich lief von zu Hause weg, nachdem meine Mutter uns verlassen hatte. Es blieb ihr kaum eine andere Wahl. Sie war sanft und wußte nicht, wie man einen Löwen zähmt. Ich weiß zwar nicht, aber ich glaube, man hat uns nicht vermißt. Meine Mutter fand Freunde, die sie aufnahmen, bis ich für sie sorgen konnte, aber das sollte noch lange dauern, ich saß selbst auf der Straße.*
In dieser schwierigen Lebensphase, in der Geldmangel, Hunger, Arbeits- und Obdachlosigkeit eine ständige Bedrohung sind, 'emigriert' Josef von Sternberg in Konzertsäle, Museen, Bibliotheken und Kinos. *Man saß stundenlang im Warmen, und ein Mann spielte Klavier.* Die der Not gehorchenden und die Not lindernden Bildungsbemühungen waren weit gefaßt: *Als ich Arbeit suchte, trug ich immer ein Buch von Mark Aurel bei mir und als es unleserlich war, ersetzte ich es mit einem Band Epiktet. Meine freie Zeit verbrachte ich in Konzerten und Museen, und lange bevor ich die beschichtete Seite eines Films von der unbeschichteten unterscheiden konnte, kannte ich den Unterschied zwischen einem Breughel und Hieronymus Bosch [...] Lange bevor ich daran dachte, vor einer Kamera irgendeine Bewegung zu inszenieren, kannte ich Leonardo da Vinci, der schrieb: 'Begreifst Du nicht, zu wievielen und welchen Arten von Bewegungen allein der Mensch in der Lage ist?', und Vasaris Würdigung von da Vinci kannte ich auswendig.*

418

1911   Der Zufall bringt Josef von Sternberg die Bekanntschaft eines Mannes, der eine Maschine zur Reinigung von Filmkopien erfunden hatte. Zunächst arbeitet er hier als Bote, dann wird er in das Reinigen des Films und das Kleben der gerissenen Streifen eingewiesen. Da die Filme vor dem Reinigen manchmal illegal und heimlich in anderen Kinos gezeigt wurden, machte Sternberg auch erste Erfahrungen als Filmvorführer. Ästhetische Eindrücke ließen sich bei dieser Tätigkeit nicht umgehen. *Unvermeidlich kam der Augenblick, in dem ich mir nicht nur die schmutzige Oberfläche, sondern auch den Inhalt eines Filmes ansah. Wie jeder Mensch, dem ich begegnet bin, wurde ich auch bald zu einem leidenschaftlichen Filmkritiker.*

1914   Als die Filmreparaturwerkstätte an den Filmverleih World Film Corporation in Fort Lee, New Jersey, verkauft wird, bringt das Sternberg eine feste Anstellung bei dieser Firma ein. Er arbeitet sich vom Filmreparateur zum Versandsachbearbeiter und schließlich zum Assistenten des Firmenchefs, William A. Brady, hoch, der ihn schließlich mit dem Schnitt und der Kontrolle der Untertitel der von ihm produzierten Filme betraut. *Ich nahm das Angebot an und bearbeitete jede Woche Spielfilme. Auf diese Weise lernte ich zahllose Regisseure, Schriftsteller, Schauspieler und den außergewöhnlichen William A. Brady kennen, der mit meiner Arbeit sehr zufrieden war.*

1917   Mit Eintritt der Vereinigten Staaten in den Ersten Weltkrieg wird Josef von Sternberg zum Signal Corps der US-Army nach Washington D. C. eingezogen.

1919   Nach seiner Entlassung aus der Armee kehrt Josef von Sternberg für kurze Zeit zunächst auf seinen Posten bei der World Film Corporation zurück.

1921   Regieassistenz bei Emile Chautard und dessen Film *The Mystery of the Yellow Room*, der in den Studios von Fort Lee, N.J., gedreht wird. Josef von Sternberg würdigt Chautard ausdrücklich als seinen wesentlichen Lehrer. *Bei den Dreharbeiten zu einem Film mit dem Titel 'The Mystery of the Yellow Room' unterwies er mich gründlich in den Grundbegriffen seines Handwerks. Ich weiß nicht, ob ich ihm nützlich war, aber für mich steht außer Zweifel, daß er mir einen großen Dienst erwiesen hat.* Chautard zieht sich später von der Regie zurück und arbeitet gelegentlich als Schauspieler, u.a. in Josef von Sternbergs Filmen *Morocco* und *Shanghai Express*. Nach dieser Regieassistenz reist Josef von Sternberg wahrscheinlich erstmals nach Hollywood, ohne jedoch in der dortigen Filmwelt Fuß fassen zu können. *Beim ersten Mal war ich fünf Tage mit dem Zug gefahren und hatte mich die ganze Zeit von zwei belegten Broten ernährt. Hollywood war für mich damals ein*

verlassenes Dorf. Eine Woche lang lief ich durch die leeren, von Eukalyptus-
bäumen gesäumten Straßen und bekam keinen Menschen zu Gesicht, der et-
was mit Film zu tun hatte. Dann trat ich den Rückweg in Gegenden an, die
etwas mehr an die Zivilisation erinnerten. Ohne bestimmte Absichten kam ich
nach England und fand dort Arbeit.

1922   Josef von Sternberg arbeitet in England zeitweise für die Allianz Production London. Anschließend macht er eine Reise nach Italien und Österreich, wo er den Schriftsteller Karl Adolph in Wien besucht, dessen Roman *Die Töchter von Wien* er in die englische Sprache übersetzt. *In meinem*
Gepäck hatte ich diesen Roman und ein paar Theaterstücke, die ich geschrie-
ben hatte, die aber kein Mensch las. Ich kehrte auf einem Frachter nach New
York zurück, und es gelang mir, wieder nach Hollywood zu kommen. Diesmal
fand ich Arbeit, die sehr schnell Aufmerksamkeit erregte.

1923   Josef von Sternbergs erster Job in Hollywood ist eine Regieassistenz bei
Roy William Neal in dem Film *By Divine Right*. Bei dieser Gelegenheit
wird er 'geadelt': im Vorspann des Films wird er als Josef von Sternberg
geführt. Er wird diesen Namen von nun an beibehalten. *[...] sofort nach*
der Uraufführung richtete die Presse ihre Angriffe auf diesen neuen 'Aristokra-
ten'. [...] Die Kritik an dem Film kreiste ausschließlich um das 'von'. Diese
absurden Angriffe veranlaßten mich, auch in Zukunft auf den albernen Zu-
satz nicht zu verzichten, obwohl er sehr viel länger zur Zielscheibe von Angrif-
fen wurde, als ich es für möglich gehalten hätte.

1924   Josef von Sternberg ist dreißig Jahre alt.
Mitte des Jahres realisiert er mit Hilfe des englischen Schauspielers und
Freundes George K. Arthur ('Kipps') seinen ersten eigenen Film, *The*
Salvation Hunters, für den er auch das Drehbuch geschrieben hat. Der
Film macht ihn über Nacht zu einer Berühmtheit in den Filmkreisen Hol-
lywoods. *Ich hatte mich als Unbekannter zum Frühstück gesetzt, aber als ich*
die erste Tasse Kaffee trank, machte mein Name bereits Schlagzeilen. Der
Film wird auf Anregung von Charlie Chaplin von Douglas Fairbanks und
Joseph Schenck für den Vertrieb der United Artists erworben und gelangt
im Februar 1925 in die Kinos.
Im Oktober wird Josef von Sternberg von Mary Pickford unter Vertrag genommen, um den nächsten Film für diese Schauspielerin zu drehen, der
vor dem Hintergrund der Industriestadt Pittsburgh spielen soll. Die Pläne
zerschlagen sich aber.
Josef von Sternberg lernt den Bühnenautor und Industriellen Karl Vollmoeller kennen, dessen internationale Kontakte ihm zu wichtigen Be-
kanntschaften und auch Freundschaften verhelfen.

1925   Josef von Sternberg schließt einen Kontrakt mit MGM. Sein erster Film dort, *The Exquisite Sinner*, wird trotz ermutigender Kritik ein Mißerfolg beim Publikum. Sein zweiter Film für MGM, *The Masked Bride*, mit May Murray in der Hauptrolle, endet schon nach wenigen Drehtagen mit einem Fiasko: Sternberg richtet aus Protest die Filmkamera gegen die Studiodecke und legt die Regie nieder. *Ich war entschlossen, Filme auf meine Weise zu machen, oder keine Filme – wie ich zugeben muß, eine seltsame Einstellung, denn kurze Zeit davor hätte ich noch jeden Job angenommen, der mir genug Geld für die Miete und Essen einbrachte.* Der MGM-Vertrag wird in beiderseitigem Einverständnis aufgehoben.

Josef von Sternberg begibt sich auf eine Europareise. In Berlin macht ihn Karl Vollmoeller mit dem Schauspieler Emil Jannings bekannt. *Jannings hatte von meinem ersten Film gehört, den ich sozusagen mit ein paar Groschen gedreht hatte, und beschwor mich, in Deutschland zu bleiben. Ich widerstand seinen Schmeicheleien aus unerfindlichen Gründen und kehrte nach Hollywood zurück, wo mich eine Reihe von Mißerfolgen erwartete.*

1926   Nach der Rückkehr aus Europa erhält Josef von Sternberg von Charlie Chaplin den Auftrag, einen Film zu drehen, der Edna Purviance, dem an Alkoholproblemen leidenden Star früherer Chaplin-Filme, ein Comeback bringen soll. Aus Gründen, über die sowohl Sternberg als auch Chaplin Schweigen bewahren und die vielleicht auch mit der Person der Hauptdarstellerin zusammenhängen, wird *The Sea Gull* nie veröffentlicht. Angeblich werden die Kopien und das Negativ von Charlie Chaplin vernichtet. *Mein erster Fehltritt hatte darin bestanden, den Schutz von Mary Pickford aufzugeben, der zweite, einen Film zu machen, der keinem gefiel und der dritte, die Kamera auf die Studiodecke zu richten. Was würde jetzt folgen? Nach einer kurzen Zeit der Reue [...] erhielt ich den Auftrag, einen Film für einen Freund und Bewunderer mit Namen Charles Spencer Chaplin zu inszenieren. Er ließ mir jede erdenkliche Freiheit, bis auf eine: ich konnte den Film nicht zeigen, den ich gemacht hatte. Die Auszeichnung, der einzige Regisseur zu sein, den Mr. Chaplin engagierte, brachte mir keinerlei Vorteile.*

In San Francisco lernt Sternberg den Theaterregisseur Max Reinhardt bei einem Gastspiel von dessen Inszenierung des Vollmoeller-Stücks *Das Mirakel* kennen. Vollmoeller hatte die beiden einander vorgestellt. Sie wurden Freunde. Reinhardt äußert sich enthusiastisch über *The Salvation Hunters* und fordert Sternberg auf, die Leitung einer seiner Berliner Bühnen zu übernehmen. Im Sommer 1926 erste Eheschließung, mit der Schauspielerin Riza Royce.

1927   Josef von Sternberg fängt wieder dort an, wo er vor der Verfilmung von *The Salvation Hunters* aufgehört hat: als Regieassistent bei der Paramount. Seine erste Aufgabe ist es, Nachaufnahmen zu dem Film *Children of Di-*

vorce von Frank Lloyd zu drehen. Der Direktor der Paramount, B. P. Schulberg, ist von dieser Arbeit so angetan, daß er Sternberg mit einer eigenen Regie betraut.

Josef von Sternberg dreht den Film *Underworld*, der am 3. September 1927 Premiere hat und ein enormer Kassenerfolg wird. *Underworld* etabliert das Genre des Gangsterfilms, das 1927 eine Neuheit ist. *Niemand weiß, warum und wieso, aber drei Stunden später belagerte eine riesige Menschenmenge den Times Square. Alle wollten ins Kino. Die Menge wurde im Verlauf des Tages nicht kleiner und zwang den Kinobesitzer zu einer Nachtvorstellung nach der anderen. Daran änderte sich während der langen Laufzeit nichts. Und so begann die Ära der Gangsterfilme und der Kinos, die rund um die Uhr geöffnet waren.*

Mit dem künstlerischen und ökonomischen Erfolg von *Underworld* ist das Fundament für eine langjährige Zusammenarbeit mit der Paramount gelegt, die bis 1935 andauern wird. Neben fünf eigenen Filmen, die Sternberg in den nächsten drei Jahren für die Paramount macht, entsteht das Drehbuch für den Film *The Street of Sin*, den Moritz Stiller mit Emil Jannings in der Hauptrolle dreht. Außerdem übernimmt Sternberg Kürzungen und Überarbeitungen des Erich von Stroheim-Films *The Wedding March*, eine undankbare Aufgabe, die ihm den Zorn des Originalregisseurs von Stroheim zuzieht.

1928   Die drei Filme *The Last Command, The Drag Net* und *The Docks of New York* haben Premiere. *The Last Command* ist die erste Zusammenarbeit mit Emil Jannings. Es ist der dritte Hollywood-Film des deutschen Schauspielers, der von 1927 bis 1929 in den USA arbeitet. *The Docks of New York* gilt heute als Sternbergs eindrucksvollster Stummfilm, obwohl der ökonomische Erfolg bereits durch das Aufkommen der ersten Tonfilme stark beeinträchtigt ist.

1929   Josef von Sternberg dreht die Filme *The Case of Lena Smith* und *Thunderbolt*, seinen ersten Tonfilm . Noch vor der Premiere von *Thunderbolt* reist er nach Deutschland, wo er für die Ufa, an die ihn die Paramount ausgeliehen hat, den ersten deutschen Tonfilm mit Emil Jannings drehen soll, der bereits im Mai 1929 aus Hollywood nach Berlin zurückgekehrt war und sich Sternberg als Regisseur gewünscht hatte. Über den Stoff wird erst nach Sternbergs Ankunft in Berlin entschieden. Die Wahl fällt schließlich auf Heinrich Manns Roman *Professor Unrat*, der unter dem Titel *Der Blaue Engel* verfilmt werden soll. Für die Hauptrolle wählt Sternberg gegen den Widerstand aller Beteiligten die achtundzwanzigjährige Schauspielerin Marlene Dietrich. *Man hörte nur noch Emil Jannings, der mit einer dunklen Stimme, die Kassandra zur Ehre gereicht hätte, murmelte, ich würde den Tag noch bereuen.* Und: *Ich hatte noch nie zuvor eine so schöne Frau kennengelernt, die so wenig beachtet und so unterschätzt wurde.* Parallel wird *Der Blaue Engel* in einer englischen und einer deutschen Fassung gedreht. Die deutsche Fassung hat am 1. April 1930 in Berlin Premiere. Er macht Marlene Dietrich, die noch am Premierenabend Berlin verläßt, um sich nach Amerika einzuschiffen, wo sie ein von Sternberg vermitteltes Angebot der Paramount angenommen hat, über Nacht berühmt.

Mit dem *Blauen Engel* beginnt die insgesamt sieben Filme umfassende Zusammenarbeit von Josef von Sternberg mit Marlene Dietrich.

1930   Der erste amerikanische Film des Duos Sternberg/Dietrich, *Morocco*, hat am 6. Dezember 1930 in den Vereinigten Staaten Premiere. Mit diesem Film wiederholt Sternberg noch einmal seinen Geniestreich: die bis dahin dem amerikanischen Publikum völlig unbekannte Marlene Dietrich wird von heute auf morgen zum Star des amerikanischen Kinos. Erst einen Monat später, im Januar 1931, hat dann *Der Blaue Engel* seine amerikanische Premiere.

Josef von Sternbergs Ehe mit Riza Royce wird geschieden.

1931   Mit *Dishonored*, Premiere am 4. April 1931, liefert das Gespann Sternberg/Dietrich seinen dritten erfolgreichen Film. Nach Abschluß der Dreharbeiten im November 1930 bricht Marlene Dietrich nach Deutschland auf, um Weihnachten bei ihrer Familie zu verbringen. Sie kehrt erst Ende April 1931 nach Hollywood zurück. Sternberg verfilmt in dieser Zeit den Roman von Theodore Dreiser *An American Tragedy*. Er schreibt: *Ich freute mich über diesen Auftrag, denn ich sehnte mich nach den letzten drei Filmen nach einem Gegengift.* Der Film führt zu einer Klage des Autors gegen die Filmgesellschaft, denn Dreiser sieht sein künstlerisches Werk entstellt. Die Gerichte weisen die Klage ab.

1932   Die Zusammenarbeit Sternberg/Dietrich wird mit dem Film *Shanghai Express* fortgesetzt. Premiere ist am 12. Februar 1932. *Shanghai Express* wird zum größten Publikumserfolg aller Sternberg-Filme. Im gleichen Jahr entsteht als fünfter gemeinsamer Film *Blonde Venus*, der am 16. September zur Aufführung gelangt. *Dieser Film entstand ebenfalls nach einer Geschichte von mir, die ich schnell schrieb, um etwas anderes in der Hand zu haben, als die Schnulzen, die man mir vorlegte. Es gibt wenig über den Film zu sagen, außer daß ich noch vor Drehbeginn versuchte, die Filmgesellschaft zu verlassen.* Im November bricht Josef von Sternberg mit dem Kameramann Paul Ivano zu einer Seereise in die Karibik auf und begibt sich im Anschluß daran auf eine längere Reise nach Europa.

1933   Marlene Dietrich macht während Sternbergs Abwesenheit ihren ersten Film mit einem anderen Hollywood-Regisseur. Rouben Mamoulian dreht mit ihr *Song of Songs*. Josef von Sternberg, der am Vorabend von Hitlers Machtergreifung in Berlin eintrifft, muß feststellen, daß durch die politischen Verhältnisse jede filmische Zusammenarbeit mit deutschen Gesellschaften unmöglich geworden ist. Sarkastisch bemerkt er über ein Essen mit dem Ufa-Industriellen Alfred Hugenberg, der nicht nur den *Blauen Engel* finanziert hatte, sondern auch Hitler: *Hugenberg hatte offenbar Schwierigkeiten, seine politische Überzeugung mit seiner Art des Geldverdienens in Einklang zu bringen. Schließlich verlor er sowohl das eine als auch das andere.* Lakonisch berichtet er: *Das Taxi, das mich am 27. Februar 1933 zum Flughafen brachte, mußte vor dem brennenden Reichstag warten.*
Marlene Dietrich und Josef von Sternberg unterzeichnen angesichts dieser Lage am 9. Mai 1933 einen weiteren Vertrag über zwei Filme mit der Paramount. Im Sommer macht Marlene Dietrich Ferien in Frankreich. Sie weist die Bemühungen der Nazi-Offiziellen, sie zur Rückkehr nach Deutschland zu bewegen, zurück und schifft sich im September auf einem französischen Dampfer wieder nach New York ein. Die Dreharbeiten für ihren sechsten Film *The Scarlet Empress* beginnen im Oktober.

1934   Josef von Sternberg wird vierzig Jahre alt.
Die Premiere von *The Scarlet Empress* findet am 7. September 1934 statt. Der Film, voller ästhetischer Extravaganzen und optischer Raffinessen, wird vom Publikum im Amerika der Depression nicht angenommen. Außerdem gerät er in eine marktstrategisch unvorteilhafte Konkurrenz zu einem Film, der denselben Stoff behandelt, Paul Czinners *Catherine the Great* mit Elizabeth Bergner in der Hauptrolle.

1935   Der letzte der sieben Sternberg/Dietrich-Filme entsteht, *The Devil is a Woman;* er hat am 3. Mai Premiere. Auch er wird kein Publikumserfolg. Sternberg gibt das Ende seiner Zusammenarbeit mit Marlene Dietrich offiziell bekannt. »Wir sind den gemeinsamen Weg soweit wie möglich gegangen. Ein weiteres Bleiben von mir bei Miss Dietrich würde weder ihr noch mir helfen. Wenn wir so weitermachen, würden wir in ein Fahrwasser geraten, das für uns beide schädlich wäre.« In seiner Autobiographie kommentiert er das Ende etwas ungeschminkter: *Für mich war eine Phase der Knechtschaft zu Ende gegangen, die niemanden außer mich in Verruf gebracht hatte.* Das Schicksal des Films ist nicht weniger eigenartig. Eine Boykottdrohung der spanischen Regierung veranlaßt Paramount auf Intervention der amerikanischen Regierung, den Film kurzfristig aus dem Verkehr zu ziehen. Sternberg bemerkt spöttisch: *Der Film wurde von der spanischen Regierung verboten, die wiederum von Generalissimo Franco verboten wurde.*

Der Film markiert auch das Ende der Zusammenarbeit mit der Paramount. Neuer Produktionsleiter dort wird Ernst Lubitsch, nachdem Schulberg während der Dreharbeiten von *The Devil is a Woman* zurückgetreten war. Schulberg arbeitet daraufhin als Produzent für die Columbia, und er nimmt Sternberg für zwei Columbia-Filme unter Vertrag. Mit Peter Lorre in der Hauptrolle entsteht noch im selben Jahr der Film *Crime and Punishment* nach Dostojewskijs Roman *Schuld und Sühne*.

Das Los Angeles County Museum stellt die bemerkenswerte und umfangreiche Sammlung zeitgenössischer Kunst aus, die Josef von Sternberg in den zurückliegenden zehn Jahren zusammengetragen hat. Die Sammlung enthielt unter anderem Gemälde, Zeichnungen und Skulpturen von Alexander Archipenko, Rudolf Belling, Constantin Brancusi, Vincent van Gogh, Oskar Kokoschka, Georg Kolbe, Aristide Maioll, Otto Mueller, Max Pechstein, das berühmte Picasso-Bild *La Gaumeuse* aus der Blauen Periode, Rodin, Schiele, Schmidt-Rotluff, René Sintenis, Maurice Utrillo, Maurice de Vlaminck und anderen Künstlern.

1936   Das zweite Columbia-Projekt, das schließlich zum Bruch mit dieser Gesellschaft führt, ist die Verfilmung der Operette *Sissi* von Fritz Kreisler unter dem Titel *The King Steps Out*. Während John Baxter in seinem Buch behauptet, Josef von Sternberg hätte verlangt, daß dieser Film niemals in irgendeiner Retrospektive seiner Werke gezeigt werden dürfe, ist er selbst nachsichtiger: *An diesem Film ist nur bemerkenswert, daß Bild und Ton während der Dreharbeiten simultan aufgezeichnet wurden.*

Von dem Architekten Richard Neutra, der ebenfalls aus Wien stammt, läßt sich Sternberg vor den Toren von Los Angeles ein avantgardistisches Haus aus Glas und Stahl bauen – eine Mischung aus Ritterburg, Elfenbeinturm und Privatmuseum. Der nach den Vorstellungen des Regisseurs errichtete Bau erweist sich allerdings für ihn als unbewohnbar. Nach der Fertigstellung ergreift er die Flucht und tritt eine Weltreise an, die ihn nach Asien und Indochina führt. Eine Bauchhöhleninfektion nach einem schlecht behandelten Bruch, den er sich auf Java zugezogen hatte, muß in London operativ behandelt werden. Die Operation bedeutet eine schwere gesundheitliche Belastung für den mittlerweile Zweiundvierzigjährigen, der in den zurückliegenden zwölf Jahren in insgesamt achtzehn Filme viel von seiner Lebenskraft investiert hat.

1937   Alexander Korda macht Josef von Sternberg das Angebot, mit Charles Laughton in der Hauptrolle das Leben des römischen Kaisers Claudius zu verfilmen. Josef von Sternberg nimmt das Angebot an. Die Filmarbeiten an *I, Claudius* mit Laughton gestalten sich allerdings ungeheuer schwierig. Ein Autounfall der Hauptdarstellerin Merle Oberon wird zum Anlaß genommen, die Dreharbeiten abzubrechen. *Wieder einmal war der Wagen vor das Pferd gespannt worden. Ich hatte ihn nicht bewegen können.*

Noch in England beginnt Sternberg mit den Vorbereitungen der Verfilmung von Zolas *Germinal*. Er bemerkt: *Es gab kein besseres und zeitgerechteres Thema. Der Konflikt zwischen Arbeit und Kapital trieb einem Höhepunkt zu. Der große Schriftsteller hatte mit bewundernswerter Voraussicht die Opponenten aufmarschieren lassen. Der 1885 entstandene Roman ergriff keinerlei Partei, ließ sich auf keine Prophezeiungen ein, sondern zeigte nur den Kampf der Menschheit gegen die Dummheit.* Im Herbst begibt er sich nach Frankreich und Österreich, um an diesem Projekt zu arbeiten. Die Rolle des Etienne sollte Jean-Louis Barrault übernehmen. Für die Rolle der Catherine war Hilde Krahl vorgesehen, die ihm auf einer Wiener Theaterbühne aufgefallen war.

1938   Von der österreichischen Regierung wird Sternberg eine Stelle als Filmbeauftragter angeboten. *Im alten Hotel 'Imperial' sagte ich den Vertretern der europäischen Presse, unser Projekt versuche, Österreich mit Kunst zu bewaffnen, während andere Nationen auf Stahl setzten.* Nach London zurückgekehrt, arbeitet er weiter an den Vorbereitungen der *Germinal*-Verfilmung. Ein schwerer gesundheitlicher Zusammenbruch und Österreichs Anschluß an Nazi-Deutschland im März 1938 machen die Pläne zunichte. *An einem schönen Morgen, als Schneeflocken den Rasen im St. James Park bedeckten, blickte ich aus dem Fenster und dachte, es wäre keine schlechte Idee, ein wenig spazierenzugehen. Aber ich durfte keine Zeit verschwenden und kehrte zu meinem Schreibtisch zurück. Wenige Minuten später hörte die Zeit auf, für mich zu existieren. In mir war etwas wie ein Gummiband gerissen, das zu sehr gespannt worden war. Während der nächsten Tage, an denen ein Arzt sich um mich bemühte, konnte mein Auge keine Windmühlen mehr sehen. 'Germinal' war verschwunden, Österreich besetzt. Jetzt hatte ich zwar viel Zeit, aber all das beschäftigte mich nicht mehr.*

Nach der Genesung übernimmt Sternberg im Oktober 1938 von MGM den Auftrag, *New York Cinderella* mit Hedy Lamarr in der Hauptrolle zu drehen. Nach achtzehn Drehtagen wird er von dieser Aufgabe entbunden, da man mit seiner Behandlung des Themas nicht einverstanden ist. Indessen dreht Sternberg für MGM den Film *Sergeant Madden*.

1939   Ausbruch des Zweiten Weltkriegs am 1. September 1939.

1941   Josef von Sternberg, immer noch nicht im Vollbesitz seiner körperlichen Kräfte, dreht *Shanghai Gesture*. Der Film, der von United Artists vertrieben wird, hat am 6. Februar 1942 Premiere. *Den größten Teil des Films habe ich im Liegen auf einem Feldbett inszeniert, obwohl man das nicht merkt.*

426

Trotz dieser Behinderung machte der Film Gene Tierney und Victor Mature
zu Stars.
Amerika tritt am 1. Dezember 1941 in den Krieg ein. Sternberg bemerkt:
Es war nicht die Zeit, Filme zu machen. In allen Teilen der Welt, die ich
kannte, wurden Mitmenschen wie Seetang umhergeworfen oder wie Fliegen
getötet. Schon lange vor dieser Zeit war mir bewußt geworden, daß Filmema-
chen für mich nur ein Beruf und nicht meine Leidenschaft ist.

1943   Josef von Sternberg dreht im Auftrag des Office of War Information einen
Dokumentarfilm, *The Town*, über die Kleinstadt Maddison in Indiana.
Zweite Eheschließung, mit Jeanne Avette McBride Mitte 1943. Die Ehe
wird 1945 geschieden.

1946   Josef von Sternberg arbeitet als photographischer Berater für David O.
Selznick in dessen Produktion *Duel in the Sun*.

1947   Josef von Sternberg gibt erstmals Unterricht am Cinema Department of
the University of Southern California in Los Angeles.

1948   Josef von Sternberg verläßt Hollywood und zieht nach New York. In einem Interview mit Herman G. Weinberg, das er im Juli 1948 gibt, distan-
ziert er sich vom größten Teil seines bisherigen Schaffens und kündigt
gleichzeitig einen neuen Film an, der die Summe seiner filmischen Vorstellungen enthalten soll. »Ich möchte einen neuen Film drehen und
durch eine neue Art der Darstellung zeigen, worin nationale Unterschiede
bestehen und wie Menschen durch gegenseitiges Verstehen zusammenfinden können. Es wird ein ernstes Thema, das meinen größten Einsatz verlangt, obwohl ich glaube, daß es eine undankbare Aufgabe sein wird. [...]
Obwohl meine Filme Regisseure hierzulande und im Ausland beschäftigt
haben und noch immer beschäftigen, sind sie für mich nichts weiter als
ziemlich überhebliche Gesten. Sie waren meist nur Proteste gegen andere
Filme ihrer Zeit. [...] Oft waren es Versuche, Techniken zu erforschen,
durch die man vielleicht ihren Reiz vergrößern konnte. Ich stehe nicht
hinter ihnen, wenn auch mein Name im Vorspann steht. Kein einziger,
mit Ausnahme von *The Salvation Hunters*, meinem ersten Film, war ein
echtes Kunstwerk [...] Ich hoffe, daß mein neuer Film mein bisher reifstes
Werk sein wird. Wie auch immer, ich hoffe, er wird nichts mit dem zu tun
haben, was ich je zuvor getan habe.«
Josef von Sternberg heiratet im Oktober Meri Otis Wilner, die eine
Tochter mit in die Ehe bringt. Aus dieser Verbindung geht ein Sohn hervor.

1949   Am 22. November läßt Sternberg seine umfangreiche Kunstsammlung bei Parke-Bernet in New York versteigern. Dies, wie auch die Arbeit an den beiden nächsten Filmen, sind vermutlich Schritte, um die Finanzierung seines eigenen Films, den er selbst produzieren will, sicherzustellen.

1950   Für RKO Radio, die Gesellschaft des Luftfahrtindustriellen und Jane Russell-Förderers Howard Hughes, bei der sein alter Drehbuchautor Jules Furthman inzwischen als Produktionsleiter tätig ist, dreht er den Film *Jet Pilot* mit Janet Leigh und John Wayne. Durch widrige Umstände gelangt das Werk erst 1957 in die Kinos. Sternberg bemerkt: *Die gut geköderte Falle hatte sich geschlossen. Ich führte den Auftrag in einer Weise durch, die viele für die beste halten, einen erfolgreichen Film zu machen. Die Namen all jener, die in diesem Zelluloidbrei mit herumgerührt haben, werden gnädigerweise verschwiegen.*

1952   Josef von Sternberg dreht *Macao* mit Robert Mitchum und Jane Russell in den Hauptrollen. *Nach 'Jet Pilot' machte ich noch einen Film, wie es der Vertrag verlangte, den ich törichterweise unterschrieben hatte. Diesmal waren sechs Leute dafür verantwortlich. Der Film hieß 'Macao'. Es rührte niemand in dem Brei, aber ein halbes Dutzend Clowns suhlten sich darin herum. Ihre Namen erscheinen jedoch nicht im Vorspann.*
In Japan beginnt Sternberg mit den Dreharbeiten zu dem Film, den er 1948 in dem Weinberg-Interview angekündigt hatte: *The Saga of Anatahan.* Es ist diesmal wirklich sein Film und sein Vermächtnis. Er hat die volle künstlerische Kontrolle über jede Sekunde des Films. Für die Regie, das Drehbuch, die Kamera, den Schnitt und die Produktion zeichnet Sternberg verantwortlich. Außerdem spricht er selbst den englischen Kommentar. Der Film wird in seinem Versuch, die Psyche des Betrachters zum Gegenstand der Handlung zu machen, von nur wenigen verstanden und bleibt, wie es sein Schöpfer befürchtet hatte, in den Kinos erfolglos. Philippe de Monsablant spricht wohl für den Regisseur, wenn er seine Rezension in den *Cahiers du Cinéma* mit den Worten schließt: *Ich sehe diesen Film als eine Verwirklichung des Kunstwerks, das zu schaffen man für unmöglich hält und das Poe mit den Worten beschrieb: 'Mein Herz ist bloßgelegt'.*
In den Jahren danach lebt Josef von Sternberg mit seiner Familie in Hollywood.

1960   Josef von Sternberg begleitet Marlene Dietrich auf ihrer triumphalen Deutschland-Tournee und wird in die Berliner Akademie der Künste aufgenommen.

1963   Erste Veröffentlichung seiner Autobiographie, die unter dem Titel *Fun in a Chinese Laundry* erscheint.

Josef von Sternberg wird Dozent in der Abteilung Film des Department of Theatre Art an der University of California.

Mit dem Titel *The Films of Josef von Sternberg* ausdrücklich als 'Ausstellung' angekündigt, zeigt das Museum of Modern Art in New York vom 1. – 14. November 1965 und vom 23. November 1965 – 1. Januar 1966 eine Retrospektive aller erhaltenen Sternberg-Filme.

1969   22. Dezember: Josef von Sternberg stirbt im Alter von fünfundsiebzig Jahren an Herzversagen.

Filmographie

THE SALVATION HUNTERS (1924)
DIE HEILSJÄGER

Drehbuch: Josef von Sternberg
Kamera: Edward Gheller
Produktion: Josef von Sternberg /Academy Pictures
Verleih (ab 1925): United Artists

Darsteller:
Der Junge .... George K. Arthur
Das Mädchen .... Georgia Hale
Das Kind .... Bruce Guerin
Der Mann .... Otto Matiesen
Die Frau .... Nellie Bly Blaker
Der Rohling .... Olaf Hytten
Der Gentleman .... Stuart Holmes

THE EXQUISITE SINNER (1926)

Drehbuch: Josef von Sternberg und Alice D.G.
Miller nach einem Roman von Alden Brooks
Kamera: Maximillian Fabian
Produktion und Verleih: Metro Goldwyn Mayer

Darsteller:
Dominique Prad .... Conrad Nagel
Die Zigeunerin .... Renée Adorée
Yvonne .... Paulette Duval
Der Oberst .... Frank Currier
Der Bursche des Oberst .... George K. Arthur
Der Zigeunerhäuptling .... Mathew Betz
Dominiques Schwestern .... Helene D'Algy
                                    Claire Dubrey

THE SEA GULL (1926)
(A Woman of the Sea)

Drehbuch: Josef von Sternberg nach einer Idee
von Charles Chaplin
Kamera: Paul Ivano
Ausstattung: Danny Hall
Produktion: Charles Chaplin – ohne Verleih

Darsteller:
Edna Purviance
Eve Southern
Gane Whitman

UNDERWORLD (1927) – UNTERWELT

Drehbuch: Robert N. Lee nach einer Geschichte
von Ben Hecht in der Bearbeitung von Charles
Furthman
Kamera: Bert Glennon
Ausstattung: Hans Dreier
Untertitel: George Marion, Jr.
Produktion und Verleih: Paramount

Darsteller:
"Rolls Royce" .... Clive Brook
"Feathers" McCoy .... Evelyn Brent
"Bull" Weed .... George Bancroft
"Slippy" Lewis .... Larry Semon
Buck Mulligan .... Fred Kohler
Mulligans Freundin .... Helen Lynch
Paloma .... Jerry Mandy

THE LAST COMMAND (1928)
SEIN LETZTER BEFEHL

Drehbuch: John S. Goodrich nach einer
Geschichte von Lajos Biro und einer Idee von
Ernst Lubitsch
Kamera: Harold Rosson
Ausstattung: Hans Dreier
Untertitel: Herman J. Mankiewicz
Produktion und Verleih: Paramount

Darsteller:
Sergius Alexander .... Emil Jannings
Natascha .... Evelyn Brent
Leo .... William Powell
Der Adjutant........................Nicholas Soussanin
Serge, der Vater.................... Michael Visaroff
Regieassistent .... Jack Raymond

THE DRAG NET (1928)

Drehbuch: Jules und Charles Furthman nach der
Geschichte "Nightstick" von Oliver H.P. Garrett
Kamera: Harold Rosson
Ausstattung: Hans Dreier
Untertitel: Herman J. Mankiewicz
Produktion und Verleih: Paramount

Darsteller:
"Two-Gun" Nolan............... George Bancroft
"The Magpie" .... Evelyn Brent
"Dapper" Frank Trent .... William Powell
"Gabby" Steve...................... Fred Kohler
"Sniper" Dawson .... Francis McDonald
Donovan.............................. Leslie Fenton

THE DOCKS OF NEW YORK (1928)
DIE DOCKS VON NEW YORK

Drehbuch: Jules Furthman
Kamera: Harold Rosson
Ausstattung: Hans Dreier
Untertitel: Julian Johnson
Produktion und Verleih: Paramount

Darsteller:
Bill Roberts .... George Bancroft
Sadie .... Betty Compson
Lou .... Olga Baclanova

"Sugar" Steve........................ Clyde Cook
Der 3. Ingenieur................... Mitchell Lewis
"Hymn Book" Harry............ Gustav von Seyffertitz
Steves Freundin.................... Lillian Worth

THE CASE OF LENA SMITH (1929)
EINE NACHT IM PRATER

Drehbuch: Jules Furthman nach einer Geschichte
von Samuel Ornitz
Kamera: Harold Rosson
Ausstattung: Hans Dreier
Produktion und Verleih: Paramount

Darsteller:
Lena Schmidt .... Esther Ralston
Franz Hofrat .... James Hall
Herr Hofrat......................... Gustav von Seyffertitz
Frau Hofrat .... Emily Fitzroy
Stefan .... Fred Kohler
Stefans Schwester .... Betty Aho
Der Kommissar .... Lawrence Grant
Der Hausmeister .... Alex Woloshin
Die Frau des Hausmeisters ... Ann Brody

THUNDERBOLT (1929)
BLITZSTRAHL

Drehbuch: Charles Furthman nach einer
Geschichte von Jules und Charles Furthman
Kamera: Harry Gerrard
Dialoge: Herman J. Mankiewicz
Ausstattung: Hans Dreier
Produktion und Verleih: Paramount

Darsteller:
"Thunderbolt" .... George Bancroft
Bob Moran........................... Richard Arlen
"Ritzy" .... Fay Wray
Gefängniswärter .... Tully Marshall
Mrs. Moran.......................... Eugenie Besserer
"Snapper" O'Shea .... James Spottswood
"Bad Al" Frieberg................ Fred Kohler
"Kentucky" Sampson .... Mike Donlin
Schwarzer Sträfling............. S. S. Stewart
Bankangestellter .... George Irving
Pfarrer .... Robert Elliott
Polizeiinspektor................... William Thorne
Anwalt................................. E. H. Calvert

DER BLAUE ENGEL (1930)
THE BLUE ANGEL

Drehbuchvorlage: Carl Zuckmayer und Karl Vollmoeller nach dem Roman "Professor Unrat" von Heinrich Mann
Drehbuch: Robert Liebmann und Carl Zuckmayer
Kamera: Gunther Rittau und Hans Schneeberger
Ausstattung: Otto Hunte
Musik: Friedrich Hollaender
Schnitt: Sam Winston
Lieder: "Nimm dich in acht vor blonden Frauen", "Ich bin von Kopf bis Fuß auf Liebe eingestellt", "Ich bin die fesche Lola", "Kinder, heut' Abend such ich mir was aus"
Liedertexte: Robert Liebmann
Produktion: Erich Pommer für Ufa

Darsteller:
Professor Immanuel Rath .....Emil Jannings
Lola Fröhlich ....Marlene Dietrich
Kiepert, ein Zauberer............Kurt Gerron
Guste, seine Frau ....Rosa Valetti
Mazeppa ....Hans Albers
Der Schuldirektor.................Eduard von Winterstein
Der Clown ....Reinhold Bernt
Der Gerichtsdiener ....Hans Roth
Angst ....Rolf Müller
Lohmann..............................Rolant Varno
Ertzum ....Karl Balhaus
Goldstaub............................Robert Klein-Loerk
Der Wirt ....Karl Huszar-Puffy
Der Kapitän.........................Wilhelm Diegelmann
Der Polizist.........................Gerhard Bienert

MOROCCO (1930) – MAROKKO
(Herzen in Flammen)

Drehbuch und Dialoge: Jules Furthman nach dem Theaterstück "Amy Jolly" von Benno Vigny
Kamera: Lee Garmes
Ausstattung: Hans Dreier
Schnitt: Sam Winston
Lieder: "Give Me the Man" von Leo Robin und Karl Hajos, "What Am I Bid for My Apples?" von Leo Robin und Karl Hajos, "Quand l'amour meurt" von Cremieux
Produktion und Verleih: Paramount

Darsteller:
Tom Brown ....Gary Cooper
Amy Jolly.............................Marlene Dietrich
LaBessière ....Adolphe Menjou
Adjutant Caesar ....Ullrich Haupt
Anna Dolores.......................Juliette Compton
Korporal Tatoche.................Francis MacDonald
Oberst Quinnevières.............Albert Conti
Mme Caesar.........................Eve Southern
Lo Tinto ....Paul Porcasi

DISHONORED (1931) – ENTEHRT

Drehbuch: Daniel N. Rubin nach einer Idee von Josef von Sternberg
Kamera: Lee Garmes
Ausstattung: Hans Dreier
Musik: adaptiert von Ivanovici ("Donauwellen") und van Beethoven ("Mondscheinsonate")
Produktion und Verleih: Paramount

Darsteller:
X27.......................................Marlene Dietrich
Leutnant Kranau...................Victor McLaglen
Oberst Kovrin......................Lew Cody
Chef der Spionage................Gustav von Seyffertitz
General von Hindau ....Warner Oland
Der junge Leutnant ....Barry Norton
Gerichtsbeamter...................Davison Clark

AN AMERICAN TRAGEDY (1931)
EINE AMERIKANISCHE TRAGÖDIE

Drehbuch: Samuel Hoffenstein nach dem Roman von Theodor Dreiser in der Bearbeitung von Josef von Sternberg und Samuel Hoffenstein
Kamera: Lee Garmes
Produktion und Verleih: Paramount

Darsteller:
Clyde Griffiths.....................Phillips Holmes
Roberta Alden......................Sylvia Sydney
Sondra Finchley...................Frances Dee
Orville Mason......................Irving Pichel
Samuel Griffiths...................Frederick Burton
Mrs. Samuel Griffiths ....Claire McDowell
Gilbert Griffiths...................Wallace Middleton
Myra Griffiths......................Vivian Winston
Belknap...............................Emmett Corrigan

Mrs. Asa Griffiths	Bodil Rising
Jephson	Charles B. Middleton
Titua Alden	Albert Hart
Mrs. Alden	Fanny Midgely
Bella Griffiths	Arline Judge
Bertine Cranston	Evelyn Pierce
Der Richter	Arnold Korff
Jill Trumbell	Elizabeth Forrester
Der Leichenbeschauer	Russell Powell
Earl Newcomb	Imboden Parrish
Hilfssheriff Kraut	Richard Kramer

SHANGHAI EXPRESS (1932)
SCHANGHAI – EXPRESS

Drehbuch: Jules Furthman nach einer Geschichte
von Harry Hervey
Kamera: Lee Garmes
Ausstattung: Hans Dreier
Kostüme: Travis Banton
Produktion und Verleih: Paramount

Darsteller:
Schanghai Lily	Marlene Dietrich
Captain Donald Harvey	Clive Brook
Hui Fei	Anna May Wong
Henry Chang	Warner Oland
Sam Salt	Eugene Pallette
Mr. Carmichael	Lawrence Grant
Mrs. Haggerty	Louise Glosser Hale
Eric Baum	Gustav von Seyffertitz
Major Lenard	Emile Chautard

BLONDE VENUS (1932)
DIE BLONDE VENUS

Drehbuch: Jules Furthman und S. K. Lauren nach
einer Idee von Josef von Sternberg
Kamera: Bert Glennon
Ausstattung: Wiard Ihnen
Lieder: "Hot Voodoo" und "You Little So and So"
von Sam Coslow und Ralph Rainger, "I Couldn't
Be Annoyed" von Leo Robin und Dick Whiting
Produktion und Verleih: Paramount

Darsteller:
Helen Faraday	Marlene Dietrich
Edward Faraday	Herbert Marshall
Nick Townsend	Cary Grant

Johnny Faraday	Dickie Moore
Ben Smith	Gene Morgan
"Taxi Belle" Hooper	Rita LaRoy

THE SCARLET EMPRESS (1934)
DIE GROSSE ZARIN
(Die scharlachrote Kaiserin)

Drehbuch: Manuel Komroff nach einem
Tagebuch von Katharina der Großen
Kamera: Bert Glennon
Ausstattung: Hans Dreier
Statuen: Peter Ballbusch
Ikonen und Gemälde: Richard Kollorsz
Kostüme: Travis Banton
Musik: John M. Leipold und W. Frank Harling
nach Tschaikowsky, Mendelssohn und Wagner
Produktion und Verleih: Paramount

Darsteller:
Sophie Friederike, Katharina II	Marlene Dietrich
Graf Alexeij	John Lodge
Großherzog Peter	Sam Jaffe
Kaiserin Elisabeth	Louise Dresser
Katharina als Kind	Maria Sieber
Prinz August	C. Aubrey Smith
Gräfin Elisabeth	Ruthelma Stevens
Prinzessin Johanna	Olive Tell
Gregory Orloff	Gavin Gordon
Leutnant Ovtsyn	Jameson Thomas
Iwan Schuwolow	Hans von Twardowski
Erzabt und Erzbischof	Davison Clark

THE DEVIL IS A WOMAN (1935)
DIE SPANISCHE TÄNZERIN
(Der Teufel ist eine Frau)

Drehbuch: Sam Winston und John Dos Passos
nach der Geschichte "Woman and Puppet" von
Pierre Louys
Kamera: Josef von Sternberg
Kamera-Assistenz: Lucien Ballard
Ausstattung: Hans Dreier
Kostüme: Travis Banton
Musik: Ralph Rainger und Andrea Setaro
Liedertexte: Leo Robin
Lied: "Three Sweethearts Have I" von Leo Robin
und Ralph Rainger

Produktion und Verleih: Paramount

Darsteller:

"Concha" Perez	Marlene Dietrich
Don Pasqual	Lionel Atwill
Antonio Galvan	Cesar Romero
Don Paquito	Edward Everett Horton
Señora Perez	Alison Skipworth
Morenito	Don Alvarado
Dr. Mendez	Morgan Wallace
Tuerta	Tempe Pigott
Maria	Jil Dennett
Briefschreiber	Charles Sellon
Zigeunerin	Luisa Espinal
Vorarbeiter	Hank Mann
Leiter der Tabakfabrik	Edwin Maxwell

CRIME AND PUNISHMENT (1935)
SCHULD UND SÜHNE

Drehbuch: S.K. Lauren und Joseph Anthony nach dem Roman von F. Dostojewskij
Kamera: Lucien Ballard
Ausstattung: Stephen Goossens
Kostüme: Murray Mayer
Musik: Louis Silvers
Schnitt: Richard Calhoon
Produktion: B. P. Schulberg im Verleih der Columbia

Darsteller:

Inspektor Porfiry	Edward Arnold
Raskolnikow	Peter Lorre
Sonja	Marian Marsh
Antonja	Tala Birell
Frau Raskolnikow	Elizabeth Risdon
Dimitri	Robert Allen
Grilow	Douglass Dumbrille
Lushin	Gene Lockhart
Der Universitätspräsident	Charles Waldron
Der Redakteur	Thurston Hall
Der Schreiber	Johnny Arthur
Die Pfandleiherin	Mrs. Patrick Campbell
Die Zimmerwirtin	Rafaela Ottiano

THE KING STEPS OUT (1936)

Drehbuch: Sidney Buchman nach der Operette "Sissy" von Hubert und Ernst Marischka und dem Theaterstück "Sissy" von Ernst Decsey und Gustav Hohn
Kamera: Lucien Ballard
Ausstattung: Stephen Goossen
Musik: Fritz Kreisler
Liedertexte: Dorothy Fields
Choreographie: Albertina Rasch
Kostüme: Ernst Dryden
Regieassistenz: Wilhelm Thiele
Produktion: William Perlberg im Verleih der Columbia

Darsteller:

Sissy	Grace Moore
Franz Joseph	Franchot Tone
Maximilian	Walter Connolly
von Kempen	Raymond Walburn
Palfi	Victor Jory
Sofia	Elizabeth Risdon
Louise	Nana Bryant
Helena	Frieda Inescourt
Major	Thurston Hall
Pretzelberger	Herman Bing
Herlicka	George Hassell
Chef der Geheimpolizei	John Arthur

I, CLAUDIUS (1937)
Unvollendet*

Drehbuch nach dem Roman "I, Claudius" von Robert Graves
Kamera: Georges Perinal
Ausstattung: Vincent Korda
Kostüme: John Armstrong
Choreographie: Agnes de Mille
Produktion: Alexander Korda für London Films

Darsteller:
Charles Laughton, Merle Oberon, Emlyn Williams, Flora Robson, Robert Newton

*1966 erschien ein Fernsehfilm unter dem Titel: THE EPIC THAT NEVER WAS.
Gezeigt werden die erhaltenen Szenen des Films sowie Berichte und Stellungnahmen der seinerzeit Beteiligten.

SERGEANT MADDEN (1939)

Drehbuch: Wells Root nach der Geschichte
"A Gun In His Hand" von William A. Ulman
Kamera: John Seitz
Ausstattung: Cedric Gibbons und Randall Duell
Trick: Peter Ballbusch
Musik: Dr. William Axt
Produktion: J. Walter Ruben im Verleih von
Metro Goldwyn Mayer

Darsteller:
Shaun Madden .... Wallace Beery
Al Boylan, Jr. .... Tom Brown
Dennis Madden .... Alan Curtis
Eileen Daly .... Laraine Day
Mary Madden .... Fay Holden
"Piggy" Ceders .... Marc Lawrence
Charlotte............................. Marian Martin
"Punchy" .... David Gorcey

THE SHANGHAI GESTURE (1941)
IM BANNE VON SCHANGHAI

Drehbuch: Josef von Sternberg in
Zusammenarbeit mit Geza Herczeg, Karl
Vollmoeller und Jules Furthman nach einem
Theaterstück von John Colton
Kamera: Paul Ivano
Ausstattung: Boris Leven
Kulissen: Howard Bristol
Wandbilder: Key Luke
Schnitt: Sam Winston
Kostüme von Miss Munson: Royer
Kostüme von Miss Tierney: Oleg Cassini
Perücken: Hazel Rogers
Musik: Richard Hegeman
Co-Produzent: Albert de Courville
Produktion: Arnold Pressburger im Verleih der
United Artists

Darsteller:
Poppy .... Gene Tierney
Sir Guy Charteris .... Walter Huston
Doctor Omar .... Victor Mature
"Mutter" Gin Sling .... Ona Munson
Chorus Girl (Dixie Pomeroy)Phyllis Brooks
Der Kommissar.................... Albert Bassermann
Die Amah .... Maria Ouspenskaya
Der Buchhalter .... Eric Blore

Der Spieler .... Ivan Lebedoff
Der Kuli.............................. Mike Mazurki
Der Agent .... Clyde Fillmore
Anwalt Brooks...................... Rex Evans
Der Barkeeper .... Michael Delmatoff
Der Croupier .... Marcel Dalio
Der Kassierer....................... Mikhail Rasumni

THE TOWN (1943/44)
(Kurzfilm für das United States Office of War
Information)

Drehbuch: Joseph Krumgold
Kamera: Larry Madison
Produzent: Phillip Dunn
Ort der Handlung: Madison, Indiana

JET PILOT (1950) – DÜSENJÄGER
(es ist der einzige Film, den Josef von Sternberg in
Farbe gedreht hat. Er kam erst 1957 in den
Verleih)

Drehbuch: Jules Furthman
Kamera: Winton C. Hoch
Flugaufnahmen: Philip C. Cochran
Ausstattung: Darrell Silvera und Harley Miller
Kulissen: Albert S. d'Agostino und Feild Gray
Schnitt: Michael McAdam, Harry Marker,
William H. Moore
Schnittüberwachung: Jim Wilkinson
Musik: Bronislau Kaper
Kostüme: Michael Woulfe
Produktion: Jules Furthman für Howard Hughes
Productions im Verleih von Universal

Darsteller:
Oberst Shannon .... John Wayne
Anna .... Janet Leigh
Generalmajor Black.............. Jay C. Flippen
Oberst Matoff .... Hans Conreid

MACAO (1952)
(Teile des Films wurden von Nicholas Ray
inszeniert)

Drehbuch: Bernhard C. Schoenfeld und Stanley
Rubin nach einer Geschichte von Bob Williams
Kamera: Harry J. Wild
Schnitt: Samuel E. Beetley und Robert Golden
Musik: Anthony Collins
Ausstattung: Albert S. d'Agostino und Ralph
Berger
Kulissen: Darrell Silva und Harley Miller
Kostüme: Michael Woulfe
Produktion: Alex Gottlieb für RKO Radio

Darsteller:
Nick Cochran .... Robert Mitchum
Julie Benson .... Jane Russell
Lawrence Trumble .... William Bendix
Leutnant Sebastian .... Thomas Gomez
Margie .... Gloria Grahame

THE SAGA OF ANATAHAN (1953)
(The Last Woman on Earth)
DIE SAGE VON ANATAHAN

Drehbuch: Josef von Sternberg nach einer wahren
Geschichte von Michiro Maruyama
Kamera: Josef von Sternberg
Musik: Akira Ifukube
Ausstattung: Kono
Japanische Dialoge: Asano
Der Sprecher: Josef von Sternberg
Produktion: Josef von Sternberg, Nagamasa
Kawakita und Yoshio Osawa im Verleih der
Daiwa-Towa Production

Darsteller:
Keiko .... Akemi Megishi
Der Mann .... Tadashi Subanuma
außerdem wirken mit: Kisaburo Sawamura, Shji
Nakayama, Jun Fujikawa u.a.